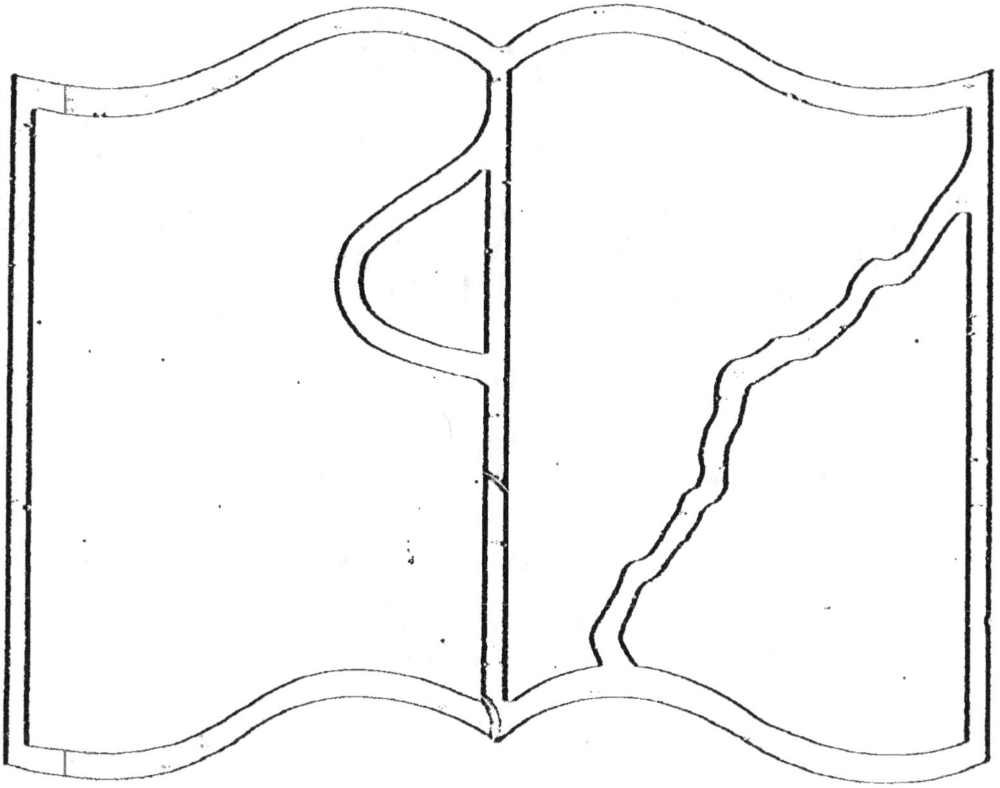

Texte détérioré — reliure défectueuse

NF Z 43-120-11

Symbole applicable
pour tout,ou partie
des documents microfilmés

COURS COMPLET
D'ENSEIGNEMENT SECONDAIRE SPÉCIAL

ÉLÉMENTS

DE

PHILOSOPHIE SCIENTIFIQUE

ET DE

PHILOSOPHIE MORALE

PAR

PAUL JANET
MEMBRE DE L'INSTITUT

PARIS
LIBRAIRIE CH. DELAGRAVE
15, rue Soufflot, 15

À LA MÊME LIBRAIRIE

ENSEIGNEMENT SECONDAIRE SPÉCIAL
OUVRAGES NOUVEAUX
Répondant aux programmes officiels du 10 août 1886

MORALE ET PHILOSOPHIE

Éléments de morale pratique, par P. JANET, memb. de l'Inst., in-12, cart. 3 »

Éléments de Philosophie Morale et scientifique, par LE MÊME, in-12. » »

GRAMMAIRE ET LITTÉRATURE

Cours de Langue Française, par MORLET et RICHARDOT, agrégés de l'Université.
- Cours élément. (élève), in-12, cart. » 75
- — — (maître), in-12, cart. 1 25
- Cours moyen (élève), in-12, cart. 1 25
- — — (maître), in-12, cart. 2 50
- Cours supérieur (élève), in-12, cart. 1 50
- — — (mait.), in-12, cart. 3 50

Nouveau recueil de narrations par MORLET et LEMONES, in-12, cart. 2 50

Style et Rédaction, par MORLET et DUPUIS. Livre de l'élève .... 3 »
Livre du maître, in-12. .....

La Langue française, ... toire, par ..... cart.

Notions d'étymologie française, par C. HERIS, in-12, cart. 2 50

Littérature française, principes de composition et de style, par DELTOUR inspecteur général de l'Instruction publique 2 75

Histoire de la littérature française, par TIVIEN, doyen de la Faculté des lettres de Besançon, in-12, cart. 3 50

Histoire de la littérature romaine, par DELTOUR, in-12, br. .... 4 »

Choix de morceaux traduits des auteurs latins, par DELTOUR et RINN, professeur agrégé au Lycée Condorcet, in-12, cart. .... 4 »

Histoire de la littérature grecque par DELTOUR, 2 br. .... 4 »

Choix de morceaux traduits des auteurs grecs, par LE MÊME, in-12, cart.

Morceaux choisis des classiques français du XVIe au XIXe s.
RASSAT :
- Prosateurs, in-18, cart. .... 1 »
- Poètes, in-18, cart. 1 50

Livre de lectures tirées d'auteurs modernes, par PRESSARD, professeur au lycée Louis-le-Grand, in-12, cart. 1 25

Extraits d'auteurs anciens sur l'histoire romaine, par DAUBAN, in-12, cart. 3 75

Extraits d'auteurs anciens sur l'histoire grecque, par LE MÊME, in-12, cart. 2 50

Recueil de morceaux choisis des auteurs français (prosateurs et poètes), précédés d'un tableau de la littérature, par BERNARDIN, professeur de rhét. au lycée de Janson de Sailly.
- XVIIe siècle, in-12, cart. 2 25
- XVIIIe siècle, in-12, cart. 2 25
- XIXe siècle, in-12, cart. 2 25

Extraits des économistes du ..... et XIXe siècles, par FRANCE, ... cartonné .....

(Voir à notre catalogue général les auteurs classiques prescrits pour toutes les années du cours)

HISTOIRE ET GÉOGRAPHIE

Histoire de France et ... sommaires d'histoire général, par WAHL, professeur agrégé d'histoire au lycée Lakanal .....
- ... ANNÉE. ... âge, in-12, cart. ..... 3 »
- ... ... temps modernes, in-12, ...
- ... ANNÉE. Époque contemporaine, in-12 cart. ..... 3 »

Histoire de la civilisation, par DE CROZALS, professeur à la Faculté des Lettres de Grenoble.
- 4e ANNÉE. Civilisation ancienne, Orient, Grèce, Rome, in-12, cartonné ..... 4 »
- 5e ANNÉE. Civilisation au moyen âge et dans les temps modernes, in-12, cart. ..... 4 »
- 6e ANNÉE. Civilisation contemporaine, in-12, cart. ..... 4 »

Cours de géographie, par LEVASSEUR, membre de l'Institut.
- 1re ANNÉE. Géographie générale de l'Afrique, de l'Asie, de l'Océanie et de l'Amérique, in-12, cart. 1 30
- Atlas correspondant, 34 cartes coloriées 4 50
- 2e ... Géographie générale de l'Europe, in-12, cart. .... 1 »
- Atlas corresp., in-4 écu, cart. 3 »
- ... ANNÉE. Géographie générale de la France et de ses colonies. 2 50
- Atlas corresp., in-4 écu, cart. 4 »
- ... ANNÉE. Géographie économique de la ..... cart. 2 50
- Atlas ..... cart. 4 »
- ... géographie économique ..... sous la France, in-12, ... 2 »
- Atlas corresp. in-4 écu, cart. 5 »
- 6e ANNÉE. Géographie économique de l'Afrique, de l'Asie, de l'Océanie et de l'Amérique, in-12, cart. 2 »
- Atlas corresp. in-4 écu, cart. 5 75

Imp. de la Soc. de Typ. — NOIZETTE, 8, r. Campagne-1re, Paris.

8° R
10033

ÉLÉMENTS
DE
PHILOSOPHIE SCIENTIFIQUE
ET DE PHILOSOPHIE MORALE

SOCIÉTÉ ANONYME D'IMPRIMERIE DE VILLEFRANCHE-DE-ROUERGUE
Jules Bardoux, Directeur.

COURS COMPLET
D'ENSEIGNEMENT SECONDAIRE SPÉCIAL

ÉLÉMENTS

DE

PHILOSOPHIE SCIENTIFIQUE

ET DE

PHILOSOPHIE MORALE

PAR

PAUL JANET

MEMBRE DE L'INSTITUT

PARIS
LIBRAIRIE CH. DELAGRAVE
15, RUE SOUFFLOT, 15

1890

ÉLÉMENTS
DE
PHILOSOPHIE SCIENTIFIQUE
ET DE PHILOSOPHIE MORALE

PREMIÈRE PARTIE
ÉLÉMENTS DE PHILOSOPHIE SCIENTIFIQUE

CHAPITRE PREMIER
LA SCIENCE. — LES SCIENCES. — CLASSIFICATION ET HIÉRARCHIE DES SCIENCES

1. De la science. — Les hommes, pour subvenir à leurs besoins, sont obligés de faire attention aux objets qui les environnent et aux phénomènes qui se passent devant eux. Ils voient le retour des saisons, l'alternative des jours et des nuits ; ils savent que le grain confié à la terre germera et donnera des moissons ; ils savent que l'eau devient de la glace par le froid et peut porter des corps pesants, que l'eau à l'état liquide soutient des corps flottants, etc. De ces données ils tirent des conséquences pratiques : c'est là-dessus que se fonde l'usage qu'ils font des choses ; ils prévoient l'avenir d'après le passé. Cet ensemble de notions, d'actions et de prévisions est ce qu'on appelle la *connaissance vulgaire*.

Plus les hommes sont habitués au cours régulier des

phénomènes, moins ils s'en étonnent, moins ils en cherchent la raison. Mais, parmi eux, il y a des esprits plus réfléchis que les autres. Ceux-là ne se contentent pas de savoir que les choses se passent ainsi ; ils veulent encore savoir *pourquoi* elles se passent ainsi. Celui qui se demande le pourquoi des choses est déjà un savant, et la recherche du pourquoi est la science. « Savoir, dit Aristote, c'est savoir par la cause. » Ainsi le vulgaire sait que le tonnerre se produit quand il fait très chaud et qu'il y a des nuages épais, et ordinairement une forte pluie. Le savant est celui qui sait pourquoi cela a lieu : par exemple, que la foudre est une étincelle électrique produite par la rencontre de deux nuages chargés d'électricités contraires.

La science ne recherche pas seulement le *pourquoi* des choses ; elle en recherche encore le *comment*. Ainsi le vulgaire sait bien que les corps tombent, mais le physicien nous apprend comment ils tombent : par exemple, selon la loi du mouvement uniformément accéléré.

Le comment des phénomènes est ce qu'on appelle leur *loi* ; le pourquoi est ce qu'on appelle leur *cause*. La science prise d'une manière générale est donc la *recherche des causes et des lois*.

2. Caractères de la science. — Telle est l'idée générale de la science : déterminons-en maintenant les caractères particuliers.

1° La science ne s'occupe que de ce qu'il y a de *général* et de *permanent* dans les choses. « Il n'y a pas de science du particulier ; il n'y a pas de science de ce qui passe. » Tel est l'axiome qu'Aristote répète souvent. En effet, quoique l'observation porte toujours sur quelque fait particulier et passager, sur quelque individu, cependant ce n'est pas ce fait passager, ce n'est pas cet individu qui est l'objet de la science : ce sont tous les phénomènes semblables ; ce n'est point la chute de tel corps que l'on étudie, mais celle de tous les corps ; ce n'est pas l'organisation de tel cheval (Bucéphale ou Rossinante) : c'est l'organisation du cheval en général. C'est donc le général et le permanent que l'on étudie dans le particulier et dans le passager. Il en est de même en mathématiques : l'objet de la démonstration n'est pas la figure tracée sur le tableau, mais cette figure n'est que l'image de toutes les figures semblables ; les chiffres donnés pour telle addition ou telle soustraction ne sont qu'un exemple des règles qu'il faut suivre dans toute addition et dans toute soustraction.

2° La science est un *enchaînement* de propositions.

La science commence par des propositions séparées et sans lien. On découvre d'abord tel fait, puis tel autre. Souvent la science reste immobile, parce qu'on n'a découvert aucun lien entre les faits. Thalès avait découvert, dit-on, que l'ambre, quand elle est frottée, a la propriété d'attirer les corps légers. Mais ce fait, n'étant rapproché d'aucun autre semblable, était resté isolé. C'est seulement au XVI° siècle que Gilbert découvrit la même propriété dans d'autres substances : le verre, la résine, la soie, etc. Enfin l'on découvrit l'existence de deux électricités contraires ; et l'on arriva à cette loi fondamentale : *les électricités de même nom se repoussent ; les électricités de nom contraire s'attirent*. Tous les phénomènes pouvant être ainsi rapprochés et liés dans une loi générale, la science de l'électricité existait.

Nous verrons plus tard qu'il y a deux sortes de sciences : les sciences rationnelles, comme les mathématiques, et les sciences expérimentales, comme la physique et la chimie. Dans les unes l'enchaînement des propositions se fait par le moyen du raisonnement ; elles se déduisent les unes des autres, parce qu'elles sont contenues les unes dans les autres. C'est un enchaînement *logique*. Dans les autres, la liaison se fait par l'induction ; les phénomènes sont rapprochés et liés par une loi commune et par une cause commune : c'est un enchaînement *expérimental*. Dans les deux cas, il y a toujours un ensemble de propositions se rattachant à une même matière, et groupées autant que possible autour d'une même idée ; en un mot, il y a *enchaînement*.

Au reste, nous verrons aussi que les sciences expérimentales elles-mêmes, à mesure qu'elles se développent et se perfectionnent, tendent à devenir rationnelles. C'est ainsi que la physique est devenue mathématique.

On n'affirme pas d'ailleurs que dans toute science toutes les propositions s'enchaînent les unes aux autres d'une manière continue et sans interruption ; non, car la science alors serait achevée et complète ; on veut dire simplement qu'elles tendent à cet enchaînement.

3° La science est *objective* et *impersonnelle*. Nous entendons par là que la science a pour but de reproduire les choses telles qu'elles sont, abstraction faite des impressions individuelles de celui qui fait la science. Par exemple, le savant qui détermine la température d'un lieu n'entend pas par là dire que lui-même ou tout autre individu aura chaud ou froid en entrant dans ce lieu ; car la sensation dépend de l'organisation de chacun, de l'état de sa santé, du milieu dont il sort, etc. Il veut dire simplement que dans ce lieu la colonne thermométrique a monté ou descendu à tel niveau, ce qui est tout à fait indépendant de la sensation individuelle.

3. La poésie, la religion et la science. — A l'origine, la science se confond plus ou moins avec la poésie et avec la religion. Les premiers hommes pensent, prient et chantent en même temps ; mais bientôt ces diverses applications de l'âme se divisent et se séparent. La poésie crée des images et des tableaux différents de la réalité ; la religion cherche à pénétrer par le sentiment les mystères d'un autre monde ; la science se rend compte, autant qu'il est possible à l'homme, du pourquoi et du comment. L'objet de la poésie est la *fiction* ; l'objet de la religion est la *foi* ; l'objet de la science est l'*explication*. *Rêver* l'idéal, *croire* à l'inconnu, *comprendre* le vrai, telles sont les trois grandes formes de la pensée humaine.

4. Essais divers de classifications des sciences. — A l'origine, il n'y a qu'une science, parce que les hommes, considérant l'univers comme un tout, croient pouvoir à la fois et d'un seul coup en pénétrer le secret. Mais peu à peu ils s'aperçoivent de la complexité du problème ; ils voient que l'univers, malgré son unité, est composé d'un nombre infini d'objets ; et chacun de ces objets, pris à son tour comme une unité, paraît encore trop considérable et se subdivise également.

C'est ainsi que la science se décompose en autant de sciences qu'il peut y avoir d'objets distincts et séparés ; ce sont *les sciences* particulières ; et ces sciences sont devenues tellement nombreuses, que l'on a éprouvé le besoin de les coordonner, de les grouper, d'en former des genres et des espèces ; en un mot, on a essayé de les *classer*.

De là plusieurs tentatives de classifications des sciences. Nous ne citerons que les plus célèbres, en nous en tenant au principe de chacune d'elles.

Classification d'Aristote. — La première classification est celle d'Aristote. Il y a, suivant lui, trois modes possibles de développement pour un être intelligent : *savoir, agir* et *faire* ; la *science*, la *pratique* et l'*art*. — De là trois sortes de sciences : la science *spéculative* (savoir), la science *pratique* (agir), la science *poétique* (faire ou produire).

Les sciences poétiques et les sciences pratiques ont un caractère commun : c'est de s'adresser à un objet *contingent*, c'est-à-dire qui peut être ou ne pas être, en un mot qui dépend de la volonté. Les sciences spéculatives s'adressent à un objet *nécessaire* et *immuable* qui ne dépend pas de la volonté.

Quelle est maintenant la différence entre les sciences *poétiques* et les sciences *pratiques* ? Les unes ont pour objet l'*art*, les autres l'*action*. L'art a sa fin dans un objet placé hors de l'agent (un tableau, une statue, un discours) ; l'action a sa fin dans l'agent lui-même.

Les sciences poétiques sont au nombre de trois : la *poétique*, la *rhétorique*, la *dialectique*.

Les sciences pratiques sont également au nombre de trois : l'*éthique*, l'*économique* et la *politique*.

Enfin les sciences spéculatives sont aussi au nombre de trois : la *physique*, les *mathématiques*, la *philosophie première* ou *théologie*.

Cette classification est savante et profonde ; mais elle ne peut plus être employée aujourd'hui. Pourquoi ? C'est que des trois groupes les deux premiers, à savoir les sciences poétiques et les sciences pratiques, n'ont pris que peu d'accroissement depuis Aristote. Au contraire le domaine des sciences spéculatives a prodigieusement augmenté. Il n'y a plus de proportion entre les différents groupes. De plus, il y a un groupe de sciences qui n'est pas même mentionné par Aristote : ce sont les sciences historiques. Enfin les sciences poétiques et pratiques sont des arts plutôt que des sciences.

Classification de Bacon. — Bacon classe les connaissances humaines d'après les facultés de l'âme. Il y a, suivant lui, trois facultés principales : la *mémoire*, l'*imagination* et la *raison*. De là trois grandes divisions : l'*histoire*, la *poésie* et la *philosophie*.

L'histoire a pour objet le particulier, l'individuel, soit dans la nature, soit dans l'homme. De là deux sortes d'histoires : l'histoire *naturelle* et l'histoire *civile*.

La poésie a pour objet également l'individuel et le particulier, non tel qu'il est dans la réalité (comme dans l'histoire), mais combiné et arrangé par la fiction. Il y a trois grandes classes de poésie : la *narrative* ou l'*épique*, la *dramatique* et la *parabolique* ou *allégorique*.

Enfin la philosophie a trois objets : Dieu, la nature et l'homme. De là trois parties : la *philosophie naturelle*, la *physique* et la *philosophie morale*.

La division générale de Bacon est inadmissible. Il n'y a pas de science qui ne se fasse que par la mémoire. Dans toute science il faut de la mémoire pour retenir les faits. De plus, il n'y a aucune analogie entre l'histoire naturelle et l'histoire civile. La première se rattache évidemment à la science de la nature, la seconde à la science de l'homme. Mais on peut admettre la sous-division de

Bacon, à savoir la division de la philosophie en trois grands objets : Dieu, la nature et l'homme.

Classification de Descartes. — Descartes considère toute la philosophie comme un arbre dont les racines sont la métaphysique, dont le tronc est la physique, tandis que les branches qui sortent de ce tronc constituant les autres sciences, se réduisent à trois principales : la médecine, la mécanique et la morale.

Cette classification, trop générale, ne tient, pas plus que celle d'Aristote, compte des sciences historiques; elle n'établit pas une démarcation suffisante entre la métaphysique et la physique; elle fait une place trop considérable à la médecine; elle ne distingue pas la connaissance des êtres vivants de celle des êtres inorganiques.

Classification d'Ampère. — Ampère divise l'objet de la science en deux grands groupes : d'une part, le *monde matériel*; de l'autre, la *pensée* ou le *monde moral*. De là deux grands groupes de sciences : les sciences *cosmologiques* et les sciences *noologiques*[1].

Il y a, suivant Ampère, dans toute science, deux choses à distinguer : 1° les *objets*; 2° les *lois*; par exemple, la physique se divisera en *physique générale élémentaire* et en *physique mathématique*. De plus, chacun de ces deux termes se subdivise en deux, suivant que l'on considère : 1° le point de vue *apparent*; 2° le point de vue *caché*; d'où il suit que, pour toutes les sciences, il y a toujours quatre divisions distinctes. Ces distinctions sont tout à fait artificielles. Il est impossible de distinguer les sciences qui ne porteraient que sur des objets et les sciences qui ne porteraient que sur des lois : par exemple, en physique, si élémentaire que soit la science, elle comporte toujours l'énoncé de quelque loi ; mais il est encore bien plus difficile de séparer ce qui est apparent de ce qui est caché. Toute science part de l'apparent; mais elle passe immédia-

---

1. Cosmologiques, du mot grec *cosmos*, monde ; noologiques, du du mot grec *nous*, esprit.

tement au caché. Cette distinction peut avoir lieu en astronomie ; mais partout ailleurs elle est tout à fait arbitraire. Ampère veut appliquer aux sciences les grandes catégories qui ont été employées en histoire naturelle et notamment en zoologie, à savoir celle des *sous-règnes*, des *embranchements*, des *ordres*, des *familles*, etc.

Il est douteux que les sciences puissent se classer d'une manière aussi systématique. Ampère cependant l'a essayé.

Il admet *dans chaque règne* deux sous-règnes : les sciences cosmologiques se divisent en sciences *cosmologiques proprement dites*, ou sciences de la matière inorganique, et sciences *physiologiques*, ou sciences de la vie.

De même les sciences noologiques se divisent en sciences *noologiques proprement dites*, et sciences *sociales*. Inutile de pousser plus loin cette analyse, trop compliquée. Le défaut général de la classification d'Ampère, c'est que les divisions qu'il propose, au nom de certains points de vue abstraits, ne cadrent pas avec les divisions réelles.

Classification d'Auguste Comte. — Auguste Comte a proposé, de son côté, une classification toute différente de celle d'Ampère, mais beaucoup plus simple, parce qu'elle se borne à l'indication des sciences fondamentales.

Il faut distinguer les *sciences* et les *arts*, la spéculation et la pratique. La science a pour objet le vrai, non l'utile. L'art se déduira de la science, et d'ailleurs un même art peut souvent résulter de plusieurs sciences, comme une même science peut donner naissance à différents arts.

Dans la spéculation, il faut faire encore une nouvelle distinction. Il y a : 1° d'une part, les sciences abstraites, générales, qui ont pour objet la découverte des lois ; 2° les sciences concrètes, particulières, qui sont l'application de ces lois aux êtres qui existent dans la nature. Par exemple, d'une part la chimie, de l'autre la minéralogie ; d'une part la physiologie générale ou biologie, de l'autre la botanique ou la zoologie.

Auguste Comte se borne à la classification des sciences abstraites ou fondamentales. Il pose ce principe que les sciences doivent aller du simple au composé ; qu'il faut donc les distinguer en partant des phénomènes les plus simples et par là même les plus généraux, et de là s'élever aux phénomènes les plus complexes et les plus particuliers.

D'après ce principe, on divisera d'abord les phénomènes en deux grands groupes : 1° les phénomènes des corps bruts ; 2° les phénomènes des corps vivants. Ceux-ci sont plus compliqués que les premiers, parce qu'ils en dépendent ; ceux-là, au contraire, ne dépendent pas des seconds ; donc les phénomènes inorganiques doivent être étudiés avant les phénomènes des corps vivants.

Il y aura donc deux physiques : 1° la physique *inorganique* ; 2° la physique *organique*.

La première se subdivise en deux parties, suivant qu'elle étudiera les phénomènes les plus généraux de l'univers ou *physique céleste* (astronomie) et les phénomènes particuliers de la terre ou physique *terrestre*.

La physique terrestre se subdivise à son tour en deux parties, suivant qu'elle étudie dans les phénomènes le point de vue *mécanique* et le point de vue *chimique*. De là la *physique proprement dite* et la *chimie*.

Même division dans les sciences des êtres organisés : suivant que l'on considère l'individu et l'espèce. De là deux sortes de sciences : la *biologie* proprement dite, ou science de la vie dans l'individu en général, et la *physique sociale* ou *sociologie*, qui considère les groupes sociaux, et en particulier le groupe humain.

Nous avons donc jusqu'ici cinq grandes sciences : l'*astronomie*, la *physique*, la *chimie*, la *biologie* et la *sociologie*, subordonnées les unes aux autres en raison de leur ordre de simplicité et de généralité.

Mais ces cinq sciences en supposent une sixième qui est la base de toutes les autres, à savoir la *mathématique*, qui a pour objet la quantité mesurable, et principalement le nombre, l'étendue et le mouvement. Cette science doit être placée la première : d'abord comme méthode générale indispensable à toutes les autres, et ensuite comme s'occupant des faits les plus généraux et les plus simples.

On commencera donc par les mathématiques. On s'élèvera de là à la physique céleste ou astronomie; puis, abordant les phénomènes terrestres, on étudiera la physique avant la chimie. De la chimie on passera à la physiologie, ou biologie, et on finira par la sociologie, qui comprend l'histoire et toutes les sciences politiques.

Le principal mérite de cette classification est la clarté et la netteté; mais elle se borne aux titres de chapitres et laisse entièrement indéterminées les limites des sciences particulières.

Elle néglige complètement, d'ailleurs, la philosophie proprement dite. Elle prend pour accordé qu'il n'y a pas de différence entre les phénomènes extérieurs et matériels et les phénomènes mentaux. Elle absorbe les sciences morales dans les sciences physiques.

En outre, elle prend encore pour accordé que l'homme ne doit s'occuper que de l'univers, et qu'il n'y a pas à remonter au delà; elle supprime la recherche des causes premières.

M. Herbert Spencer a essayé de corriger la classification d'Auguste Comte; mais sa théorie est si compliquée qu'il est difficile d'en rendre compte en quelques mots : on en trouvera l'analyse à l'*Appendice*.

5. **Classification des sciences.** — Toutes les tentatives de classification systématique des sciences paraissent avoir échoué, au moins en partie. Il reste à exposer la classification de fait, celle qui s'est produite spontanément et par la nature des choses, et qui, si empirique qu'elle puisse être, paraît cependant la plus conforme à la réalité; car il est vraisemblable que les savants se sont groupés ou divisés, selon que les phénomènes qu'ils étudiaient étaient semblables ou différents.

La division principale est celle qui a été établie par Ampère entre les sciences *cosmologiques* et les sciences *noologiques*, c'est-à-dire entre les sciences mathématiques, physiques et naturelles, et les sciences *morales*, *politiques* et *historiques*.

Cette division repose sur la distinction de la nature et de l'homme, l'homme lui-même d'ailleurs, faisant partie de la nature par son corps, mais se distinguant des autres êtres par la faculté qu'il a de se connaître lui-même et de connaître tout le reste.

Les sciences cosmologiques se divisent en trois groupes :

1° les *mathématiques*, ayant pour objet la quantité, c'est-à-dire tout ce qui est susceptible d'augmentation et de diminution ; seulement il ne suffit pas qu'une chose soit plus ou moins grande pour être l'objet des mathématiques ; il faut encore qu'elle soit susceptible de mesure, c'est-à-dire qu'on puisse comparer cette quantité à une quantité connue et fixe appelée *unité*. Il y a trois sortes d'objets susceptibles de mesure : le nombre, l'espace et le mouvement. De là trois grandes sciences mathématiques : l'arithmétique, la géométrie et la mécanique. La science plus générale qui sert d'instrument et de méthode à toutes les autres est l'algèbre, qui a pour objet la *quantité en général*, sans distinction d'espèce ; à l'algèbre vient se joindre le *calcul infinitésimal*, qui en est la partie la plus subtile et la plus élevée.

2° Les sciences *physiques* et *naturelles*.

Si nous passons de l'abstraction à la réalité, les premiers objets qui se présentent à nous et sur lesquels l'attention des hommes a dû se porter, ce sont les *corps* ; et comme il y a deux sortes de corps, les corps *bruts* ou *inorganiques*, et les corps *organisés* ou *vivants*, il y aura deux sortes de sciences : la science des êtres vivants, ou BIOLOGIE, et la science des corps non vivants, que nous appellerons PHYSIQUE.

Il y a deux sortes d'êtres qui vivent : les plantes et les animaux ; il y aura donc deux sciences biologiques : la BOTANIQUE et la ZOOLOGIE.

6. Choses et phénomènes. — Quant à la science, ou aux sciences de ce qui ne vit pas, la division est plus délicate.

Nous dirons d'abord que dans la nature on peut distinguer deux points de vue : ou les *choses* elles-mêmes, ou les *phénomènes*. Ainsi une pierre est une chose, un métal est une chose ; l'eau, l'air, sont des choses. Mais le son, la lumière, la chaleur, ne sont que des phénomènes. Pour qu'il y ait son, lumière, chaleur, il faut qu'il y ait des choses sonores, lumineuses, échauffées. Ainsi les phénomènes ne sont pas par eux-mêmes et supposent des choses. Cependant ils peuvent être observés et étudiés indépendamment des choses. La science des *phénomènes* généraux de la nature est la PHYSIQUE *proprement dite;* les savants qui s'occupent de ces phénomènes, de leurs causes et de leurs lois sont appelés *physiciens.*

7. Les astres. La terre. Les minéraux. Corps simples et composés. — Quant à l'étude des *choses,* elle se subdivise à son tour ainsi qu'il suit :

Si nous élevons les yeux au-dessus de nos têtes, nous apercevons une multitude de corps lumineux dont le nombre et les mouvements nous étonnent ; ce sont les *astres.* La science des astres s'appelle ASTRONOMIE.

Parmi ces astres, le seul que nous connaissions directement, c'est la *terre,* et la science qui y correspond est la GÉOLOGIE. Les divers objets matériels qui sont à la surface de la terre ou qui en forment la composition, sont ce que l'on appelle des *minéraux,* et ils sont l'objet de la MINÉRALOGIE. Maintenant l'expérience nous apprend que ces corps changent de structure et de propriétés, suivant qu'on en associe ou qu'on en sépare les éléments. La science qui a pour objet les *compositions* et les *décompositions* des corps, qui par l'analyse redescend des composés à leurs éléments, et par la synthèse remonte de ces éléments aux composés, s'appelle la CHIMIE.

8. Les sciences morales. — Toutes les sciences précédentes ont pour objet le monde physique ; car les notions mathématiques elles-mêmes sont tirées du monde physique ou s'y appliquent. Mais le monde physique est-il tout ? N'y a-t-il pas un autre ordre de faits et de vérités que l'on appelle le monde moral, et qui mérite tout autant que le premier, et plus peut-être, l'étude des savants?

Parmi les êtres qui couvrent la surface de la terre, il en est un qui nous intéresse particulièrement, puisque c'est nous-mêmes. Cette classe d'êtres est ce que l'on appelle l'*espèce humaine*, le *genre humain*, l'*homme*. Considéré du dehors, l'homme se présente à nous comme semblable aux autres êtres qui l'entourent : c'est un corps; il ressemble aux animaux, vit, naît et meurt comme eux. Lorsqu'on ouvre son corps, on voit qu'il est organisé de la même manière que les animaux supérieurs : c'est un mammifère, un vertébré. A ce titre il appartient, comme objet, à une science déjà connue et mentionnée plus haut, la zoologie. Jusqu'ici rien de nouveau.

Mais si l'homme, par son organisation physique, fait partie du règne animal, il est certain qu'il se distingue des autres animaux par des caractères essentiels: et d'ailleurs, dans l'animal lui-même, il y a des qualités, des aptitudes, qui ne sont pas purement physiques. Ces aptitudes, qui sont dans l'homme bien autrement développées, sont ce que nous appellerons le *moral*.

L'homme, comme être moral, peut être considéré à plusieurs points de vue différents:

1° Tandis que, chez les animaux, les individus diffèrent peu les uns des autres, et mènent par conséquent une vie presque entièrement semblable et uniforme, dans l'humanité, au contraire, l'individu ayant pris une grande importance, il s'ensuit une grande diversité dans la vie de chacun, et comme résultante de toutes ces actions diverses, une grande diversité d'*événements*. Puis, l'homme étant doué de la mémoire réfléchie, de la faculté de mesurer le temps, de la parole et de l'écriture, il commence par raconter oralement, puis il consigne par écrit tous les événements qui l'intéressent ou qui intéressent sa famille, sa tribu, sa nation, et enfin l'humanité: de là une science, ou plutôt un groupe de sciences que l'on appelle

HISTOIRE ou SCIENCES HISTORIQUES (histoire, archéologie, épigraphie, numismatique, géographie).

2° Tandis que l'animal ne possède que le langage inarticulé ou le *cri*, l'homme possède le langage articulé ou la *parole*. La parole se modifie suivant les temps et les lieux et donne naissance à ce qu'on appelle les *langues*. De là un nouveau groupe de sciences, ou SCIENCES PHILOLOGIQUES (philologie, étymologie, paléographie, etc.).

3° Enfin, tandis que l'animal ou vit isolé ou, s'il vit en groupe, ne paraît pas doué de la faculté de réfléchir sur la société dans laquelle il vit, l'homme vit en *société;* il forme des *États*, des *cités*, des républiques. Il se donne à lui-même des lois. Institutions, lois, richesse publique et privée, autant de faits donnant naissance à un troisième groupe de sciences: SCIENCES SOCIALES ET POLITIQUES (politique, jurisprudence, économie politique, etc.).

9. L'esprit humain. — Les sciences que nous venons de signaler, à savoir : les sciences *historiques, philologiques, politiques,* sont ce que l'on appelle des sciences *morales;* mais elles ne sont pas toutes les sciences morales et elles sont loin d'épuiser la science de l'humanité. Demandons-nous s'il n'y a pas encore un point de vue sous lequel la nature humaine peut être considérée, et qui se distingue des points de vue précédents.

Nous avons distingué le moral du physique. Mais que doit-on appeler le *moral?* — On appelle *faits moraux* de la nature humaine ceux qui ne peuvent jamais être atteints directement par les sens et qui ne sont connus qu'intérieurement par celui qui les éprouve, par exemple la *pensée*, le *sentiment*, la *volonté*. Or les sciences précédentes n'étudient encore que les manifestations *extérieures* des faits moraux, mais elles ne les étudient pas en eux-mêmes. Le langage, expression de la pensée, n'est pas cependant la pensée. Les événements historiques, effets des passions et des volontés des hommes, ne sont cependant ni ces passions, ni ces volontés. Les sociétés humaines, manifestations de l'instinct de sociabilité et organes de la justice, ne sont cependant ni la sociabilité ni la justice. Enfin tous les faits sociaux, historiques, linguistiques, sont le *dehors* de l'esprit humain, ils ne sont pas l'esprit humain.

On appelle *esprit humain* l'ensemble des facultés intellectuelles et morales de l'homme, telles qu'elles se manifestent intérieurement à chacun de nous à mesure qu'il les exerce. Quand je pense, je sais que je pense; quand je souffre, je sais que je souffre; quand je veux, je sais que je veux : et nul autre ne le sait que moi, ou par moi, autrement le mensonge serait impossible. Cet avertissement intérieur qui accompagne chacun de nos actes intérieurs s'appelle la *conscience* ou le *sens intime*. Le principe intérieur qui s'attribue ces actes intérieurs, et qui se traduit grammaticalement par le pronom de la première personne, je ou moi, s'appelle le *moi*, ou le *sujet*, ou enfin l'*âme*. Tout ce qui a rapport au sujet, c'est-à-dire au moi, c'est-à-dire au principe intérieur qui a conscience de lui-même, s'appelle *subjectif*; réciproquement, tout ce qui est en dehors du moi est pour lui *objectif*, lui sert d'objet. Toutes les sciences morales qui étudient l'homme par le dehors (langage, faits historiques ou sociaux) se placent encore au point de vue *objectif*. Il reste donc à faire l'étude de l'homme au point de vue subjectif, c'est-à-dire l'étude de l'âme elle-même.

De là une science ou un groupe de sciences que l'on appellera SCIENCES PSYCHOLOGIQUES.

10. Premiers principes et premières causes. — Nous avons vu que chaque science est constituée lorsqu'elle a un objet *distinct* et *déterminé*. Pour établir les sciences particulières nous sommes obligés de diviser, de séparer la nature en compartiments. Chaque science étant ainsi placée à un point de vue exclusif et spécial, l'unité des choses lui échappe; les ensembles s'effacent; les rapports et les liens sont sacrifiés. Il y a donc un besoin légitime de l'esprit qui n'est pas satisfait par les sciences spéciales et qui demande sa satisfaction, à savoir le besoin de *synthèse*. A quelles conditions ce besoin de synthèse sera-t-il satisfait ?

1° Tout le monde sait que dans toute science les faits et

les lois qui constituent la partie positive de la science supposent ou suggèrent un certain nombre de considérations théoriques et générales que l'on appelle ordinairement la philosophie de cette science : c'est la liaison de ces considérations entre elles, c'est la réduction de ces principes de chaque science à des principes plus élevés, c'est cela même qui peut constituer l'objet d'une science supérieure. — 2° Lorsque l'on réfléchit sur ces principes des sciences, on s'aperçoit qu'ils impliquent un certain nombre de notions générales, fondamentales, qui sont en quelque sorte l'essence même de l'esprit humain. Elles sont communes à toutes les sciences et inhérentes à la pensée humaine. Elles se mêlent à tous nos jugements, comme elles sont aussi mêlées à toute réalité. Ce sont, par exemple, les notions d'existence, de substance, de cause, de force, d'action et de réaction, de loi, de but, de mouvement, de devenir, etc. Ainsi ces principes, que l'on trouve à la racine de toutes les sciences, sont en même temps les principes de la raison humaine, et soit qu'on les considère à l'un ou à l'autre point de vue, il y a une science des *premiers principes*. — 3° Ce n'est pas tout. Non seulement les sciences étudient les *lois* ou *principes,* mais elles étudient les *causes*. Or chaque science n'étudie que des causes particulières, et ces causes elles-mêmes doivent avoir leurs causes. Mais peut-on s'élever de cause en cause sans jamais en rencontrer de dernière? Si nous cherchons la cause de toutes les choses de l'univers, prises séparément, n'y a-t-il pas lieu de chercher la cause de l'univers tout entier? Si donc il y a une science des premiers principes, il y en a une aussi des *premières causes :* ou plutôt c'est la même, car principes et causes ne diffèrent que par abstraction.

Il y a donc une science qui est la science de ce qu'il y a de plus général dans toutes les autres, la science des conceptions fondamentales de l'esprit humain, la science de l'être en tant qu'être, la science des premiers principes et des premières causes. C'est cette science que l'on est convenu d'appeler, depuis Aristote, la MÉTAPHYSIQUE.

11. Double objet de la philosophie. L'homme et Dieu. Unité de ces deux objets. — Il résulte des recherches précédentes qu'il y a au moins deux objets qui sont restés en dehors du cadre des sciences proprement dites. Ces deux objets sont : 1° l'esprit humain, présent à lui-même par la conscience ; 2° les plus hautes généralités possibles, que nous avons appelées, avec Aristote, les premiers principes et les premières causes. On appelle PHILOSOPHIE la science ou les sciences qui s'occupent de ces deux objets ; et il y aura par conséquent deux sortes de philosophie : 1° *la philosophie de l'esprit humain*; 2° *la philosophie première* ou *métaphysique*.

12. Hiérarchie des sciences. — La classification des sciences conduit à leur *hiérarchie*. On peut entendre par là soit l'ordre dans lequel ces sciences doivent être étudiées, soit l'ordre de dignité de chacune d'elles. Pour ce qui est de l'ordre de dignité, le débat est difficile ; car aucune science ne voudra se reconnaître inférieure aux autres. Il suffira d'examiner leur dépendance logique.

Auguste Comte, après avoir divisé les sciences, s'est occupé de les classer d'après leur dépendance logique. Il part de ce principe que la hiérarchie des sciences doit aller du *simple* au *composé*, c'est-à-dire qu'à la base doivent être placées les sciences qui s'occupent des objets les plus simples et les plus abstraits, et qu'à mesure que l'objet devient plus complexe, on s'élève à une science supérieure. D'après ce principe, on obtient, suivant Auguste Comte, la hiérarchie suivante : 1° les *mathématiques*, qui s'occupent de ce qu'il y a de plus abstrait et de plus général, la *quantité* (nombre et étendue), et qui fait abstraction de toute corporéité ; 2° l'*astronomie*, qui s'occupe des corps célestes, lesquels, par leur éloignement même, nous paraissent comme des points géométriques en mouvement, ce qui fait que cette étude est surtout une étude de géométrie, et de mécanique ; 3° la *physique*, qui s'occupe des phénomènes que manifestent les corps inorganiques, phénomènes beaucoup plus compliqués que les phénomènes astronomiques; 4° la *chimie*, qui traite des compositions et des décompositions des corps, lesquelles sont subordonnées aux phénomènes physiques (chaleur, lumière, électricité) et sont beaucoup plus cachées et beaucoup plus difficiles à comprendre que les phénomènes physiques proprement dits; 5° la *biologie* ou physiologie, qui s'occupe des êtres vivants, c'est-à-dire d'êtres qui, manifestant d'abord des phénomènes physiques et chimiques, en ajoutent d'autres encore qui sont les phénomènes de la *vie*; 6° enfin la *sociologie*, ou science de la société, qui vient ajouter l'étude d'un fait nouveau à tous ceux qui précèdent, à savoir le fait de la société.

Cette théorie générale d'Auguste Comte offre certains avantages. Il est rationnel de coordonner les sciences d'après leur ordre de complexité et de généralité; et l'on peut dire qu'en général les phénomènes les plus complexes dépendent des phénomènes les plus simples, et par conséquent que l'étude des sciences supérieures suppose logiquement celle des sciences inférieures (quoiqu'il y ait aussi à considérer souvent un ordre inverse). Mais ce qui manque à la classification de Comte, et par conséquent à la hiérarchie établie par lui, c'est surtout de mettre à part les sciences morales et philosophiques, comme constituant un domaine supérieur aux sciences physiques, et même aux sciences biologiques. Ce n'est pas assez de représenter ces sciences morales par la sociologie. La psychologie, la logique, la morale, la métaphysique, enfin la philosophie tout entière doivent occuper le haut de l'échelle, soit que l'on se place au point de vue de la complexité des problèmes et des objets, soit qu'on se place au point de vue de leur dignité et de leur importance. Nous admettrions donc comme sixième science fondamentale la philosophie, dont la sociologie elle-même ne serait qu'une partie. Quant à l'histoire proprement dite, elle serait à l'égard de la sociologie, ou science sociale, ce qu'est l'histoire naturelle (botanique et zoologie) à l'égard de la biologie.

CHAPITRE II

LES SCIENCES MATHÉMATIQUES

Les sciences mathématiques. — Leur division, leur objet. — Méthode des mathématiques. — Définitions. — Axiomes. — Le raisonnement. — Analyse et synthèse. — Analyse méthode de décomposition. — Analyse des géomètres. — Les deux analyses réduites à une seule. — De la méthode des géomètres. — Du rôle des axiomes et des définitions en mathématiques. — De l'évidence mathématique doctrine de Dugald-Stewart et de Kant. — Défauts de la méthode des géomètres. — De l'élégance en géométrie.

13. Leur division; leur objet. — La première question à résoudre dans la philosophie d'une science, c'est d'en donner la définition.

La définition la plus généralement reçue des mathématiques est celle-ci : les mathématiques sont la *science des grandeurs*. Cette définition est vraie au fond; mais elle est superficielle et demande explication.

De quelles grandeurs s'agit-il en mathématiques ? Est-ce de toute grandeur en général ? Non ; car alors tout serait objet des mathématiques, puisque tout est grandeur, si du moins on se contente de définir la grandeur comme on le fait d'ordinaire : « ce qui est susceptible d'augmentation et de diminution; » car cela s'applique à tout; une chose peut être *plus ou moins* belle, une action *plus ou moins* bonne, un plaisir *plus ou moins* vif, un homme *plus ou moins* spirituel; ce ne sont pas là des grandeurs mathématiques. Pourquoi? C'est que ce ne sont point des grandeurs *mesurables*. Qu'est-ce qu'une grandeur mesurable, et, en général, qu'est-ce que *mesurer* ? C'est comparer une grandeur quelconque à une grandeur donnée prise pour unité. Mesurer une route, c'est comparer la longueur de la route à une unité de longueur que l'on appelle le *mètre*, et dire combien de fois elle comprend cette unité. Mais qui pourra dire, par exemple, combien de fois le talent de Catulle est contenu dans le génie d'Homère[1]?

Il n'y a donc que les grandeurs mesurables qui soient l'objet des mathématiques. De là cette nouvelle définition : c'est la science *de la mesure des grandeurs*.

Cette définition est plus juste que la précédente ; mais elle est encore superficielle. En effet, mesurer ne semble guère en réalité qu'une opération purement mécanique. Or c'est là l'objet d'un *art*, non d'une *science*. L'arpentage n'est pas la géométrie. C'est l'arpenteur qui mesure ; c'est le géomètre qui fournit les moyens de mesurer. La mesure n'est donc pas l'objet immédiat de la science. Elle n'en est que l'objet indirect et éloigné. Voyons comment elle peut devenir un objet vraiment scientifique.

La comparaison directe et immédiate d'une grandeur quelconque à l'unité est, la plupart du temps, impossible. Par exemple, si je demande combien il y a d'arbres dans une forêt, je ne puis le savoir qu'en comptant les arbres un à un, ce qui demanderait un temps infini. Il en est de même dans la plupart des cas. Prenons le plus facile : la mesure d'une ligne droite par la superposition d'une de ses parties. Cela suppose : 1° que nous pouvons parcourir la ligne, ce qui exclut les longueurs inaccessibles (par exemple la distance des corps célestes) ; 2° que la ligne ne soit ni trop grande ni trop petite, qu'elle soit convenablement située : par exemple horizontale, non verticale. Si cela est vrai des lignes droites, cela est vrai à plus forte raison des lignes courbes, des surfaces, des volumes, et à

---

1. A quels caractères reconnaît-on qu'une grandeur est mesurable? Pour qu'une grandeur soit mesurable, il faut et il suffit que l'on sache définir ce que c'est que l'*égalité* et l'*addition* de deux grandeurs de cette espèce; en effet, pour mesurer une grandeur, il faut reproduire un certain nombre de fois l'unité, ce qui exige que l'on sache ce que c'est que l'*égalité*, et l'ajouter à elle-même, ce qui exige que l'on sache ce que c'est que l'*addition*. On reconnaît à ces caractères, par exemple, qu'une ligne droite est une grandeur mesurable, tandis qu'une sensation n'est pas une grandeur mesurable.

plus forte raison encore des vitesses, des forces, etc. Comment toutes ces quantités peuvent-elles être mesurées? C'est là le problème qui rend nécessaires les mathématiques.

Les mathématiques, dans leur essence même, ont donc pour objet de ramener les grandeurs non immédiatement mesurables à des grandeurs immédiatement mesurables. C'est par là qu'elles sont une science. En effet, l'intervalle qui sépare une grandeur à mesurer de la grandeur immédiatement mesurable peut être plus ou moins grand. De là une série de réductions, depuis la grandeur la plus éloignée jusqu'à la plus prochaine; et c'est la réduction de ces grandeurs les unes aux autres qui constitue la science; soit, par exemple, à mesurer la chute verticale d'un corps pesant. Il y a ici deux quantités distinctes : la hauteur d'où le corps est tombé, et le temps de la chute. Or, ces deux quantités sont liées l'une à l'autre; elles sont, comme on dit en mathématiques, *fonctions* l'une de l'autre. D'où il suit que l'on peut mesurer l'une par l'autre; par exemple dans le cas d'un corps tombant dans un précipice, on mesure la hauteur de la chute par le temps qu'il met à tomber; en d'autres cas, au contraire, le temps, n'étant pas directement observable, sera déduit de la hauteur. Si donc on trouve une loi qui lie ces deux quantités et qui permette de conclure de l'une à l'autre, on aura réduit une grandeur non mesurable directement à une autre qui peut l'être. C'est là un problème mathématique. Autre exemple. Comment mesurer la distance des corps célestes, qui sont inaccessibles? On regardera cette distance comme faisant partie d'un triangle, dont on connaîtra un côté et deux angles. Or, la géométrie nous apprend dans ce cas à découvrir les deux autres côtés du triangle, et par conséquent nous donne le moyen de construire le triangle dans lequel il suffira de tirer une ligne du sommet à la base pour avoir la distance réelle. Maintenant, la distance étant connue, on peut, du diamètre apparent conclure le diamètre réel, passer de là au volume, et même au poids, en y ajoutant d'autres éléments.

En résumé, comme le dit Auguste Comte,[1] les mathématiques ont pour objet la mesure indirecte des grandeurs. On s'y propose de déterminer les grandeurs les unes par les autres, d'après les relations précises qui existent entre elles.

C'est à ce titre que la mathématique est une science, et non un art, comme il semblait d'abord. C'est une science, parce qu'elle cherche à déterminer entre les grandeurs des relations constantes, ce qui suppose un enchaînement d'opérations intellectuelles plus ou moins compliquées, selon le nombre des intermédiaires à introduire entre les quantités inconnues et les quantités connues, et suivant la nature des rapports qui les unissent entre elles.

Les sciences mathématiques sont : la *géométrie*, qui a pour objet l'espace et l'étendue ; l'*arithmétique*, qui a pour objet les nombres ; la *mécanique*, qui a pour objet le mouvement. Ces trois sciences sont dominées par l'*algèbre*, qui étudie, d'une manière abstraite, les grandeurs et leurs relations ; le *calcul différentiel et intégral* est la partie la plus élevée de l'algèbre ; le *calcul des probabilités* en est un cas particulier.

14. Méthode des mathématiques. — La méthode des mathématiques comprend trois parties : 1° des *définitions* par lesquelles on détermine la nature des choses dont on parle ; 2° des *axiomes* dont on part et qui sont des principes évidents par eux-mêmes ; 3° des *démonstrations* par lesquelles des définitions et des axiomes on tire des conséquences nécessaires, par lesquelles on rend évidentes des propositions qui ne sont pas évidentes par elles-mêmes.

Mais, pour bien faire comprendre ce que c'est que des définitions, des axiomes, des démonstrations, quelques notions de logique générale sont indispensables[2].

15. Définitions. — On appelle *terme* l'attribut ou le

---

1. *Cours de Philosophie positive*, 3e leçon.
2. Tout ce petit résumé de logique, depuis le § 14 jusqu'au § 22, ne pourra être bien compris que si on se rapporte à des traités de logique plus développés. Nous ne le donnons ici que pour les professeurs et les élèves qui veulent pousser un peu plus loin la théorie des méthodes.

sujet d'une proposition; l'acte de l'esprit qui correspond à chacun de ces termes s'appelle *idée*. Le terme est *singulier* quand il ne désigne qu'une seule chose, ex. : Alexandre, Charlemagne; *général ou universel*, quand il exprime une idée commune à un nombre indéterminé d'objets, comme homme, cheval; *particulier*, quand, dans un tout général, il ne s'applique qu'à un nombre indéterminé d'individus, ex. : *quelques* hommes.

On distingue dans les termes généraux ou universels l'*extension* et la *compréhension*. La compréhension est l'ensemble des caractères par lesquels l'idée représentée est distincte d'une autre idée : la compréhension du terme *homme* se compose des attributs *vivant, raisonnable, parlant*, etc. L'extension désigne l'ensemble des sujets auxquels s'appliquent ces caractères.

En comparant les termes au point de vue de l'extension,

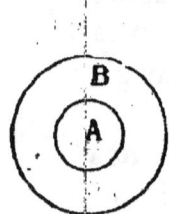

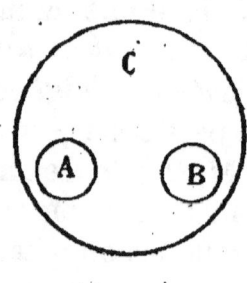

on voit qu'ils sont *subordonnés* : le terme Européens (A) a moins d'extension que le terme *hommes* (B), puisque tous les Européens sont des hommes et que les Asiatiques, les Africains, etc., qui ne sont pas des Européens, sont aussi des hommes. Ou bien ils sont *coordonnés*, comme courage (A) et prudence (B), compris l'un et l'autre dans le terme *vertu* (C); — *contraires*, comme blanc (A) et noir (B), qui, compris l'un et l'autre dans le terme couleur (C), sont les plus éloignés possibles l'un de l'autre; — *contradictoires*, comme blanc (A) et non blanc (B), quand l'un des deux nie absolument le contenu ou la compréhension de l'autre.

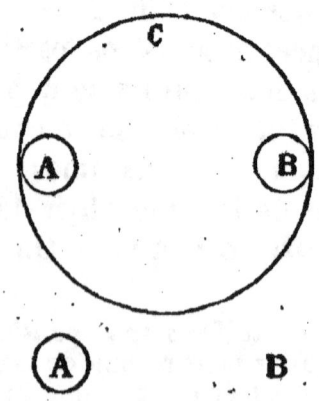

Les anciens logiciens distinguaient, en se plaçant à ce

point de vue : le *genre,* qui contient d'autres termes (animal est un genre par rapport à homme) ; l'*espèce,* qui est contenue dans un autre terme (homme est une espèce par rapport à animal); le *propre,* qui désigne ce qui est entendu de la chose comme suite de son essence (la faculté de parler, qui est une suite de la raison, est une propriété de l'homme); la *différence,* qui distingue un universel d'un autre et qui est *générique* ou *spécifique,* selon qu'elle sert à distinguer les genres ou les espèces ; l'*accident,* qui indique ce qui peut être présent ou absent sans que le sujet périsse. Le *genre* et l'*espèce,* au point de vue logique, sont distincts de l'espèce et du genre tels que les conçoit l'histoire naturelle, puisque *animal,* par exemple, est une espèce par rapport à *être* et un genre par rapport à *homme;* ces deux notions, avec le *propre,* la *différence* et l'*accident* constituaient les cinq *universaux.*

La proposition est au jugement ce que le terme est à l'idée. Elle comprend un sujet, un attribut ou prédicat, et une copule ou lien : la neige (*sujet*) est (*copule*) blanche (*prédicat*). On distingue les propositions au point de vue de la *quantité* et de la *qualité :* au premier point de vue elles sont *universelles* quand le sujet est universel, c'est-à-dire pris dans toute son extension; *individuelles* ou *singulières* quand le sujet est un nom propre; *particulières,* quand le sujet est un terme particulier. Les individuelles peuvent être ramenées aux universelles, puisque le sujet est pris dans toute son extension. Au point de vue de la qualité, les propositions sont *affirmatives* ou *négatives.* De là quatre espèces de propositions, qu'on désignait par les quatre lettres A, E, I, O : les *universelles affirmatives* (A): tout vicieux est esclave; les *universelles négatives* (E): nul vicieux n'est heureux; les *particulières affirmatives* (I): quelque vicieux est riche; les *particulières négatives* (O): quelque vicieux n'est pas riche.

La *définition* est une proposition réciproque dans laquelle l'attribut exprime l'essence du sujet. Ex.: l'homme est un animal raisonnable, forme une proposition dans laquelle le sujet est *homme;* la copule, *est;* le prédicat ou attribut, *animal raisonnable*. Homme est une *espèce* dont animal est le *genre* le plus prochain; raisonnable indique la *différence* par laquelle l'espèce homme se distingue des autres espèces, chien, cheval, oiseau, qui rentrent aussi dans le genre animal. Le genre prochain et la différence spécifique (animal raisonnable) forment ce que l'on appelle l'*essence* ou l'idée première et précise du sujet (homme). La proposition est *réciproque*, parce que le sujet peut être mis à la place de l'attribut sans que la proposition cesse d'être vraie : on peut dire *tout animal raisonnable est un homme*. La proposition: l'homme est un mammifère, n'est pas une définition, parce qu'il n'est pas vrai de dire que *tout mammifère est un bimane*.

Les définitions *mathématiques* sont le résultat de la construction, c'est-à-dire qu'elles sont obtenues par un acte libre de l'esprit; quand je dis : *un triangle est une figure plane formée par trois lignes droites qui se coupent deux à deux*, je suis sûr que la définition contient tout ce que j'y ai mis et rien autre chose que ce que j'y ai mis. Leur seule condition est de ne pas être contradictoires, ou de ne pas contredire une définition déjà donnée. Elles sont *nécessaires* et *absolues*, et se distinguent ainsi des définitions empiriques qui sont *contingentes* et *provisionnelles*, parce qu'on n'est jamais sûr qu'un fait nouveau, un cas inconnu ne viendra pas modifier l'idée qu'on se forme d'un genre ou d'une espèce.

16. Axiomes. — Quand on examine la raison humaine et la manière dont elle se comporte dans toutes ses recherches, on s'aperçoit qu'elle est dominée par un principe fondamental, l'*accord de la pensée avec elle-même*. Ce principe prend deux formes principales. La première, à laquelle on donne le nom de *principe d'identité*, exprime la nécessité pour la pensée que chaque terme soit conçu comme identique à lui-même, c'est-à-dire comme ne changeant pas au moment où on le pense et en tant qu'on le pense. Car si, au moment où je dis : Pierre est homme, le sujet *Pierre* venait à changer quand je pense à l'attribut, ce que je dis du premier sujet pourrait ne plus être vrai du second; il en serait de même de l'attribut, si l'idée de cet attribut changeait en même temps que je le pense. La manière la plus simple et la plus abstraite de formuler le principe d'identité est celle-ci : A est A, toute chose elle-même.

La seconde forme a reçu le nom de *principe de contradiction;* elle signifie que deux propositions dont l'une nie ce que l'autre affirme ne peuvent être vraies ensemble.

Ce principe se formule de cette manière : « Une même chose ne peut pas à la fois être et n'être pas; » ou bien : « A ne peut pas être à la fois A et non A; » c'est-à-dire qu'une chose ne peut pas être à la fois elle-même et son contraire.

Cependant, pour que ce principe soit indubitable, il faut y ajouter plusieurs caractères; car la contradiction ne serait pas une vraie contradiction si dans les deux propositions il ne s'agissait pas du même sujet. Or, un même sujet pris en deux moments différents n'est pas le même sujet et, par conséquent, il peut avoir des attributs opposés; on ajoutera donc au principe la circonstance : *en même temps.* De plus, un sujet complexe peut avoir plusieurs attributs opposés l'un à l'autre : un homme peut être à la fois sage et non sage, suivant la circonstance et le point de vue où l'on se place, sage comme homme public, non sage comme homme privé, etc.; il faudra donc ajouter que le sujet soit considéré *sous le même point de vue,* et le principe complet sera exprimé de cette façon : « Le même attribut ne peut pas en même temps convenir et ne pas convenir au même sujet, considéré au même point de vue et sous les mêmes rapports. » (Aristote, *Métaphys.*, IV, 3.)

Les axiomes des mathématiciens ne sont presque tous que des cas particuliers du principe de contradiction. Citons des exemples : *Le tout est plus grand que la partie,* ce qui est impliqué dans cette définition : le tout est la somme de ses parties. — *Deux quantités égales à une troisième sont égales entre elles,* etc.

Il n'en est pas de même des *postulats*. Les postulats sont des principes dont le contraire n'est pas contradictoire, mais qui ont une évidence suffisante pour qu'on le désigne sous le terme commun de principes et qui se justifient par leurs conséquences. Tel est le fameux *postulat* d'Euclide, à savoir, que « d'un point donné on ne peut mener qu'une parallèle à une droite; » en d'autres termes, « qu'une perpendiculaire et une oblique doivent nécessairement se rencontrer.[1] »

17. Le raisonnement. — L'essence du raisonnement consiste à trouver quelques intermédiaires par lesquels on puisse unir les idées trop éloignées, à peu près comme un homme qui, au moyen d'une toise, s'assure de l'égalité de longueur de deux maisons qu'il ne peut superposer l'une sur l'autre; ou encore comme celui qui place une pierre au milieu d'un ruisseau pour l'emjamber en deux fois, ne le pouvant faire en une.

On distingue généralement deux modes de raisonnement : celui qui va *du général au particulier*, et que l'on appelle *déductif*, et celui qui va *du particulier au général*, et que l'on appelle *inductif :* ces expressions, dit Stuart Mill, se recommandent plus par leur brièveté que par leur clarté. Leur sens est « que l'induction infère une proposition générale de plusieurs autres qui le sont *moins* qu'elle, et que la déduction infère une proposition générale d'autres propositions qui le sont *également* ou même *plus*. Lorsque de l'observation d'un certain nombre de faits individuels on s'élève à une proposition générale, ou lorsque, combinant plusieurs propositions générales, on en tire une plus générale encore, le procédé s'appelle *induction*. Lorsqu'au contraire, d'une proposition générale combinée avec d'autres on en infère une qui l'est moins, c'est la *déduction*. » (Mill, *Log.*, II, ch. 1.)

---

[1]. Euclide a exprimé ce postulat sous une autre forme : « Si une droite tombant sur deux droites fait deux angles extérieurs plus petits que deux droits, ces deux droites prolongées se rencontreront du côté où les angles sont plus petits que deux droits. »

18. Déduction. — Le raisonnement déductif peut se faire de deux manières : 1° instinctivement et par une faculté naturelle sans que l'esprit se rende compte des différents moments de l'opération et des idées moyennes qu'il emploie : c'est le procédé le plus habituel dans la vie pratique, et même dans la littérature et dans l'éloquence ; 2° avec réflexion et analyse, en décomposant le raisonnement et en le ramenant à tous ses éléments constitutifs. La sûreté et la justesse du raisonnement ne dépendent pas nécessairement de cette forme rigoureuse, qui n'est de mise que dans les sujets abstraits et lorsqu'il y a difficulté à bien saisir toutes les parties de l'opération. Autrement, le sens droit suffit. J'ai connu un homme, dit Locke, à qui les règles du syllogisme étaient entièrement inconnues, qui apercevait d'abord la faiblesse et le faux raisonnement d'un long discours artificieux et plausible où les gens exercés se laissaient attraper. »

Locke fait encore remarquer justement qu'il y a dans le raisonnement deux facultés, qui sont « la sagacité pour trouver les idées moyennes, et la faculté de tirer des conclusions ou d'inférer » ; en un mot, comme dit Leibniz, l'*invention* et le *jugement;* car raisonner c'est encore juger.

Cependant, quoique le raisonnement soit une *suite* de jugements, il n'est pas seulement une *addition* de jugements. Il a son *unité* particulière, qui consiste à lier les jugements. Pour raisonner, il faut pouvoir penser à la fois plusieurs jugements, comme pour juger il faut penser à la fois plusieurs idées.

19. Déduction et syllogisme, matière et forme du raisonnement. — Le syllogisme est à la déduction ce que la proposition est au jugement. Déduire, c'est tirer d'une proposition *plus* générale une autre proposition qui l'est *moins*. Le *syllogisme* est une réunion de trois propositions telles que, les deux premières étant posées, la troisième s'ensuit nécessairement. Ainsi si je pose en principe que *toute vertu rend l'homme heureux,* et que j'ajoute :

La tempérance est vertu, il s'ensuit par là même que *la tempérance rend l'homme heureux.* Tout syllogisme comprend trois propositions; les deux premières s'appellent les *prémisses,* la troisième est la *conclusion.* Dans le syllogisme suivant :

Tous les avares sont malheureux ;
Harpagon est un avare ;
Donc Harpagon est malheureux,

le terme *avare* est sujet dans la première et attribut dans la seconde proposition ; *Harpagon* est sujet dans la seconde et dans la troisième ; *malheureux* est attribut dans la première et dans la troisième. Les trois termes que comprend le syllogisme sont employés deux fois chacun. *Harpagon,* sujet dans la conclusion, est le *petit* terme ; *malheureux,* qui y est attribut, est le *grand* terme ; *avare,* qui ne se trouve pas dans la conclusion, est le *moyen* terme. La première des prémisses, qui contient le grand terme, malheureux, est la *majeure* (du latin *major = plus grand*) ; la seconde, qui contient le petit terme Harpagon, est la *mineure* (du latin *minor = plus petit*). Si l'on représente Harpagon par le cercle A, on verra que ce terme est contenu dans le terme avare (B) et, par suite, dans le terme malheureux (C), qui contient le terme avare.

Il faut distinguer dans le syllogisme la *matière* ou la vérité intrinsèque des propositions, et la *forme* ou la liaison logique de ces propositions. Le syllogisme ne garantit que la liaison, c'est-à-dire le rapport de la conclusion aux prémisses ; il ne sait rien de la vérité ou de la fausseté des prémisses. Le syllogisme suivant, par exemple, tire une conclusion vraie de deux prémisses fausses : *Ma tabatière est dans la lune, la lune est dans ma poche, donc ma tabatière est dans ma poche.*

20. Démonstration. — La *déduction* conduit à la *démonstration.* On déduit pour démontrer ; démontrer est le but, déduire est le moyen. La déduction est le mécanisme du raisonnement ; la démonstration en est l'essence. Aristote, qui a donné les règles du syllogisme dans ses *Pre-*

miers analytiques, a donné les règles de la démonstration dans les *Seconds*.

La démonstration, dit-il, c'est le *syllogisme scientifique*, c'est-à-dire le syllogisme qui produit la science et le savoir. Or qu'est-ce que savoir ? Savoir, c'est connaître les choses par leur cause. Si savoir consiste à connaître par la cause, et si la démonstration est le syllogisme du savoir, il s'ensuit que la démonstration suppose des principes antérieurs, primitifs, plus notoires que la conclusion dont ils sont cause.

21. Propositions antérieures et immédiates. Objections. — La démonstration suppose donc des principes antérieurs, précédemment admis. Or cette condition donne naissance à deux objections :

1° La démonstration est impossible, car elle suppose des principes. Or, ces principes ont besoin eux-mêmes de démonstration ; et cette démonstration doit avoir des principes qui sont eux-mêmes sujets à être démontrés ; il y a ainsi progrès à l'infini. Si, au contraire, on s'arrête, il faut se contenter de principes non démontrés.

2° La science démonstrative est possible; mais la démonstration est circulaire et réciproque.

1° La première de ces deux objections, qu'Aristote se fait à lui-même, a été reprise par Pascal : suivant lui, c'est une infirmité de la raison humaine de ne pas pouvoir tout prouver :

Le véritable ordre, dit-il, consiste à tout définir et à tout prouver. Certainement cette méthode serait belle ; mais elle est absolument impossible ; car il est évident que les premiers termes qu'on voudrait définir en supposeraient de précédents pour servir à leur explication; et que, de même, les premières propositions qu'on voudrait prouver en supposeraient d'autres qui les précédassent, et ainsi il est clair qu'on n'arriverait jamais aux premiers. Ainsi, en poussant les recherches de plus en plus, on arrive nécessairement à des mots primitifs qu'on ne peut plus définir, et à des principes si clairs qu'on n'en trouve plus qui le soient davantage pour servir à leur preuve. D'où il paraît que les hommes sont dans une impuissance naturelle et immuable de traiter quelque science que ce soit dans un ordre absolument accompli.

Il ne s'ensuit pas qu'on doive abandonner toute sorte d'ordre, car il y en a un, et c'est celui de la géométrie, qui *est à la vérité inférieure* en ce qu'il est moins convaincant, mais non pas en ce qu'il est moins certain. *Il ne définit pas tout et il ne prouve pas tout, et c'est en cela qu'il lui cède ;* mais il ne suppose que des choses claires et constatées par la lumière naturelle [1].

Aristote avait répondu déjà à cette objection :

Nous soutenons, dit-il, que toute science n'est pas démonstrative ; que les propositions *immédiates* sont connues sans démonstration. Que cela soit de toute nécessité, c'est ce qu'on voit sans peine ; car s'il est nécessaire de connaître les principes et les définitions dont se tire la démonstration, et si l'on s'arrête à des principes immédiats, il est certain que ces principes doivent être indémontrables. Nous soutenons qu'il en est ainsi.

Il semble que, dans cette réponse, Aristote ne fasse que constater le fait et la nécessité du fait, sans en prouver la légitimité. Cependant, en méditant avec soin ce passage d'Aristote, on y remarquera un terme décisif et caractéristique : c'est le mot *immédiat*. Si nous devons nous arrêter à des principes, ce n'est pas seulement parce qu'il faut s'arrêter, ce qui pourrait bien n'être que l'effet de l'imperfection humaine, comme le pense Pascal, mais c'est que nous rencontrons des propositions immédiates, c'est-à-dire sans moyen terme. A quoi sert la démonstration ? A établir un rapport entre l'attribut et le sujet par l'intermédiaire d'un moyen terme. Mais s'il y a des propositions où un tel rapport existe par lui-même, et sans qu'il soit nécessaire d'introduire entre les deux extrêmes aucun moyen terme, et même sans que cela soit possible, puisqu'il n'y en a pas, n'est-il pas évident que, dans ce cas-là, la démonstration est impossible et inutile, non par

---

1. Pascal, *de l'Esprit géométrique* (édition Ern. Havet, II, p. 282).

impuissance de notre part, mais par la nature des choses ? Ce qui explique l'erreur de Pascal, c'est qu'il a confondu ces deux cas, à savoir, celui où la définition et la démonstration sont impossibles par notre faute, et celui où elles le sont par la nature même; par exemple, le postulatum d'Euclide n'est peut-être indémontrable que par notre faute, mais ses axiomes le sont par leur nature même. On s'étonne d'ailleurs qu'un esprit aussi exact que Pascal ait pu dire qu'une science parfaite est celle où tout serait démontré ; une telle idée est évidemment contradictoire : car elle conduirait à un progrès à l'infini dont on ne trouverait jamais le terme, et la série n'ayant aucun point d'arrêt, il faudrait dire non pas que tout est démontré, mais que rien ne l'est. On peut douter que ce que nous appelons principes soient les vrais principes en soi; mais on ne peut pas douter que la vraie méthode ne supposât de tels principes; et pour soutenir que les nôtres ne sont pas les véritables, il faudrait les prendre l'un après l'autre et démontrer qu'ils ne sont pas évidents ; or, pour ce qui concerne la géométrie, il y en a au moins un dont l'évidence est incontestable, c'est le principe d'identité : quant à tous les autres, on peut soutenir avec Leibniz qu'ils sont susceptibles d'être démontrés, et il approuvait qu'on essayât de le faire, quoique cela ne fût pas très utile pratiquement. Peut-être était-ce là au fond la pensée de Pascal ; par exemple, lorsqu'il dit : « Le manque de définition est plutôt une perfection qu'un défaut »; mais il ne l'a pas assez éclaircie; et l'objection, telle qu'il la présente, est insoutenable.

2° Suivant d'autres philosophes, la démonstration est possible ; mais elle ne l'est qu'à la condition d'être circulaire et réciproque, c'est-à-dire de démontrer les principes par les conclusions, et les conclusions par les principes.

Mais une telle opinion est inadmissible, suivant Aristote; car nous avons vu que démontrer c'est partir de choses antérieures, et que la seule science possible est celle de la démonstration : or les mêmes choses ne peuvent pas être en même temps antérieures et postérieurés les unes par rapport aux autres. Il ne peut donc pas y avoir de démonstration par cercle.

Pour qu'une démonstration circulaire fût possible sans dégénérer en cercle vicieux, il faudrait que les termes fussent réciproques: or il n'y a qu'un petit nombre de démonstrations de ce genre.

Il est donc établi que la démonstration consiste à partir de propositions évidentes et indémontrables.

22. Propositions nécessaires. — Un autre caractère de la démonstration est de partir de propositions nécessaires.

Puisqu'il est impossible qu'une chose que l'on sait absolument soit autrement qu'elle n'est, l'objet du savoir, quand on le possède par voie de science démonstrative, doit être nécessaire. La démonstration est le syllogisme fondé sur des propositions nécessaires.

Ainsi toute démonstration est un syllogisme, mais tout syllogisme n'est pas une démonstration. Il y a deux espèces de syllogisme: le syllogisme en matière *probable et contingente*, et le syllogisme en matière *nécessaire*. C'est le second seul qui est *démonstratif*. Il n'y a donc de démonstration rigoureuse qu'en mathématiques, en logique, en métaphysique: partout ailleurs le syllogisme n'est que contingent; cependant on peut par extension appliquer le terme de démonstration à d'autres cas, en prenant pour nécessaires les principes généralement admis.

Quelles sont les conditions des principes nécessaires? Aristote en signale trois; il faut: 1° que le sujet soit *universel;* 2° que l'attribut soit *essentiel;* 3° que l'attribut soit lui-même universel et aussi étendu que le sujet: il faut donc que la proposition soit *réciproque*.

En effet: 1° rien de particulier n'est nécessaire : ce qui n'est vrai que d'une certaine partie du sujet, par exemple de quelques hommes, n'a rien de nécessaire; 2° ce qui est accidentel n'est pas nécessaire, car l'accident, c'est ce qui peut être ou ne pas être; ce qui est nécessaire appartient essentiellement au sujet et ne peut pas en être séparé ; 3° donc il lui est co-essentiel, aussi universel que lui, et par conséquent réciproque.

Il est évident qu'Aristote parle ici de la nécessité en soi, et non d'une nécessité purement empirique ; par exemple : *les hommes sont mortels* n'exprime qu'une nécessité de fait, mais non une nécessité *a priori*, la seule dont il soit question dans les démonstrations.

Des principes précédents Aristote tire les conséquences suivantes :

1° Des prémisses nécessaires conduisent toujours à une conclusion démontrée ;

2° Sans prémisses nécessaires, pas de démonstration, même lorsque les prémisses sont probables et vraies ;

3° Il n'y a pas de démonstration de l'accident ni des choses périssables : toute démonstration est éternelle.

23. Principes propres et principes communs. — Il ne suffit pas que des propositions soient nécessaires, évidentes, indémontrables, pour servir de principes : il faut encore ici faire une distinction entre les principes.

Il y a deux sortes de principes : les principes *propres* et les principes *communs*. Les principes propres sont ceux qui sont spéciaux à une science ; les principes communs sont ceux qui peuvent s'appliquer à la fois à plusieurs sciences. Aristote donne comme exemple de principes propres la définition de la ligne, ou de la droite, et comme exemple de principes communs l'axiome que deux quantités égales à une troisième sont égales entre elles. En général, Aristote entend par principes propres les *définitions*, et de plus l'existence des objets propres de chaque science : par exemple, l'existence de l'unité et des grandeurs est un principe propre des mathématiques ; l'existence du mouvement est un principe propre de la physique. Quant aux principes communs, ce sont les *axiomes*.

De cette distinction Aristote tire cette règle que *chaque chose doit être démontrée par ses principes propres*, et non par les principes d'une autre science : par exemple, on ne doit pas démontrer par l'arithmétique une question de géométrie, à moins que l'une de ces sciences ne soit subordonnée à l'autre, par exemple l'optique à la géométrie. En conséquence, Descartes ne violait pas la règle d'Aristote en démontrant la géométrie par l'algèbre, puisque les objets de la géométrie sont des grandeurs qui peuvent être représentées par des symboles algébriques. Cette règle ne doit pas d'ailleurs être entendue d'une manière étroite, et il peut y avoir quelquefois avantage à transformer un problème et à le résoudre par des moyens indirects et détournés. Mais, en général, c'est une loi excellente de logique de traiter chaque question d'après ses propres principes et sans emprunter les principes d'une autre science : c'est ce qui fait qu'un savant raisonne presque toujours mal dans une science dans laquelle il n'est pas versé, parce qu'il transporte d'ordinaire ses principes d'une science à l'autre; ce genre d'erreur, si fréquent, est ce qu'Aristote appelle passage d'un genre à l'autre.

Un autre genre d'erreur consiste à prouver une chose non par les principes propres d'une autre chose, mais par des principes communs, c'est-à-dire trop généraux, et qui ne s'appliquent pas particulièrement à la question posée. C'est ce qu'on appelle des *lieux communs*, c'est-à-dire des vérités trop générales, qui ne s'appliquent pas à la question d'une manière spéciale.

24. Lois de la démonstration. — Les principales lois établies par Aristote sont les suivantes :

1° La démonstration universelle est supérieure à la démonstration particulière.

2° La démonstration affirmative vaut mieux que la démonstration négative.

3° La démonstration affirmative et même la démonstration négative valent mieux que la démonstration par l'absurde.

On distingue encore la démonstration *directe* ou *ostensive*, et la démonstration *indirecte* ou *apagogique* : la première consiste à démontrer que la chose est vraie ; la seconde, appelée aussi démonstration *par l'absurde*, consiste à démontrer que le contraire est faux. Enfin on distingue la démonstration *ascendante* et la démonstration *descendante* ; mais cette distinction revient à celle de l'*analyse* et de la *synthèse*.

25. Analyse et synthèse. — Toute méthode peut se ramener à deux procédés essentiels : l'*analyse* et la *synthèse*. Ces deux termes ont été employés par les logiciens dans deux sens bien différents, ce qui jette beaucoup d'obscurité sur la théorie de la méthode. Expliquons ces deux sens, en en montrant d'abord la différence ; nous verrons ensuite s'ils peuvent se réduire à un seul. Pour comprendre le sens de ces mots en mathématiques, il faut en chercher la signification générale.

26. Analyse, méthode de décomposition. — 1° Dans le premier sens, celui qui, depuis Condillac, est le plus généralement répandu, l'analyse est une méthode de *décomposition*, et la synthèse une méthode de *recomposition*. Un tout m'étant donné, si j'en cherche les différents éléments, je l'analyse ; si avec ces éléments je reconstruis le tout, je fais une synthèse. Par exemple :

Que je veuille connaître une machine, dit Condillac, je la décomposerai pour en étudier séparément chaque partie. Quand j'aurai de chacune une idée exacte et que je pourrai les remettre ensuite dans le même ordre où elles étaient, alors je concevrai parfaitement cette machine, parce que je l'aurai décomposée et recomposée.

C'est ainsi qu'en chimie on fait l'analyse de l'eau en la ramenant à ses éléments, oxygène et hydrogène, et la synthèse, en rapprochant ces éléments de manière à en refaire de l'eau. C'est ainsi que je fais l'analyse d'un livre, en le décomposant en ses différentes parties ; l'analyse d'un sujet proposé, en dégageant les idées distinctes dont il se compose. Descartes donne la règle de cette opération lorsqu'il dit : « *Diviser* chaque difficulté en autant de parcelles qu'il se pourra faire pour la mieux résoudre. »

27. Analyse, méthode de régression. — 2° Dans le second sens, qui est celui de la *Logique de Port-Royal* et des anciennes logiques, l'analyse est une méthode de *régression*, qui consiste, étant donnée une question, à remonter de cette question à ses conditions et de celles-ci aux conditions antérieures, jusqu'à ce qu'on ait trouvé le principe dont la solution dépend. La synthèse, au contraire, est une méthode qui de ce même principe redescend à la proposition cherchée comme à une conséquence.

Ces deux méthodes, dit la *Logique de Port-Royal*, diffèrent comme le chemin qu'on fait en montant d'une vallée en une montagne, de celui que l'on fait en descendant de la montagne dans la vallée; ou comme diffèrent les deux manières dont on peut se servir pour prouver qu'une personne est descendue de saint Louis, dont l'une est de démontrer que cette personne a tel pour père, qui était le fils d'un tel, et celui-là d'un autre ; et l'autre de commencer par saint Louis et de montrer qu'il a eu tels enfants, et ces enfants d'autres, en descendant jusqu'à la personne dont il s'agit.

Cet exemple prouve clairement que l'analyse n'est pas toujours une méthode de décomposition : car supposons que je demande si tel prince de Parme (l'élève de Condillac, par exemple) descendait de saint Louis, qu'aurai-je à décomposer pour répondre à la question ? Ici, il ne peut être question de décomposition mais de régression. Dans le cas particulier dont il s'agit, j'emploierai l'analyse s'il s'agit de *trouver* une généalogie inconnue, et la synthèse s'il s'agit de l'*expliquer* après l'avoir trouvée [1]. Aussi disait-on que l'analyse était une méthode d'*invention* ou de *résolution*, et la synthèse une méthode de *doctrine* ou d'*enseignement*.

28. Analyse des géomètres. — Pour bien comprendre ce second sens du mot analyse, il faut remonter à

---

[1]. Les *chercheurs de succession* (profession, dit-on, assez lucrative) emploient cette méthode pour retrouver la généalogie d'une personne morte sans avoir fait de testament.

médiate et nécessaire. Si cela est possible, le but qu'on s'était proposé est atteint, et la division de la question, dont parle Descartes, est réduite à son minimum. Mais il est rarement possible d'opérer ainsi : généralement on trouve bien une proposition dont la proposition donnée est conséquence, mais cette proposition elle-même n'est pas évidente : on devra alors opérer sur celle-ci comme sur la première, et ainsi de suite jusqu'à ce qu'on arrive soit à un principe, soit à une proposition reconnue vraie : alors, sans qu'il soit besoin de rien ajouter, la proposition donnée sera devenue conséquence d'une proposition vraie, et par conséquent sera vraie elle-même.

Tel est le mécanisme général de la démonstration analytique ; cette analyse diffère essentiellement de celle d'Euclide, qui est insuffisante. Euclide, en effet, dans ses Eléments de géométrie, présente ainsi la méthode analytique : soit à démontrer une proposition ; je suppose cette proposition vraie, et j'en tire une conséquence que je suppose vraie à son tour, et d'où je tire une nouvelle conséquence : si j'arrive à une proposition vraie, la première l'est. On voit que cette méthode est l'opposé de la précédente : au lieu de chercher une proposition dont la proposition donnée soit conséquence, elle cherche une conséquence de la proposition donnée ; or tout le monde sait que d'une proposition fausse on peut, par des raisonnements justes, tirer une conclusion vraie, et par conséquent la vérité de la conclusion n'est pas une preuve de la vérité des prémisses[1]. Cependant la méthode d'Euclide peut se conserver et venir en aide, à de certaines conditions, à la méthode analytique : il suffira que toutes les propositions qu'amène à considérer l'analyse euclidienne soient réciproques deux à deux ; en effet, de la proposition à démontrer, supposition vraie, je déduis une autre proposition : si ces deux propositions sont réciproques,

---

1. La fausseté de la conclusion serait au contraire une preuve certaine de la fausseté des prémisses.

médiate et nécessaire. Si cela est possible, le but qu'on s'était proposé est atteint, et la division de la question, dont parle Descartes, est réduite à son minimum. Mais il est rarement possible d'opérer ainsi : généralement on trouve bien une proposition dont la proposition donnée est conséquence, mais cette proposition elle-même n'est pas évidente : on devra alors opérer sur celle-ci comme sur la première, et ainsi de suite jusqu'à ce qu'on arrive soit à un principe, soit à une proposition reconnue vraie : alors, sans qu'il soit besoin de rien ajouter, la proposition donnée sera devenue conséquence d'une proposition vraie, et par conséquent sera vraie elle-même.

Tel est le mécanisme général de la démonstration analytique ; cette analyse diffère essentiellement de celle d'Euclide, qui est insuffisante. Euclide, en effet, dans ses Eléments de géométrie, présente ainsi la méthode analytique : soit à démontrer une proposition ; je suppose cette proposition vraie, et j'en tire une conséquence que je suppose vraie à son tour, et d'où je tire une nouvelle conséquence : si j'arrive à une proposition vraie, la première l'est. On voit que cette méthode est l'opposé de la précédente : au lieu de chercher une proposition dont la proposition donnée soit conséquence, elle cherche une conséquence de la proposition donnée ; or tout le monde sait que d'une proposition fausse on peut, par des raisonnements justes, tirer une conclusion vraie, et par conséquent la vérité de la conclusion n'est pas une preuve de la vérité des prémisses[1]. Cependant la méthode d'Euclide peut se conserver et venir en aide, à de certaines conditions, à la méthode analytique : il suffira que toutes les propositions qu'amène à considérer l'analyse euclidienne soient réciproques deux à deux ; en effet, de la proposition à démontrer, supposition vraie, je déduis une autre proposition : si ces deux propositions sont réciproques,

---

1. La fausseté de la conclusion serait au contraire une preuve certaine de la fausseté des prémisses.

la première sera conséquence de la deuxième, et par suite nous retombons dans la méthode précédente.

En résumé, la véritable méthode analytique est celle-ci :

A est conséquence de B.
B — C.
....
M — N.

Or N est vrai, donc A est vrai.
La méthode insuffisante d'Euclide est celle-ci :

B est conséquence de A.
C — B.
....
N — M.

Or N est vrai ; donc A est vrai : nous avons dit en quoi péchait cette méthode.

Enfin, si toutes les propositions sont réciproques, les deux séries précédentes seront vraies en même temps, et la méthode sera irréprochable : c'est cette dernière méthode qui est généralement employée par les mathématiciens ; il est, en effet, plus facile de trouver la conséquence d'une proposition que de trouver une proposition dont la proposition donnée soit conséquence ; et, comme la plupart du temps les propositions qu'on découvre ainsi sont réciproques, la méthode pourra s'appliquer avec succès. Quant aux moyens à employer pour l'application de cette méthode, il n'y a aucune règle précise à cet égard ; une proposition peut être la conséquence de plusieurs propositions différentes, ou, inversement, avoir des conséquences diverses : les unes pourront donner la solution de la question, les autres reculer indéfiniment la difficulté sans la résoudre ; c'est le choix de ces propositions auxiliaires qui fait le talent et l'habileté du géomètre[1].

Ainsi, pour ce qui concerne les théorèmes, la méthode

[1] Tout ce passage sur l'analyse des géomètres est dû à mon fils Paul Janet, chargé de cours à la faculté des sciences de Grenoble.

est celle-ci : supposer le théorème vrai et en tirer les conséquences ; si ces conséquences sont fausses, le théorème est faux (*ab absurdo*) ; si elles sont vraies, il est vrai, mais à une condition, c'est que ce soient des propositions réciproques.

2° L'analyse géométrique est employée plus souvent pour la solution des problèmes que pour la découverte des théorèmes. Elle consiste aussi à supposer le problème résolu. Après quoi on déduit de cette supposition une série de conséquences aboutissant à une conclusion finale, laquelle ou bien se résout en un autre problème dont on sait la solution, ou bien suppose une opération reconnue impraticable. Dans le premier cas, ce qui reste à faire est de recourir à la construction du problème auquel l'analyse vient aboutir ; puis, revenant sur ses pas, de démontrer synthétiquement que cette construction remplit toutes les conditions. » (D. Stewart, *Éléments,* part. II, ch. IV, sect. III). Soit, par exemple, à inscrire un hexagone dans un cercle donné. Je suppose le problème résolu, c'est-à-dire que je tire une corde, qui sera par hypothèse le côté de l'hexagone cherché, et je mène deux rayons aux deux extrémités ; or, si j'examine le triangle ainsi construit, je démontre qu'il doit être équilatéral ; que par conséquent le côté de l'hexagone est égal au rayon ; d'où il suit que je n'ai qu'à porter le rayon six fois sur la circonférence pour inscrire un hexagone dans un cercle [1].

29. Les deux analyses réduites à une seule. — De l'analyse géométrique revenons à l'analyse ordinaire ; nous verrons que la méthode *régressive* ou *résolutive,* que la *Logique de Port-Royal* appelle analyse, est tout à fait semblable à l'analyse des géomètres. Elle consiste toujours à ramener un problème à un autre, une proposition à une autre ; c'est une méthode de *réduction.* Duhamel

---

[1]. Pour bien comprendre le rôle de l'analyse en géométrie, soit pour les théorèmes, soit pour les problèmes, voyez surtout Duhamel (*Méthodes dans les sciences de raisonnement,* part. I, ch. V et VI).

montre très bien comment dans tous les cas, même dans l'usage pratique, on raisonne comme le géomètre. (*Méthode dans les sciences de raisonnement*, p. 81.)

Quant au premier sens du mot analyse (décomposition), nous verrons que ce sens ne diffère pas non plus essentiellement de celui que nous venons d'expliquer. Car la décomposition n'est pas une pure et simple division. Analyser, ce n'est pas couper en morceaux : analyser une machine, ce n'est pas la mettre en quatre. Mettez un ignorant en face de l'eau, et dites-lui que pour la bien connaître il faut commencer par l'analyser, il ne sera pas plus avancé qu'auparavant ; car, comment s'y prendre pour analyser une substance aussi simple en apparence que l'eau ? Comment s'y prendre pour analyser la lumière ? De même, si je mets un élève inexpérimenté en face d'un sujet de rhétorique, il ne saura comment s'y prendre pour en décomposer les parties. Ainsi l'analyse entendue dans le sens de Condillac n'est pas à proprement parler une méthode ; c'est un problème à résoudre, qui, comme tous les problèmes, suppose la méthode analytique ou régressive. Que l'on examine, par exemple, comment Lavoisier est arrivé à décomposer l'eau, on verra qu'il a raisonné exactement comme le géomètre qui, supposant le problème résolu, le traduit dans un autre, et celui-ci dans un autre encore, jusqu'à la solution cherchée. Ainsi l'analyse, comme méthode de décomposition, n'est encore qu'un cas particulier de la méthode de régression[1].

Il en est de même des définitions de l'analyse et de la synthèse données par Newton :

« Par l'analyse, on peut aller des composés aux composants, des mouvements aux forces qui les produisent, et *en général des effets aux causes*, et des causes particulières aux causes plus générales, jusqu'à ce qu'on arrive

---

1. D. Stewart se trompe donc lorsqu'il dit que le sens du mot *analyse*, en physique et en chimie, est radicalement différent de celui qu'il a pour les mathématiciens. Duhamel est tout à fait dans le vrai sur ce point.

aux plus générales de toutes. C'est là la méthode d'analyse. *La synthèse consiste à prendre les causes découvertes et constatées pour principes,* et à expliquer par elles les phénomènes qui en naissent et qui prouvent la vérité de l'explication. »

On voit évidemment par ce passage que Newton entend l'analyse et la synthèse dans un sens tout à fait analogue à celui des géomètres, puisque, dans un cas, on *remonte* des effets aux causes, comme des conséquences aux principes; et, dans l'autre cas, on redescend des causes aux effets, comme des principes aux conséquences.

Dans tous les cas, que l'analyse soit entendue comme méthode de *décomposition,* ou comme méthode de *régression* et de *résolution,* elle est toujours l'antécédent nécessaire de la synthèse; car, d'une part, on ne peut recomposer que ce qui a été déjà décomposé; et, de l'autre, on ne peut déduire l'effet de la cause ou la conséquence du principe, qu'après avoir découvert la cause ou le principe. Or, on ne peut les découvrir qu'en partant de ce qui est *donné,* d'une part, l'effet produit; de l'autre, le problème résolu; et en remontant, d'une part, aux causes et, de l'autre, aux principes.

30. De la méthode des géomètres. — C'est dans les mathématiques, et particulièrement en géométrie, que s'applique dans toute sa rigueur la méthode de démonstration. Pascal, dans son petit traité de l'*Esprit géométrique* a résumé avec netteté les règles fondamentales de cette méthode. Elle se compose de trois choses : les *axiomes,* les *définitions* et les *déductions.* Voici les règles de Pascal sur ces trois objets.

Règles pour les définitions. — 1° N'entreprendre de définir aucune des choses tellement connues d'elles-mêmes qu'on n'ait point de termes plus clairs pour les expliquer.

C'est ce que nous voyons dans la géométrie : « Elle ne définit aucune de ces choses, espace, temps, mouvement, etc. »

2° Une seconde règle, qui est la réciproque de la précédente et qui sera admise de tout le monde, est qu'« il ne faut admettre aucun des termes un peu obscurs et équivoques sans les définir, etc. »

3° Ce qui est le corollaire de la règle précédente : « N'employer dans la définition des termes que des mots parfaitement connus ou déjà expliqués. »

Règles pour les axiomes. — 1° « N'admettre aucun principe nécessaire sans avoir demandé si on l'accorde, quelque clair et évident qu'il puisse être. »

2° « Ne demander en axiomes que des choses parfaitement évidentes d'elles-mêmes. »

Règles pour les déductions. — 1° « N'entreprendre de démontrer aucune des choses qui sont tellement évidentes d'elles-mêmes qu'on n'ait rien de plus clair pour les prouver. »

2° « Prouver toutes les propositions un peu obscures et n'employer à leurs preuves que des axiomes très évidents, ou des propositions déjà accordées ou démontrées. »

3° « Substituer toujours mentalement les définitions aux définis, pour ne pas se laisser tromper par l'équivoque des termes. »

Après avoir exposé ces huit règles, Pascal les réduit d'abord à cinq, et enfin à deux, qui sont :

1° Définir tous les noms qu'on impose ;

2° Prouver tout, en substituant mentalement la définition au défini.

Cette dernière règle est la plus neuve de toutes celles de Pascal, et elle est une des plus importantes pratiquement. Seulement, il ne faut pas la prendre à la lettre ; car ce serait détruire tout le fruit qui résulte du langage, qui est surtout un système d'abréviation ; et ce serait une gêne insupportable et inutile, toutes les fois qu'on parle d'un cercle en géométrie, d'en répéter la définition : en géométrie, moins que partout ailleurs, ces répétitions seraient utiles. Mais il est certain que, dans les questions morales, par exemple, où on est sans cesse sollicité à changer le sens d'un mot, à cause de circonstances nouvelles ou de rapports nouveaux qu'on n'a pas prévus, il sera toujours bon d'avoir présente à l'esprit la règle de Pascal.

On objecte à ces règles qu'elles sont trop simples, trop claires, trop connues. Pascal répond à cette objection : « Rien n'est plus commun que les bonnes choses. »

Pascal prétend que les règles précédentes ont été empruntées par la logique à la géométrie, mais qu'elle les a empruntées sans en comprendre la force, et en les noyant au milieu d'une multitude d'autres inutiles. Mais c'est une question de savoir si ces règles sont venues de la géométrie à la logique, ou de la logique à la géométrie : « La logique des géomètres, dit Leibniz, est une *extension ou promotion particulière* de la logique générale. »

31. Du rôle des axiomes et des définitions en mathématiques. — Dugald Stewart a établi que les véritables *principes* (Voyez plus haut § 23, *Principes propres et principes communs*) du raisonnement mathématique sont les définitions et non les axiomes. Sans doute, les axiomes sont absolument nécessaires. Ils sont la *condition*, les *vincula* du raisonnement; mais par eux-mêmes ils sont vides et inféconds. Que conclure en effet de cet axiome : *le tout est plus grand que la partie,* si aucun tout ne vous est donné? Au contraire, ce sont les définitions qui fournissent les données du raisonnement. De quel principe se tirent les propriétés du cercle, sinon de la définition du cercle? (D. Stewart, *Éléments,* part. II, chap. I, sect. I.)

32. De l'évidence mathématique. — On s'est demandé à quelle circonstance on devait attribuer le caractère particulier d'exactitude et de rigueur que présentent les démonstrations mathématiques. Condillac a soutenu que ce caractère était dû à ce que tout raisonnement mathématique se ramène à l'identité des termes et repose sur ce principe que *le même est le même.*

Le géomètre, dit-il, avance de supposition en supposition, et retournant sa pensée sous mille formes, c'est en répétant sans cesse *le même est le même* qu'il opère tous ces prodiges.

3.

Dugald Stewart combat l'opinion de Condillac (*Éléments*, t. II, ch. II, sect. III). Il montre que l'erreur consiste à confondre ici l'*égalité* avec l'*identité*.

Lorsqu'on avance, par exemple, que l'aire d'un cercle est égale à celle d'un triangle qui aurait pour base la circonférence et pour hauteur le rayon, n'y aurait-il pas un flagrant paralogisme à inférer de là que le triangle et le cercle sont une seule et même chose ?

Duhamel (*Méthodes de raisonnement*, ch. XIV, § 73) combat également Condillac en disant qu'il est reconnu en logique que de deux propositions fausses on peut conclure une proposition vraie (360). Il serait absurde de soutenir qu'une proposition vraie est identique à une proposition fausse.

33. Doctrine de Dugald Stewart et de Kant sur l'évidence mathématique. — Selon Dugald Stewart, l'exactitude du raisonnement mathématique tient surtout à ce que les mathématiques sont fondées sur des *définitions*, c'est-à-dire sur des *hypothèses* (*Ibid.*).

Dans les autres sciences, dit-il, les propositions à établir doivent exprimer des faits, tandis que celles que les mathématiques démontrent énoncent seulement une *connexion* entre certaines *suppositions* et certaines *conséquences*... Elles ont pour but, non de constater des *vérités* concernant des existences réelles, mais de déterminer la filiation logique des conséquences qui découlent d'une *hypothèse* donnée. Si, partant de cette hypothèse, nous raisonnons avec exactitude, il est manifeste que rien ne pourrait manquer à l'évidence du résultat.

Il paraît étrange de dire que les mathématiques reposent sur des *suppositions*. Cependant, qu'est-ce qu'une définition géométrique, si ce n'est une conception de notre esprit ? Dire que le triangle est un espace enfermé par trois lignes droites qui se coupent, n'est-ce pas comme si on disait : supposez que vous enfermiez un espace par trois lignes ; cette portion d'espace, je l'appelle triangle. Dans ce cas, c'est vous qui faites l'opération et qui la faites librement. Vous ne mettez dans votre concept que ce que vous voulez y mettre, rien de moins, rien de plus. Le raisonnement appliqué à des données aussi rigoureusement déterminées doit donner les conséquences les plus rigoureuses.

C'est le philosophe Kant qui a le mieux expliqué le caractère d'exactitude et de certitude absolue dont jouissent les mathématiques; mais son opinion ne diffère pas exclusivement de celle de Dugald Stewart. Kant ajoute cependant cette considération importante, qu'il n'y a que le concept de *quantité* qui se prête ainsi à une construction *à priori*. D'où il suit qu'il n'est pas vrai de dire, avec Dugald Stewart, que l'on pourrait imiter la rigueur mathématique dans tout autre domaine en partant de définitions libres. Car hors le cas de la quantité, il y a toujours de l'indétermination dans le concept.

Ce qui caractérise le mieux, suivant lui, les mathématiques, c'est ce qu'il appelle la *construction* des concepts. Voici ce qu'il entend par là. Les mathématiciens, en réduisant toutes les grandeurs à leurs éléments les plus simples, peuvent, à l'aide de ces données, construire des concepts de plus en plus compliqués, en s'assurant par là que les concepts ne contiennent absolument rien de plus que ce que nous y avons mis. Par exemple, à l'aide du concept d'unité, nous pouvons construire toute la série des nombres, puisqu'il ne s'agit que d'ajouter indéfiniment l'unité à elle-même pour obtenir un nombre quelconque. Avec le concept de ligne droite, nous construisons toutes les surfaces, et avec les surfaces les volumes. Ces concepts sont donc parfaitement clairs, parce que nous savons qu'ils ne contiennent rien autre chose que ce que nous y avons mis. En même temps, ces concepts, quoique idéaux, sont parfaitement applicables à l'expérience, car on peut affirmer des objets réels tout ce qui est vrai des concepts mathématiques. Ainsi, si la mesure d'un rectangle est la base multipliée par la hauteur, on peut affirmer qu'on obtiendra l'étendue de surface d'un champ de forme rectangulaire en multipliant la base par la hauteur; et la différence qu'il y aura entre la figure idéale et la figure réelle aura peu d'importance dans la pratique. Dans les cas où la différence serait plus considérable, il y aurait lieu à introduire des corrections indiquées par l'expérience; mais la vérité générale subsistera; et elle est absolument certaine, précisément parce qu'on a fait abstraction d'avance de tout élément concret, et que l'on s'est borné à la figure abstraite, que l'on a soi-même construite en en rapprochant les éléments. Par exemple, je construis le concept de triangle en supposant que trois lignes droites se coupent dans un plan. Je construis le concept du cercle en faisant tourner une ligne droite qui prend son point d'attache à un point fixe autour de ce point, etc. Dans ces différentes conceptions, il n'y a aucun autre élément que ceux dont je me suis servi pour les construire : je ne puis donc être trompé par aucune circonstance inconnue, ce qui arrive au contraire dans les sciences expérimentales, et ce qui exige des opérations bien plus compliquées et bien moins certaines.

34. Défauts de la méthode des géomètres. — La *Logique de Port-Royal* a signalé certains défauts non dans la méthode des géomètres, mais dans l'application qu'on en peut faire. Ces critiques s'appliquent surtout aux géomètres de ce temps-là; mais elles peuvent être toujours utiles à méditer pour ceux qui s'occupent de géométrie :

1° Avoir plus de soin de la certitude que de l'évidence, et de convaincre l'esprit que de l'éclairer;

2° Prouver des choses qui n'ont pas besoin de preuves;

3° Abuser des démonstrations par l'impossible;

4° Démontrer par des voies trop éloignées;

5° N'avoir aucun soin de l'ordre vrai de la nature[1].

35. De l'élégance en géométrie. — Indépendamment de la rigueur et de la solidité, les démonstrations géomé-

---

[1]. Pour le développement de ces propositions, voy. la *Logique de Port-Royal* (part. IV, ch. IX et X).

triques peuvent avoir une autre qualité, en quelque sorte *esthétique*, et que l'on appelle l'*élégance*. L'élégance consiste à démontrer d'une manière *facile* une vérité *difficile*. Plus la vérité, en effet, nous paraît difficile à découvrir, plus nous sommes charmés d'y arriver facilement : les conditions de l'élégance sont la *brièveté*, la *simplicité* et la *clarté*. Aller droit au but par les chemins les plus simples et sans aucune obscurité pour l'esprit, tels sont les caractères d'une démonstration élégante.

CHAPITRE III

LES SCIENCES DE LA NATURE

Leur objet, leurs principales divisions, leurs méthodes : l'observation et l'expérimentation. — La classification. — L'hypothèse, l'analogie, l'induction. — Rôle de la déduction dans les sciences de la nature.

36. Les sciences de la nature. — L'objet des sciences *physiques* ou *naturelles* est d'*expliquer* les phénomènes de la nature, c'est-à-dire d'en découvrir les *causes* et les *lois*. En physique, la cause d'un phénomène n'est autre chose qu'un autre phénomène plus général auquel on ramène le premier : par exemple Newton a découvert la cause du mouvement des astres lorsqu'il a montré que ce n'était qu'un cas particulier de la *gravitation*. Franklin a découvert la cause de la foudre lorsqu'il a montré que ce n'était qu'un cas particulier des phénomènes électriques. La *loi*, de son côté, n'est autre chose qu'un rapport constant et autant que possible mathématique entre les divers éléments d'un fait, ou bien entre ce fait et un autre fait avec lequel il se montre constamment lié dans l'expérience. Par exemple, les lois de la chute des corps nous indiquent les relations constantes qui existent entre l'espace, le temps et la vitesse, qui sont les éléments de la chute ; les lois d'Ampère nous indiquent la grandeur des forces qui s'exercent entre les courants et les aimants.

Pour découvrir les causes et les lois, il n'y a pas d'autre méthode possible que l'étude des phénomènes eux-mêmes.

C'est ce qu'on appelle la méthode d'*observation*, ou méthode *expérimentale*, ou enfin méthode *inductive*, selon que l'on considère les trois opérations dont elle se compose : l'*observation*, l'*expérimentation* et l'*induction*.

37. De l'observation. — L'observation est l'attention appliquée aux phénomènes extérieurs (ou intérieurs, quand il s'agit de nous-mêmes), pour en déterminer les *circonstances* et en découvrir les *éléments* ; c'est encore l'art de *remarquer* ces phénomènes, de distinguer ce qui est intéressant et ce qui ne l'est pas. Un esprit observateur ne se borne pas à dresser des catalogues ; il n'est pas une simple plaque photographique qui répercute les phénomènes extérieurs : il reconnaît et distingue ce qui mérite d'être vu. Bien des yeux avaient vu et regardé avec attention des lampes se balancer dans l'espace, quand elles étaient suspendues à une corde : Galilée, en observant ce phénomène, y a *remarqué* l'isochronisme des oscillations et le rapport de la durée de ces oscillations avec la longueur de la corde.

38. Les sens. — Le seul moyen que nous ayons d'observer les phénomènes du dehors, ce sont les *sens*. L'intégrité et le bon état des sens est donc une première condition de l'observation. Ainsi de bons yeux sont nécessaires à l'astronome, au physicien ; l'ouïe a son intervention nécessaire dans les expériences d'acoustique ; le chimiste a besoin du goût et de l'odorat, etc. Cependant ce ne sont pas les sens eux-mêmes, c'est l'entendement qui observe par le moyen des sens. C'est surtout par l'habitude et par l'exercice, aidés de la méthode, que l'on apprendra à voir et à entendre. De plus, les sens sont des occasions d'erreur ; il faut apprendre à en interpréter les données. L'astronome sait, par exemple, que chaque observateur met plus ou moins de temps à apercevoir l'apparition d'un astre : c'est ce qu'on appelle l'*équation personnelle* : on élimine cette erreur en prenant des moyennes entre un très grand nombre d'observations.

39. Des instruments. — Les sens étant bornés dans leur usage, la science a trouvé le moyen de les prolonger et de les compléter par le moyen des *instruments*. Les yeux ont un champ limité ; on les prolonge dans le sens de l'éloignement par le *télescope*, dans le sens de la petitesse par le *microscope*, dans le sens du volume par des *lentilles* et par tous les instruments grossissants. Les mêmes progrès ont été faits récemment pour le sens de l'ouïe par l'invention du *téléphone* et du *microphone*. Par les appareils dits *enregistreurs*, on tient note des mouvements les plus rapides et les plus délicats : les battements d'ailes d'un cousin, ou les mouvements cachés qui ne sont sensibles qu'au tact, par exemple les battements du cœur. Par la *photographie*, on conserve en permanence sous les yeux des objets éloignés ou passagers, qui nous échapperaient; enfin, par tous les *instruments* de *précision*, on a des mesures exactes de la température, du poids, de la vitesse, etc. Ainsi les sens sont centuplés dans leur action, et l'observation peut arriver à la dernière précision; de plus, chacun peut se créer à lui-même des instruments nouveaux pour l'ordre particulier d'observations qu'il se propose.

Quant à *l'usage* des instruments, les principales règles sont celles-ci : 1° l'observateur doit connaître ses instruments : par exemple, savoir exactement de quel grossissement sont les verres dont il se sert; 2° il doit chercher à se les rendre le plus commodes en les appropriant par quelques corrections à l'usage auquel il les destine; 3° il doit les vérifier; 4° il doit connaître enfin et apprécier les erreurs dont ils sont susceptibles[1].

En général le savant doit être à lui-même *son propre ouvrier* : « Lœwenhoeck était son opticien; Nollet son émailleur et son tourneur. Herschell faisait lui-même ses verres et ses miroirs. » (Sennebier, *Art d'observer*, t. I, p. 220.)

40. Qualités de l'observateur. — Le meilleur de tous les instruments, c'est *l'esprit*; car c'est lui qui les découvre tous. C'est donc surtout à développer en soi l'esprit d'observation que le savant doit s'appliquer. Les principales qualités dont se compose l'esprit d'observation sont les suivantes :

---

[1]. Pour ces détails, et en général pour toutes les règles pratiques de la méthode d'observation, on consultera avec fruit l'excellent ouvrage de Sennebier, l'*Art d'observer* (3 vol. Genève.)

1° L'*adresse :* c'est l'art de se plier aux circonstances ou de trouver des ressources pour surmonter les obstacles;

2° La *patience :*

La nature ne chemine pas aussi vite dans ses opérations que l'imagination dans ses rêves; il faut quatre-vingts ans pour suivre la planète Herschell. Le cousin sort comme un éclair de son étui de nymphe: il en faut étudier plusieurs pour saisir l'histoire de cette opération curieuse... L'impatience à souvent fait manquer bien des découvertes. (Sennebier, t. I, p. 238.)

3° L'*attention;* cette qualité est si essentielle à l'observateur, qu'on peut dire qu'elle est l'observation même;

4° La *pénétration :* il ne suffit pas de regarder, il faut voir; il faut savoir démêler ce qui est essentiel et accidentel, écarter les accidents insignifiants, etc.;

5° L'*exactitude;* l'observateur doit signaler tout ce qu'il voit, et rien que ce qu'il voit; il doit surtout tenir compte du *degré* et du *nombre.* Il doit faire des *pesées* rigoureuses, obtenir des *mesures* précises; c'est grâce à ces procédés d'exactitude que la science moderne a réfuté un grand nombre d'erreurs que l'on nourrissait faute de rigueur dans les observations;

6° L'*impartialité;* on doit éviter toute espèce d'idées préconçues. Or il y en a de deux sortes : celles qui nous viennent des autres : ce sont les *préjugés;* et celles qui nous viennent de nous-mêmes : ce sont les *préventions,* qui naissent d'ordinaire de l'esprit de système. En un mot « l'observateur doit être *un bon critique* toujours prêt à suspendre son jugement[1] ». (Sennebier, t. II, p. 257.)

41. Des faits. — Tous les faits de la nature sont intéressants; mais ils le sont diversement. Bacon a donné un tableau très complet et très instructif de toutes les classes de faits qui peuvent se présenter à l'observateur, et qui doivent être remarqués par lui. Voici les principaux :

1° Faits *éclatants :*

---

[1]. Cl. Bernard (*Introduction à la médecine expérimentale,* ch. ii) recommande aussi le doute comme une des qualités du savant.

Les lois de la cristallographie étaient inconnues, lorsque Haüy laissa tomber heureusement un beau cristal de spath calcaire et le brisa. En voulant le rajuster il s'aperçut que les facettes ne correspondaient pas exactement avec celles du cristal intact, mais appartenaient à une autre forme. Il découvrit ainsi la loi du *clivage*. (Herschell, *Discours sur la philosophie naturelle*, 191.)

2° Faits *clandestins* : ce sont ceux où la propriété cherchée se montre dans son état le plus faible : par exemple, la cohésion dans les fluides.

3° Faits *collectifs* : ce sont ceux, dit Herschell, où les cas particuliers sont assez nombreux pour que l'induction de la loi à laquelle ils sont soumis devienne l'objet d'une inspection oculaire.

Par exemple, la forme parabolique que prend un jet d'eau en sortant par un trou rond est un fait collectif des directions, des vitesses de toutes les particules qui le composent, et nous conduisent sans peine à reconnaître la loi du mouvement des projectiles... Un bel exemple est encore celui de Jupiter et de ses satellites : il nous offre en miniature et d'un seul coup un système semblable à celui des planètes autour du soleil. (Herschell, *ibid.*, § 194 et 195.)

4° Faits *cruciaux* : ceux qui tranchent le débat entre deux hypothèses contraires (comme les écriteaux qui se trouvent aux carrefours des routes et qui indiquent le chemin). Un bel exemple de fait crucial, c'est le phénomène des *interférences*[1], qui paraît avoir tranché le débat relatif à la nature de la lumière, entre l'hypothèse de l'émission et l'hypothèse des ondulations, et avoir donné l'avantage à celle-ci.

5° Faits *fugitifs* : ceux où « la nature que l'on étudie varie en degré et fournit une indication de la cause par une gradation d'intensité dans l'effet. » (Herschell, § 198.)

1. Le phénomène des interférences consiste en ce que, dans certaines circonstances, deux rayons de lumière, passant au même point s'annulent l'un l'autre et produisent de l'obscurité : ce qui semble impliquer que la lumière n'est qu'un mouvement.

Bacon donne l'exemple du papier, qui est blanc quand il est sec, et qui se rapproche de l'état de transparence par l'exclusion de l'air et le mélange de l'eau.

6° Faits *limitrophes* : ceux qui manifestent la célèbre loi de continuité : *Non datur saltus in natura;* ce sont les faits qui servent de passage entre un genre et un autre. Bacon cite l'exemple des poissons volants, qui sont un passage entre les poissons et les oiseaux. Leibniz a signalé l'importance de cette loi. Les animaux qu'on appelle zoophytes sont des passages entre les animaux et les plantes.

42. Règles de l'observation. — Les règles de l'observation peuvent se ramener à trois chefs : 1° la *décomposition* ou division des phénomènes ; 2° l'*énumération* aussi complète que possible de toutes les circonstances ; 3° la *coordination* des faits. En d'autres termes, l'observation doit être *détaillée, complète* et *méthodique*. Elle doit ne rien omettre, distinguer les choses distinctes, opérer par degrés.

43. De l'observation dans la vie pratique. — L'observation n'est pas seulement d'usage dans les sciences de la nature; elle l'est aussi dans les sciences morales et même dans la vie pratique. Un esprit observateur remarque tous les faits qui se passent autour de lui, soit dans la conduite des hommes, soit dans la suite des événements, et il peut arriver par là à deviner et à prévoir ce qui est caché aux autres hommes. La *sagacité* n'est qu'une forme de l'esprit d'observation. Voltaire, dans le conte de *Zadig*, donne un exemple piquant de ce genre de sagacité[1].

---

1. J'emprunte cet exemple aux *Principes de logique* de Reiffenberg (Bruxelles, 1833). « Jeune homme, dit à Zadig le premier eunuque, n'avez-vous point vu le chien de la reine ? » Zadig répondit modestement : « C'est une chienne, ce n'est pas un chien. — Vous avez raison, reprit le premier eunuque. — C'est une épagneule très petite, ajouta Zadig; elle a fait depuis peu des chiens; elle boite du pied gauche de devant et elle a des oreilles très longues. — Vous l'avez donc vue ! — Non ; je ne l'ai jamais vue et je n'ai jamais su si la reine avait une chienne. Voici ce qui m'est arrivé. Je me promenais dans le petit bois; j'ai vu sur le sable les traces d'un animal, et j'ai jugé

44. De l'expérimentation. — L'observation n'est pas le seul moyen d'étudier la nature : le savant a à sa disposition un autre moyen plus puissant et plus efficace : c'est l'*expérimentation*. L'expérimentation, c'est encore l'observation, mais l'observation avec un caractère nouveau, à savoir, l'intervention de l'observateur dans la *production des phénomènes*.

Sans doute, l'observation proprement dite est déjà active, puisqu'elle implique l'attention; mais l'attention ne change rien aux conditions des phénomènes observés : l'observateur n'est que spectateur. Lorsque l'astronome observe les mouvements des astres, il n'est pour rien dans l'apparition de ces mouvements. L'expérimentateur, au contraire, intervient dans le travail de la nature, et, suivant l'énergique expression de Bacon, il met la nature *à la question*, à la torture, pour lui arracher ses secrets. On a dit aussi que l'observateur est semblable à un homme *qui lit*, l'expérimentateur à un homme *qui interroge* (Zimmermann).

Il ne faudrait pas croire, en pressant trop les expressions de Bacon, que l'expérience puisse en effet violenter la nature et lui faire produire autre chose que ce que ses lois et ses propriétés lui permettent de produire : l'expérience n'est pas une magie et le savant n'est pas un enchanteur. Non, la nature ne fait jamais qu'obéir à ses propres lois; l'homme ne peut, par sa seule volonté, faire paraître ou disparaître aucun phénomène; il ne peut que préparer et modifier les ciconstances des phénomènes et en susciter par là de nouveaux et d'inattendus. L'expérience est donc l'art de pré-

---

aisément que c'étaient celles d'un petit chien. Des sillons légers et longs imprimés sur de petites éminences de sable entre les trous des pattes m'ont fait connaître que c'était une chienne dont les mamelles étaient pendantes, et qu'ainsi elle avait fait des petits il y a peu de jours. D'autres traces en sens différents m'ont appris qu'elle avait les oreilles longues; et comme j'ai remarqué que le sol était toujours moins creusé par une patte que par les trois autres, j'ai compris qu'elle était boiteuse. »

parer ces circonstances pour faire apparaître les phénomènes que l'on veut étudier.

Mais si je ne puis produire directement aucun phénomène, comment puis-je disposer et préparer ces circonstances nouvelles, qui ne sont elles-mêmes que des phénomènes? Le voici : c'est que, parmi les phénomènes de la nature, il en est un qui est à notre disposition et que nous produisons ou dirigeons par notre volonté, c'est le mouvement : c'est cela même, c'est cela seul qui rend l'expérience possible. En effet, c'est parce que nous pouvons, par le mouvement, séparer et rapprocher les corps, et par conséquent les placer dans des conditions nouvelles, que nous pouvons par là faire apparaître des phénomènes nouveaux. On peut donc dire que *les expériences sont les mouvements ou déplacements que nous imprimons aux corps pour leur donner occasion de manifester leurs propriétés inconnues.* C'est ainsi que la nature et l'homme coopèrent dans l'expérience ; mais ce n'est qu'en se conformant aux lois de la nature que l'homme peut la faire parler, suivant le célèbre aphorisme de Bacon : « On triomphe de la nature en lui obéissant. »

Malgré les différences de procédés que nous venons de signaler, il ne faudrait pas croire que l'observation et l'expérimentation fussent, au fond, distinctes l'une de l'autre : elles ont le même but, à savoir : constater des faits et des phénomènes.

La seule différence, dit Claude Bernard, consiste en ce que le fait que doit constater l'expérimentateur ne s'étant pas présenté naturellement à lui, il a dû le faire apparaître, c'est-à-dire le provoquer par une raison particulière et dans un but déterminé. L'expérience n'est, au fond, qu'une *observation provoquée*. (*Introduction à la médecine expérimentale*, ch. I, § 5.)

45. Du rôle de l'hypothèse dans l'expérimentation. — Si l'expérience est une observation provoquée dans un certain but, il suit de là une conséquence qui a été mise en pleine lumière par le savant que nous venons de citer : c'est que pour faire une expérience « il faut d'abord avoir une *idée préconçue* »; l'expérience a pour but de vérifier cette idée : par exemple, lorsque Pascal a imaginé l'expérience du Puy de Dôme, il avait cette idée préconçue que si l'air est pesant, il doit y en avoir moins en haut qu'en bas, et que par conséquent, en transportant le baromètre sur le haut d'une montagne, la colonne barométrique devra baisser d'autant plus qu'on s'élève davantage; c'est ce que l'expérience a démontré.

Claude Bernard a fait encore remarquer (ch. I, § 6) qu'on n'a pas toujours une idée préconçue, mais que souvent on la cherche; c'est ce qui a lieu dans les matières absolument nouvelles, où toute idée directrice fait défaut. Ces sortes d'expériences de tâtonnement sont ce qu'il appelle des *expériences pour voir*; et l'on dira alors que l'expérience est une observation provoquée *dans le but de faire naître une idée*.

46. Des moments de l'expérimentation. — D'après ce qui précède, Claude Bernard constate qu'il y a deux opérations à considérer dans l'expérimentation : 1° la première consiste à *préméditer* et à réaliser les conditions de l'expérience; 2° à *constater* les résultats de l'expérience. D'un côté, c'est l'esprit de l'inventeur qui agit; de l'autre, ce sont les sens qui observent ou qui constatent[1].

En un mot, le travail de l'expérimentateur, d'après le même savant, peut se ramener à quatre moments distincts : 1° il constate un fait; 2° à propos de ce fait, une idée naît dans son esprit; 3° en vue de cette idée, il institue une expérience; 4° de cette expérience résultent de nouveaux phénomènes qu'il observe; et ainsi de suite. L'esprit du savant se trouve donc placé entre deux observations : 1° l'une qui sert de point de départ; 2° l'autre qui sert de conclusion. (*Ibid.*, § 6.)

---

1. Un exemple frappant de cette distinction, donné par Claude Bernard, est celui du naturaliste Huber, qui, quoique aveugle, a fait d'admirables expériences sur les abeilles.

On voit que s'il peut y avoir observation sans expérience, il ne peut y avoir d'expérience sans observation.

47. Sciences d'observation et sciences expérimentales. — On appelle *sciences d'observation* celles qui n'ont recours qu'à l'observation et non à l'expérience, parce que les phénomènes dont elles s'occupent sont de ceux sur lesquels nous ne pouvons pas agir : par exemple, les phénomènes astronomiques, du moins en tant qu'il s'agit des mouvements célestes. Nous ne pouvons rien, en effet, sur le mouvement des étoiles; nous ne pouvons ni accélérer ni reculer l'apparition d'une éclipse ou d'une comète.

Cependant, il est né de nos jours une branche de l'astronomie qui permet les expériences : c'est l'*astronomie physique*, celle qui s'occupe de la composition des corps célestes ; on sait, en effet, qu'à l'aide de l'analyse spectrale on peut faire apparaître des phénomènes cachés à nos sens [1].

Une autre science, qui jusqu'ici n'a été accessible qu'à l'observation et non à l'expérience, est la *météorologie*.

En général, la science qui n'a pas l'expérience à son service reste en arrière, n'ayant pas à sa disposition les moyens nécessaires pour vérifier les hypothèses et découvrir les causes. Cependant, cette règle souffre une grande exception ; en effet l'astronomie, par la seule observation aidée du calcul, est arrivée à la plus haute perfection. La raison en est que, dans cette science, la nature elle-même s'est chargée en quelque sorte de faire les frais de l'expérience. En effet, grâce à la distance, les astres ont été réduits à des *points lumineux mobiles*. Ils se sont trouvés par là même ramenés à des conditions géométriques qui ont permis l'application des calculs les plus subtils ; ainsi on a obtenu par le seul éloignement ce que l'expérience la plus savante a peine à obtenir des phénomènes qui tombent immédiatement sous nos prises.

---

[1]. On pourrait dire que l'analyse spectrale n'est qu'un moyen d'observation. Cela est vrai ; mais nous pouvons modifier les conditions de cette analyse, et en cela l'expérience intervient.

Parmi les sciences d'observation il faut encore compter l'histoire naturelle, c'est-à-dire la *zoologie*, la *botanique*, même la *minéralogie*, en tant que ces sciences se contentent de décrire et de classer les espèces. L'*anatomie* est également une science d'observation.

Au premier rang des sciences expérimentales sont la *physique* et la *chimie*. On sait que, dans ces sciences, rien n'est plus facile que d'agir sur les phénomènes ; c'est surtout depuis qu'on a appliqué cette méthode d'une manière savante qu'elles ont été constituées comme sciences positives.

On s'est demandé jusqu'à nos jours si la *physiologie*, ou science des fonctions des êtres vivants, est ou n'est pas une science expérimentale. Cuvier refusait encore de lui reconnaître ce caractère. Les raisons qu'il en donnait, c'est que la vie est une harmonie de conditions, et que si l'on touche à l'une de ces conditions, toutes sont troublées : « Toutes les parties d'un corps vivant sont liées ; elles ne peuvent agir qu'autant qu'elles agissent toutes ensemble ; vouloir en séparer une de la masse, c'est en changer l'essence. » (*Lettre à Mertrud*, citée par Claude Bernard, part. II, ch. I.) Cette doctrine a été réfutée par Claude Bernard, et n'est plus admissible aujourd'hui. D'une part, les nombreuses expériences de ce savant, aussi précises et aussi concluantes que celles des physiciens, sur la fonction glycogénique du foie, sur les nerfs vaso-moteurs, sur le curare ; de l'autre, les savantes considérations que l'on doit lire dans la seconde partie de son *Introduction à la médecine expérimentale*, ont définitivement classé la science physiologique parmi les sciences expérimentales.

48. De l'induction.—Après la constatation des faits, ce qui a lieu par l'observation ou par l'expérience, la science passe à l'*induction*, c'est-à-dire à la formation des lois, ce qui se fait par quatre méthodes différentes auxquelles Stuart Mill (*Logique inductive*, liv. III, ch. VIII) a donné les noms suivants :

1° Méthode de *concordance* ;

2° Méthode de *différence*;
3° Méthode des *variations concomitantes*;
4° Méthode des *résidus*[1].

Méthode de concordance. Elle consiste, suivant Stuart Mill, à comparer les cas différents dans lesquels le phénomène se présente. Si tous ces cas, si différents qu'ils soient sous tout autre rapport, présentent cependant partout et toujours une circonstance commune, cette circonstance peut être considérée comme la cause du phénomène.

Exemple : Soit le phénomène de la *cristallisation*. On observe tous les cas où il se produit, et on trouve qu'ils ont tous un antécédent commun, et un seul, qui est le dépôt à l'état solide d'une matière en état de fusion ou de dissolution. On en conclut que la solidification d'une substance à l'état liquide est l'antécédent ou la condition invariable de la cristallisation.

Méthode de différence. Cette méthode, qui est surtout celle de l'expérimentation, est la *contre-épreuve* de la précédente. Elle consiste à supprimer la circonstance qui paraît être, d'après la méthode de concordance, la cause ou du moins l'une des causes du phénomène : si, cette circonstance supprimée, le phénomène cesse de se produire, c'est une confirmation évidente que la circonstance en question est une des conditions (sinon la condition unique) de la production du phénomène. Par exemple, c'est un fait que le son se produit dans l'air; mais il peut se faire que ce soit une circonstance indifférente. Si je fais le vide et que le son cesse de se produire, il devient évident par là que l'air est, sinon la cause du son, du moins l'un de ses agents de transmission. De plus, si je m'aperçois qu'en pressant un corps et en arrêtant son mouvement je sup-

---

[1]. De ces quatre méthodes, les trois premières ne sont que les *Tables* de Bacon (*Novum organum*, liv. II). La méthode de *concordance* répond aux *tables de præsence*, la méthode de *différence* aux *tables d'absence*; et la méthode des variations aux *tables de degrés ou de comparaison*. La seule addition de M. Mill est la méthode des *résidus*.

prime le son, j'ai lieu de supposer que le mouvement du corps est la cause du son.

La méthode de différence, qui correspond à ce que Bacon appelait les tables d'absence, est le ressort le plus puissant de la méthode expérimentale. C'est elle qui donne la véritable preuve. C'est là aussi qu'à été la principale découverte de Bacon.

Claude Bernard insiste avec force sur cette nécessité de la contre-épreuve.

En effet, dit-il, pour conclure avec certitude qu'une condition donnée est la cause prochaine d'un phénomène (ou l'un des éléments de sa cause), il ne suffit pas d'avoir prouvé que cette condition précède ou accompagne toujours ce phénomène; mais il faut encore établir que, cette condition étant supprimée, le phénomène ne se montrera plus... Les coïncidences constituent un des écueils les plus graves de la méthode expérimentale. C'est le sophisme *post hoc, ergo propter hoc : après cela; donc à cause de cela*. La contre-épreuve supprime la cause supposée pour voir si l'effet persiste, suivant cet adage : *supprimée la cause, l'effet est supprimé;* c'est ce qu'on appelle *expériences cruciales*.

Méthode des variations concomitantes. Cette méthode, qui correspond à ce que Bacon appelait *tables de degrés ou tables de comparaison*, consiste à faire varier la cause, c'est-à-dire la circonstance qui, d'après les deux méthodes précédentes, est supposée la cause, et à voir si le phénomène variera dans la même proportion. Ce sera là une confirmation manifeste des résultats obtenus. Par exemple, si le volume d'un corps augmente ou diminue suivant que la température s'élève ou s'abaisse, on pourra dire d'une manière certaine que la chaleur dilate les corps.

48 *bis*. Exemple des trois méthodes. Expériences de Pasteur. — Un exemple remarquable et lumineux de l'application des trois méthodes nous est fourni par les expériences célèbres de Pasteur sur la génération spontanée.

Supposons que l'on parte de cette hypothèse que la production spontanée d'organismes vivants ait pour cause la présence de germes en suspension dans l'air qui viennent à rencontrer dans un liquide fermentescible un milieu favorable à leur éclosion. Que fera-t-on pour vérifier l'hypothèse ?

1° On exposera à l'air libre des vases remplis de liquides fermentescibles, et on prouvera que partout où des germes supposés auront pu tomber sur ces liquides, les productions dites spontanées auront lieu : *méthode de concordance*.

2° On pratiquera la contre-épreuve en soustrayant, au contraire, ces liquides à l'action de l'air extérieur et en prouvant que des vases fermés, où l'air ne peut pénétrer, restent indéfiniment exempts de tout organisme : *méthode de différence*.

3° On montrera que le nombre des organismes produits est proportionnel au nombre des germes que l'on peut supposer dans l'air. Par exemple, dans les caves, où l'air est immobile et où les germes doivent être depuis longtemps tombés sur le sol, on pourra exposer des vases ouverts à l'air libre sans que les organismes se produisent; et si l'on gravit les montagnes, où les germes doivent devenir de moins en moins fréquents à proportion de la hauteur, le nombre des organismes doit décroître proportionnellement : or tous ces faits se sont vérifiés. C'est la *méthode des variations concomitantes*.

49. Méthode des résidus. — A ces trois méthodes, qui forment l'essentiel de la méthode expérimentale, Stuart Mill a cru devoir en ajouter une quatrième, qu'il appelle la *méthode des résidus* [1].

Voici en quoi elle consiste :

Si l'on retranche d'un phénomène donné tout ce qui, en vertu d'inductions antérieures, peut être attribué à des causes connues, ce qui reste sera l'effet des antécédents qui ont été

---

1. Déjà Herschell avait signalé, dans son *Discours sur la philosophie naturelle*, le rôle des phénomènes qu'il appelait *résidus* (158-160).

négligés et dont l'effet était encore une quantité inconnue. (Mill, ch. VIII, § 5.)

Exemple : La recherche de la cause du son et de son mode de propagation avait conduit à des conclusions qui permettaient de calculer exactement sa vitesse dans l'air. Les calculs furent faits ; mais lorsqu'on les compara au fait, bien que leur concordance fût tout à fait suffisante pour constater l'existence générale de la cause et du mode de transmission assignés, on trouva que cette théorie ne pouvait rendre compte du *total* de la vitesse. Il restait à expliquer un *résidu de vitesse*... Enfin Laplace eut l'heureuse idée que cette vitesse pouvait provenir de la chaleur développée par la condensation.

50. Règles de l'induction. — Quelque importance que puissent avoir dans la science les *phénomènes résidus*, cette quatrième méthode n'est cependant, comme Mill le reconnaît lui-même, qu'un cas particulier de la méthode de différence. On peut donc la négliger et ramener les *règles de l'induction* à trois principales :

1° Si la cause est posée, l'effet est donné ;
2° Si la cause est enlevée, l'effet est supprimé ;
3° Si la cause varie, l'effet varie.

C'est par l'application de ces trois règles que la *méthode inductive* se distingue des méthodes *hypothétiques* ou *a priori*. L'une et l'autre passent du particulier au général, des faits aux causes ou aux lois ; mais tandis que la vraie induction, retenue par l'expérience, ne va pas au delà de ce que les faits lui ont appris, l'induction arbitraire, *constructive*, conjecturale, suppose les causes et embrasse dans des conceptions anticipées non seulement les faits connus, mais tous les faits possibles.

De là la différence signalée par Bacon entre les *axiomes moyens*, qui ne sont que l'expression rigoureuse des faits, et les *axiomes généralissimes*, qui sont les théories arbitraires. Comme exemples du premier genre, on peut citer : les lois de Képler sur les révolutions des planètes ; les lois de Galilée sur la chute des corps ; les lois de Newton sur la gravitation universelle. Comme exemples du second genre, nous citerons les tourbillons de Descartes, le système de Ptolémée, le phlogistique de Stahl, etc.

51. De l'hypothèse. — Ce qui précède nous apprend suffisamment ce que c'est que l'*hypothèse*. L'induction est la généralisation des faits, et l'hypothèse une généralisation qui dépasse les faits. L'une et l'autre ne sont, à vrai dire, que des *suppositions*; toute induction est déjà une hypothèse; mais l'induction est une *hypothèse vérifiée*, tandis que l'hypothèse reste une induction non encore vérifiée, ou qui ne peut pas l'être. Bacon, en opposant l'induction à l'hypothèse, appelait l'une méthode d'*interprétation*, l'autre méthode d'*anticipation*. L'une s'applique à déchiffrer la nature, l'autre à la deviner; l'une repose sur les faits, l'autre s'appuie surtout sur l'imagination. Bacon, voulant combattre la témérité des hypothèses, disait : « Ce ne sont pas des ailes qu'il faut attacher à l'esprit humain, mais du plomb. »

La logique du xviiie siècle, à la suite de Bacon, se montrait très sévère pour l'hypothèse et croyait devoir la bannir complètement de la science. On rapportait sans cesse le mot de Newton : *Hypotheses non fingo*. (Je ne fais pas d'hypothèses.) Depuis on est revenu de ces exagérations. On a compris que l'hypothèse ne pouvait pas être bannie de l'esprit humain, et nous avons vu qu'un des maîtres de la science moderne, Claude Bernard, la considère comme essentielle à la méthode expérimentale : car pourquoi fait-on des expériences, sinon pour vérifier une idée préconçue ?

52. Deux sortes d'hypothèses : hypothèses scientifiques; hypothèses métaphysiques. — Il faut donc distinguer deux sortes d'hypothèses : celles qui sont tirées immédiatement des faits, et qui peuvent être appelées par là même hypothèses *expérimentales;* et celles qui vont au delà des faits et qui sont les *hypothèses a priori*.

« De là deux sortes de tendances opposées dans la physique : celle des mathématiciens purs, qui, ne trouvant pas dans les faits expérimentaux la simplicité et la netteté dont ils ont besoin, renoncent à l'expérience pour l'*a priori;* celle des expérimentateurs purs, qui, abordant directement la complexité des phénomènes, n'admettent pas la possibilité de leur appliquer les méthodes mathématiques, et n'ajoutent foi qu'aux résultats immédiats de leurs mesures. Ceux-ci sont assurément attachés de plus près à la vérité, et leurs travaux demeurent inébranlables, tandis que les premiers risquent toujours de voir leur œuvre s'écrouler sous la force d'un fait contraire; mais la science ainsi entendue est la négation même de toute physique mathématique.

« Ces deux tendances, qui sont, l'une la dernière trace de l'esprit logique du moyen âge, l'autre une réaction exagérée contre cet esprit, doivent donc être écartées par celui qui veut aujourd'hui contribuer aux progrès de la physique mathématique, car l'une le condamne à l'impuissance et l'autre à l'incertitude. Sur quoi donc s'appuiera-t-il s'il doit s'interdire les hypothèses *a priori* et si l'expérience immédiate ne lui fournit pas ce dont il a besoin? »

Newton, ce créateur du véritable esprit de la physique mathématique, va nous répondre dans un langage admirable de clarté.

« Tout ce qui n'est pas déduit des phénomènes doit être appelé hypothèse, et les hypothèses soit métaphysiques, soit physiques, soit de qualités occultes, soit mécaniques, n'ont pas de place dans la philosophie expérimentale; dans cette philosophie les propositions sont déduites des phénomènes et rendues générales par induction. »

On reconnaît bien là le même Newton qui, dans cette admirable théorie de la gravitation universelle, avait dit: *Hypotheses non fingo.*

« Ainsi donc, déduire des phénomènes certaines propositions et les rendre générales par induction, telle est la marche qu'il faut suivre; telle est la marche qu'ont suivie les plus grands physiciens mathématiciens : Newton, Fourier, Sadi Carnot, Ampère. Par un scrupule poussé peut-être encore plus loin que celui de Newton, nous appelons encore hypothèse cette généralisation des propositions expérimentales ; mais il y a loin de ces hypothèses-là aux hypothèses *a priori*, qui seules sont proscrites par lui[1]. »

53. Hypothèses représentatives ; hypothèses explicatives. — On pourrait encore distinguer deux sortes d'hypothèses : les hypothèses *représentatives* (par exemple les deux fluides électriques, l'attraction), qui servent de symboles à l'imagination. Elles se formulent ainsi : *les choses se passent comme si...* ; et les hypothèses *explicatives*, qui prétendent donner les choses comme elles sont (hypothèse de l'éther). Celles-ci sont plutôt ce qu'on appelé des *théories*.

54. Règles de l'hypothèse. — L'hypothèse, pour être vraiment scientifique, doit remplir les conditions suivantes :

1° Elle doit être *fondée sur des faits*. Une hypothèse qui ne repose sur rien est ce qu'on appelle une hypothèse *gratuite* : elle doit donc pouvoir expliquer les faits connus, ou, sinon les *expliquer*, les *représenter* du moins d'une manière commode à l'esprit et servir à les lier.

2° Elle doit *n'être contredite par aucun fait*, à moins que ces faits contraires ne puissent être expliqués, et rentrer dans l'hypothèse.

3° Elle doit être *féconde*, c'est-à-dire susciter des recherches nouvelles, provoquer des expériences.

4° La *simplicité* est encore, en général, un des caractères d'une bonne hypothèse. Par exemple, Copernic a été conduit à son hypothèse par l'extrême complication du système de Ptolémée.

M. Dumas, dans sa *Philosophie chimique*, a résumé ainsi les caractères d'une bonne hypothèse :

Elle sera, dit-il, suscitée par l'observation de *dix* faits ; elle

---

1. Voir Paul Janet, *Leçon d'ouverture à la Faculté des sciences de Grenoble, sur la physique mathématique et la physique expérimentale* (Revue scientifique, 1887).

en expliquera *dix* autres déjà connus, mais qui n'étaient pas liés ensemble ni aux précédents; elle en fera découvrir *dix* nouveaux. Mais la plupart du temps, elle finira par succomber devant *dix* derniers faits qui ne se lient plus aux précédents.

Un exemple peut être emprunté à M. Dumas lui-même. C'est cette théorie que les végétaux sont appelés à produire des composés chimiques, et que les animaux les détruisent. Cette belle théorie, fondée par MM. Dumas et Boussingault, était suscitée par les faits connus, en expliquait un grand nombre, en a fait découvrir d'innombrables; mais elle est venue échouer devant cette grande découverte de Claude Bernard, à savoir, la fonction glycogénique du foie, d'où il résultait que le foie produisait du sucre sans en recevoir, et que par conséquent les animaux aussi bien que les végétaux sont capables de créer des composés organiques.

55. De l'analogie. — Une des formes de l'hypothèse ou de l'induction incomplète, c'est l'*analogie*.

Dans le cas de l'induction, nous concluons ou du *même* au *même* (le soleil se lèvera demain), ou du *semblable* au *semblable* (tous les hommes mourront). L'analogie est une ressemblance mêlée de différence. Le raisonnement par analogie consistera donc à supposer qu'entre deux choses qui se ressemblent et qui diffèrent en même temps, les ressemblances sont assez nombreuses pour nous permettre de conclure de l'une à l'autre. Par exemple, la terre est une planète qui est habitée; donc, les autres planètes, si les conditions sont les mêmes, peuvent également être habitées.

Ad. Garnier montre très bien que l'analogie se compose de deux inductions contraires : c'est pourquoi il y a quelque mélange de doute.

En effet, si d'un côté nous pensons que les choses qui présentent une partie des qualités patentes observées dans un premier objet, pourraient bien manifester la même qualité secrète, nous pensons aussi que, comme elles ont d'autres qualités visibles, elles pourraient bien ne pas posséder la même qualité latente. Par exemple, voici une plante vénéneuse; or j'en aperçois une autre qui a la même fleur et le même fruit; je suis porté à croire qu'elle recèle du poison; mais elle a une fleur différente, je puis aussi supposer qu'elle n'est pas vénéneuse. Je porte donc à la fois deux jugements : 1° les objets qui ont les mêmes qualités visibles ont les mêmes qualités secrètes; 2° les objets qui ont les mêmes qualités patentes dissemblables n'ont pas les mêmes qualités intimes. » (*Fac. de l'âme*, l. VIII, ch. I, § 3.)

Il est évident que si les deux jugements précédents étaient absolument équivalents, le seul résultat serait le doute absolu, c'est-à-dire l'absence de toute induction. Mais si le nombre des qualités semblables l'emporte sur les différentes, ou si l'importance des caractères semblables nous paraît plus grande que l'importance des caractères différents, nous donnons alors la préférence à l'un des deux jugements sur l'autre; nous faisons une induction, mais une induction mêlée de doute : c'est ce que l'on appelle l'*analogie*.

Dans la pratique, ce que les savants appellent induction n'est presque jamais qu'analogie. En effet, le savant ne croit pas nécessaire de donner un nom à une opération intellectuelle en apparence aussi stérile que celle-ci : « Toutes les pierres abandonnées à elles-mêmes sont tombées; donc toutes les pierres tomberont; » ou encore à celle-ci : « Le soleil se lèvera demain. » C'est le logicien qui est frappé de ce qu'il y a de téméraire à conclure, dans ces différents cas, du présent à l'avenir, et du lieu où nous sommes à tous les lieux de l'univers. Pour le savant, induire c'est découvrir, c'est passer du connu à l'inconnu; ce sera dire, par exemple : puisque les solides et les liquides sont pesants, pourquoi les gaz ne seraient-ils pas pesants? On découvre ainsi la pesanteur de l'air. Ou encore c'est dire : puisque tous les corps abandonnés à eux-mêmes tombent, pourquoi la lune ne tombe-t-elle pas? Et c'est découvrir la gravitation universelle. Or, passer des solides et des liquides aux gaz, des corps terrestres aux astres, ce n'est pas aller du semblable au semblable, mais simplement de l'analogue à l'analogue. Toutes les grandes inductions scientifiques ne sont donc que des raisonnements par analogie.

Cependant il est convenable de restreindre le sens du mot analogie et de l'appliquer, non pas aux cas où de *grandes ressemblances* couvrent les différences, mais, au contraire, aux cas où de *grandes différences* couvrent la ressemblance : c'est là surtout que l'analogie a sa fonction propre et son importance, en même temps que son danger.

C'est en histoire naturelle, en *anatomie comparée* surtout, que l'analogie a rendu d'immenses services. Quoi de moins semblable en apparence que le sabot d'un cheval, l'aile d'un oiseau et la nageoire d'un poisson ? Cependant la science a su découvrir sous ces différences un même *élément anatomique*, à savoir, le quatrième tronçon du membre antérieur. C'est la même méthode qui a fait découvrir que le crâne est une vertèbre.

Le sentiment juste de l'analogie distingue le vrai savant de celui qui ne l'est pas : celui-ci remplace par l'imagination la comparaison précise et légitime. C'est, par exemple, une fausse analogie qui a conduit un utopiste moderne, Ch. Fourier, à supposer que le monde moral est gouverné par l'*attraction*, comme le monde physique, et à imaginer une attraction *passionnelle*, semblable à l'attraction des corps célestes. C'est prendre une métaphore pour une cause : rien ne se ressemble moins que l'impulsion des passions et la chute des corps.

56. La déduction dans les sciences de la nature. — La déduction sert à vérifier les hypothèses. Harvey, ayant supposé que le sang circulait, en conclut que si on liait les artères et les veines, les premières se gonfleraient au-dessous, les secondes au-dessus de la ligature. L'expérience lui prouva que le raisonnement fait par lui et l'hypothèse sur laquelle il l'appuyait étaient justes. De même le géomètre Poisson, qui, en faisant appel à la déduction et au calcul, avait trouvé que si l'hypothèse de Fresnel était fondée, l'ombre d'un petit disque circulaire éclairé par un point lumineux devrait recevoir au centre autant de lumière que si le disque était percé d'un trou, convint, en voyant le succès de l'expérience, que la théorie des ondulations était préférable à celle de l'émission.

La déduction peut encore nous servir à expliquer ou à démontrer une loi que l'induction a fait découvrir. Képler avait découvert les lois du mouvement des planètes; Newton les expliqua en les déduisant de la loi suivant laquelle la planète est attirée vers le soleil et en tenant compte de sa vitesse initiale sur la tangente à son orbite.

Enfin la déduction nous permet de découvrir des lois, des faits inconnus jusqu'alors ou que nous ne pouvons découvrir inductivement, en les dérivant des lois connues. C'est ainsi qu'après avoir trouvé que les gaz ont une forte tendance à traverser les membranes et à se répandre dans les cavités qu'elles servent à clore, on put établir que lorsque le corps d'un animal est en contact avec un gaz qu'il ne contient pas intérieurement, comme les gaz et les matières putrides, il l'absorde rapidement; que le gaz acide carbonique de boissons fermentées développé dans l'estomac traverse les membranes et se répand rapidement dans tout le système [1].

De l'application de la déduction et du calcul à la physique est née la *physique mathématique*.

57. Classification. — La classification est l'opération par laquelle nous rangeons en *groupes distincts et subordonnés* les êtres de la nature, de manière à nous en faciliter l'étude et à en mieux connaître la nature.

58. Usages de la classification. — Il résulte de cette définition que l'usage des classifications est double :

1° Elles facilitent l'étude en soulageant la mémoire. En effet, le nombre des objets de la nature est incalculable; il accablerait la mémoire la plus heureuse, s'il n'y avait pas

---

1. Rabier, *Logique*, ch. x.

des artifices pour en alléger le poids. On compte, par exemple, au moins cent vingt mille espèces de végétaux. Qui pourrait retenir au hasard les noms et les propriétés de tant de plantes? Qui pourrait les retrouver au besoin? Qui pourrait les reconnaître étant décrites dans un livre? Rien que de chercher à découvrir un objet entre cent vingt mille pourrait occuper toute la vie. De là la nécessité d'un ordre, et d'abord d'un ordre quelconque qui puisse abréger l'étude et abréger les recherches. C'est ce que Descartes exprimait en disant « qu'il supposerait même de l'ordre entre les objets qui ne se précèdent point naturellement les uns les autres ». (*Discours de la Méthode*, II.)

2° Le second objet de la classification est de retrouver, autant qu'il est possible, *l'ordre de la nature*. La nature, en effet, a un plan, et suivant un grand naturaliste, Agassiz, « nos systèmes ne sont que la traduction, dans la langue de l'homme, des pensées du Créateur[1] ». La formation des groupes n'est donc pas seulement pour nous un moyen d'aider notre intelligence; elle doit être la reproduction des groupes formés par la nature même; car c'est la nature qui a fait les choses semblables ou dissemblables. Une bonne classification est donc, comme l'a dit Cuvier, « un arrangement dans lequel les êtres du même genre seraient plus voisins entre eux que de ceux de tous les autres genres; les genres du même ordre plus que de ceux de tous les autres ordres, et ainsi de suite. » (*Règne animal*, Introd.) C'est là un *idéal* qui, s'il était réalisé, serait « l'expression exacte et complète de la nature entière. » (Agassiz, ch. I.)

De ces considérations, il s'ensuit qu'il y a plusieurs espèces de classifications suivant l'objet qu'on se propose. On distingue les classifications *empiriques, usuelles ou pratiques, artificielles* et enfin *naturelles*[2].

59. Classifications empiriques. — Ce sont celles qui

---

1. Agassiz, *de l'Espèce*, ch. I.
2. De Candolle, *Théorie élémentaire de la botanique*, Introduction, ch. II.

sont indépendantes de la nature même de l'objet ; telles sont, par exemple, les classifications *alphabétiques*, qui, étant fondées sur le nom de la plante ou de l'animal, n'ont aucun rapport réel avec les êtres, et ne peuvent servir qu'à ceux qui les connaissent déjà par le nom[1] : c'est ainsi que la classification des livres par le format dans une bibliothèque est purement empirique.

60. Classifications usuelles ou pratiques. — Les plantes étant de différents usages, on devra les classer différemment suivant le but qu'on se propose. De là les classifications *médicales* ou *pharmaceutiques*, les classifications *économiques* ou *industrielles*, les classifications *géographiques*, etc.

61. Classifications artificielles. — C'est surtout en botanique que la question des classifications a été étudiée à fond ; mais les mêmes considérations peuvent s'appliquer aux animaux, aux minéraux et aux autres objets de la nature.

La distinction la plus importante est celle qu'établissent les naturalistes entre ce qu'ils appellent la *méthode artificielle* et la *méthode naturelle*. De part et d'autre, le but est de connaître les objets au point de vue purement théorique et scientifique. Mais la méthode artificielle a surtout pour but « de donner à ceux qui ne connaissent pas le nom des plantes un moyen facile de le découvrir dans les livres, par l'inspection de la plante elle-même. » (De Candolle). Quant à la méthode naturelle, elle a pour objet l'ordre même de la nature. Parlons d'abord des classifications artificielles.

Voici, selon de Candolle (ch. IX, § 25), les conditions auxquelles doit répondre une bonne classification artificielle en botanique :

1° Il faut que cette méthode soit fondée sur quelque

---

1. « Buxbaum (en 1728) a admis un ordre purement empirique, en divisant les plantes en trois classes : 1° celles qui étaient inconnues avant lui ; 2° celles qui étaient décrites mais non figurées ; 3° celles qui étaient décrites et figurées, mais imparfaitement. » (De Candolle, p. 25.)

caractère inhérent à la plante, par exemple, sa structure ; car ce qui tient à sa position dans la nature, à ses usages, à son histoire, ne peut pas frapper les sens.

2° Cette méthode doit reposer sur les parties solides, et non sur les sucs liquides, puisque ceux-ci disparaissent avec la mort.

3° Parmi les organes solides, on doit choisir de préférence ceux qui sont faciles à voir, qui se trouvent dans la plupart des végétaux, et qui, tout en étant constants, donnent lieu à des variations faciles à saisir.

4° Les organes choisis doivent être visibles dans le même moment, afin de ne pas être obligé de suivre la série entière de l'existence de la plante.

On voit, d'après ces principes, que les classifications artificielles ne sont nullement, comme on le croit généralement, des classifications *arbitraires*. Elles ne reposent pas non plus exclusivement, comme on le dit, sur des caractères accessoires ou extrinsèques. Elles ont elles-mêmes un fondement naturel, et doivent même, autant que possible, reproduire l'ordre naturel; mais elles obéissent à des conditions spéciales, en raison du but qu'elles se proposent, à savoir, connaitre une plante ou tout autre objet que l'on n'a jamais vu auparavant.

On distingue deux sortes de classifications artificielles : les *systèmes* et les *méthodes*. Les systèmes sont ceux qui se bornent à classer d'après *un seul* caractère ou *un seul* organe. Les méthodes sont les classifications qui se déduisent de tous les organes existant *à la fois* à une époque déterminée.

Le choix exclusif d'un seul caractère n'est donc pas, comme on le dit souvent, le propre des classifications artificielles; car on peut en considérer plusieurs à la fois, et même les prendre tous, sans que la classification cesse d'être artificielle.

Le plus remarquable exemple de la classification artificielle est celle de Linné, fondée exclusivement sur le système sexuel des plantes.

CLASSIFICATION DE LINNÉ

PLANTES A ORGANES SEXUELS
- VISIBLES
  - TOUJOURS RÉUNIS DANS LA MÊME FLEUR
    - NON ADHÉRENTS ENTRE EUX
      - ÉTAMINES ÉGALES ENTRE ELLES
        - MOINS DE VINGT ÉTAMINES
          - Une étamine.................. I. Monandrie.
          - Deux étamines................ II. Diandrie.
          - Trois........................ III. Triandrie.
          - Quatre....................... IV. Tétrandrie.
          - Cinq......................... V. Pentandrie.
          - Six.......................... VI. Hexandrie.
          - Sept......................... VII. Heptandrie.
          - Huit......................... VIII. Octandrie.
          - Neuf......................... IX. Ennéandrie.
          - Dix.......................... X. Décandrie.
          - De onze à dix-neuf........... XI. Dodécandrie.
        - Vingt étamines ou plus.
          - Adhérentes au calice.. XII. Icosandrie.
          - Adhérentes au réceptacle................ XIII. Polyandrie.
      - Deux étamines plus courtes que les autres.
        - Quatre étamines, dont deux plus longues... XIV. Didynamie.
        - Six étamines, dont quatre plus longues..... XV. Tétradynamie.
    - ADHÉRENTS ENTRE EUX
      - Étamines non adhérentes au pistil, mais entre elles.
        - Par les filets.
          - Toutes en un faisceau.. XVI. Monadelphie.
          - En deux faisceaux..... XVII. Diadelphie.
          - En plusieurs faisceaux. XVIII. Polyadelphie.
        - Par les anthères............... XIX. Syngénésie.
      - Étamines adhérentes au pistil ou posées sur lui............................ XX. Gynandrie.
  - Non réunis dans la même fleur.
    - Fleurs mâles et femelles sur le même individu............. XXI. Monœcie.
    - Fleurs mâles et femelles sur deux individus différents.... XXII. Diœcie.
    - Fleurs tantôt mâles, femelles ou hermaphrodites, sur un, deux ou trois individus......... XXIII. Polygamie.
- INVISIBLES A L'ŒIL NU.. XXIV. Cryptogamie.

62. Classifications naturelles. — Les méthodes artificielles, nous venons de le voir, sont donc un moyen de reconnaître les plantes, les animaux, les minéraux, d'après leurs caractères visibles. Les méthodes *naturelles* sont le moyen d'en connaître la véritable nature et les véritables rapports. Linné lui-même, dont le système est du premier genre, a très bien marqué la différence des deux méthodes :

La méthode naturelle, dit-il, a été le premier et sera le dernier terme de la botanique (*primus et ultimus finis botanices*), le premier et le dernir but des désirs du botaniste (*primum et ultimum desideratum botanici*). La méthode artificielle n'est qu'un succédané de la méthode naturelle (*methodus artificialis est tantum naturalis succedanea*).

Il est facile de voir pourquoi la méthode artificielle est insuffisante pour faire comprendre la vraie nature et les vrais rapports des objets. En effet : 1° Elle doit indiquer surtout les caractères visibles ; or il arrive le plus souvent que les caractères les plus importants sont ceux qui sont les moins apparents.

2° Elle doit signaler les caractères qui existent en même temps dans l'objet ; et de là tout ce qui tient au développement de l'être lui échappe.

3° S'il s'agit d'êtres vivants, elle ne les classe que quand ils sont morts : une multitude de signes propres à l'être pendant la vie ont disparu. C'est ainsi que les solides sont considérés presque exclusivement, et que les liquides sont mis de côté.

4° On est également obligé de sacrifier tous les caractères empruntés à la situation géographique, au milieu, etc.

C'est à ces lacunes que répond la méthode dite *naturelle*, que les Jussieu ont introduite dans la botanique, et Cuvier en zoologie.

Les classifications naturelles reposent sur deux principes : 1° *la comparaison générale* ; 2° la *subordination des caractères*.

63. Comparaison générale. — 1° La comparaison générale consiste à prendre en considération, non pas un seul caractère ou un seul organe, mais *tous* les caractères, *tous* les organes à la fois, et même *tous les points de vue* différents sous lesquels on peut considérer un même organe (situation, nombre, figure, proportion, etc.). Sans doute, nous avons vu déjà qu'il y a des méthodes artificielles qui tiennent compte de tous les organes ; mais il s'agit toujours des organes visibles, saillants, abstraction faite de l'habitat, des mœurs, des relations, etc. Or la méthode naturelle tient compte de tous ces éléments.

64. Subordination des caractères. — 2° La comparaison générale serait encore insuffisante pour donner l'idée juste des vrais rapports des objets à classer. Car tous les organes ou tous les caractères n'ont pas la même importance. Ainsi la couleur d'un oiseau n'a pas la même importance que la forme de son bec ; les instruments de défense (cornes, venin), n'ont pas la même importance que les organes de nutrition. Il ne suffit donc pas de *compter* les caractères ; il faut les *peser*, en mesurer la valeur. C'est ce qu'on appelle le principe de la *subordination des caractères,* principe qui domine toute la théorie de la classification naturelle.

Le principe de la subordination des caractères consiste à les employer, comme règle de classification, dans leur *ordre d'importance*.

Qu'est-ce que l'*importance* d'un caractère, et en quoi consiste-t-elle ? L'importance d'un caractère est en raison de sa *généralité* et de sa *constance*. Le caractère qui sera commun à tous les végétaux sera le plus important : celui qui aura le plus de généralité après celui-là viendra ensuite, jusqu'à ce qu'on arrive à des caractères tellement fugitifs qu'ils n'appartiennent plus qu'aux individus, et ne peuvent plus servir par conséquent à la classification.

Les caractères ainsi subordonnés d'après leur ordre de généralité formeront une échelle où les caractères d'un ordre supérieur sont considérés comme *dominateurs* par rapport à ceux qui sont au-dessous. Par exemple, les caractères communs à tous les vertébrés sont des caractères dominateurs par rapport à ceux qui caractérisent les mammifères. Avant d'être mammifère, il faut être vertébré, et l'embryologie nous apprend que les traits caractéristiques du vertébré apparaissent dans l'embryon avant ceux du mammifère.

En appliquant à la botanique le principe de la subordination des caractères, Jussieu a fondé la classification naturelle. Le caractère le plus important dans le règne végétal, celui qui domine tous les autres, appartient à l'embryon. C'est sur lui que repose la première division en trois *embranchements*. Après lui viennent les caractères tirés de la présence ou de l'absence de la corolle et du mode d'insertion des étamines : de là les *classes*. En troisième lieu se présentent les caractères que fournissent la structure du fruit, le nombre et la proportion des étamines, leur réunion par les anthères ou par les filets, etc.; ceux-ci ont servi à l'établissement des *familles*. Enfin viennent les caractères tirés de la forme des enveloppes florales, des différents modes d'inflorescence, de la structure des feuilles, de la grandeur de la tige, etc., sur lesquels repose la subdivision des familles en *genres* et des genres en *espèces*.

C'est sur un plan du même genre que repose la classification des animaux.

En résumé, dit Auguste Comte, deux grandes notions philosophiques dominent la théorie de la méthode naturelle, savoir : la *formation de groupes naturels*, et ensuite leur *succession hiérarchique*... La formation des groupes naturels consiste à saisir entre des espèces, plus ou moins nombreuses, un tel ensemble d'analogies essentielles que, malgré les différences caractéristiques, les êtres appartenant à une même catégorie soient toujours plus semblables entre eux qu'à aucune de ceux qui n'en font pas partie... Mais la méthode naturelle est surtout caractérisée, au point de vue philosophique, par l'établissement de la vraie hiérarchie organique. De là résulte la possibilité de concevoir finalement l'ensemble des espèces vivantes disposées dans un ordre tel que l'une d'entre elles soit constamment inférieure à toutes celles qui précèdent, et supérieure à celles qui suivent, quelle que soit la difficulté de réaliser jamais jusqu'à ce degré de précision ce type hiérarchique (*Cours de philosophie positive*, 42° leçon).

65. Hiérarchie des groupes. — D'après ce qui précède, on voit que les êtres de la nature peuvent être distribués dans des groupes de plus en plus généraux, dont les derniers, au plus bas degré, s'appellent *espèces*, et les plus élevés *règnes*. Les degrés intermédiaires sont les *genres*, les *ordres*, les *familles*, les *classes*, les *embranchements*.

66. Résumé. Méthode des sciences physiques et naturelles. — En étudiant la méthode expérimentale, nous avons exposé par là même la méthode des sciences physiques et naturelles, car c'est dans ces sciences que cette méthode trouve ses plus parfaites applications. Signalons seulement les points suivants :

1° L'*observation* est d'usage nécessaire dans toutes les sciences physiques et naturelles ; mais il est certaines sciences où elle est seule applicable et ne se joint pas à l'expérimentation ; par exemple, l'*astronomie*, l'*anatomie*, la *zoologie descriptive*, etc.

2° L'*expérimentation* est d'application en physique et en chimie, en physiologie. Elle s'applique aussi à la minéralogie et même à la géologie, pour se rendre compte par analogie de la formation des minéraux et des roches.

3° Le *calcul* n'est pas de l'essence de la méthode expérimentale ; mais il s'y joint comme un secours puissant qui anticipe sur l'expérience et qui en détermine *a priori* les conditions, que l'expérience doit ensuite justifier.

4° La *classification* joue surtout un rôle dans les sciences naturelles descriptives (zoologie, botanique, minéralogie) : elle intervient en chimie par la théorie de la nomenclature.

5° La *méthode comparative* ou *analogique*, utile dans toutes les autres sciences, est particulièrement féconde en histoire naturelle et en zoologie. Elle implique en effet :
a) la comparaison des diverses parties de l'organisme ;
b) la comparaison des phases de développement ; *c*) la comparaison des races ou variétés ; *d*) la comparaison de la série organique tout entière.

CHAPITRE IV

LES SCIENCES MORALES

Leur objet, leurs caractères propres, leurs principales divisions. — Méthode : l'induction et la déduction dans les sciences morales.

67. Les sciences morales. — Nous avons vu qu'il y a deux formes essentielles de raisonnement : la *déduction* et l'*induction*, et par conséquent deux sortes de méthodes : la *démonstration* et l'*expérience*.

La première domine exclusivement dans les sciences *exactes* ou *mathématiques*. La seconde règne dans les sciences *physiques* et *naturelles*.

Mais il y a une troisième espèce de sciences que l'on appelle les sciences *morales*. Quelle en est la méthode ? Est-ce la méthode démonstrative ? Est-ce la méthode expérimentale ? C'est un mélange de l'un et de l'autre, dans diverses proportions, selon la nature de ces différentes sciences.

Les sciences morales sont celles qui ont pour objet les *lois du monde immatériel*, et principalement les *lois de l'esprit humain*.

On les divise en quatre classes :

I. Les sciences *philosophiques*, qui ont un double objet : 1° l'*esprit humain considéré en lui-même*, et 2° l'*esprit absolu* ou la *cause première*, Dieu;

II. Les sciences *sociales* (juridiques, politiques, économiques), qui ont pour objet l'*homme en société*;

III. Les sciences *philologiques*, qui ont pour but le *langage*;

IV. Les sciences *historiques*, qui ont pour objet le développement de l'espèce humaine dans le temps.

Considérons d'abord les sciences philosophiques. Elles se divisent en deux classes : 1° sciences *psychologiques*, ou sciences de l'esprit humain (psychologie, logique et morale); 2° science de l'absolu ou de l'Être suprême, ou *métaphysique*.

68. Méthode de la psychologie. — La psychologie est la science de l'esprit humain, tel qu'il se connaît lui-même par la conscience[1]. C'est donc une science de *faits* ou de *phénomènes* en général. La méthode par laquelle nous connaissons les faits s'appelle *méthode d'observation*. La méthode psychologique est donc la méthode d'observation.

Seulement la méthode d'observation prend ici un caractère nouveau qui la distingue de ce qu'elle est dans les sciences physiques et naturelles.

C'est une observation *intérieure* et non *extérieure*; c'est le même sujet qui *observe* et qui *est observé*.

69. Objections contre la possibilité de la psychologie. — On a élevé un certain nombre d'objections contre la possibilité de la psychologie.

1° L'esprit humain ne peut pas à la fois agir et s'observer pendant qu'il agit.

S'il agit, il ne s'observe pas; s'il s'observe, il n'agit plus. Soit un accès de colère; pendant que je suis en colère, puis-je m'observer ? Si j'observe ma colère, elle s'évanouit par là même. Ainsi de toutes mes passions. Il en est de même de la pensée. Je ne peux pas me regarder penser : ce serait l'homme qui se met à la fenêtre pour se voir passer.

Réponse : Ce sont là des difficultés spéculatives réfutées par l'expérience. Les moralistes et les poètes dramatiques ont analysé les passions; et ils nous ont appris bien des choses sur le cœur humain; on peut donc arriver à le connaître : comment, si ce n'est par le sens intérieur ? On observe, dit-on, les autres hommes; soit; mais com-

---

[1]. Quoiqu'il n'ait pas encore été question de la psychologie dans ce cours, nous croyons cependant devoir en exposer la méthode. On trouvera un petit résumé de psychologie dans le second chapitre de la *Morale*.

ment comprenons-nous ce qui se passe chez les autres hommes, si ce n'est par analogie et par comparaison avec nous-mêmes ? D'ailleurs, il n'est point nécessaire que les phénomènes de conscience soient observés au moment même où ils ont lieu : il suffit de s'adresser au souvenir. Par exemple, si je demande à quelqu'un de distinguer une sensation venue du dehors (l'éblouissement causé par un éclair) et une action dont il est l'auteur (un acte de charité), il est évident qu'il comprendra ce que je lui demande : il a donc un moyen de distinguer l'un de l'autre.

2° On ne peut arriver par cette méthode subjective, nous dit-on, qu'à des distinctions purement littéraires et morales, et non à des lois scientifiques.

Réponse : Il est possible qu'il ne soit pas facile en psychologie d'établir des lois comme en physique. Mais une description exacte des faits, telle qu'elle a lieu en histoire naturelle, aurait déjà son prix ; et d'ailleurs c'est à la science elle-même de montrer ce qu'elle peut nous donner. En réalité, quel homme instruit en philosophie osera soutenir que la *République* de Platon, le *Traité de l'âme* d'Aristote, le *Traité des passions* de Descartes, la *Recherche de la vérité* de Malebranche, l'*Essai sur l'entendement humain* de Locke, les *Nouveaux Essais* de Leibniz, la *Critique de la raison pure* de Kant, l'*Essai sur les facultés intellectuelles* de Reid, la *Philosophie de l'esprit humain* de Dugald Stewart, l'*Essai de psychologie* de Maine de Biran, le *Traité des facultés de l'âme* d'Adolphe Garnier, les ouvrages d'Hamilton, de Brown, de Mill, de Bain, de Taine, que tous ces ouvrages, dis-je, ne nous ont rien appris sur l'esprit humain ?

3° La méthode d'observation subjective conduit à des résultats arbitraires et à de fausses généralisations. En effet, le philosophe qui n'étudie que lui-même se forme un type de l'humanité sur ce qu'il a observé en lui ; mais lui-même n'est qu'un individu ; il généralise donc des états individuels ; en outre, il est un philosophe, c'est-à-dire un homme dans des conditions tout à fait particulières et qu'on peut presque appeler artificielles. Ce n'est pas l'homme en général qu'il observe en lui-même : c'est l'homme civilisé et l'homme philosophique.

Réponse : S'il n'y avait jamais eu qu'un seul philosophe dans le monde, l'objection serait fondée; mais tous les philosophes se contrôlant et se rectifiant les uns les autres, et proposant leurs observations aux autres hommes, qui peuvent aussi les contrôler et les rectifier, la science résulte de ce contrôle réciproque; et il n'est interdit à personne d'opposer son témoignage à celui des philosophes.

70. Psychologie objective. — Ce qui est vrai, c'est que la psychologie serait une science incomplète, si à l'observation de soi-même on ne joignait l'observation extérieure des autres hommes, et si à la *psychologie subjective* ne venait se joindre ce que l'on peut appeler la *psychologie objective*. Mais cette psychologie objective elle-même serait inintelligible et impossible, si elle ne se fondait sur la psychologie subjective : car ce n'est que par comparaison avec nous-mêmes que nous pouvons comprendre quelque chose à ce qui se passe dans l'esprit des hommes. La psychologie objective comprendra, par exemple, la psychologie *animale* ou l'étude des facultés des animaux; la psychologie *ethnologique* ou l'étude des facultés dans les diverses races humaines; la psychologie *morbide*, qui traite des altérations de nos facultés; la psychologie *physiologique*, qui s'occupe des rapports du physique et du moral, etc.

71. Expérimentation en psychologie. — On vient de voir que l'observation est la méthode de la psychologie : mais on peut se demander si elle est capable d'*expérimentation*. Est-il possible d'opérer sur les phénomènes psychologiques, comme on fait dans les autres sciences, pour les isoler, en modifier les circonstances, en supprimer les causes présumées, etc.?

L'expérimentation est, sans doute, plus difficile en psychologie que dans les sciences physiques et naturelles, mais elle n'est pas impossible. Le sujet peut se mettre lui-même dans les circonstances où il sait que les phénomènes se produiront, pour les mieux étudier. Il peut faire un raisonnement pour étudier l'opération du raisonnement; il peut exercer un sens dans des conditions différentes, pour en dévoiler les habitudes diverses. Dans certaines opérations mixtes, touchant à la fois à l'âme et au corps (par exemple la vision), la physiologie vient prêter son secours à la psychologie par ses expériences; mais la psychologie y a sa part, car c'est toujours l'état de conscience qu'il s'agit d'observer et d'interpréter. Une science récente, la *psycho-physique* a commencé à appliquer la méthode expérimentale à ces phénomènes mixtes et est arrivée à quelques résultats intéressants [1]. Récemment aussi la méthode expérimentale appliquée à l'étude du somnambulisme a donné des résultats plus intéressants encore.

72. Logique et morale. — Si la psychologie est une science d'observation, la logique et la morale sont des sciences *rationnelles*. Sans doute elles sont obligées d'emprunter quelques éléments à la réalité, comme les mathématiques elles-mêmes; mais ces notions une fois dégagées de l'expérience qui les a fournies, c'est surtout la déduction qui s'applique dans ces deux sciences. Il ne faut pas perdre de vue, cependant, que nous ne parlons que de la logique *pure* et de la morale *pure*. Car la logique *appliquée*, aussi bien que la morale *appliquée*, doivent faire appel à l'expérience, comme la géométrie ou la mécanique, lorsqu'elles passent de la théorie à l'application. — Quant à l'esthétique ou science du beau, elle devrait être, en principe, aussi bien que la morale et la logique, une science rationnelle, puisqu'elle a pour objet, comme celles-ci, un *idéal* et qu'elle recherche ce que *doit être* une œuvre d'art pour répondre aux conditions de la beauté. Mais, dans cet ordre d'idées délicat et qui touche plus au sentiment qu'à la raison, il sera toujours plus sûr d'observer les conditions

---

1. Voy. Ribot, *la Psychologie allemande*.

réelles dans lesquelles le beau s'est produit, que d'imposer *a priori* des règles pour le produire.

73. Métaphysique. — C'est en métaphysique que la question de la méthode est le plus difficile à résoudre. Mais cette recherche est en dehors de nos études. Contentons-nous de dire que, même en métaphysique, la méthode consiste à unir l'observation et la déduction.

74. Sciences sociales : Politique, Jurisprudence, Économie politique. — Les principales sciences sociales sont : 1° la *politique*, qui traite des principes et des conditions du *gouvernement* des États ; 2° la *jurisprudence*, qui explique et commente les *lois civiles* ; 3° l'*économie politique*, qui traite de la production et de la distribution des richesses.

1° La *politique* a été traitée tantôt comme une science abstraite et rationnelle où l'on recherche les conditions idéales de la société : par exemple, la *République* de Platon, fondée sur l'idée de la communauté ; le *Contrat social*, sur l'idée de la souveraineté du peuple ; le *de Cive* ou le *Leviathan* de Hobbes, consacré à la défense du pouvoir absolu. Tantôt, au contraire, elle a été exposée comme une espèce d'*art* purement *empirique*, où l'on cherche comment les hommes agissent et quelles sont les conséquences habituelles de leurs actions ; par exemple, le *Prince* de Machiavel. La vraie méthode politique est la *méthode expérimentale* et *inductive*, fondée sur l'étude des institutions et des lois dans toutes les régions du globe et à toutes les époques de l'histoire. Cette méthode est celle de Montesquieu dans l'*Esprit des lois*. Elle n'exclut pas la conception d'un idéal dont les institutions seraient la réalisation progressive.

2° *Jurisprudence.* La méthode propre à la jurisprudence est la méthode déductive. En effet, la jurisprudence n'a pas à rechercher ses principes : elle les reçoit tout faits de la législation : ce sont les *lois écrites*. Ce sont là comme des théorèmes dont la vérité est supposée, de même que l'on suppose en mécanique les théorèmes de la géométrie.

En outre, il y a en jurisprudence comme en géométrie des axiomes et des définitions; et souvent la définition est fournie par la loi elle-même. La science juridique n'a donc d'autre objet que de déduire les applications de la loi ou de concilier les diverses lois entre elles, ce qui est l'œuvre de la déduction. Aussi Leibniz nous dit-il que « les jurisconsultes ont plusieurs bonnes démonstrations... et qu'ils raisonnent d'une façon qui approche fort de la démonstration[1]. » (*Nouveaux Essais*, IV, II.)

En est-il de même de l'*économie politique*? Suivant un éminent économiste, M. Rossi, « l'économie politique, dans ce qu'elle a de général et d'invariable, est plutôt une science de raisonnement qu'une science d'observation » (*Cours*, 2ᵉ leçon); et il expliquait l'opinion inverse, en disant que l'on confondait l'économie politique *pure* et l'économie politique *appliquée*. Mais il négligeait de voir que toutes les sciences, même celles que l'on appelle sciences d'observation, peuvent être aussi, à certains points de vue, des sciences de raisonnement. Par exemple, il y a une physique pure et une physique expérimentale, mais celle-ci n'est pas la même chose que la physique appliquée. Les applications sont les conséquences de la science, l'expérience en est la base. De même, il y a une économie politique *pure* et une économie politique *expérimentale*,

---

[1]. Nous devons à notre savant confrère de l'Institut M. Rod. Dareste la note suivante : « La jurisprudence est sans doute une science de déduction, mais l'induction y joue un grand rôle. En effet, la loi ne peut pas tout régler ni tout prévoir, et cependant le juge doit toujours juger, alors même que la loi est muette. Il le fait alors d'après le droit naturel et l'analogie. — Alors même que la loi a parlé, il faut souvent l'interpréter; or, pour l'interpréter il faut remonter au principe de la loi, c'est-à-dire aux motifs, aux idées fondamentales que la loi suppose et dont le législateur lui-même n'a pas toujours eu conscience. En d'autres termes, il faut que le juge refasse le travail du législateur en se plaçant par la pensée au point de vue auquel le législateur a dû se placer lui-même, et pour cela observer les faits et la pratique, analyser les rapports créés par l'usage et reconnaître ce que nous appelons *la nature des choses*, par exemple en matière de sociétés, d'effets de commerce, etc. »

celle-ci est la base de l'autre : elle donne les faits et les lois sur lesquels l'économie politique pure fonde ses théories ; cette partie expérimentale de la science en est la base ; la théorie est le fond de la science ; les applications ne sont que des conséquences modifiées par les circonstances.

En résumé, la méthode des sciences morales est avant tout la méthode inductive, et cette méthode elle-même est impossible sans le raisonnement ; mais cela ne détruit pas le caractère inductif de ces sciences, car il en est de même dans les sciences physiques et naturelles.

75. Sciences philologiques. — Les sciences philologiques recherchent les lois du langage soit dans une langue donnée, soit dans un groupe de langues, soit enfin dans toutes les langues connues. Comme toutes les sciences qui sont à la recherche des lois, elles doivent partir de faits. Les sciences philologiques sont donc des sciences inductives. Mais elles ont souvent recours, comme l'histoire, au témoignage pour recueillir les faits, et elles pratiquent, comme les sciences naturelles, la *méthode comparative,* celle qui recherche les analogies sous les différences ; c'est l'emploi de cette méthode qui a donné naissance à la *philologie comparée.*

76. Sciences historiques. — Les sciences historiques forment un groupe si important, et les méthodes y sont si particulières, que nous les détacherons pour en faire l'objet d'une étude séparée.

CHAPITRE V

LES SCIENCES HISTORIQUES

Le témoignage, la critique historique.

77. Le témoignage. — Les sciences historiques reposant sur un mode de connaissance que l'on appelle le *témoignage des hommes*, avant d'étudier la méthode de ces sciences, nous devons étudier d'abord la nature et les principes de ce mode de connaissance.

On appelle *témoin* la personne qui affirme la réalité d'un fait dont elle a eu connaissance; le *témoignage* est cette affirmation même.

Il faut distinguer le témoignage *en matière de faits* et le témoignage *en matière de doctrine*. Le premier est ce qu'on appelle proprement témoignage; le second s'appelle plutôt l'*autorité*. En faveur d'un fait que l'on affirme on invoque des *témoins*; en faveur d'une opinion on invoque des *autorités*.

Nous traiterons d'abord et surtout du témoignage en matière de faits.

78. Importance du témoignage. — Le témoignage des hommes est un mode de connaissance de la plus haute importance, et qui vient compléter d'une manière nécessaire la connaissance individuelle.

L'homme individuel n'occupe qu'un point du temps et une portion imperceptible de l'espace. Les faits qu'il peut percevoir par lui-même se bornent donc à ceux qui se présentent à lui dans cette portion d'espace et dans cet intervalle de temps. Or il suffit à chacun de nous de faire appel à ses propres souvenirs pour voir combien le nombre de ces faits est limité.

Qu'est-ce, par exemple, que le nombre des plantes et

des animaux que nous avons pu voir nous-mêmes, à côté de la flore et de la faune de la terre entière ? Qu'est-ce même que le nombre des hommes que nous avons pu connaître personnellement, notre vie fût-elle la plus longue qui soit donnée à l'homme, à côté de l'humanité tout entière ? Que sont les phénomènes physiques et chimiques que nous pouvons connaître dans la vie commune, à côté des faits innombrables et subtils qui se passent sur la terre, sous la terre, dans l'univers, bien plus, autour de nous, à côté de nous, sans que nous sachions ou que nous puissions les voir, soit par le défaut de nos sens, soit par le défaut de notre esprit ? La science individuelle serait donc extrêmement bornée et presque stérile, si elle n'était pas enrichie et fécondée par le témoignage des autres hommes, si l'expérience de chacun n'était pas doublée par l'expérience d'autrui.

79. Fondement de l'autorité et du témoignage. — Le problème logique qui se présente à nous est celui-ci : jusqu'à quel point sommes-nous autorisés à croire au témoignage de nos semblables, et quel est le fondement de cette croyance ?

Thomas Reid, le chef de l'école écossaise a ramené à deux principes le fondement de l'autorité du témoignage humain. Le premier est l'inclination naturelle de l'homme à dire la vérité, lorsqu'il n'est pas poussé au mensonge par la passion et par l'intérêt ; il a donné à cette inclination le nom d'*instinct de véracité*. Le second principe, qui répond à celui-là, est l'*instinct de crédulité*. De même que nous disons naturellement la vérité, de même nous croyons naturellement que les hommes sont disposés à la dire et la disent en effet. Ni le mensonge ni la défiance ne sont les premiers mouvements de l'esprit. L'enfance croit tout, comme elle dit tout : elle n'apprend à douter qu'en apprenant à mentir.

On peut admettre ces principes de Reid pour simplifier la théorie du témoignage : mais en général les philosophes de cette école ont une tendance excessive à transformer toutes les opérations de l'esprit, même les plus simples, en principes instinctifs et en lois irréductibles. Il en est de même dans cette circonstance. Il ne serait pas difficile de faire voir que les deux principes de Reid se ramènent à des faits très simples et très familiers.

Remarquons d'abord que l'un des deux principes au moins est inutile, à savoir, le principe de crédulité. En effet, il suffit d'admettre le principe de véracité pour que la croyance au témoignage des hommes s'explique par les règles ordinaires de l'induction. Supposons un homme qui a toujours dit la vérité et qui n'a jamais été tenté de mentir : d'où pourrait lui venir la pensée du mensonge, lorsqu'il entend les autres hommes ? Ayant toujours observé sur lui-même la parole comme instrument de la pensée, il induira naturellement qu'il en est de même chez les autres; les mêmes causes produisant les mêmes effets, selon l'axiome de Newton, en entendant les mêmes paroles, employées par les autres comme par lui, il conclura les mêmes causes, à savoir, les mêmes pensées, c'est-à-dire celles qu'il aurait lui-même s'il prononçait ces paroles. Ainsi, tant qu'un homme n'a pas lui-même trompé, et tant qu'il ne s'est pas trompé, c'est-à-dire tant qu'il n'a pas fait l'expérience de l'erreur et du mensonge, il n'a aucune raison de supposer l'erreur et le mensonge chez autrui.

Il n'est pas même besoin, d'ailleurs, d'avoir recours à un instinct de véracité pour expliquer la croyance des hommes au témoignage : cette croyance s'explique tout naturellement par les lois de l'induction et de l'association des idées. Les sons que l'enfant s'est habitué à reconnaître et à attacher à certains objets quand il a appris à parler, réveillent naturellement, aussitôt qu'il les entend de nouveau, la pensée des mêmes objets : jusqu'à ce que ces associations aient été rompues par l'expérience de l'erreur et du mensonge, elles se produiront toujours naturellement et infailliblement. Les mêmes mots rappelleront toujours les mêmes idées. Si, toutes les fois qu'on dit à l'enfant : « J'ai un gâteau pour toi, » on lui a réellement apporté un gâteau, il est impossible que les mêmes mots prononcés une fois de plus ne réveillent pas en lui la même idée et la même attention ; et si un jour, au lieu du gâteau promis on lui montre une poignée de verges, il éprouvera une déception soudaine que rien ne pouvait lui faire prévoir et qui se traduira par des cris. On voit assez que l'instinct de véracité est inutile pour expliquer ces faits.

D'ailleurs, il est à peine nécessaire de supposer cet instinct pour expliquer que l'homme commence par dire la vérité, jusqu'à ce qu'il ait intérêt à faire le contraire : car la parole étant d'abord tout aussi naturellement liée aux pensées de l'enfant que les pleurs le sont à l'expression de ses douleurs, il emploiera les unes comme il emploie les autres, d'une façon toute spontanée et sans même savoir ce qu'il fait, en vertu des lois qui unissent le moral et le physique. Mais aussitôt qu'il a appris à remarquer que ces sortes de phénomènes ne sont pas seulement des *signes* pour exprimer ses états de conscience, mais encore des *moyens* pour se procurer ce qu'il désire, il altère aussitôt le sens de ces signes : il crie sans souffrir, pour se faire promener ; et plus tard il dira : « J'ai faim, » sans aucun appétit, pour avoir un gâteau.

Je suis bien loin de prétendre qu'il n'y a pas, en effet, dans l'homme un instinct de véracité, et que chez les enfants, lorsqu'ils sont bien élevés, on ne puisse arriver à produire chez eux un sentiment très vif d'horreur pour le mensonge. On ne doit donc pas exclure ce principe de la croyance au témoignage des hommes ; car nous voyons que ce sont les hommes les plus sincères qui croient le plus facilement. Mais ce principe n'intervient que pour une part dans la question ; et les lois ordinaires de l'induction et du langage suffisent à la rigueur pour expliquer les faits.

Enfin, les deux principes invoqués par les Écossais n'écarteraient, après tout, qu'une des causes de défiance qui pèsent sur le témoignage des hommes, à savoir, le mensonge; elles n'écartent pas l'autre, qui est l'erreur. L'instinct de véracité est cause que l'homme ne trompe pas, mais non qu'il ne se trompe pas. L'instinct de crédulité fait que nous sommes autorisés à croire en général que les hommes, intérêt et passion à part, ne nous trompent pas; mais ils ne nous autorisent nullement à croire qu'ils ne se trompent pas. La vérité est que nous ne pouvons supposer aucune erreur tant que nous n'avons pas fait l'expérience de l'erreur; par la même raison, nous ne pouvons supposer le mensonge avant d'avoir fait ou essayé l'expérience du mensonge : ces deux mots doivent être vides de sens pour nous tant que nous n'avons pas fait l'épreuve des choses qu'ils représentent [1].

80. **Applications du témoignage des hommes.** — Les principales applications du témoignage des hommes sont les suivantes :

1° *L'histoire.* Sans le témoignage, les générations humaines ne pourraient rien savoir de ce qui s'est passé avant elles : voilà donc une partie considérable de nos connaissances qui nous serait enlevée : le *passé* de l'humanité.

2° *La justice sociale.* Sans témoignage, point de justice. En effet, le malfaiteur n'a pas l'habitude de choisir le juge pour en faire le témoin de ses crimes et de ses délits. Il faut donc, entre le délit et le juge, un intermédiaire, celui que le hasard ou les circonstances ont rendu spectateur du fait attesté. Il en est de même pour les in-

---

1. M. E. Naville (*Comptes rendus de l'Académie des sciences morales et politiques*, avril 1873, p. 577) fait reposer la certitude du témoignage sur un principe qu'il emprunte au P. Gratry et qu'il appelle *principe de transcendance.* Ce principe fonde, dit-il, la certitude de l'induction, comme il fonde la certitude du calcul infinitésimal. Il nous semble que c'est admettre trop de principes innés dans l'esprit humain. Nous ne dirons donc pas avec l'auteur : « Le fondement logique de la certitude du témoignage est *du même ordre que le fondement logique de l'induction des physiciens.* » Mais nous dirons : La croyance au témoignage *est une induction,* et se justifie comme l'induction elle-même; et ainsi la certitude du témoignage se ramène à celle de l'induction.

térêts civils. Les faits décisifs ne peuvent arriver à la connaissance du juge que par les témoins ou par des pièces qui sont elles-mêmes des témoignages.

3° *L'éducation*. La meilleure éducation, dit-on, est celle que chacun se fait à soi-même. Cela est très vrai; mais si l'on prenait ce principe à la rigueur, chaque homme devrait recommencer à lui seul le travail de l'humanité tout entière et redécouvrir la civilisation. Comme cela est impossible, l'éducation consiste à résumer pour chacun tout ce qui a été découvert par les générations antérieures : c'est donc la parole du maître qui sert d'intermédiaire entre le passé et le présent, entre ce que l'humanité sait et ce que chacun doit apprendre. La raison et la réflexion sont libres.

81. Règles du témoignage. — Nous venons de voir que l'homme, quoique né pour la vérité, ne l'énonce pas toujours dans ses discours. L'*erreur* et le *mensonge* sont les deux vices qui corrompent la sincérité naturelle du témoignage. Un témoin assure un fait ou une vérité; mais a-t-il bien vu ce fait? a-t-il bien examiné cette vérité? n'est-il pas dupe de son imagination, de ses sens, de ses passions? ou bien, sans être dupe lui-même, n'a-t-il pas quelque intérêt à duper autrui? Telles sont les questions qui se présentent devant chaque témoignage et qui ne peuvent être résolues que par une critique sévère : de là plusieurs règles que l'on appelle les *règles du témoignage*. Il faut distinguer deux cas : 1° le cas d'un témoin *unique*; 2° le cas de la *pluralité* des témoins.

82. Premier cas : le témoin unique. — Les règles de cette critique sont parfaitement connues. Puisque le témoignage peut être vicié, soit par l'*erreur*, soit par le *mensonge*, il faut se demander à quels signes on peut reconnaître la présence de ces deux choses.

Or, l'erreur dans un témoin peut venir de deux sources : ou de son ignorance en général, c'est-à-dire d'une certaine incapacité de comprendre, de voir et d'observer; ou de son ignorance relative au fait particulier qu'il s'agit d'éclaircir. Il est certain d'abord que l'homme qui n'est pas éclairé ou qui manque naturellement de jugement, ne voit pas bien même les choses qu'il voit, et est incapable d'en raconter les détails avec justesse et exactitude. Il y a des esprits, même distingués, qui manquent à tel point d'esprit d'observation ou de mémoire, qu'ils ne peuvent retracer avec précision aucune des circonstances d'un fait dont ils ont été témoins. Pour voir, il ne suffit pas d'avoir des yeux, il faut les appliquer avec attention sur les choses ; et celui qui, soit par défaut naturel, soit par défaut d'exercice, manque de cette faculté d'attention, sera toujours un témoin peu sûr et un garant médiocre de la vérité d'un fait. Ce n'est pas que l'on doive absolument préférer, en fait de témoignage, un savant à un témoin ignorant ; il faut seulement avoir soin d'interroger chacun sur les faits dont il peut déposer : c'est celui qui a vu qui est le vrai savant dans cette circonstance. Il faut donc examiner si le témoin sait bien la chose dont il parle, ou s'il l'ignore ; ne consulter l'astronome que sur les révolutions des astres, le physicien que sur les phénomènes physiques, l'artisan et le laboureur que sur les détails de leur profession. Quand il s'agit d'éclaircir un fait particulier, les témoins les plus autorisés seront ceux qui étaient présents, fût-ce même un enfant : car la connaissance spéciale du fait a plus de prix qu'une certaine capacité générale qui n'a point à s'exercer dans la circonstance.

Mais il ne suffit pas que le témoin soit très capable de connaître la vérité, il faut encore qu'il soit disposé à la dire ; or, pour juger de la sincérité, il faut examiner quelles raisons peuvent l'empêcher d'être sincère : d'abord, l'habitude du mensonge, c'est-à-dire une certaine disposition à tromper en général ; en second lieu, un intérêt particulier à tromper dans une circonstance donnée. En effet, tel homme, qui n'est point menteur par nature, peut l'être dans certains cas s'il y a intérêt ; tel autre, au contraire, d'un caractère peu recommandable, sera sincère dans un cas particulier où rien ne le porte à mentir. Si un témoin d'un caractère honorable affirme un fait où il n'a nul intérêt, les deux conditions de la moralité d'un témoin seront réunies, et la confiance pourra être entière. La sécurité sera plus grande encore lorsqu'un témoin déposera contre son propre intérêt.

Mais, quelles que soient les garanties de capacité et de sincérité que puisse offrir un témoin, s'il est seul, il reste encore des raisons suffisantes de doute, sinon pour les faits d'un intérêt vulgaire, du moins pour les faits importants. Qu'une personne d'un caractère grave et sans nul intérêt vienne déposer d'un crime commis, ce témoignage respectable fera naître de fortes présomptions et peut-être une conviction morale dans l'esprit d'un juge. Mais la prudence ne permettrait pas de s'en rapporter à ce témoignage unique, parce que l'on n'est jamais assez sûr de pénétrer dans l'esprit d'un homme pour se convaincre, sans réserve, ou qu'il a bien vu une chose, ou qu'il n'a aucun intérêt possible à affirmer l'avoir vue. Cependant, autrefois, c'était une règle absolue de la jurisprudence d'écarter absolument le témoignage d'un témoin unique. On a rejeté avec raison cette règle absolue, et l'on s'en rapporte exclusivement à l'ensemble des faits qui déterminent la conviction des juges et des jurés.

83. Deuxième cas : pluralité des témoins. — Le témoignage des hommes a un bien plus grand poids lorsque plusieurs témoins se rencontrent dans une même affirmation sur un même fait. Cependant, même cette rencontre de témoignages doit être soumise à une certaine critique; car il peut arriver que plusieurs témoins soient engagés par une même ignorance, une même passion ou un même intérêt à dire les mêmes choses. Si plusieurs témoins affirmant une chose sont aussi incapables les uns que les autres d'observer avec exactitude et discernement les faits dont ils déposent; si l'imagination leur peint à tous le même fait sous les mêmes couleurs; si une même prévention, un intérêt commun, un esprit de corps les égare de la même manière, faudra-t-il croire à plusieurs témoins plutôt qu'à un seul? Assurément non. Que sera-ce donc si à plusieurs témoignages s'opposent des témoignages contraires? Le nombre des témoins se trouve compensé alors par leur partage. Il faut comparer les deux dépositions et chercher de quel côté se rencontre non seulement l'avantage du *nombre,* mais celui du *poids ;* les témoignages les plus éclairés et les plus désintéressés valent toujours mieux que les plus nombreux. S'il ne se rencontre qu'un seul ordre de témoins et de dépositions, il importe, avant de se fier tout à fait, d'examiner si les témoignages opposés n'ont pas pu être supprimés ou subornés; il faut comparer entre elles les dépositions des témoins, les contrôler les unes par les autres, les confronter, en un mot. La probabilité du témoignage augmentera à mesure que, dans une plus grande différence d'origine, de classes, de passions, d'intérêts, de lumières entre les témoins, se fera voir une plus grande conformité dans leurs déclarations; et si, enfin, l'unanimité de tous les témoins possibles sur un fait qui a pu être connu et discuté par un très grand nombre de personnes, se rencontre cependant, sans aucun témoignage contraire, on peut considérer le fait comme attesté et comme certain.

84. Les faits. — Mais il ne suffit pas, dans l'appréciation du témoignage des hommes, de s'appliquer à l'examen des témoins. Il y a encore un élément dont il faut tenir compte et qu'il faut mesurer et peser également : c'est la *qualité* du *fait* attesté. On a discuté sur la question de savoir s'il faut avoir égard à la nature du fait, à sa vraisemblance et à sa possibilité, dans l'examen des témoignages. Suivant certains critiques, l'autorité morale du témoin suffit, et, si elle est assurée, il est inutile de rechercher si le fait en lui-même est possible et probable. Mais la question est précisément de décider si les conditions d'autorité exigées pour un témoignage ne doivent pas croître nécessairement en raison de l'invraisemblance des faits; si, à autorité égale, un témoignage qui affirme un fait tout simple n'est pas plus facilement cru que celui qui atteste un fait extraordinaire. Ici, le sens commun et l'expérience ne laissent aucun doute. Qu'une personne, connue à peine de nous, nous raconte un fait ordinaire de la vie, nous ne doutons point de ce témoignage unique ; au contraire, qu'un ami, qu'une personne très autorisée, vienne nous raconter des faits extraordinaires, comme, par exemple, qu'un somnambule a vu ce qui se passait à plusieurs lieues de l'endroit qu'il habite, qu'il a décrit des lieux qu'il n'avait jamais visités, qu'il a guéri des maladies par l'effet d'une seconde vue ; ces sortes de prodiges nous laissent incrédules, quel que soit le nombre de témoins qui les attestent, au moins jusqu'à ce que nous ayons vérifié avec une sévérité inaccoutumée l'autorité de ces témoignages. Il est donc hors de doute que, dans la pratique de la vie, nous exigeons des conditions plus sévères dans les témoins à mesure que les faits deviennent plus difficiles à croire par leur rareté, leur difficulté, enfin leur invraisemblance. Et, si le témoignage portait sur des faits que nous considérons comme absolument impossibles, aucun témoignage ne pourrait réussir à nous les faire croire. La seule question est de savoir s'il n'y a aucun fait que nous puissions réputer impossible et qui doive ainsi légitimement provoquer une incrédulité absolue. Au moins en est-il qui, approchant de l'extrême invraisemblance, exigent dans les témoins les dernières conditions possibles d'exactitude et d'autorité.

85. Le calcul des probabilités. — L'autorité du témoignage variant ainsi suivant le nombre et la qualité des témoins et selon la nature des faits, on a eu l'idée de soumettre au calcul ces diverses variations, et de traduire en formules mathématiques les degrés de probabilité du témoignage, dans les différentes circonstances où il se produit. A propos de cette tentative, nous pouvons d'abord dire, en général, que l'application du calcul aux choses morales offre beaucoup de difficultés et d'inconvénients. Les choses morales ne se traitent point comme des qualités abstraites. Il y a mille nuances délicates, mille différences insensibles qu'une vue juste et exercée par l'observation discernera mieux que ne pourrait le faire le calcul le plus certain. On peut demander s'il est possible d'exprimer autrement qu'en fractions arbitraires et fictives la valeur générale d'un témoignage humain. Le pourrait-on, reste à savoir s'il serait utile de le faire. En effet, vous ne pouvez représenter par une fraction exacte la probabilité de la véracité du témoin dans un certain cas, qu'autant que l'expérience vous a d'abord fourni toutes les données justes et précises dont se compose cette probabilité. Cette fraction, dans laquelle vous exprimez l'idée complexe que vous avez de la véracité d'un témoin, n'ajoute rien à l'exactitude de cette idée, puisqu'elle n'en est que le signe. Il faut d'abord que l'idée soit exacte pour que la fraction le soit, et dès lors la fraction n'est qu'une représentation approximative, toujours plus ou moins infidèle, du sentiment juste et vif que vous aura donné l'expérience, la connaissance du cœur humain, la connaissance particulière de tel homme, sur sa moralité, sa capacité, enfin sur toutes les conditions exigées dans le témoin. De même, la fraction qui exprime la probabilité du fait attesté n'est encore que l'expression de l'opinion que vous avez et qui est antérieure à toute traduction arithmétique. Par conséquent, toutes les données du calcul sont empruntées à l'expérience, surtout à cette expérience délicate, complexe, infinie, que l'on appelle la connaissance du cœur humain. Le calcul n'est donc d'aucun usage quant aux données du problème. Mais ces données une fois acquises, ces prémisses une fois posées, faut-il recourir au calcul pour en exprimer les conséquences? Les raisonnements qui ont rapport aux choses de la vie, aux événements qui dépendent des passions, des idées, des sentiments de l'homme, ne doivent jamais être traités d'une manière abstraite, comme des équations : ils sont d'autant plus justes qu'ils sont accompagnés d'un plus vif sentiment des choses. Supprimez les choses mêmes et ne raisonnez plus que sur des quantités ou des signes, le raisonnement pourra être à la fois très exact et très faux.

86. Certitude du témoignage. — L'application du calcul des probabilités à l'autorité du témoignage humain suggère naturellement la question de savoir quelle est la certitude du témoignage lorsque toutes les conditions de véracité et d'exactitude se trouvent réunies; peut-on attacher le nom de certitude à la croyance provoquée en nous par un tel témoignage? ou, comme le pensent quelques philosophes, ne devons-nous considérer cette croyance que comme le plus haut degré possible de probabilité? C'est l'opinion de Locke, qui, après avoir dit que nous y adhérons aussi fermement que si c'était une connaissance certaine, ajoute cependant que « le plus haut degré de probabilité est lorsque le consentement général de tous les hommes, dans tous les siècles, autant qu'il peut être connu, concourt, avec l'expérience constante, à affirmer la vérité d'un fait particulier attesté par des témoins sincères. » Nous ne pouvons consentir, pour notre compte, à cette atténuation de la certitude du témoignage humain. Si l'on donne le nom de certitude à cet état de l'esprit qui adhère à ce qu'il croit la vérité sans aucun mélange de doute, on ne peut méconnaître le caractère de la certitude à l'adhésion que nous accordons à certains faits attestés par le témoignage universel. S'appuiera-t-on sur ce sophisme, que l'autorité d'un témoin isolé, quelque grande qu'elle soit, n'est jamais que probable, et que, par conséquent, l'autorité de plusieurs témoignages n'est qu'une source de probabilité? Il est évident que ce qui fait ici la certitude, c'est précisément la rencontre unanime des témoins; et comme, dans cette hypothèse, toute chance d'erreur disparaît, le doute disparaît également. Dira-t-on qu'il n'y a certitude que lorsqu'il y a évidence, et qu'il ne peut y avoir d'évidence dans un fait que nous ne connaissons pas immédiatement? Nous répondons que ce n'est pas le fait par lui-même qui est évident, mais ce principe : qu'un nombre considérable de témoins ne peuvent se réunir dans une même erreur ou dans un même mensonge, lorsqu'ils attestent un fait qu'ils ont pu connaître et où chacun d'eux n'est en quoi que ce soit intéressé. Voilà le principe évident, d'où sort, comme une conséquence, l'évidence du fait attesté.

87. Témoignage en matière de doctrine. — Le témoignage n'est pas uniquement invoqué pour attester la vérité d'un fait : souvent nous nous en servons pour attester la vérité d'une doctrine et d'une opinion. Il n'y a pas de discussions parmi les hommes dans le monde, dans la vie publique, au barreau, etc., sans que chacun cite en faveur de son opinion ce qu'on appelle des *autorités*. Dans les sciences elles-mêmes, quand il s'agit de matières que nous ne connaissons pas, il n'est personne de nous qui ne s'en rapporte au témoignage des savants. Nous n'avons pas besoin d'avoir démontré par nous-mêmes les théorèmes de la géométrie, d'avoir expérimenté telle ou telle loi. Ce ne sont donc pas seulement, quoi qu'en dise Pascal[1], les sciences historiques qui ont besoin de l'autorité du témoignage : ce sont toutes les sciences, quand nous n'avons pas le temps de les cultiver nous-mêmes, ou dans les parties qui ne sont pas de notre domaine ; et même là où chacun peut se croire compétent, dans les matières de morale, de pédagogie, de politique, de littérature, l'autorité d'un grand nom est toujours imposante.

Néanmoins, il faut toujours distinguer ces deux sortes de témoignages : le témoignage sur les faits et le témoignage sur les doctrines. Dans le premier cas, quand il s'agit de faits éloignés ou passés, le témoignage est un véritable mode de connaissance, et dans de certaines conditions il donne la certitude. Dans le second cas, au contraire, l'autorité est un appoint, un *succédané*[2] ; mais il ne donne pas directement la vérité. On ne la possède

---

1. *De l'autorité en matière de philosophie.*
2. On appelle *succédané* un médicament qu'on peut substituer à un autre.

véritablement que lorsqu'on l'a comprise soi-même. La vérité ne vient pas du dehors : elle est en nous, elle vient de nous-mêmes ; nous devons nous la conquérir et nous l'assimiler par nos propres forces. *Le maître l'a dit* [1] : c'était le préjugé du moyen âge. C'est contre ce préjugé que s'est élevé tout le XVIIe siècle ; et c'est contre lui qu'est dirigé le petit écrit de Pascal dont nous venons de parler plus haut.

88. Le traditionnalisme. — Si c'est une erreur de méconnaître la certitude positive du témoignage humain, c'en est une autre non moins grave de considérer le témoignage comme la source unique de la certitude. C'est un système que l'on a vu naître de nos jours dans les ouvrages de l'abbé de Lamennais. On commençait par accuser toutes les facultés humaines, les sens, la mémoire, le raisonnement, et on n'attribuait d'autorité qu'au témoignage des hommes, et à ce qu'on appelait le *consentement universel*; mais ce consentement universel se composait, en réalité du témoignage de chaque homme en particulier. Or il est trop évident que l'individu ne peut être un témoin suffisant de la vérité, si l'on ne suppose d'abord qu'il est capable de connaître et de comprendre la vérité. Le témoignage est un fait composé qui implique l'action de la plupart de nos facultés intellectuelles. Supprimez l'autorité de la conscience, des sens, du jugement, du raisonnement, nous ne voyons pas par quel moyen un homme pourra connaître un fait, le comprendre et l'attester. Cela est bien plus évident encore s'il s'agit d'une vérité ; car ici une simple attestation ne suffit plus, la démonstration est nécessaire, c'est-à-dire qu'il faut que l'intelligence parle à l'intelligence. On doit laisser au témoignage son domaine, si l'on n'en veut pas compromettre l'autorité en l'exagérant. Son domaine propre est celui des faits ; mais, même

---

1. *Magister dixit*, ou *ipse dixit* : il s'agissait d'Aristote, au moins au moyen âge : car la formule est plus ancienne et nous vient des pythagoriciens.

dans cet empire, il ne faut point lui ôter son soutien naturel, l'intelligence; il n'est que la déposition de l'esprit, il n'en est pas la lumière : la lumière vient des facultés premières et nécessaires de notre intelligence. C'est là qu'il faut pénétrer pour trouver l'autorité de la parole humaine. La parole est un signe qu'il ne faut pas confondre avec la chose qu'elle signifie. Telle est la confusion, telle est l'erreur d'une école qui, voulant arracher l'homme à lui-même et à sa raison pour le livrer tout entier à l'autorité, s'est plu à combattre la certitude de nos facultés intellectuelles, à les rendre esclaves du témoignage et de la parole. C'est la doctrine du *traditionnalisme*, doctrine qui n'est qu'un sensualisme d'un autre ordre d'accord avec celui de Condillac, pour faire venir nos idées du dehors et méconnaître dans l'homme la faculté naturelle de penser[1]. La vraie philosophie fait une place au témoignage dans l'intelligence humaine, mais elle ne la lui soumet pas tout entière.

89. La critique historique. — Le témoignage des hommes est la base de l'histoire; et la méthode qui consiste à apprécier la valeur des témoignages en histoire s'appelle la *critique historique*.

90. Méthode historique. — La méthode en histoire est-elle une méthode essentiellement différente de celles que nous avons exposées précédemment ou bien rentre-t-elle dans l'une d'entre elles? Peut-elle se ramener à la méthode déductive et démonstrative, ou à la méthode expérimentale et inductive? Et d'abord, il ne peut être question de la confondre avec la déduction et la démonstration. L'histoire ne part pas de définitions et d'axiomes : elle n'emploie pas le syllogisme; le raisonnement n'en est pas absent; mais il n'y entre que comme auxiliaire : il n'en est pas l'essence. La méthode historique, au con-

---

[1]. Pour la réfutation du traditionnalisme, voy. *de l'Origine des connaissances humaines d'après l'Écriture sainte*, par le R. P. Chastel de la compagnie de Jésus (Paris, 1852).

traire, peut se ramener à la méthode inductive; mais elle en est une forme particulière, une application originale. En général, la méthode inductive part des faits pour s'élever aux lois, c'est-à-dire à ces mêmes faits généralisés. En histoire, au contraire, on part de certains faits pour conduire non pas à des lois générales, mais à d'autres faits différents des premiers. Par exemple, d'un fait qui tombe sous nos yeux, une inscription ou la devise d'une médaille, on conclut que tel empereur régnait en telle année. Ainsi, les *témoignages* sont une première classe de faits que l'on traverse pour arriver à d'autres faits qui sont les *événements*. Néanmoins, c'est toujours là une induction qui repose sur ce principe : que tout fait attesté par un témoin compétent et désintéressé est vrai. Il suffit donc de rassembler et d'interroger les témoignages pour être assuré de la vérité des faits. Au reste, l'histoire n'est pas la seule science où l'on conclue de certains faits à d'autres faits dont les premiers sont les signes. En géologie, par exemple, les faits actuels sont les signes des faits passés : la présence actuelle des coquillages sur les montagnes est le signe de la présence de la mer dans les mêmes lieux à une époque antérieure. En un mot, si l'induction, comme l'appelait Bacon, est l'interprétation de la nature, la méthode historique est l'interprétation du témoignage humain.

91. Certitude de l'histoire. — On peut donc dire que l'histoire est une science inductive : mais quel degré de confiance mérite l'induction historique ? On a élevé bien des doutes contre la certitude de l'histoire. Volney, par exemple, l'a réduite à très peu de chose et a professé une sorte de scepticisme historique très exagéré [1]. On a représenté l'histoire comme un tissu de mensonges; on a dit qu'elle était « l'art de choisir entre plusieurs choses fausses celle qui ressemble le plus à la vérité. » (J.-J. Rousseau, *Émile*, liv. IV.) Pour établir ce scepticisme, on s'est autorisé des erreurs inévitables qui sont toujours mêlées à la science

---

1. Volney, *Leçons sur l'Histoire*, Œuvres, t. VI.

du passé. Néanmoins il est impossible de nier qu'il n'y ait en histoire un fond de vérités incontestables, aussi certaines que toutes celles qui sont dues au raisonnement ou au témoignage des sens. Après ces faits absolument certains, il en vient d'autres moins certains, mais encore probables, d'autres vraisemblables, d'autres douteux : c'est à la critique historique de fixer ces degrés.

Dans tout événement historique attesté par un auteur, il y a trois choses à distinguer : 1° le *fait* lui-même ; 2° les *circonstances* du fait ; 3° le *jugement* des témoins (Daunou, *Cours d'Études historiques*[1], t. I, ch. 1). Pour ce qui est du jugement du narrateur, il faut le mettre à part : car ce jugement n'influe pas sur la réalité du fait ; tout au plus sur les circonstances. Quant aux circonstances, il peut y avoir une part légitime à faire au doute et à la critique ; mais ces deux éléments écartés, on peut dire que, dans un très grand nombre de cas, le fait en lui-même reste à l'abri du doute. Par exemple, on peut juger les événements de la Fronde de bien des manières ; on peut raconter aussi de bien des manières diverses les circonstances particulières et plus ou moins secrètes des faits ; mais l'enlèvement de Broussel, la journée des Barricades, la prison des princes et le combat du faubourg Saint-Antoine sont des faits hors de doute.

92. Application du calcul des probabilités. — Nous avons déjà dit plus haut (85) que l'on a essayé d'appliquer le calcul des probabilités à l'appréciation des faits historiques, en se fondant sur ce principe général que le témoignage perd de son poids à mesure que le nombre des intermédiaires augmente. La Fontaine, dans une de ses fables (*les Femmes et le Secret*, VIII, 6), nous montre en action ce grossissement successif de l'erreur à mesure que le témoignage passe de bouche en bouche. Ce principe

---

[1]. Le premier volume du *Cours d'Études historiques* de Daunou (1842) contient un traité complet et achevé de critique historique dont notre chapitre n'est que l'analyse.

posé, voici comment on raisonne. Supposons que le rapport du mensonge au témoignage véridique soit pour chaque homme comme 1 est à 10 : la véracité du premier témoin sera donc égale à la fraction 9/10. Que ce premier témoin transmette le fait à un second, le témoignage de celui-ci ne sera que les 9/10 du précédent, par conséquent les 9/10 de 9/10. En appliquant le même raisonnement au troisième, au quatrième et ainsi de suite, la probabilité va s'exprimant par une suite de fractions dont le numérateur 9 et le dénominateur 10 seront successivement élevés chacun à la 3e, 4e, 5e puissance; dès que vous aurez six intermédiaires, la fraction ne sera plus que de 47/100, c'est-à-dire moins de 5/10, ou d'une demie : il y aura donc plus de chances pour la fausseté que pour la vérité. On comprend qu'à la longue, et même en un temps assez restreint, la chance de vérité deviendra tellement faible qu'elle sera en quelque sorte annulée. A la vérité, cette conclusion ne s'applique qu'au cas d'un témoignage unique qui se transmettrait de père en fils, mais toujours d'un seul à un seul; et le calcul précédent doit être corrigé quand il s'agit, comme presque toujours, de témoignages simultanés plus ou moins nombreux; dans ce cas le décroissement serait beaucoup moins rapide, mais il n'en suivrait pas moins les mêmes lois [1]. En appliquant ces principes, un géomètre anglais, Jean Craig, essaya de prouver que les événements du siècle d'Auguste cesseraient d'être croyables en l'année 3153; et un autre géomètre, Peterson, reprenant ce calcul, trouva que l'année où devait finir cette croyance serait l'an 1789. Ainsi depuis un siècle nous devrions avoir cessé de croire à la mort de César.

La réfutation d'une opinion aussi paradoxale est plus curieuse qu'utile, cependant elle peut servir à faire voir combien il est arbitraire de vouloir appliquer les procédés mathématiques à l'appréciation des choses morales. Dau-

---

1. Laplace, *Essai philosophique sur la probabilité*, p. 135-144. — Lacroix, *Traité du Calcul des probabilités*, p. 219, 238.

nou a très solidement montré le vide du raisonnement précédent. D'abord le principe dont on part est une hypothèse gratuite : nulle expérience ne peut l'établir. Pourquoi prendre la proportion de 1/10 comme représentant la proportion du mensonge et de la vérité dans un témoin quelconque ? pourquoi ne serait-ce pas 1/100, 1/1000 ? Or, suivant que vous prendrez telle ou telle donnée, la crédibilité pourra durer plusieurs milliers de siècles de plus ou de moins ; et plusieurs mille siècles, c'est quelque chose dans cette affaire. De plus est-il possible de prendre une moyenne en cette circonstance ? les écarts ne sont-ils pas trop grands entre les hommes ? Il est tel homme, un sage comme Marc-Aurèle, dont le témoignage sera égal à l'unité ; tel autre, un criminel comme Catilina, dont le témoignage sera égal à zéro. D'ailleurs il faut bien distinguer le témoignage traditionnel, qui peut en effet décroître en probabilité avec le temps, et le témoignage fixé dans un livre ; ici la décroissance s'arrête : on est toujours en face du même témoin ; les témoignages ultérieurs ne sont que la répétition de celui-là : il n'y a plus de décroissance.

On peut même aller plus loin encore et affirmer que la certitude historique, loin de décroître avec le temps, grandit, au contraire, précisément parce que le nombre des témoignages augmente. Par exemple, la critique historique de nos jours, grâce à la découverte de documents inédits, aux fouilles, à la recherche des inscriptions, des médailles, de toutes les pièces oubliées ou ensevelies, peut établir la certitude de beaucoup d'événements anciens ignorés ou mis en doute. Enfin, pour les événements nouveaux, la presse, les journaux, la publicité croissante, fournissent des moyens innombrables et de plus en plus sûrs d'information.

93. Sources de l'histoire. — Les sources de l'histoire sont au nombre de trois : les *traditions*, les *monuments* et les *écrits*.

94. De la tradition. — La tradition est la relation d'un fait transmis de bouche en bouche pendant un temps plus ou moins long. La tradition, dit Daunou, peut passer par trois états distincts : 1° elle n'est d'abord qu'un récit de père en fils ; 2° elle se fixe dans les usages domestiques ou publics, dans des cérémonies, des institutions religieuses ou politiques ; 3° elle se traduit dans des signes quelconques, emblèmes, images, et enfin se fixe dans des écrits.

95. Règles pour l'usage des traditions. — Cela posé, voici les règles relatives à l'usage des traditions en histoire :

1° Tout récit composé plus d'un siècle et demi après l'événement est traditionnel. On voit, par exemple, d'après les premières pages de Thucydide, que presque toute l'histoire grecque, jusqu'aux guerres médiques, doit être considérée comme traditionnelle.

2° Dans les traditions profanes, tous les faits contraires aux lois de la nature doivent être rejetés comme fabuleux : par exemple, la nymphe Égérie, l'enlèvement de Romulus par les dieux, etc.

3° Cependant, avant de rejeter un fait comme surnaturel, il faut s'assurer si le narrateur, en lui attribuant ce caractère, ne s'est pas laissé tromper par les apparences, et si ce qu'il a pris pour un prodige ne serait pas le résultat de quelque loi physique mal connue : tel serait, par exemple, le récit d'une pluie de pierres, fait bien attesté aujourd'hui.

4° Les traditions qui offrent un concours de circonstances romanesques n'ont aucune probabilité. Cependant le mélange du romanesque et même du merveilleux n'est pas une raison de rejeter le fond d'une tradition : par exemple, la guerre de Troie, l'expédition des Argonautes.

5° L'invraisemblance ou la fausseté d'une tradition se découvre encore soit par son incohérence intrinsèque, soit par son incompatibilité avec d'autres traditions ou avec un témoignage positif : par exemple, la tradition qui fait naître le peuple français de Francus, fils d'Hector.

6° La tradition perd en autorité à mesure que la chaîne traditionnelle s'allonge. Par exemple, l'existence de Lycurgue peut être considérée comme un fait historique, parce que ce fait est peu éloigné de l'époque où l'histoire a fixé le fait par écrit; mais l'existence d'Hercule et de Thésée est fort douteuse, parce que la tradition en a duré plusieurs siècles.

96. Des monuments. — On appelle *monuments*[1] tous les objets matériels qui nous restent des siècles écoulés avant nous et qui en conservent l'empreinte. De ce genre sont non seulement les *édifices,* les *arcs de triomphe,* les *colonnes,* les *tombeaux,* en un mot, toute espèce de constructions, mais encore les *ustensiles,* les *armes,* les *vases,* les *meubles,* les *bijoux;* puis toute une classe qui, par son importance, doit être mise à part, les *médailles* et les *monnaies.* Enfin Daunou compte encore, parmi les monuments, même les documents écrits lorsqu'ils ont un caractère officiel, non seulement les *inscriptions* qui font corps avec les édifices, mais encore les *chartes* et toutes les archives, *diplômes, actes publics, cédules privées,* etc.

On appelle, en général, *archéologie* la science qui s'occupe des antiquités et surtout des objets matériels; *numismatique* la science des monnaies et médailles; *épigraphie* la science des inscriptions; *diplomatique* la science des chartes et diplômes, etc.

97. Règles pour l'usage des monuments. — Les monuments étant de véritables *témoignages,* on doit leur appliquer les mêmes règles qu'aux témoins eux-mêmes. Or pour ceux-ci, par exemple devant les tribunaux, on s'assure d'abord de leur *identité* et ensuite de leur *véracité.* De même pour les monuments, il faut s'assurer d'abord de leur *authenticité*[2] et en second lieu de leur *sincérité.*

1° *Authenticité.* Établir l'authenticité d'un monument, c'est établir qu'il appartient bien au temps, au lieu, au personnage auxquels on le rapporte.

---

1. *Monumenta, monimenta,* en latin, signifie *avertissements, témoignages, souvenirs.*
2. C'est ce qu'on appelle l'identité quand il s'agit d'une personne. Il s'agit de savoir si un monument est bien lui-même, c'est-à-dire ce qu'il prétend être.

2° *Sincérité.* — Les monuments avec les inscriptions qu'ils portent ne doivent pas toujours être considérés comme sincères : l'adulation et la politique y apportent souvent des inexactitudes et des mensonges. Par exemple, dans l'arc de triomphe élevé à Titus on lit qu'il a le premier pris Jérusalem. Cependant on ne pouvait ignorer que Pompée l'avait déjà prise, puisque Cicéron lui-même lui donnait le titre de *Hierosolymarius* (du latin *Hierosolyma,* Jérusalem). C'est donc un mensonge notoire.

Telles sont les deux règles fondamentales. On peut y ajouter celles-ci comme subsidiaires : 1° la perte d'un monument peut être compensée par des descriptions authentiques, contemporaines du monument; 2° les monuments doivent avoir un sens clair et intelligible. Cette règle est de toute évidence; cependant ce serait peut-être pousser trop loin la défiance que d'écarter, avec Daunou, tous les monuments « dont l'objet ne se détermine pas et dont le sens ne s'explique qu'à force de rapprochements, de conjectures et de dissertations ».

98. Les relations écrites. — La source la plus riche et la plus importante de l'histoire est dans les *relations écrites.*

Daunou en distingue de huit espèces (*Cours,* ch. II) : 1° les relations écrites en présence même de l'événement : les *procès-verbaux, rapports, bulletins,* qui ont le caractère d'actes officiels; 2° les *journaux privés* ou registres personnels, où quelques particuliers écrivent jour par jour les faits qu'ils ont vus ou appris : par exemple, le *Journal* de l'Étoile sur les règnes de Henri III et de Henri IV, le *Journal* de Dangeau sur la cour de Louis XIV, le *Journal* de l'avocat Barbier sur la Régence et le XVIII° siècle; 3° les *gazettes* ou *journaux publics,* qui ont pris tant d'extension de nos jours; 4° les *mémoires* personnels ou *commentaires,* où l'auteur raconte les événements de sa propre vie et les grandes choses auxquelles il a été mêlé : par exemple, l'*Anabase* de Xénophon, les *Commentaires* de César. A cette classe se rattachent encore les *correspondances,* les *relations de voyages et d'ambassades,* etc.;

5° les *relations contemporaines* : ce sont celles où un auteur raconte l'histoire de son temps ; c'est la source la plus importante de l'histoire. On citera en ce genre : la *Guerre du Péloponèse*, de Thucydide ; *Catilina* et *Jugurtha*, de Salluste ; les *Annales* de Tacite ; parmi les modernes, l'*Histoire* de de Thou, et de nos jours l'*Histoire du Consulat et de l'Empire* de M. Thiers, l'*Histoire de la Restauration* de M. Viel-Castel, etc. ; 6° les *relations* postérieures de plus d'un siècle aux événements : par exemple, l'*Histoire* d'Hérodote, pour l'époque de Solon, de Crésus et de Cyrus ; l'*Histoire* de Polybe, pour la première guerre punique : ces relations reposent d'ordinaire sur des témoignages plus anciens et sont un supplément nécessaire des récits contemporains, que l'on n'a pas toujours ; 7° les *relations* composées à de longues distances des événements, par exemple les *Histoires* de Tite Live, de Diodore de Sicile, de Denys d'Halicarnasse ; 8° les *compilations*, ou histoires générales, par exemple les *histoires de la Grèce* ou *de Rome* composées dans les temps modernes ; les histoires générales de tout un peuple : l'*histoire de France*, l'*histoire d'Espagne*, l'*histoire d'Allemagne*. Ces sortes d'écrits ne sont plus des documents ou des sources, ce sont des œuvres d'art ou d'enseignement qui n'ont d'autre valeur historique que celle qu'elles puisent dans les documents antérieurs qu'elles ont employés.

Voici les règles données par Daunou relativement à chacune de ces sources :

1° *Procès-verbaux, actes officiels.*

a) Ces pièces, rédigées en présence des faits, donnent en général d'une manière exacte les noms, les dates et les circonstances matérielles.

b) Ces relations officielles peuvent être gravement altérées par les intérêts politiques : il faut les confronter avec les récits du temps.

c) Elles ne donnent jamais une connaissance exacte du caractère moral et politique des événements et des personnages.

2° *Journaux privés.* — Règle générale : la confiance due aux mémoriaux privés, écrits jour par jour, est proportionnée à celle qu'inspirent les qualités personnelles de l'auteur, sa clairvoyance, sa bonne foi, etc.

Il ne faut pas oublier que les événements contemporains sont presque toujours présentés d'une manière fausse, au moment où ils se produisent à l'observateur superficiel. L'avocat Barbier, dans son *Journal,* est sans cesse occupé à rectifier les événements qu'il vient de raconter aux pages précédentes.

3° *Gazettes* ou *journaux publics.*

a) Ces recueils sont très précieux pour les dates et les circonstances matérielles des événements.

b) On peut considérer comme certains les faits sur lesquels tous les journaux librement rédigés, et d'opinions différentes, sont unanimes.

4° et 5° *Mémoires* et *Annales, récits contemporains.* Comme ce sont ici les principales sources de l'histoire, les règles doivent être plus nombreuses et plus détaillées.

a) S'assurer de l'*authenticité :* écarter les écrits composés après coup.

b) S'assurer de la *moralité* de l'historien, c'est-à-dire s'informer de la vie de l'auteur, de ses habitudes, de ses relations, de ses qualités intellectuelles et morales, de l'*estime* et de la confiance qu'il a inspirées aux contemporains.

c) S'assurer de sa *compétence :* c'est-à-dire s'il a eu les moyens de connaître et de vérifier les faits qu'il rapporte ;

d) De son *désintéressement :* se défier des récits dictés par l'intérêt personnel : par exemple, les *Mémoires* admirables du cardinal de Retz sont très suspects, parce qu'ils ont été écrits évidemment dans un esprit d'apologie.

e) Se défier de l'historien qui a des penchants à la satire : par exemple, des *Mémoires* de Saint-Simon.

f) Se défier des imaginations romanesques qui mêlent à tout le merveilleux, ou qui cherchent toujours à donner aux événements un caractère poétique : par exemple, l'*Histoire des Girondins,* de Lamartine.

g) Même à part tout intérêt personnel, se défier de tout écrivain qui raconte l'histoire au point de vue de l'intérêt d'une secte, d'un parti, d'une faction. Tel est le défaut commun à presque toutes les *Histoires de la Révolution* écrites de nos jours. Au contraire, l'*Histoire des guerres religieuses* de de Thou est un modèle d'impartialité. Il en est de même de l'*Histoire de la guerre du Péloponèse* de Thucydide.

h) En cas de contradiction entre les récits divers d'un même événement, se décider par le *poids* plus que par le *nombre* des témoignages : par exemple, pour les relations relatives à la Fronde, le témoignage de Mme de Motteville, quoique bonne royaliste, a un très grand poids, parce qu'elle est généralement d'une grande impartialité.

i) On appelle *argument négatif* celui qui se fonde sur le silence d'un contemporain : cet argument a une grande force quand l'auteur qui n'a pas mentionné un fait est un témoin judicieux, qui n'a pas pu ignorer le fait et qui n'a eu aucun intérêt à l'omettre.

6°, 7°, 8° Quant à toutes les relations qui à différents degrés sont postérieures à l'événement, elles ont une valeur proportionnée aux relations plus anciennes dont on peut s'assurer qu'elles nous reproduisent le témoignage. En outre, elles sont soumises à toutes les mêmes règles signalées précédemment.

En résumé, toutes les règles de la critique historique ne sont que les applications particulières à des cas déterminés des règles données précédemment sur l'emploi des témoignages humains. Elles se ramènent toujours à deux principes : 1° que le témoin ait connu les faits et qu'il soit en mesure de les affirmer, c'est-à-dire *qu'il n'ait pas pu se tromper;* 2° qu'il n'ait aucun intérêt ni passion qui le pousse à altérer les faits, et par suite *qu'il n'ait pas voulu nous tromper.*

CHAPITRE VI

EXPOSÉ SOMMAIRE DES PRINCIPALES HYPOTHÈSES GÉNÉRALES DANS LES DIFFÉRENTS ORDRES DE SCIENCES.

99. Les grandes hypothèses. — Quand les savants ont étudié les faits, en ont déterminé les lois ou qu'ils ont rangé en différents groupes les êtres dont ils ont étudié les caractères, ils peuvent former, en s'appuyant sur les faits observés, sur les lois découvertes et les classifications établies, des hypothèses générales dans lesquelles ils résument les résultats acquis, sans être absolument assurés qu'elles ne seront pas démenties par des résultats postérieurs.

Les principales de ces hypothèses sont les suivantes : 1° en physique, le principe de la conservation de la matière et de la force, la corrélation des forces, l'unité des forces physiques ; 2° en astronomie, l'hypothèse de Laplace sur l'origine du monde planétaire ; 3° dans les sciences naturelles, la loi des corrélations organiques de Cuvier et la loi des connexions de G. Saint-Hilaire, le transformisme ou l'hypothèse de Lamarck et de Darwin, et la théorie de l'évolution d'Herbert Spencer, appliquée à tout l'univers inorganique comme au monde vivant ; 4° enfin, dans les sciences morales, l'hypothèse de Turgot et de Condorcet sur la perfectibilité humaine.

100. Conservation de la matière et de la force, corrélation des forces, unité des forces physiques. — Depuis Lavoisier et par la théorie de la combustion, base de la chimie moderne, il a été établi que la quantité de matière, dans tous les changements des corps, reste toujours la même : les balances ou les instruments par lesquels on peut les suppléer nous font toujours, dans toutes les compositions et décompositions des corps, retrouver à la fin de l'opération le même poids qu'au commencement, et nous n'avons pas d'autre mesure de la quantité que le poids. On est arrivé au même résultat en mécanique et en physique. Ces deux sciences établissent qu'il y a une quantité constante dans tous les mouvements produits : cette quantité est ce qu'on appelle l'*énergie*[1]. Dans le cas où une certaine quantité d'énergie semble disparaître, on trouve de la chaleur produite, et réciproquement : c'est là le principe de l'équivalence mécanique de la chaleur.

Toutefois, il ne faut pas attribuer à l'axiome *rien ne vient de rien* un sens *métaphysique* : il a un sens physique et signifie simplement que, la nature étant donnée, rien ne s'y crée, rien ne s'y perd (sauf par miracle); il ne signifie point que la nature existe par elle-même et qu'elle n'est pas l'œuvre d'un créateur.

Si l'on considère les résultats auxquels sont arrivées les sciences en ce qui concerne les *forces*, c'est-à-dire les diverses causes des phénomènes qui se produisent dans la nature, et notamment les causes des phénomènes physiques : électricité, magnétisme, lumière, chaleur, etc., on voit qu'elles ont établi entre tous ces faits des analogies telles qu'il y a lieu de supposer qu'ils pourraient bien se rapporter à une cause unique. On trouve d'abord, en effet, qu'ils se produisent suivant des lois semblables et quelquefois identiques, comme cela a lieu notamment pour l'électricité et le magnétisme, pour la lumière et la chaleur; en outre, ils se convertissent les uns dans les autres et s'échangent entre eux dans des proportions déterminées. Enfin on est de plus en plus porté à appliquer à tous ces phénomènes une seule et même explication : tous tendent,

---

1. On distingue deux sortes d'énergies : l'énergie *actuelle* et l'énergie *potentielle*. L'énergie *actuelle* n'est autre chose que la *force vive*, ou le demi-produit de la masse par le carré de la vitesse; quant à l'énergie *potentielle*, nous renvoyons aux traités de mécanique. La quantité constante est la source de ces deux énergies.

en un mot, à se traduire en phénomènes mécaniques, et on suppose qu'ils pourraient bien n'être autre chose que les modes divers du mouvement.

Toutefois il ne faut considérer jusqu'ici ces explications que comme hypothétiques, car il y a encore bien des agents physiques qui résistent à la réduction : affinité chimique, force de cohésion, gravitation universelle. Mais on peut dire que la science actuelle tend à la doctrine de l'unité de forces.

101. L'hypothèse de Laplace sur l'origine du système solaire. — Partant de la considération qui avait déjà frappé Newton, Kant et Buffon, à savoir que tous les astres qui composent le système solaire ont leur mouvement, soit de rotation, soit de révolution dans la même direction (d'orient en occident), ce qui donne, nous dit Arago, quarante-trois mouvements coordonnés dans le même sens; et qu'en outre tous ces astres se trouvent placés à peu près dans le même plan, à savoir le plan de l'écliptique, Laplace pensa que cette disposition n'était pas l'effet du hasard, mais avait une cause déterminée. Buffon avait essayé d'expliquer la constitution actuelle du système solaire par l'hypothèse d'une comète tombée sur le soleil et dont les morceaux, devenus planètes, auraient été entraînés par l'attraction solaire. Laplace crut résoudre la question en supposant que les planètes faisaient partie, avec le soleil primitif, d'une seule et même nébuleuse animée d'un mouvement rotatoire. Cette nébuleuse, venant à se briser, aurait donné naissance à des corps distincts qui continueraient à se mouvoir dans le même sens que la nébuleuse elle-même. Ainsi s'explique, selon lui, de la manière la plus naturelle, par le morcellement du mouvement primitif, le prodige des quarante-trois mouvements coordonnés dans le même sens.

On trouve, dans cette hypothèse cosmogonique de Laplace, l'un des exemples les plus frappants d'une explication rationnelle d'une grande complication de phénomènes. Il semblerait, à première vue, qu'on ne puisse expliquer par aucune cause physique tant de coïncidences présentées par le système solaire : 1° la coïncidence de quarante-trois mouvements dirigés dans le même sens; 2° la disposition semblable de tous les astres dans un même plan; 3° la position centrale du soleil, d'où partent incessamment, pour tous les astres qui l'entourent, des rayons de chaleur et de lumière. Toutefois, ces coïncidences, ces concordances si merveilleuses, s'expliquent dans l'hypothèse d'une nébuleuse primitive tournant sur elle-même et progressivement transformée. Or l'existence de nébuleuses tournant sur elles-mêmes est donnée dans l'expérience; celle des nébuleuses à noyaux diversement condensés est également donnée par l'observation. De plus, l'expérience établit qu'une masse fluide donne, en tournant sur elle-même, naissance à un noyau central entouré d'un anneau, disposition semblable à celle que nous offre aujourd'hui Saturne; enfin nous savons théoriquement que cet anneau doit se briser et donner naissance à des astres secondaires, toujours entraînés dans le mouvement de l'astre central. Aussi rien de plus vraisemblable, rien de plus rationnel qu'une telle hypothèse, dans laquelle n'interviendrait en apparence aucune considération de finalité.

Cependant il ne faudrait pas croire que cette hypothèse soit contraire à la croyance d'un ordre intelligent dans l'univers.

Le monde solaire forme en effet un système dont le soleil est le centre et autour duquel tournent, dans un même sens, un certain nombre de planètes, dont quelques-unes ont des satellites tournant dans le même sens. Or cette disposition est précisément la plus favorable à l'existence de la vie, au moins sur la terre. Mettons néanmoins à part l'utilité de cet arrangement, il reste encore l'accord, l'ordre, la symétrie, le plan. Sans doute, c'est ce que Laplace croit pouvoir expliquer d'une manière toute physique par l'hypothèse de la nébuleuse. Son explication semble être à peu près l'inverse de celle qu'on donne de la cristallisation, où l'on considère la forme totale comme une addition ou composition de parties homogènes : car il explique la formation du monde comme le résultat d'une division ou démembrement d'un tout homogène. C'est, en effet, le démembrement, la division de la nébuleuse qui a donné naissance aux différents astres aujourd'hui séparés qui n'en sont que les débris. Donc la nébuleuse primitive était déjà le monde actuel en puissance, le germe confus qui devait devenir un système par le travail intérieur des éléments. La nébuleuse n'est pas un chaos, elle est une forme déterminée d'où sortira plus tard un monde ordonné en vertu des lois du mouvement. La question n'est que reculée : car elle revient à se demander comment la matière a pu trouver précisément la forme qui devait conduire plus tard au système du monde, comment des actions et des réactions purement externes et sans aucun rapport avec un plan quelconque ont pu, même à l'aide d'un frottement infini, aboutir à un plan, comment l'ordre est sorti du désordre. La nébuleuse, c'est déjà l'ordre ; et elle est séparée du pur chaos par un abîme. Mais la négation absolue de l'intelligence est la doctrine du chaos : car si vous n'admettez pas quelque chose qui guide et dirige les phénomènes, vous admettez par là même qu'ils sont absolument indéterminés, c'est-à-dire désordonnés : or comment passer du désordre absolu à un ordre quelconque ? « Il ne suffit pas, dit M. Cournot[1], d'établir la possibilité du passage d'un état régulier à un autre : il faudrait saisir la première trace du passage de l'état chaotique à l'état régulier pour se permettre l'insolence de bannir Dieu de l'explication du monde physique, comme une hypothèse inutile. »

102. Les corrélations organiques de Cuvier. — « Tout être organisé forme, selon Cuvier[2], un ensemble, un système clos dont les parties se correspondent mutuel-

---

1. Cournot, *Essai sur les idées fondamentales*, t. II, cxII.
2. Cuvier, *Leçons d'anatomie comparée*, tome Ier, 1re leçon, art. IV.

lement et concourent à une même action définitive par une réaction réciproque. Une dent tranchante et propre à découper la chair ne coexistera jamais dans la même espèce avec un pied enveloppé de corne, qui ne peut que soutenir l'animal et avec lequel il ne peut saisir sa proie. Tout animal à sabot est herbivore; des sabots aux pieds indiquent des dents molaires à couronnes plates, un canal alimentaire très long, un estomac ample ou multiplié; les intestins sont en rapport avec les mâchoires, les mâchoires avec les griffes, celles-ci avec les dents, avec les organes du mouvement et l'organe de l'intelligence. Dans le système alimentaire, la forme des dents, la longueur, les replis, la dilatation du canal alimentaire, le nombre et l'abondance des sucs dissolvants qui s'y versent, sont toujours dans un rapport admirable entre eux aussi bien qu'avec la nature, la dureté, la dissolubilité des matières que l'animal mange. » Ces rapports généraux en amènent de plus particuliers. « Pour que la mâchoire puisse saisir, dit encore Cuvier, il lui faut une certaine forme de condyle, un certain rapport entre la position de la résistance et celle de la puissance avec le point d'appui, un certain volume dans le muscle crotaphite, qui exige une certaine étendue dans la fosse qui le reçoit et une certaine convexité de l'arcade zygomatique sous lequel il passe. De même aussi, pour que les griffes puissent saisir, il faudra une certaine mobilité dans les doigts, une certaine force dans les ongles, d'où résulteront des formes déterminées dans toutes les phalanges et des distributions nécessaires de muscles et de tendons; il faudra que l'avant-bras ait une certaine facilité à se tourner, ce qui exige des formes déterminées dans les os qui le composent, certaines proportions dans les muscles qui le font mouvoir. »

Comme les organes, les fonctions sont liées entre elles et solidaires les unes des autres : la respiration dans un organe circonscrit ne peut se passer de la circulation, la circulation de l'irritabilité, l'irritabilité de l'action nerveuse. Si l'une de ces choses change, toutes les autres changent : la circulation manquant, la respiration n'est plus circonscrite, mais générale, comme chez les insectes. Le vol de l'oiseau répond à la circulation double; la marche, le saut, la course des mammifères répondent à la respiration complète, mais simple; le rampement du reptile, par lequel il ne fait que se traîner à terre; le nagement du poisson, pour lequel il a besoin d'être soutenu dans un liquide dont la pesanteur spécifique est presque égale à la sienne, correspondent aux deux autres degrés de respiration. (Flourens, *Éloge de Cuvier*.)

C'est en s'appuyant sur cette corrélation des organes que Cuvier a pu reconstruire des animaux perdus, avec quelques-uns de leurs fragments. Toutefois, comme l'a remarqué Blainville, l'application de ce principe ne peut avoir lieu sur chaque fragment de chacune des parties : toutes les dents, par exemple, nous prouvent un animal carnassier qui se nourrit de proie vivante; mais quand il s'agit d'en déduire le système osseux d'un tigre, d'un lion, il y a de si petites différences que l'on n'en viendra jamais à bout. D'un autre côté, M. de Quatrefages a remarqué que la loi de Cuvier, incontestable dans les animaux supérieurs, fléchit dans les règnes inférieurs de l'animalité. Dans les mollusques, par exemple, les formes organiques ne sont pas liées d'une manière aussi rigoureuse et aussi systématique que dans les animaux à squelette. On comprend que là où la vie est plus lâche, moins complexe, les coexistences doivent être plus faciles et les incompatibilités plus rares. Cependant même alors il est impossible qu'il n'y ait pas certaines incompatibilités irréalisables et certaines corrélations nécessaires.

103. Des connexions : G. Saint-Hilaire. — La loi des *connexions* de G. Saint-Hilaire se distingue de la théorie des *corrélations* de Cuvier, et repose sur un tout autre principe. Cuvier avait montré que dans un corps organisé toutes les parties doivent être d'accord ensemble pour accomplir une action commune. La loi des connexions repose sur cet autre fait, qu'un organe est toujours dans un rapport constant de situation avec tel autre organe donné, lequel à son tour est dans un rapport constant de situation avec un autre organe, de sorte que la situation peut servir à reconnaître l'organe, sous quelques formes qu'il se présente. Il faut remarquer ici en quoi les *connexions* de G. Saint-Hilaire se distinguent des *corrélations* de Cuvier. La corrélation est un rapport d'action, de coopération, de finalité. La connexion est un rapport tout physique, tout mécanique de position, ou, pour ainsi dire, d'engrenage. Dans une machine, les parties les plus éloignées peuvent être en corrélation; seules les parties voisines et qui s'adaptent les unes aux autres sont, selon G. Saint-Hilaire, en connexion et peuvent être étudiées utilement par l'anatomiste. Celui qui néglige ce lien physique qui attache un organe à un autre se laisse surprendre par les apparences, attache une importance exagérée aux formes des organes et à leurs usages. Pour lui, les différences si frappantes pour les yeux superficiels cachent l'essence même de l'organe, les analogies disparaissent sous les différences. Il aperçoit autant de types distincts que de formes accidentelles, et laisse évanouir l'unité de l'animal abstrait qui se cache sous la diversité des formes accidentelles. En fixant, au contraire, l'idée d'un organe par ses connexions précises et certaines avec les organes avoisinants, on ne le perd pas de vue, quelques formes qu'il affecte : on a un fil conducteur qui permet de reconnaître le type sous toutes ses modifications. On partira d'une pièce précise, toujours reconnaissable : par exemple, la portion terminale de l'extrémité antérieure. Dans tous les animaux vertébrés, cette extrémité se compose de quatre parties : l'épaule, le bras, l'avant-bras et un dernier tronçon susceptible de prendre des formes très diverses (main, griffe, aile) ; on reconnaît que ce tronçon, sous toutes ces modifications secondaires, a toujours une essence commune, c'est d'être le quatrième tronçon du membre antérieur. La main, l'aile, la nageoire, si différentes aux yeux du vulgaire, sont pour l'anatomiste une seule et même chose, l'*élément anatomique*. En remontant d'organe en organe, de connexion en connexion, l'observation nous découvre qu'un organe peut être anéanti, atrophié, mais jamais transposé.

Ainsi, tandis que Cuvier considérait surtout dans les animaux les différences, G. Saint-Hilaire était plus particulièrement frappé de leurs analogies. La doctrine de l'unité de type ou de composition, que suppose la loi des connexions, a été développée par Gœthe, Oken, Carus, de Candolle. Cette doctrine implique deux choses : 1° un type végétal universel se réduisant à un rameau portant des feuilles ; 2° un type universel animal se réduisant à une cavité digestive entourée d'un sac musculaire pourvu d'appendices.

Il se peut que la doctrine de l'unité de type ait été exagérée ; mais l'idée de l'organisation, telle qu'elle est donnée par l'école de Geoffroy Saint-Hilaire, n'est pas en contradiction avec celle qu'en donne Cuvier : « Les naturalistes partisans de Cuvier et de Geoffroy, a dit avec profondeur l'illustre Gœthe, me paraissent des soldats qui creusent des mines et des contre-mines ; les uns fouillent du dehors au dedans, les autres du dedans au dehors; s'ils sont habiles, ils doivent se rencontrer dans les profondeurs [1]. »

104. Le transformisme. — Le fondateur du transformisme est le Français Lamarck. Il invoque trois principes pour expliquer les appropriations organiques et le développement progressif de l'animalité : le *milieu*, l'*habitude* et le *besoin*. Lamarck entend l'action du milieu d'une façon très différente de celle qu'on serait tenté de lui attribuer d'après l'opinion reçue ; il la considère plutôt comme perturbatrice que comme plastique. On croit en effet généralement que Lamarck considère le milieu comme la cause productive de la complexité croissante des organismes ; au contraire le milieu, suivant lui, ne produit pas cette pro-

---

[1]. Voyez notre ouvrage sur les *Causes finales*, Appendice.

gression, il ne fait que la troubler en amenant des interruptions, des hiatus, de véritables désordres. Le vrai principe formateur de l'animalité est, selon lui, le *pouvoir de la vie*, qui, abandonné à lui-même, produirait une série ininterrompue dans un ordre parfaitement gradué. Par quels moyens le pouvoir de la vie amènera-t-il la production et l'appropriation des formes organiques ? Le voici. Le besoin, dit Lamarck, produit les organes, l'habitude les développe et les fortifie. Or ce sont là des causes internes qui, coopérant avec le milieu, accommodent l'être vivant à ses conditions d'existence. Si l'être vivant était dur et inflexible comme la pierre et le métal, chaque changement de milieu deviendrait pour lui une cause de destruction et de mort ; admettre que la nature l'a fait souple et flexible, n'est-ce pas reconnaître une pensée préservatrice de la vie dans l'univers ? D'ailleurs, ou l'animal a conscience de son besoin ou il n'en a pas conscience. Dans le second cas, si l'organe n'est que le résultat d'une cause mécanique, d'un mouvement des fluides, sans sentiment et sans effort, comment a-t-il une appropriation quelconque avec les besoins de l'animal ? Comment les fluides iront-ils précisément se porter vers le point où la production d'un organe serait nécessaire ? Comment produiraient-ils un organe approprié au milieu où l'animal vit ? Si c'est un besoin ressenti qui détermine lui-même la direction des fluides, comment ceux-ci se dirigeront-ils précisément là où le besoin existe et produiront-ils précisément le genre d'organes qui est nécessaire à la satisfaction du besoin ? Un animal éprouve le besoin de voler pour échapper à des ennemis dangereux : il fait effort, pour mouvoir ses membres, dans le sens où il doit le plus facilement se soustraire à leur poursuite. Comment cet effort et ce besoin combinés réussiront-ils à faire prendre aux membres antérieurs la forme de l'aile, cette machine si délicate et si savamment combinée, que toute la mécanique la plus subtile de l'homme peut à peine soupçonner comment on pourra l'imiter ? Ne faut-il pas, pour que le mouvement des fluides puisse amener des combinaisons aussi difficiles, autre chose qu'un besoin vague et un effort incertain?

Lamarck, reconnaissant qu'il est difficile de prouver par l'observation que le besoin produit l'organe, soutient que si l'habitude, comme le témoigne l'expérience, développe les organes, il s'ensuit que le besoin peut les créer. Mais n'y a-t-il pas un abîme entre ces deux propositions? De quel droit assimiler la production d'un organe qui n'existe pas au développement d'un organe qui existe? Sans doute l'exercice augmente les dimensions, la force, la facilité d'action d'un organe; mais il ne le multiplie pas et n'en change pas les conditions essentielles. Le saltimbanque a des muscles plus déliés que les autres hommes. En a-t-il d'autres? en a-t-il plus? sont-ils disposés différemment? Si grand que l'on suppose le pouvoir de l'habitude, il ne peut aller jusqu'à la création.

L'insuffisance de la théorie de Lamarck a été démontrée par la théorie même que Darwin y a substituée.

Darwin part de l'élève des bestiaux, qui a des règles précises et rigoureuses, des méthodes suivies. La plus importante de ces méthodes est ce que l'on appelle la méthode de *sélection* ou d'*élection* : lorsque l'éleveur veut obtenir l'amélioration d'une race, il choisit les individus les plus remarquables sous le rapport de la qualité qu'il recherche : si c'est la légèreté, les plus sveltes; si c'est l'intelligence, les plus fins, les plus ingénieux, les plus habiles. Les produits qui résulteront de ce premier choix posséderont les qualités de leurs parents à un degré de plus, car on sait que les caractères individuels se transmettent et s'accumulent par l'hérédité. Si l'on opère sur ces produits comme on a fait sur les premiers individus, la qualité cherchée ira sans cesse en croissant, et au bout de plusieurs générations on aura obtenu ces belles races, toutes de création humaine, que se disputent les pays agricoles et qui, par des croisements bien entendus, donnent lieu à d'autres races nouvelles ou du moins à d'innombrables variétés.

Ce que l'homme fait avec son art, pourquoi la nature ne le ferait-elle pas? On peut admettre une sorte d'*élection naturelle* qui se serait opérée dans la suite des temps; on peut admettre que certains caractères individuels, qui ont été primitivement le résultat de certains accidents, se sont transmis ensuite et accumulés par voie héréditaire, et que par ce moyen se sont produites, dans la même espèce, des variétés très différentes, comme nous en produisons nous-mêmes. Admettons en outre le principe de la *concurrence vitale* : tous les êtres se disputent la nourriture, tous luttent pour vivre, pour subsister. Or il n'y a, pour un certain nombre donné d'animaux, qu'une certaine somme de subsistance; tous ne peuvent donc également se conserver. Dans cette lutte, les faibles succombent nécessairement, et la victoire est au plus fort. Les forts seuls subsistent et établissent le niveau entre la population et les subsistances. S'il en est ainsi, les individus d'une espèce donnée qui auront acquis par accident un caractère plus ou moins avantageux à leur conservation, seront mieux armés dans la concurrence vitale, ils auront plus de chance de se conserver, et quand ce caractère, qui se transmettra par hérédité, se sera perfectionné par le temps, il constituera pour cette variété particulière une vraie supériorité dans son espèce. Qu'un changement se produise dans le milieu ambiant, et que cet avantage, peu utile jusque-là, devienne tout à coup très nécessaire, comme pour un refroidissement subit un poil plus long, plus épais, ceux qui auront acquis cet avantage en profiteront et subsisteront, les autres périront.

Voici maintenant comment Darwin explique, avec ces principes, l'origine des espèces. Dans un type donné il peut se produire accidentellement des avantages de diverse nature et qui ne se font pas concurrence; chaque individu profite de celui qu'il a acquis, sans nuire à celui qui en a acquis un autre. Dès lors il peut se produire des variétés différentes également, quoique différemment bien armées dans la lutte pour l'existence, tandis que les individus restés fidèles au type original et n'ayant acquis aucun avantage propre à les conserver dans un milieu nouveau périssent et laissent disparaître le type primitif. Les variétés extrêmes subsistant seules et devenant de plus en plus dissemblables avec le temps, sont appelées espèces, quand on a perdu les traces de leur origine commune. Il ne faut pas dire, par exemple, que l'homme descend du singe : ce qui serait vrai, dans l'hypothèse, c'est que l'un et l'autre dérivent d'un même type qui s'est perdu et dont ils sont les déviations divergentes. De même on ne dira pas que les vertébrés ont été des mollusques, les mammifères des poissons ou des oiseaux; mais on verra dans les quatre embranchements quatre rayonnements distincts partis d'une souche primitive. Le type primitif de chaque embranchement sera également diversifié, et par ces déterminations successives, par cette addition de différences, par cette accumulation de caractères nouveaux, dans des séries toujours divergentes, les espèces actuelles ont successivement pris naissance.

Le véritable écueil de la théorie de Darwin, c'est le passage de l'élection artificielle à l'élection naturelle. Il faudrait établir qu'une nature aveugle et sans dessein a pu atteindre, par la rencontre des circonstances, le même résultat qu'obtient l'homme par une industrie réfléchie et calculée. Dans l'élection artificielle, l'homme *choisit* les éléments par la combinaison desquels il veut atteindre un but, et il les prend l'un et l'autre doués du caractère qu'il veut obtenir ou perfectionner. Pour que l'élection naturelle obtînt les mêmes résultats, il faudrait que la nature fût capable de choix; que le mâle doué de tel caractère s'unît précisément avec une femelle semblable à lui; que l'individu produit par cette union cherchât, dans son espèce, un autre individu qui aurait aussi accidentellement acquis ce même caractère. Mais c'est là une supposition impossible. Comment admettre, par exemple, qu'un animal qui, accidentellement, aura pris une nuance de plus ou de moins dans la couleur, ira précisément découvrir dans son espèce un autre individu atteint en même temps de la même modification ? Cette modification étant rare, il y a très peu de chance que deux individus ainsi modifiés se rencontrent et s'unissent. En supposant que cette rencontre ait lieu une fois, comment admettre qu'elle se renouvelle à la seconde génération, puis à la troisième, à la quatrième, puis ainsi de suite? Il ne sert de rien de dire que la nature a des siècles à sa disposition, car le temps ne fait rien à l'affaire, puisque tout le nœud est dans la multiplication de l'avantage cherché, multiplication qui exige une pensée qui choisit.

Darwin parle, il est vrai, d'une sélection inconsciente pratiquée, par exemple, par le chasseur, qui est amené par goût à choisir les meilleurs chiens qu'il puisse se procurer, et qui obtient, par la force des choses, une accumulation de qualités dans cette race. Il soutient qu'il en est de même dans la nature, qui pratique une sélection inconsciente dans laquelle la concurrence vitale est l'agent qui remplace le choix : les mieux avantagés l'emportent nécessairement par le droit du plus fort, et la nature se trouve avoir choisi spontanément et sans le savoir les sujets les mieux doués pour résister au milieu, c'est-à-dire ceux qui y sont le mieux appropriés. Mais si le changement a pour cause l'élection naturelle, on ne voit pas pourquoi les espèces ne varieraient point sous nos yeux. Et si nous ne voyons pas de telles modifications se produire, c'est que le principe de l'élection naturelle, même uni au principe de concurrence vitale, ne peut avoir la vertu que lui attribue Darwin : c'est qu'ils agissent l'un et l'autre dans un sens tout différent, plutôt pour conserver que pour modifier l'espèce. Que si l'on considère les cas où le milieu est changé, on trouvera sans doute alors que l'hypothèse de Darwin se présente avec plus d'avantage, mais elle est encore sujette à bien des difficultés. Il faut admettre que la modification se rencontre, en même temps et dans les mêmes lieux, entre plusieurs individus de sexe différent, que chaque espèce animale a eu pour origine la rencontre d'une modification accidentelle avec un changement de milieu, ce qui multiplie à l'infini le nombre des coïncidences et des accidents; enfin que si un organe capital subit une modification importante, il est nécessaire, pour que l'équilibre subsiste, que tous les autres organes soient modifiés de la même manière.

Mais il y a de plus grandes difficultés encore à expliquer par des modifications fortuites la formation des instincts. Quelques observations indirectes, dit Darwin, nous permettent de supposer que les instincts se sont modifiés : les bourdons font leur miel et leur cire dans le creux des arbres; nos abeilles domestiques ont résolu, dans la construction des cellules, un problème de mathématiques transcendantes; les abeilles d'Amérique sont supérieures aux bourdons et inférieures à nos abeilles. N'y a-t-il pas là l'indication d'un développement d'instinct qui, parti du degré le plus bas, serait arrivé peu à peu au point où nous le voyons aujourd'hui ? N'y a-t-il pas là une raison suffisante de voir dans tous les instincts des habitudes héréditaires ? On peut remarquer d'abord qu'un certain degré de flexibilité dans l'instinct, qui expliquerait les variations observées dans certaines circonstances particulières, n'a rien d'inconciliable avec la doctrine d'un instinct irréductible. En outre, une modification accidentelle d'instinct est une action fortuite, un instinct n'étant autre chose qu'une série d'actes donnés. Une modification d'instinct est donc une action particulière qui vient fortuitement s'intercaler dans cette série. Mais comment croire que cette action, fût-elle répétée par hasard plusieurs fois dans la vie, pût se reproduire dans la série des actions des descendants; que le pouvoir de l'hérédité soit assez grand pour que, par exemple, les jeunes coucous, couvés par d'autres oiseaux, acquièrent la dérivation d'instinct qui a porté leur mère à les abandonner ?

En résumé, la théorie transformiste peut avoir deux sens : ou elle n'exprime que la gradation des êtres organiques s'élevant peu à peu ou par intervalles des formes moins parfaites à des formes plus parfaites, et dans ce sens elle est celle de Leibniz et de Ch. Bonnet, et elle appelle naturellement la doctrine des causes finales ; ou bien elle n'est que la théorie du hasard sous une forme plus savante, elle exprime les tâtonnements successifs qu'a essayés la nature jusqu'à ce que les circonstances favorables aient amené tel coup de dé que l'on appelle une organisation faite pour vivre ; et, ainsi entendue, elle tombe sous les objections qu'une telle hypothèse a soulevées dans tous les temps. Le transformisme n'est pas inconciliable avec la finalité naturelle, il est inexplicable sans elle [1].

105. L'évolution. — Aucune chose de la nature, dit M. H. Spencer, ne se produit tout d'abord d'une manière complète et achevée ; rien ne commence par l'état adulte ; tout, au contraire, commence par l'état naissant ou rudimentaire et passe par une succession de degrés, par une infinité de phénomènes infiniment petits, jusqu'à ce qu'il apparaisse enfin sous une forme précise et déterminée, qui elle-même se dissout à son tour de la même manière, par une régression de phénomènes analogue au progrès qui l'a amenée : c'est ce qu'on appelle la loi d'intégration et la loi de dissolution. L'univers, dans son ensemble aussi bien que dans toutes ses parties, est soumis à cette loi ; l'hypothèse de la nébuleuse (voir 101) en est l'application à la formation de notre monde ; celle du transformisme, à l'origine, au développement des êtres vivants, à la succession des espèces organiques. L'histoire, la politique, les langues et les sciences y sont également soumises. Partout, au lieu d'apparitions brusques, il y a des progrès insensibles, des développements lents et continus. Grâce au travail secret et incessant de la nature, en vertu duquel chaque chose finit toujours par s'accommoder à son milieu, on a cru pouvoir rendre compte des appropriations et des adaptations que les partisans des causes finales ont toujours opposées comme une barrière infranchissable aux entreprises de la philosophie mécanique.

---

1. Voyez notre ouvrage sur les *Causes finales*, tome Ier, ch. VIII.

Sans examiner si cette hypothèse est valable pour toutes les sciences auxquelles on l'applique, ce qui est l'œuvre de ceux qui cultivent chacune d'elles, contentons-nous de nous demander si cette hypothèse rend inutile la doctrine d'un plan intelligent de l'univers, et en particulier ce que l'on appelle la doctrine des causes finales, à savoir la prévision du but à atteindre et l'*appropriation des moyens aux fins*.

Que la doctrine de l'évolution n'exclue pas la doctrine des causes finales, c'est ce qui résulte manifestement des faits mêmes que nous présente l'esprit humain. Tout projet, tout plan, toute combinaison pour l'avenir suppose la cause finale et cependant ne peut s'exécuter que par degrés. Le négociant qui entreprend une grande affaire se représente un but qui ne sera atteint peut-être que dans plusieurs années; pour atteindre ce but, il doit passer par mille démarches intermédiaires et, partant du point où il est, ajouter jour par jour, et en quelque sorte pièce à pièce, chacune des opérations dont doit se composer l'opération totale. L'industrie humaine ne procède que par degrés et par une loi d'évolution ; celui qui, par exemple, ne verrait pas la main de l'homme intervenant à chacune des opérations par lesquelles de vieux chiffons sont transformés en papier, ou à l'origine de toutes ces opérations, pourrait croire qu'il a éliminé toute finalité, parce qu'il pourrait décrire avec la dernière rigueur tous les moments de l'opération et le passage insensible de chacun de ces degrés dans l'autre. Cependant nous savons bien que toute la filière des phénomènes a été préparée et dirigée pour atteindre le but final. Or plus notre industrie devient habile et savante, plus grand est le nombre de phénomènes que nous pouvons combiner avec un moindre nombre d'actes préparatoires. En portant par la pensée la sagesse et la puissance à l'infini, il est facile de concevoir qu'un seul acte préparatoire, une seule intervention initiale suffise à une combinaison infinie, que les phénomènes se développent régulièrement, conformément à leurs lois, sans qu'aucun d'eux en particulier suppose aucune action miraculeuse, tandis que le tout présente cependant une combinaison savante d'où l'on pourra conclure que le premier coup a été donné par une main industrieuse.

Il y a plus : l'idée d'évolution implique naturellement l'idée de causes finales. L'évolution est un développement ; or qui dit développement semble bien dire une substance qui tend vers un but, comme le gland devient chêne, poussé par une force secrète qui tend à réaliser ce qui est en puissance dans le gland, c'est-à-dire l'essence du chêne. C'est ainsi d'ailleurs que Leibniz, le véritable fondateur de la doctrine, l'entendait. Il n'a jamais séparé sa théorie de l'évolution et du progrès de la théorie des causes finales. Enfin l'hypothèse de l'évolution ne donne pas une raison de plus que tout autre système mécaniste pour expliquer par des agents purement physiques l'ordre de l'univers. Elle n'explique pas mieux comment un système régulier serait sorti d'un chaos primitif. Son idéal serait de tout ramener aux lois du mouvement ; mais les lois du mouvement, prises en elles-mêmes, sont indifférentes à produire telle forme plutôt que telle autre, et ne contiennent nullement l'idée d'une fondation de système. La matière reste la matière, à savoir le *substratum* ou condition du développement des phénomènes ; la force reste également ce qu'elle est, la cause du mouvement. Ni dans l'un ni dans l'autre de ces deux éléments n'est contenu le principe d'un développement rationnel.

106. L'hypothèse de Turgot et de Condorcet sur la perfectibilité humaine. — Turgot paraît, après un certain nombre de philosophes de l'antiquité, du moyen âge et des temps modernes qui avaient parlé du progrès de l'humanité, avoir vu le premier et mis en pleine lumière l'idée du progrès social, du progrès moral, du progrès des institutions et des mœurs. Il a essayé de faire rentrer dans la loi générale les perturbations qui paraissent la contredire absolument, par exemple les siècles de désordre, de barbarie, de discorde; de montrer que la masse totale du genre humain, par des alternatives d'agitation et de calme, de biens et de maux, a marché sans cesse vers sa perfection.

Condorcet a recueilli, développé la pensée de Turgot et en a tiré des conclusions nouvelles, en essayant de déduire du passé la loi de l'avenir. Si l'homme, dit-il dans l'*Esquisse d'un tableau historique des progrès de l'esprit humain*, peut prédire avec une assurance presque entière les phénomènes dont il connaît les lois ; si, lors même qu'elles lui sont inconnues, il peut, d'après l'expérience du passé, prévoir avec une grande probabilité les événements de l'avenir, pourquoi regarderait-on comme une entreprise chimérique de tracer avec quelque vraisemblance le tableau des destinées futures de l'espèce humaine d'après les résultats de son histoire? En lisant avec attention l'ouvrage de Condorcet, on s'aperçoit que, si l'on excepte quelque exagération dont l'origine est dans les préjugés de son temps, il a réellement deviné et prédit tous les principaux progrès qui se sont accomplis depuis lui. Il ramène à trois points les différents progrès qu'il espère pour l'espèce humaine : 1° la destruction de l'inégalité entre les nations; 2° les progrès de l'égalité dans un même peuple; 3° le perfectionnement réel de l'homme. Il croit avec raison qu'il y a tendance chez tous les peuples à s'élever à un même état d'affranchissement, révolution qui chez les uns sera doucement amenée par la sagesse des gouvernements, et qui chez les autres, rendue plus violente par leur résistance, les entraînera eux-mêmes dans ses mouvements rapides et terribles. L'inégalité des nations européennes et de leurs colonies disparaîtra par l'abolition successive de l'esclavage, des grandes compagnies coloniales et des monopoles, réformes qui sont presque partout réalisées aujourd'hui.

C'est surtout sur le second point, le progrès de l'égalité dans un même peuple, que Condorcet prévoit avec le plus de justesse et de précision les vrais progrès de l'avenir.

L'inégalité de richesse disparaîtra par l'abolition des lois factices qui empêchent cette égalité, grâce à la liberté du commerce et de l'industrie, à l'abolition des monopoles et des fiscalités gênantes. L'inégalité d'état entre le capitaliste et le travailleur sera diminuée de jour en jour par le développement des caisses d'épargne et des assurances sur la vie, par les institutions de crédit qui rendront le commerce et l'industrie plus indépendants de l'existence des grands capitalistes. Enfin l'inégalité d'instruction peut être corrigée par un choix heureux et des connaissances elles-mêmes et des méthodes de les enseigner.

Quant au perfectionnement réel de l'espèce humaine, il l'espère : 1° du perfectionnement des méthodes qui permettront d'apprendre en moins de temps un plus grand nombre de connaissances et de les répandre dans un plus grand nombre d'esprits; 2° du perfectionnement des inventions qui suivront le progrès des sciences; 3° du perfectionnement des sciences morales et philosophiques, par l'analyse des facultés intellectuelles et morales de l'homme; 4° du perfectionnement de la science sociale par l'application du calcul des probabilités à cet ordre de sciences; 5° du perfectionnement, qui en sera la suite, des institutions et des lois; 6° de l'abolition de l'inégalité des sexes; 7° de la diminution ou de l'abolition des guerres de conquête; 8° de l'établissement d'une langue scientifique universelle. Plusieurs de ces espérances sont encore loin d'être réalisées, mais les meilleurs esprits ont été jusqu'ici disposés à les partager.

Dans les dernières pages de son livre, Condorcet se laisse entraîner à une sorte d'enthousiasme qui l'a fait accuser de chimère et d'utopie : il semble y parler d'une prolongation indéfinie de la vie humaine et d'un perfectionnement indéfini de nos facultés. S'il dépasse, par l'expression, la juste mesure, on ne peut nier que les idées émises par lui, réduites à leur plus simple expression, ne soient, non seulement soutenables, mais parfaitement vraies. Il a raison quand il dit que la durée moyenne de la vie peut augmenter indéfiniment en s'approchant sans cesse de la limite naturelle ; il a raison de penser que la médecine préservatrice, c'est-à-dire l'hygiène, peut faire disparaître à la longue les maladies transmissibles ou contagieuses, ou tout au moins en limiter l'effet ; il n'est pas absurde de supposer qu'il arrivera un temps où la mort ne sera plus que l'effet d'accidents extraordinaires ou de la destruction de plus en plus lente des forces vitales.

Cette croyance au progrès de l'humanité est l'une des idées que la France a mises dans le monde, un des stimulants les plus puissants dont l'humanité ait jamais ressenti l'aiguillon. L'idée du progrès a pris dans notre siècle la forme d'une passion, d'une croyance, d'une religion ; les hommes ont trouvé dans la foi en l'avenir de l'humanité un ordre de sentiments que les religions paraissaient seules jusqu'ici en état de donner. Cette foi a ses croyants, ses dévots, ses martyrs ; elle a aussi ses fanatiques. Le dégoût du présent, l'idolâtrie de l'avenir, nous trouvent facilement insensibles aux maux présents et aux ruines passagères, dans l'espoir d'atteindre des biens infiniment supérieurs. Sans doute c'est un progrès que de croire au progrès, car cette croyance nous stimule à toujours chercher le mieux ; mais en même temps ce progrès peut être une cause de mort : car, en ne voyant jamais que le mal dans ce qui est et le bien dans ce qui n'est pas encore, le génie de l'utopie se condamne à entasser ruines sur ruines et se transforme à la fin en une fièvre incurable de destruction[1].

1. Voyez notre *Histoire de la science politique*, vol. II.

SECONDE PARTIE

ÉLÉMENTS DE PHILOSOPHIE MORALE

CHAPITRE PREMIER

OBJET ET DÉFINITION DE LA MORALE

107. Objet de la morale. — La morale peut être considérée comme *science* ou comme *art*.

La morale est une science en tant qu'elle cherche à connaître et à démontrer le principe et les conditions de la moralité ; elle est un art en tant qu'elle nous en montre et nous en prescrit les applications.

Comme science, la morale peut être définie la *science du bien* ou *du devoir*.

Comme art, la morale peut être définie l'*art de bien vivre* ou encore l'*art d'être heureux*, le bonheur étant, comme on le verra, la conséquence nécessaire de la vertu.

108. Division. — La morale se divise en deux parties : dans l'une elle étudie les *principes*, et dans l'autre les *applications*; dans l'une *le devoir*, dans l'autre *les devoirs*. De là une morale *théorique* et une morale *pratique*. On appelle aussi la première *morale générale*, et la seconde *morale particulière*, parce que la première étudie le caractère commun et général de tous nos devoirs, et que la seconde étudie surtout les devoirs particuliers, qui se diversifient suivant les objets et les circonstances. C'est dans la première que la morale a surtout le caractère de science, et dans la seconde le caractère d'art.

109. Méthode. — La morale étant définie et divisée, il nous reste à en déterminer la méthode.

Quelques philosophes ont pensé que la morale doit être une science déductive comme les mathématiques. L'expérience, disent-ils, est incapable de fonder la morale : car, d'une part, l'expérience nous apprend bien comment les hommes agissent, mais non pas comment ils devraient agir. D'un autre côté, aucune expérience ne peut constater qu'aucun acte de vertu ait jamais été accompli dans le monde; car pour qu'un tel acte existe, il faut qu'il soit pur de tout motif intéressé; or, qui peut jamais affirmer, non seulement pour autrui, mais pour soi-même, que, dans un acte quelconque, l'intérêt personnel ne s'est pas, à notre insu, mêlé à quelque degré ? L'observation de la nature humaine est donc inutile et impuissante pour constituer la morale. La morale, par conséquent, doit partir de certaines idées évidentes par elles-mêmes : le bien, le devoir, le mérite et le démérite, etc., etc., en déduire les conséquences, comme la géométrie part de l'idée de solide, de surface ou de ligne, et l'arithmétique de l'idée de nombre, d'unité, de fraction, etc.

Il est vrai que la morale est, au moins en partie, une science de déduction. Ainsi la morale pratique se déduit de la morale théorique; les applications doivent se tirer des principes, et dans l'établissement des principes eux-mêmes on a souvent recours au raisonnement. Mais, d'un autre côté, si l'on ne fait pas appel à l'observation et à l'expérience, il serait à craindre qu'on n'établît une morale idéale et tout abstraite qui s'appliquerait à des créatures possibles et fictives, mais non à des créatures réelles; or, il s'agit, en morale, de l'homme réel, et non d'un homme fictif et imaginaire. On ne peut imposer à un être une loi qui ne serait pas conforme à sa nature : ce qui *doit être* doit avoir une certaine proportion avec ce qui *peut être*. « L'homme n'est ni ange ni bête, a dit Pascal; et souvent qui veut faire l'ange fait la bête. » Il ne faut donc pas une morale qui l'élève au-dessus de l'homme, mais il n'en faut pas une qui l'abaisse au-dessous. Pour connaître l'homme *tel qu'il doit être*, il faut le connaître d'abord *tel qu'il est*. Or c'est l'observation seule qui peut nous faire connaître la nature humaine. La morale suppose donc déjà, par cela même, l'expérience et l'observation.

On dit que l'expérience ne peut pas nous donner le principe du devoir. Cela est vrai de l'expérience externe, qui ne nous montre que les actions humaines, vues du dehors, et non le motif qui les détermine. Mais c'est l'observation intérieure qui nous découvre en nous-mêmes la loi morale comme notre propre loi, et non pas seulement comme loi d'une créature possible. En trouvant en nous-mêmes l'idée du devoir, nous sentons en même temps que c'est bien à nous, et non à d'autres, que cette idée s'impose. Que si nous ne pouvons jamais affirmer, à la rigueur, que nous lui avons été fidèles, même une seule fois, c'est assez que nous sachions par notre conscience que nous sommes tenus de lui être fidèles; c'est assez aussi de savoir que, dans telle circonstance, nous avons fait tout ce que nous avons pu pour cela, et il n'y a pas plus à demander à une créature quelconque. D'ailleurs, le fait de la loi morale n'est pas le seul que le moraliste ait à invoquer. La liberté en est un autre; et quand même on croirait, avec certains philosophes, que la liberté ne peut jamais être constatée par l'expérience, mais doit être prouvée par le raisonnement, au moins reconnaîtra-t-on que la croyance à la liberté est un fait d'expérience, sans lequel on ne s'aviserait guère de se demander si la liberté existe ou non réellement. Enfin, les sentiments et les passions entrent pour une grande part dans la moralité humaine, soit comme auxiliaires, soit comme obstacles : or c'est l'expérience seule qui nous fait connaître nos passions et nos sentiments.

L'observation extérieure elle-même vient en aide à l'observation intérieure pour constituer la morale. L'expérience nous apprend, en effet, que les autres hommes, par leurs actions et leur langage, manifestent les mêmes idées et les mêmes sentiments que nous-mêmes. C'est ainsi que l'étude

8.

des *langues*, l'étude de l'*histoire*, celle des *poètes* ou des *moralistes* vient contrôler, compléter et confirmer les résultats de l'observation intérieure.

La morale n'est donc ni une science de pure expérience ni une science de pure déduction; elle est une science mixte, à peu près comme la mécanique ou l'astronomie rationnelle, qui sont sciences moyennes entre les mathématiques pures et la physique expérimentale. De même la morale est à la fois science inductive et science déductive. C'est par l'observation qu'elle établit l'existence des faits moraux, à savoir la distinction du bien et du mal, la liberté, la conscience, les sentiments moraux; c'est par l'analyse des notions et par la déduction qu'elle explique la nature du bien, la loi morale, les applications du devoir aux divers rapports de la vie. En d'autres termes, c'est une science inductive, qui, par l'observation, recueille en nous-mêmes ou dans les autres hommes l'idée du bien, et qui, par le raisonnement et l'analyse, la décompose, la définit et en développe les conséquences.

110. Utilité de la morale. — Les anciens se demandaient « si la vertu peut s'enseigner ». On peut aussi se demander si elle doit s'enseigner. La morale, dit-on, repose bien plus sur le cœur que sur le raisonnement; c'est par l'éducation, l'exemple, l'habitude, la religion, le sentiment, beaucoup plus que par la théorie, que les hommes s'habituent à la vertu. S'il en est ainsi, la science morale n'aurait aucune utilité.

Cependant, quoiqu'il soit vrai que rien ne remplace l'éducation et l'exercice pour rendre les hommes heureux et vertueux, ce n'est pas à dire pour cela que la réflexion et l'étude ne puissent y contribuer d'une manière très efficace. On peut en donner les raisons suivantes :

1° Il arrive souvent que le mal a son origine dans les sophismes de l'esprit, sophismes toujours au service de la passion. Il est donc nécessaire d'écarter ou de prévenir ces sophismes par une solide discussion des principes.

2° L'étude réfléchie des principes de la morale les fait

pénétrer plus avant dans l'âme, et leur donne une plus grande fixité.

3° La moralité ne consiste pas seulement dans les actions elles-mêmes, mais surtout dans les motifs de nos actions. Une moralité extérieure et toute d'habitude ou d'imitation n'est pas encore la vraie moralité. Il faut que la moralité soit accompagnée de conscience et de réflexion. A ce titre, la science morale est un élément nécessaire d'une éducation virile; et plus les principes en sont pris de haut, plus la conscience s'élève et s'éclaire.

4° La vie offre souvent des difficultés morales à résoudre. Si l'esprit n'y est point préparé, il manquera de sûreté dans la décision; et surtout il est à craindre qu'il ne préfère la plupart du temps la solution la plus facile et la plus commode. Il faut le prémunir d'avance contre sa propre faiblesse, en l'habituant à juger sur des questions générales, avant que les événements ne le mettent à l'épreuve.

Telle est l'utilité de la morale. Elle sert à l'homme comme la géométrie à l'ouvrier : elle ne remplace pas le tact et le sens naturel, mais elle les dirige et les perfectionne.

CHAPITRE II

LA NATURE HUMAINE

Pour connaître l'homme *tel qu'il doit être*, il faut d'abord le connaître *tel qu'il est*. Nous commencerons donc par esquisser brièvement la description de la nature humaine dans ses traits généraux et essentiels, autant du moins que cela peut être nécessaire à l'intelligence des vérités morales.

Nous étudierons d'abord l'homme en général, et il nous paraîtra comme composé de deux parties, le *corps* et l'*âme*, le *physique* et le *moral*, la *chair* et l'*esprit*; puis nous l'étudierons dans ses facultés, et nous en distinguerons trois principales : l'*intelligence*, la *sensibilité* et l'*activité*.

111. Double nature de l'homme : l'âme et le corps. — On ne peut nier que l'homme, considéré sous un certain rapport, ne soit une créature appartenant au règne animal, soumis aux mêmes besoins que les autres animaux, naissant, grandissant, mourant comme eux, et exposé, pendant qu'il vit, à un grand nombre d'infirmités et de désordres. Nul doute que le physique ne joue un très grand rôle dans sa vie. Dans les premiers temps de son existence, il ne participe guère plus que les autres animaux à la vie de l'intelligence et de l'âme; dans les derniers temps de la vieillesse et de la décrépitude, le moral n'est souvent en lui qu'une ombre ou un souvenir. La maladie le réduit au même état : un simple désordre du cerveau ou des intestins peut faire, en quelques instants, une bête brute de cet être que la nature a appelé à comprendre ses merveilles et à vénérer son auteur.

Tel est l'homme que la Providence a *jeté nu sur la face*

de la terre, selon l'expression de Pline, dont les *cris annoncent l'entrée à la vie en même temps qu'à la souffrance*[1], qui ne diffère des animaux que par une organisation plus complexe, la beauté de la forme, la rectitude de la stature, l'agilité des mains, la sensibilité exquise du toucher.

Voilà donc un premier élément de la constitution humaine : le corps, l'organisation, la vie animale. Mais ce n'est pas là tout l'homme, ce n'est pas même là l'homme véritable : celui-ci réside tout entier dans une seconde partie, que l'on appelle communément l'âme, l'esprit, le moral, l'intelligence.

Nous n'avons pas à entrer ici dans les discussions spéculatives qui se sont élevées sur la nature de l'âme; mais nous devons rappeler quelques-unes des raisons les plus claires, les plus simples, les plus touchantes qui ont conduit à reconnaître dans l'homme une double nature, un homme double.

Il y a une différence telle entre les phénomènes de la vie intellectuelle et morale et ceux de la vie animale, qu'on ne peut, sans manquer à toutes les lois de la méthode, les rapporter à un même principe. Voyez les fonctions du corps humain : elles se réduisent toutes à des phénomènes que les sens peuvent saisir, semblables aux phénomènes qui se passent dans toute espèce de corps : le sang circule, l'estomac digère, les glandes sécrètent, les muscles se contractent ; tous ces phénomènes sont accessibles à la vue, au toucher, à l'ouïe, à l'odorat. Le physiologiste et l'anatomiste peuvent les apercevoir par leurs sens, à la condition de pénétrer dans l'intérieur du corps vivant ; et certaines expériences peuvent encore les reproduire aux sens sur le corps mort; mais le plus habile physiologiste, armé des instruments les plus délicats, pourra-t-il jamais rien saisir qui ressemble à une pensée, à un sentiment, à la joie ou à la tristesse, au plaisir ou à la douleur, même

---

1. Allusion à un vers connu du poète latin Lucrèce.

aux plaisirs et aux douleurs sensibles qui ont leur origine dans quelque action corporelle ? Ainsi le chirurgien qui opère sur des parties malades ne connaît la douleur du patient que par ses cris ; et ces cris mêmes que les sens perçoivent ne sont que des bruits insignifiants par eux-mêmes, et qui ne nous déchirent que parce qu'ils sont le signe de douleurs cruelles que notre esprit devine, et dont notre cœur saigne par l'effet de l'imagination et de la sympathie. Nul homme ne peut connaître intérieurement son propre corps ; qui de nous voit circuler son sang, digérer son estomac, respirer ses poumons ? En revanche, nul homme ne peut pénétrer directement dans l'intelligence et dans le cœur de ses semblables. Pourquoi cette différence, si ces faits sont du même ordre ? Chacun devrait avoir conscience de sa digestion[1] comme de sa pensée, et l'anatomiste, avec son scalpel, devrait pouvoir analyser un syllogisme aussi bien que disséquer un muscle. On a quelquefois proposé d'ouvrir des cerveaux pour les regarder penser. A quoi servirait une telle expérience ? Elle nous apprendrait peut-être qu'il y a tel ou tel mouvement du cerveau auquel sont attachées nos pensées ; mais la pensée elle-même échappera toujours aux regards des plus pénétrants anatomistes. On prête à un médecin célèbre de notre siècle ce mot absurde : « Je ne croirai à l'âme que lorsque je l'aurai rencontrée au bout de mon scalpel. » Il fallait dire : « Je ne cesserai de croire à l'âme que lorsque le scalpel pourra la toucher. » Jusque-là il faut bien avouer que l'âme est quelque chose de distinct du corps, puisque, à quelque profondeur que l'on pénètre dans l'intérieur des organes, on ne trouvera rien qui lui ressemble.

Ainsi la première différence qui sépare dans l'homme les faits physiques des faits intellectuels et moraux, c'est que les premiers ne sont accessibles qu'aux sens *externes* (la vue, l'ouïe, le toucher, etc.), et que les autres ne le sont

---

[1]. On peut avoir conscience de la douleur qui accompagne une digestion pénible ; mais le fait chimique et physique de la digestion ne peut être connu que par les sens.

qu'au sentiment intérieur, ou *sens intime*, ou conscience, par lequel nous sommes avertis de tout ce qui se passe en nous.

Voici une seconde différence. Lorsque j'examine les faits qui se passent dans la matière, j'observe qu'ils sont, en général, susceptibles de mesure, soit en nombre, soit en poids, soit en étendue. Toutes les sciences physiques ne sont que des opérations pour mesurer les phénomènes naturels, et les sciences exactes sont la théorie abstraite de ces mêmes opérations. Maintenant n'y a-t-il pas d'autres faits qui ne peuvent être ni mesurés ni pesés, qui, du moins, ne se mesurent pas par des nombres ou par des compas, et ne se pèsent dans aucune balance, quelque délicate qu'elle soit? Ce sont ces faits que l'on appelle les faits moraux. Nous appliquons, il est vrai, assez souvent à ces sortes de phénomènes des qualifications tirées de l'ordre sensible, mais c'est par analogie et par métaphore; et même ce langage figuré n'est pas sans inconvénient. On dit qu'un souvenir est vif, une pensée forte, un sentiment profond. Mais quel nombre donnera la mesure de cette profondeur, de cette vivacité, de cette force? Si vous parlez d'un sentiment sublime ou d'une noble pensée, vous échappez plus encore à la puissance du calcul; aucune formule ne représente la dignité, la noblesse, la délicatesse et leurs contraires. Ainsi, les faits intellectuels et moraux non seulement échappent aux sens, mais ils résistent encore aux procédés d'appréciation dont les objets sensibles sont susceptibles.

112. Dualité de l'âme. — Il y a donc deux parties dans l'homme : le corps et l'âme; mais l'âme aussi est en quelque sorte double comme l'homme lui-même; par un côté elle se rattache au corps, par un autre elle s'élève au-dessus. C'est ainsi qu'on oppose les *sens* à l'*intelligence*, les *appétits* et les *passions* aux *sentiments*, l'*instinct* à la *volonté*.

Les *sens* nous mettent en contact avec les choses externes; l'*intelligence* réfléchit sur les données des sens; les sens sont des *auxiliaires* nécessaires et nos premiers ins-

truments; mais ce ne sont que des instruments. L'intelligence ou l'*entendement* est le *maître* qui les emploie, l'*artiste* qui les dirige. La réflexion est sans doute impossible sans observation, et l'observation a lieu par les sens; mais qu'est-ce qu'observer? C'est se servir des organes du corps comme d'instruments de la pensée; c'est les diriger selon les vues de la pensée même; c'est faire attention à leurs données; c'est réfléchir sur les faits présents au lieu d'en recevoir passivement l'impression.

La dualité qui se manifeste dans l'intelligence se manifeste également dans la sensibilité. D'un côté sont les instincts qui nous attachent aux plaisirs des sens, de l'autre ceux qui nous portent aux plus pures jouissances de l'âme : l'instinct de la nourriture et l'amour du beau; l'instinct de la conservation et le dévouement à la vérité et à la justice; l'amour de l'argent et l'amour des hommes. C'est cette lutte des instincts inférieurs de l'homme et de ses nobles penchants que les moralistes chrétiens appellent la *lutte de la chair et de l'esprit*.

De même qu'il y a dans l'homme deux modes d'intelligence (les sens et la pensée), deux degrés dans la sensibilité (les appétits et les sentiments), il y a également dans l'homme deux modes d'activité, l'un fatal et aveugle, que l'on appelle l'*instinct*, l'autre libre et éclairé, que l'on appelle la *volonté*. L'enfant dans les premiers mois de son existence, l'homme pendant son sommeil, le vieillard tombé en enfance, n'obéissent qu'à la loi de l'instinct. Il en est de même à peu près de l'homme abandonné à la passion et qui ne sait point la refréner; il devient l'esclave de ses sens et de ses vices. Par la volonté, au contraire, l'homme devient maître de lui-même; il dirige ses facultés, gouverne son corps et ses sens, agit pour un but déterminé, et choisit les moyens qui servent à y conduire; il triomphe de sa propre nature et s'en crée, en quelque sorte, une nouvelle. C'est en elle que réside surtout ce qu'on appelle le *caractère*. C'est elle surtout qui, unie à une saine intelligence, fait la valeur de l'homme et sa dignité,

Il est inutile d'insister pour établir que ce qui commande dans l'homme est distinct de ce qui obéit, que la force par laquelle il se dirige lui-même et comprime ses mauvaises passions n'est pas la même que celle qui l'entraîne à l'aveugle, tantôt d'une manière irrésistible, comme dans les fonctions corporelles, tantôt de son propre consentement, comme lorsqu'il s'abandonne à ses appétits brutaux. Platon a tiré de cette opposition une belle preuve de la distinction de l'âme et du corps : « L'homme, dit-il, est une âme qui *se sert* d'un corps, comme un ouvrier d'un instrument. Or l'ouvrier est distinct de son outil [1]. »

113. Les facultés de l'âme. — Pour faire ressortir la dualité de la nature humaine, on remarquera que nous l'avons considérée successivement à trois points de vue : comme douée d'*intelligence*, ou de *sensibilité*, ou d'*activité*. Tels sont, en effet, les trois principes auxquels on ramène généralement aujourd'hui tous les phénomènes de l'âme humaine : c'est ce qu'on appelle des *facultés*.

Étudions-les d'un peu plus près, en résumant brièvement les différents faits qui se rangent sous ces trois titres.

L'intelligence est la puissance de connaître, de juger, de raisonner. — La sensibilité est la faculté de jouir et de souffrir, de désirer ou de craindre, d'aimer ou de haïr. — L'activité est la faculté par laquelle nous produisons, avec ou sans réflexion, nos propres phénomènes, au lieu de les subir passivement et de les recevoir du dehors.

114. I. Intelligence. — Décrivons d'abord en quelques traits les principales opérations de l'esprit et les divers moyens de connaître dont se compose ce qu'on appelle, d'une manière générale, l'intelligence humaine.

Au point de départ, comme nous l'avons dit, sont les *Sens*, par l'exercice desquels commence tout ce que nous savons des choses. Les sens, étroitement liés aux organes, nous font connaître les corps et leurs qualités : étendue, couleur, chaud et froid, mouvement, figure, solidité, etc.

---

1. Platon, dialogue du *Premier Alcibiade*.

La *Mémoire* nous rappelle ce que nous avons déjà connu et nous permet de le retrouver à notre gré.

L'*Imagination* se sert des images fournies par la mémoire et les sens pour former des combinaisons nouvelles, tantôt au hasard, comme dans les songes, tantôt de plein gré, comme en poésie et dans les arts.

Une autre faculté, la *Conscience* ou *Sens intime*, nous avertit de tout ce qui se passe en nous-mêmes et nous apprend à nous distinguer de ce qui n'est pas nous; c'est grâce à elle que l'homme peut dire : *je* ou *moi*, ce que ne peuvent faire les objets matériels. Elle se distingue principalement des autres facultés en ce que c'est par elle que nous connaissons toutes les autres.

Ces premières facultés nous fournissent les matériaux de nos pensées; d'autres viennent les mettre en œuvre.

L'*Abstraction* nous apprend à séparer les idées les unes des autres, et à considérer séparément ce que la réalité concrète réunit nécessairement; par exemple, la largeur sans longueur, le nombre sans objets matériels, la vertu, la beauté sans un être vertueux, sans un objet beau.

La *Généralisation*, aidée de l'abstraction, dégage ce qu'il y a de commun entre les choses particulières, et ramène à une seule idée (rose, chêne, poisson) tous les êtres qui possèdent la même nature et les mêmes caractères.

L'*Induction* nous permet de conclure du présent au futur, ou même au passé, et en général de quelques phénomènes particuliers à des lois générales; c'est elle qui crée les sciences physiques et naturelles, dont les vérités les mieux établies n'ont jamais pu être observées que dans quelques cas particuliers, et nous paraissent cependant vraies partout et toujours, tant que les mêmes circonstances subsisteront.

La *Déduction* ou *Raisonnement*, à l'inverse de l'induction, nous apprend à découvrir une vérité qui est contenue dans une autre, à tirer les *conséquences* des *prémisses*, à passer, comme on dit, du général au particulier. C'est la déduction qui fait les sciences exactes ou mathématiques, dont toutes les vérités sont implicitement contenues dans quelques principes (axiomes ou définitions), d'où il s'agit de les tirer par voie de raisonnement.

Une autre faculté, appelée la *Raison,* nous donne les *premiers principes* ou *premières vérités,* vraies d'une évidence immédiate, et sans lesquelles toute science, toute opération intellectuelle serait impossible. C'est d'elle que viennent les axiomes dans toutes les sciences; c'est elle encore qui s'élève jusqu'à la connaissance d'une cause première, de Dieu.

Le *Jugement* enfin, ou acte fondamental de la pensée, est l'acte par lequel nous *affirmons* l'existence ou les qualités des objets. Il est *primitif* et appartient alors aux sens externes, au sens intime ou à la raison; ou *dérivé,* et il résulte alors de l'induction ou de la déduction.

115. II. Sensibilité. — On appelle *sensibilité* la faculté qu'a l'âme de jouir ou de souffrir, d'être affectée d'une manière agréable ou désagréable. Comme la sensibilité est une faculté que la morale a plus spécialement pour objet de diriger, nous y insisterons plus que sur l'intelligence.

Le phénomène essentiel de la sensibilité est le *Plaisir* et la *Douleur.* Bossuet définit le plaisir « un sentiment agréable conforme à la nature », et la douleur « un sentiment fâcheux contraire à la nature ». La vérité est que ces deux sentiments n'ont pas besoin d'être définis, et que pour les comprendre il suffit de faire appel à l'expérience que chacun en a faite intérieurement.

Tout objet agréable nous attire, tout objet pénible et douloureux nous repousse ; ces mouvements spontanés, par lesquels l'âme se porte vers les objets ou s'en éloigne, sont ce que l'on appelle les *tendances,* les *instincts,* les *inclinations,* les *penchants,* les *passions,* selon les divers degrés de vivacité ou d'énergie avec lesquels ils se manifestent.

Au fond, comme l'a très bien dit Bossuet, il n'y a qu'une seule inclination, l'amour, avec son contraire, la haine; toutes les autres ne sont que des modifications de celle-là.

On aime tout ce qui cause du plaisir, on hait tout ce qui cause de la douleur ; il n'y a rien de plus dans la sensibilité.

Mais les modifications de l'amour sont innombrables, selon que l'on considère les objets de nos inclinations, et les différentes circonstances qui les accompagnent.

Sans en prétendre donner ici une classification rigoureuse, nous les distinguerons donc à ces deux points de vue : 1° dans leurs objets ; 2° dans leur forme.

1° *Les inclinations distinguées d'après leurs objets.* — Les objets de nos inclinations peuvent être : ou nous-mêmes, — ou les autres hommes, — ou la nature avec ce qu'elle renferme, — ou Dieu et tout ce qui rattache à Dieu ou cause suprême, à savoir le bien, le vrai et le beau. De là quatre classes d'inclinations : inclinations *personnelles*, inclinations *naturelles*, inclinations *sociales* et inclinations *supérieures*.

Inclinations personnelles. — Le principe de toutes les inclinations personnelles est l'*Amour de soi* ou *Amour-Propre*[1].

Ce principe se diversifie et prend plusieurs noms, selon qu'il se rapporte au corps, ou à l'âme, ou à l'union de l'âme et du corps.

En tant qu'il s'applique à l'union de l'âme et du corps, c'est-à-dire à la vie, l'amour de soi est ce que l'on appelle *Instinct de conservation*, et, lorsque quelque réflexion s'y ajoute, *Amour de la vie*. C'est ce sentiment qui est si fort chez la plupart des hommes et qui a pour corrélatif l'*horreur de la mort*. L'instinct de conservation se rapporte plutôt au corps, l'amour de la vie embrasse à la fois tout l'homme[2] ; c'est pourquoi nous le rapportons à l'union de l'âme et du corps.

---

1. L'amour-propre, dans la langue vulgaire, est une nuance de la vanité. Mais La Rochefoucauld l'emploie dans un sens général, et comme synonyme d'amour de soi.
2. Cette distinction n'est pas arbitraire ; car l'instinct de conservation se manifeste encore chez ceux qui ne sont plus capables

Au corps se rattachent plus particulièrement les inclinations qui ont pour objet sa conservation ou son bien-être. Les premières sont les *Appétits* ou *besoins*, dont les principaux sont la *faim* et la *soif*. Les secondes n'ont pas de noms particuliers : ce sont celles qui ont pour objet les plaisirs des sens, comme le plaisir des odeurs, des sons, de la lumière. Pour reconnaître la force de quelques-unes de ces affections, il suffit de se représenter par l'imagination que l'on est privé, soit de la vue, soit de l'ouïe, soit du mouvement, soit de la sensibilité en général.

La vie humaine, pour se conserver, a besoin des choses extérieures, puisqu'elle n'est qu'un perpétuel échange avec le dehors ; de là l'instinct de s'approprier les choses du dehors ou *Instinct de propriété*. Quand il s'y joint la prévision et le désir de se faire des provisions pour l'avenir, il devient l'*Instinct d'accumulation*.

Quant à l'âme, on peut dire que l'instinct le plus général, et qui n'a pas reçu de nom particulier, est l'*Instinct d'activité* ou besoin d'agir, de déployer ses forces. Cet instinct s'appelle l'*Amour de la liberté*, en tant qu'il tend à se déployer sans obstacle, et *Amour du pouvoir*, en tant qu'il désire subjuguer l'activité des autres hommes et la plier à ses desseins. L'amour du pouvoir a reçu le nom plus particulier d'*Ambition*. De plus, la considération de ce qu'on vaut, de ses propres qualités, est ce que l'on appelle l'*Estime de soi*. Le désir du succès joint à l'idée de l'emporter sur autrui est l'*Émulation*.

Inclinations qui nous portent vers les choses extérieures. — Il n'est peut-être pas nécessaire de faire une classe particulière de nos inclinations pour les choses extérieures ; car, en tant qu'elles servent à nos besoins, nous ne les aimons pas pour elles-mêmes, mais pour nous ; l'instinct de propriété, par exemple, est une inclination qui n'a de rapport qu'à nous-mêmes. L'*Amour de la nature*

d'éprouver l'amour de la vie, comme les idiots ou les vieillards en enfance, ou chez ceux mêmes qui l'ont rejeté, comme les suicidés.

est plus désintéressé ; mais tantôt il rentre dans l'amour de la science, quand on n'aime la nature que comme un objet à connaître ; tantôt il rentre dans le sentiment du beau, quand on aime la nature comme belle. Quoi qu'il en soit, c'est un sentiment qui doit être mentionné comme ayant pris une grande importance dans les temps modernes. On ne peut méconnaître d'ailleurs que l'*Amour des animaux* en particulier ne soit une inclination spéciale de l'âme humaine, qui doit être signalée à part.

Inclinations sociales. — Plus importantes sont les inclinations relatives aux autres hommes, que l'on peut résumer toutes dans un nom général, la *Philanthropie* ou amour des hommes.

L'amour des hommes, en tant qu'il a pour objet principal le plaisir que l'on trouve dans leur société, s'appelle la *Sociabilité* ; en tant que nous leur voulons du bien et que nous sommes disposés à leur en faire, il s'appelle la *Bienveillance* ; en tant que nos sentiments sont conformes aux leurs, la *Sympathie* ; et s'il s'agit particulièrement de souffrances, la *Compassion* ou la *Pitié*. Lorsque nos affections se fixent particulièrement sur un ou plusieurs hommes, choisis entre les autres pour leur convenance avec nous-mêmes, c'est ce que l'on appelle *Amitié*. L'affection particulière de l'obligé envers son bienfaiteur est la *Reconnaissance*.

Indépendamment de cette grande société universelle qui nous unit à tous les hommes, il y a des groupes plus restreints et plus circonscrits qui nous lient plus particulièrement à certains hommes. Les plus importants de ces groupes sont la *Patrie* et la *Famille*. La patrie est une idée très complexe : il y entre à la fois l'idée du sol qui nous a vus naître ; l'idée de ceux qui habitent ce sol, et que nous appelons nos *compatriotes* ou *concitoyens* ; l'idée d'une langue et d'une histoire communes, d'une même religion, d'un même gouvernement, etc. Tous ces éléments ne se rencontrent pas toujours à la fois ; mais plus ces éléments sont nombreux, plus l'idée de la patrie est ferme et solide, et plus fort est le sentiment qui y correspond. On l'appelle le *Patriotisme*, auquel on oppose quelquefois le *Cosmopolitisme*, lorsque, franchissant les bornes de notre patrie, nous considérons tous les hommes comme membres d'un même État. Tous ces rapports seront l'objet d'une étude plus approfondie quand nous traiterons des devoirs qui les concernent. La famille est le groupe que forment les parents et les enfants, et est, comme on l'a souvent remarqué, le noyau même de la société. Les sentiments qui viennent de la famille sont appelés les *Affections de famille*, et ils se décomposent selon les différents rapports des membres de la famille. L'affection des parents entre eux est l'*Amour conjugal*; l'affection des parents pour les enfants est l'amour *paternel* ou *maternel*; des enfants pour les parents, c'est l'amour *filial*; des enfants entre eux, c'est l'amour *fraternel*. Indépendamment de ces affections déterminées qui s'attachent à des personnes, on peut considérer encore comme un sentiment spécial (plus ou moins artificiel) le sentiment de la famille considérée comme un groupe traditionnel et historique, formant en tout une unité vivante et persistante. C'est ce sentiment qui est si puissant dans les nations aristocratiques.

Enfin, en dehors de ces grands groupes formés par la nature, la société, la patrie, la famille, il y a encore des groupes artificiels fondés par le choix, par la nécessité, par la communauté de travaux, et que l'on appelle des *Corps*; et l'attachement que l'on apporte aux intérêts de ces groupes est l'*Esprit de corps*; c'est ce qu'on appelle, par exemple, dans les armées l'*Amour du drapeau*. Mais nous n'avons pas à suivre toutes les affections humaines dans leurs innombrables complications et ramifications; qu'il nous suffise d'en avoir indiqué les principales.

Inclinations supérieures. — L'homme n'est pas lié seulement à lui-même, à la nature ou à ses semblables; il l'est encore à un monde supérieur, monde purement intelligible, dont les objets, quoique non saisissables aux sens, n'en sont pas moins réels et même sont les plus réels de tous. C'est à cet ordre supérieur que se rapportent le sentiment religieux et l'amour du vrai, du beau et du bien.

On a dit que la crainte avait fait les dieux. Cette fausse assertion a cependant quelque chose de vrai; c'est que le premier sentiment que fait éprouver à l'homme l'idée d'une puissance surnaturelle est surtout le sentiment de la crainte. Toutes les religions des peuples sauvages sont surtout des actes inspirés par la terreur de certaines puissances inconnues; mais la *crainte* n'est que le plus bas degré du sentiment religieux. Lorsque les hommes, plus rassurés, reconnurent que le monde pouvait leur être plus bienfaisant que nuisible, ils transportèrent à la puissance surnaturelle les sentiments d'*amour* et de *reconnaissance* que nous éprouvons d'ordinaire pour ceux qui nous ont fait du bien. L'amour ne doit pas pour cela se dépouiller de toute crainte; mais cette crainte, plus raisonnée et plus légitime, devient du *Respect*. L'amour, uni au respect et en tant qu'il s'adresse à une puissance infinie, s'appelle *Adoration*.

Nous admettons qu'il y a trois grands objets proposés à l'activité humaine : l'intelligence poursuit le *Vrai*, l'imagination poursuit le *Beau*, la volonté poursuit le *Bien*. A ces trois grands objets correspondent des inclinations distinctes.

L'amour du vrai, en tant qu'il est la recherche de la vérité, est la *Curiosité*. Il y a une grande et une petite curiosité; mais quel qu'en soit l'objet, elle est le désir de connaître, et c'est un désir que tous les hommes éprouvent.

La curiosité est donc plus ou moins naturelle à tous les hommes et peut avoir toutes sortes d'objets; lorsqu'elle s'applique particulièrement à la recherche des lois ou des causes de ce qui se passe dans l'univers, elle devient le sentiment scientifique ou *Amour de la science*.

L'amour du vrai ne se rapporte pas seulement à la recherche de la vérité, mais à sa communication, à son expression par le moyen de la parole. Il s'appelle alors

Véracité, en tant que nous craignons de la trahir et de la dissimuler ; en tant que nous voulons la répandre parmi les hommes, il prend le nom de *Prosélytisme*.

Le *Sentiment du beau* ou *Sentiment esthétique* est le sentiment qui s'éveille en nous en présence des beaux spectacles de la nature ou de l'art ; il se distingue du *Sentiment du sublime*, qui est le sentiment que nous fait éprouver la grandeur ou l'immensité des choses. On en distingue aussi les différentes nuances : le sentiment du *gracieux*, du *délicat*, du *plaisant*, le sentiment du *ridicule*, etc. Ce qu'il y a de commun entre toutes les formes du sentiment du beau est l'*Admiration*.

Le sentiment du bien ou *Sentiment moral* est un sentiment très complexe ; mais comme il nous intéresse tout particulièrement, il sera plus tard l'objet d'une analyse plus développée ; il nous suffit donc de le mentionner ici.

2° *Les inclinations considérées dans leur forme.* — Les passions, avons-nous dit, se diversifient soit par leurs objets, soit par les circonstances qui les accompagnent.

Les principales de ces circonstances sont :

1° Le *bien* ou le *mal*. De là deux grandes classes de passions : celles qui naissent du plaisir, celles qui naissent de la douleur : la *joie* ou la *tristesse*, l'*amour* ou la *haine*, le *désir* ou l'*aversion*, l'*espoir* ou la *crainte*, etc.[1].

2° La *localisation* ou la *non-localisation*. En tant que nous les localisons dans une partie du corps, les plaisirs et les douleurs sont appelés *Sensations*, et les penchants sont appelés *Appétits*. Lorsque nous ne pouvons les localiser dans aucune partie du corps et qu'ils remplissent l'âme elle-même, les plaisirs ou peines, ainsi que les penchants qui en naissent, sont appelés *Sentiments*. Un mal de

---

1. On pourrait ramener à cette distinction l'ancienne distinction scolastique entre l'*appétit concupiscible* et l'*appétit irascible*; le premier où domine le désir, le second où domine la colère : c'est-à-dire, d'un côté l'amour du bien, de l'autre la haine du mal. Mais il faut reconnaître que ce n'est pas tout à fait dans ce sens qu'on l'entendait. (Voy. Bossuet, *Connaissance de Dieu et de soi-même*, ch. 1ᵉʳ, 6.)

dents est une *sensation*; la faim et la soif sont des *appétits*; l'amour de la gloire, l'amitié, le sentiment religieux, sont des *sentiments*.

3° La *présence* ou l'*absence* de l'objet agréable ou désagréable. L'état de l'âme en tant qu'elle possède le bien est la *Joie*; en tant qu'elle souffre actuellement du mal, c'est la *Tristesse*. Au contraire, l'amour du bien absent est le *Désir*, et la haine du bien absent est l'*Aversion*.

4° La *difficulté* de posséder l'objet aimé. Ainsi l'amour de l'objet accompagné de l'idée que nous pouvons facilement le posséder est l'*Espérance*; la haine d'un objet accompagné de l'idée qu'il nous menace est la *Crainte*; lorsqu'il s'y joint la certitude, c'est la *Sécurité* ou le *Désespoir*. S'il s'agit du passé, l'amour du bien accompagné de son souvenir s'appelle *Regret*; la haine du mal passé accompagnée de son souvenir n'a pas reçu de nom particulier.

5° La *force* ou le *degré* du mouvement de l'âme. A un plus faible degré, c'est simplement un *Penchant*; à un degré supérieur, une *Inclination*; lorsque la force de l'affection est très grande, le terme le plus habituellement employé est celui de *Passion*. Les passions sont en effet des *mouvements impétueux et violents tournés en habitude*.

On distingue encore les penchants d'après la nature de leur objet. C'est ainsi que l'on a des *désirs* pour les choses, et des *affections* pour les personnes.

Tels sont les faits les plus généraux et les plus importants à recueillir dans la sensibilité.

116. III. Activité et volonté. — La troisième faculté de l'âme est l'activité ou puissance d'agir.

En un sens très général on peut dire que l'activité enveloppe et contient toutes nos facultés et qu'elle est le fond de notre être. En effet, il est difficile de nier que penser, connaître, raisonner, ne soient des actions; les inclinations ou mouvements qui nous portent spontanément vers les objets sont évidemment des phénomènes actifs. Les *passions* elles-mêmes, quoique leur nom signifie le contraire même de l'activité, sont des mouvements trop impétueux et trop violents pour ne pas y reconnaître une activité, fatale et aveugle sans doute, mais enfin une certaine activité.

En un sens plus spécial, on entend par activité la faculté de produire des actions, c'est-à-dire de mouvoir notre propre corps, et par le mouvement de notre corps de produire certains effets au dehors. C'est en ce sens qu'on oppose la pensée à l'action, quoique la pensée soit déjà une action, mais elle se renferme en elle-même; l'action proprement dite est extérieure; c'est aussi en ce sens qu'on oppose les passions et les actes. Une passion est un principe d'action, ce n'est pas une action. Enfin on oppose le méditatif et l'homme passionné à l'homme d'action. Le premier réfléchit, le deuxième sent vivement, le troisième seul réalise et exécute.

Soit qu'il s'agisse de toute espèce d'actes ou d'actions (intérieures ou extérieures), soit qu'il s'agisse exclusivement des actes extérieurs, on peut dire qu'il y a deux espèces, ou deux formes, ou deux degrés d'activité : l'activité *spontanée* et l'activité *réfléchie*.

I. La première a été très bien définie : celle où nous n'avons conscience ni du but à atteindre ni des moyens d'atteindre ce but. Par exemple, l'enfant qui, venant de naître, presse le sein de sa nourrice, ne sait ni pourquoi il le fait ni comment il le fait. Dans l'activité volontaire et réfléchie, nous avons, au contraire, conscience à la fois et du but et des moyens. Nous voulons nous promener : notre *but*, c'est la promenade; notre *moyen*, c'est la marche; l'un et l'autre nous sont connus d'avance, et nous nous les représentons au moment où nous prenons notre résolution. Une action faite avec *préméditation* est celle qui a été longtemps calculée d'avance, que l'on s'est représentée nettement avant de la faire, et dont on a préparé les moyens. L'activité spontanée s'appelle *Instinct;* c'est elle qui domine dans les bêtes. L'activité réfléchie s'appelle *Volonté*, et son caractère principal, comme nous le verrons, est la *Liberté*.

Entre l'instinct et la volonté se place un mode intermédiaire d'activité qui tient de l'un et de l'autre : c'est l'*Habitude*, qui est une tendance à reproduire spontanément des actes primitivement volontaires; c'est ainsi que nous apprenons à parler, à marcher, à lire et à écrire. Ces opérations, qui nous demandent primitivement beaucoup d'efforts, finissent par s'accomplir en nous presque sans notre participation; au moins nous n'avons aucune conscience des moyens que nous employons pour atteindre à ces buts si compliqués. Cependant l'habitude est encore ici plus ou moins mêlée de volonté; dans d'autres cas, au contraire, elle devient tellement machinale que nos actions semblent s'accomplir d'elles-mêmes sans notre participation : c'est ainsi que nous faisons toujours les mêmes gestes, que le vieillard répète sans y penser les mêmes histoires, que l'enfant recommence les mêmes jeux là où il les a essayés la première fois, exactement comme l'animal s'arrête à un chemin connu et retourne de lui-même au logis quand on ne le dirige pas. Les habitudes jouent le plus grand rôle en morale; les mauvaises habitudes s'appellent les *Vices*, les bonnes s'appellent les *Vertus*. L'art de la morale consiste donc à détourner l'habitude du mal et à la tourner vers le bien. Nous verrons plus tard les moyens pratiques pour atteindre ce résultat; mais ces moyens seraient insuffisants sans le grand ressort qui les met en usage : ce ressort, c'est la *volonté*, dont nous allons parler plus amplement.

II. Deux caractères distinguent l'activité volontaire de l'activité spontanée : 1° elle est réfléchie; 2° elle est libre.

Tout acte de volonté est précédé de réflexion. « Lorsque nous voulons, dit Bossuet, c'est toujours *pour quelque raison*. » Vouloir, c'est prendre un parti en connaissance de cause, sachant qu'on le prend et se proposant tel ou tel but. Sans doute l'acte ne cesse pas d'être volontaire pour n'être pas entièrement réfléchi et fait de sang-froid (autrement on pourrait dire que les actes passionnés ne sont pas volontaires); mais, dans la passion même, l'homme a toujours plus ou moins conscience de ce qu'il fait et du but où il tend. Cependant la volonté est d'autant plus complète et plus entière qu'elle est plus réfléchie ; c'est ainsi que, plus un acte est prémédité, plus nous y reconnaissons le caractère de la volonté.

On distingue donc deux sortes d'actes volontaires : les actes *complets*, où l'homme est en pleine possession de lui-même et agit avec sang-froid et réflexion ; les actes *incomplets*, où l'homme, sans être privé de la conscience de ce qu'il fait et tout en étant responsable de son action, est plus ou moins entraîné par une impulsion irréfléchie, comme dans le cas d'une colère subite.

Pour bien comprendre la nature de la volonté, il faut l'étudier dans un acte complet.

L'acte volontaire ou *volition* est un fait complexe dans lequel on peut démêler plusieurs éléments. Il faut bien distinguer l'acte volontaire proprement dit, appelé *résolution* ou *détermination*, de ce qui le précède, de ce qui l'accompagne et de ce qui le suit.

Ce qui le précède, c'est la *réflexion* ; ce qui le suit, c'est l'*exécution* ; ce qui l'accompagne, c'est le *désir*, qui tantôt est conforme et tantôt est contraire à l'acte de la volonté.

Avant de vouloir ou de prendre une résolution dite volontaire, nous réfléchissons, s'il s'agit d'un acte de volonté entier et complet. Cette réflexion implique deux choses : 1° la conception de l'acte à faire ; 2° la conception et la comparaison des motifs pour ou contre l'accomplissement de cet acte.

On appelle *motifs* les diverses raisons qui peuvent nous porter à faire ou à ne pas faire un certain acte. On distingue les *motifs* et les *mobiles* : les motifs sont des idées qui proviennent de l'intelligence ou de la raison ; les mobiles sont les impulsions de la sensibilité.

Soit, par exemple, l'acte de rendre service à un ami, de le cautionner pour sauver sa fortune. Pour que cet acte soit volontaire, les deux conditions suivantes sont nécessaires : il faut 1° que je me représente cet acte, que je sache en quoi il consiste, que j'en comprenne bien la portée ; car si, par exemple, en cautionnant mon ami je ne savais pas qu'il en résulte pour moi un certain engagement, et par conséquent un certain risque, je ne pourrais pas dire que c'est volontairement que je me suis engagé à cet acte. Je n'aurais réellement voulu qu'une simple formalité, et non l'acte sérieux dont il s'agit. 2° L'acte une fois conçu et bien compris, il est rare qu'il ne se présente pas à mon esprit des raisons pour ou contre qui m'inclinent les unes à accomplir, les autres à ne pas accomplir l'acte en question. Ici, par exemple, ce sera cette raison générale qu'il faut obliger ses amis, ou cette autre, moins noble, mais non moins commune parmi les hommes, que faire le bien porte toujours sa récompense, et qu'en obligeant les autres on se prépare, en cas de malheur, des ressources semblables, ou encore que le commerce serait impossible si l'on ne faisait quelques sacrifices pour sauver le crédit de ceux qui sont victimes d'événements malheureux, etc. Telles seront, en cette circonstance, les raisons qui peuvent nous porter à cet acte sérieux et noble qui consiste à s'engager pour autrui. Les raisons contraires ne seront pas difficiles à imaginer. Ce sera notre intérêt personnel, l'intérêt de nos enfants, la pensée que nous ne sommes pas responsables des fautes ou des malheurs des autres hommes, que chacun a assez à faire de veiller à ses propres intérêts sans s'occuper de ceux d'autrui, etc. Tels seront les motifs qui partageront l'esprit entre les deux partis à prendre. Quant aux mobiles, qui sont, comme on voit, plus ou moins mêlés aux motifs, ce sera, d'une part, l'amitié, l'amour du bien ; de l'autre, l'amour de soi, l'amour de l'argent, etc.

Ces motifs et mobiles mis en présence, l'homme ayant conscience des uns et des autres les compare, les pèse, les oppose l'un à l'autre : c'est ce qu'on appelle la *Délibération*. L'esprit humain est, en effet, semblable dans cette circonstance à ce qu'on appelle une assemblée délibérante, où les uns parlent en faveur d'une mesure, les autres contre; les uns pour la guerre, les autres pour la paix. Ici, c'est dans un seul et même esprit que se plaident le pour et le contre; on passe alternativement d'un parti à l'autre, suivant les diverses considérations qui se présentent à l'esprit; c'est après cette comparaison alternative que l'esprit se décide, quand il se décide, ce qui n'arrive pas toujours.

C'est ici qu'il est important de remarquer la différence signalée plus haut entre les motifs et les mobiles, c'est-à-dire entre la raison et les passions. L'homme qui n'est pas en possession de sa raison et qui est sous le joug de la passion passe aussi d'une impression à une autre, de la crainte à l'espoir, de la joie à la tristesse, de la fureur au regret, etc. Mais cet état, qui a été justement appelé *Fluctuation* et que l'on a souvent comparé à la mer ballottée, ce flux et reflux des passions si souvent peint par nos grands poètes tragiques, n'est pas, à proprement parler, une délibération. La délibération ne commence que lorsque l'homme possède assez de sang-froid pour réfléchir sur ses passions, pour les comparer l'une à l'autre dans leurs conséquences, en un mot lorsqu'il peut, dans une certaine mesure, se posséder et se dominer; autrement il faut dire de la passion en général ce qu'Horace dit de la folie : *Ira furor brevis*, la colère est une courte folie. Ainsi de l'homme livré aux passions; comme le fou, il est ballotté par des mouvements contraires : cette agitation désordonnée n'est pas la délibération, laquelle est, avant tout, un acte de raison.

C'est après la délibération que vient l'acte appelé proprement volontaire, et qui consiste dans ce que l'on appelle *Résolution* ou *Détermination*. Je me *résous*, je me *détermine*, telles sont les expressions par lesquelles les hommes expriment l'acte de la volonté. Souvent, à la vérité, dans le langage vulgaire, on confond la volonté avec l'*Intention* de faire. Je veux faire cela, je ne le puis; je *veux* le bien, et je fais le mal; mais l'intention n'est pas encore la résolution. Je me propose de prendre plus tard un bon parti; mais tant que je ne l'ai pas encore pris, il est comme non avenu. C'est pourquoi on dit vulgairement que « l'enfer est pavé de bonnes intentions ». L'intention n'est qu'une volonté incomplète ; c'est, comme on dit, une *velléité*, mais non un acte ferme et décisif de volonté. Lorsqu'on dit que « l'intention doit être réputée pour le fait », cette maxime sera vraie ou fausse, suivant le sens que l'on donne au mot « intention » ; car si par intention on entend simplement une vague velléité qui ne se manifeste jamais par des actes, il est faux que l'intention puisse être réputée pour le fait ; si, au contraire, on entend par intention l'acte volontaire lui-même, à savoir une résolution prise, qui a été seulement trahie par l'événement, la maxime est vraie ; mais c'est étendre trop le sens du mot « intention ».

Ce qui est très vrai, c'est qu'il faut distinguer l'acte de vouloir de l'exécution de cet acte. Autre chose est prendre une résolution, autre chose est l'exécuter. La résolution dépend de moi, le succès n'en dépend pas. Je puis viser sans atteindre. Non seulement le succès extérieur n'est pas nécessaire pour que l'acte volontaire soit entier ; mais l'acte matériel, y compris même ce qui se passe dans nos organes, doit être distingué de l'acte volontaire proprement dit ; et, comme on l'a dit souvent, l'homme qui, au moment de commettre un crime, en serait empêché parce que son bras tomberait subitement en paralysie, n'en serait pas moins responsable de son action ; d'où il suit que c'est dans la résolution et non dans l'exécution que consiste, à proprement parler, l'acte volontaire.

Cependant il faut reconnaître que, pour que l'acte volontaire soit complet et entier, il faut qu'il y ait, comme on dit, un *commencement d'exécution*, c'est-à-dire que de la résolution on ait commencé à passer à l'action, ce qui a lieu par l'*effort* ; autrement la résolution elle-même pourrait n'être encore qu'une intention et une simple velléité. A la vérité, quand il s'agit d'une action facile et agréable, cet intermédiaire entre la résolution et l'action n'apparaît pas et semble même être complètement absent, ce qui est d'ailleurs une illusion. Mais lorsqu'il s'agit d'une résolution pénible et douloureuse, on sait combien il est difficile de passer de la résolution à l'action; par exemple, pour prendre l'exemple le plus familier, l'acte de se lever de grand matin est un acte pénible qui exige un certain effort de volonté. La résolution la plus énergique est impuissante s'il ne s'y joint ou s'y ajoute un déploiement de force d'autant plus grand que l'obstacle est plus difficile à vaincre. On définira donc l'acte volontaire une *résolution accompagnée d'effort*.

Après avoir distingué la volonté de ce qui la précède et de ce qui la suit, de la *délibération* et de l'*exécution*, il nous reste à la distinguer de ce qui l'accompagne, à savoir du *désir*.

A parler rigoureusement, le désir est un des phénomènes qui précèdent l'acte volontaire, les impulsions de la sensibilité que nous avons appelées des mobiles n'étant autre chose que des désirs; mais comme le désir non seulement précède la volonté, mais continue à l'accompagner pendant qu'elle se détermine, puisque l'acte volontaire est toujours plus ou moins conforme à quelque désir, on a été naturellement tenté de confondre ces deux faits, et l'on a dit que, lorsque l'âme humaine est partagée entre plusieurs désirs, le dernier désir et le plus fort, celui qui l'emporte sur tous les autres, est la volonté. On a encore été encouragé dans cette confusion par le langage vulgaire, où le terme de « vouloir » est souvent employé comme synonyme du terme « désirer »; comme lorsqu'on demande à quelqu'un, à table, s'il veut tel ou tel mets, on entend par là évidemment lui demander s'il en désire. Mais c'est là le propre de la réflexion et de l'analyse de démêler dans un même mot les sens différents qu'il enveloppe et les faits essentiellement distincts dont la distinction est dissimulée et cachée par l'équivoque des termes.

L'opposition du désir et de la volonté se trouve résumée dans ses traits principaux chez un philosophe célèbre du xviii° siècle, chez Locke : « La volonté, dit ce philosophe, a été souvent confondue avec différentes affections de l'esprit et surtout avec le *désir*. Mais quiconque réfléchira en lui-même sur ce qui se passe dans son esprit lorsqu'il veut, trouvera que la faculté de vouloir ne se rapporte qu'à nos propres actions et qu'elle se termine là ; ce qui montre que la volonté est parfaitement distincte du désir, qui, dans la même action, peut avoir un but tout à fait différent de celui où nous porte la volonté. Par exemple, un homme que je ne saurais refuser peut m'obliger à me servir de certaines paroles pour persuader un autre homme sur l'esprit de qui je puis souhaiter de ne rien gagner, dans le même temps que je lui parle. Ainsi, je veux une action qui tend d'un côté, tandis que mon désir tend d'un autre. Un homme qui, par une violente attaque de goutte aux pieds et aux mains, se sent délivré d'un mal de tête, désire d'être soulagé de sa douleur de goutte ; et cependant s'il sait que cette douleur le sauve de tel mal plus grand, sa volonté ne se déterminera à aucune action qui puisse servir à dissiper cette douleur[1]. »

M. Cousin a également fort bien expliqué la différence du désir et de la volonté : « Le désir est un élan aveugle qui, sans aucune délibération et sans l'intervention de la volonté, s'élève ou tombe, s'accroît ou diminue. Le désir n'est pas une résolution, c'est un entraînement ; on ne désire pas, on ne cesse pas de désirer à volonté. — La volonté combat le désir, comme souvent aussi elle y cède ; elle n'est donc pas le désir. — Le désir est si peu la volonté, que souvent il l'abolit. — Si le désir était le fondement de la volonté, plus le désir serait fort, plus nous serions libres. C'est le contraire qui est vrai. — Je ne dis pas que nous n'ayons aucune influence sur nos désirs ; mais le pouvoir même de la volonté sur le désir est une preuve de la différence de leur nature[2]. »

En résumé, le caractère essentiel de la volonté, c'est d'être *libre*. Mais c'est un attribut si important qu'il faut l'étudier à part.

---

1. Locke, *Essai sur l'entendement humain*, l. II, ch. XXI. Voyez aussi Reid, trad. franç., t. V, p. 36.
2. V. Cousin, *le Vrai, le Beau et le Bien*, XVIII° leçon.

CHAPITRE III

LA LIBERTÉ

Les faits qui se produisent dans le monde inorganique sont soumis à des lois nécessaires : la pierre est nécessairement attirée vers la terre, le poison détruit nécessairement l'organisme dans lequel on l'introduit. Les faits qui se produisent dans le monde moral, les actions humaines, sont, au contraire, l'œuvre de la *liberté*.

117. Différents sens du mot « liberté ». — Il faut distinguer les différents sens du mot *liberté*. Il y en a trois principaux. On distingue : la liberté *physique* ou *corporelle*, la liberté *civile* et *politique*, la liberté *morale*.

Dans le premier sens, la liberté consiste à agir sans obstacle et sans contrainte. En ce sens, l'homme est libre lorsqu'il a la pleine et entière disposition de son corps et de ses organes ; il n'est pas libre lorsqu'elle vient à lui manquer. L'homme qui est retenu dans son lit par la goutte ou la paralysie n'est pas libre ; l'homme qui a les fers aux pieds ou qui est enfermé dans un cachot n'est pas libre. Cette sorte de liberté est commune à l'homme et à l'animal : l'oiseau qui vole, le gibier qui court dans les bois, sont libres ; le lion en cage et les chiens tenus à la chaîne ne le sont pas. La fable *le Loup et le Chien* nous présente l'opposition de la liberté et de l'esclavage considérés à ce premier point de vue :

Chemin faisant, il vit le cou du chien pelé :
« Qu'est-ce là ? lui dit-il. — Rien. — Quoi ! rien ! — Peu de chose.
— Mais encor ? — Le collier dont je suis attaché
De ce que vous voyez est peut-être la cause.
— Attaché ! dit le loup, vous ne courez donc pas

Où vous voulez? — Pas toujours. Mais qu'importe?
— Il importe si bien, que de tous vos repas
 Je ne veux en aucune sorte,
Et ne voudrais pas même à ce prix un trésor. »
Cela dit, maître loup s'enfuit et court encor[1].

Supposons maintenant que l'homme soit libre dans le premier sens que nous venons de mentionner, il peut ne pas l'être encore dans un autre sens. L'homme, en entrant dans la société, tient de sa nature morale certains droits qui sont les mêmes chez tous les hommes, par exemple : le droit de se servir de son travail pour assurer sa subsistance, le droit d'accumuler les produits de son travail et d'en conserver la propriété, le droit de se marier, d'avoir une famille et des enfants, le droit de leur transmettre ses biens, le droit de s'instruire, d'adorer Dieu selon sa conscience, etc. Celui qui jouit de l'usage de tous ces biens sans restriction est dit libre, et cette sorte de liberté s'appelle *liberté civile*. La privation de cette sorte de liberté est appelée *esclavage*, et cet esclavage est plus ou moins complet, suivant que tous ces biens ou quelques-uns d'entre eux nous sont interdits. Dans l'usage le plus ordinaire, on appelle esclave celui qui n'a pas la liberté de son travail et qui est acheté et vendu comme une chose matérielle. A la liberté civile se rattache la liberté politique, qui est l'ensemble des droits ou des pouvoirs conférés aux citoyens pour garantir leur liberté civile.

La troisième espèce de liberté, qui est précisément celle que nous avons à considérer, est la LIBERTÉ MORALE OU LIBRE ARBITRE.

La *liberté morale* est la liberté intérieure de la volonté, liberté qui subsiste inviolable et entière, lors même que toute liberté extérieure nous est enlevée. On peut contraindre le corps, on ne peut jamais contraindre la volonté. Les philosophes anciens, et surtout les stoïciens, ont très bien connu et admirablement décrit cette sorte

---

1. La Fontaine, I, 15.

de liberté. Épictète a écrit à ce sujet cent maximes admirables. Je ne lui emprunte que celles-ci :

Souviens-toi du courage de Latéranus. Néron lui ayant envoyé l'affranchi Épaphrodite pour l'interroger sur la conspiration où il était entré, il ne fit d'autre réponse à cet affranchi, sinon : « Quand j'aurai quelque chose à dire, je le dirai à ton maître. — Mais tu seras traîné en prison. — Faut-il que j'y sois traîné en fondant en larmes ? — Tu seras envoyé en exil. — Qui est-ce qui m'empêche d'y aller gaiement, plein d'espérance et content de mon état ? — Qu'on le mette aux fers ! — Je t'en défie ; ce sont mes jambes que tu y mettras. — Je vais te faire couper le cou. — T'ai-je dit que mon cou eût le privilège de ne pouvoir être coupé[1] ? »

Le même Épictète dit encore :

Quelqu'un ne peut-il t'empêcher de te rendre à la vérité et te forcer d'approuver ce qui est faux ? Tu vois donc bien que tu as un libre arbitre que rien ne peut te ravir[2]... Un tyran me dit : « Je suis le maître, je puis tout. — Eh ! que peux-tu ? Peux-tu te donner un bon esprit ? Peux-tu m'ôter ma liberté ? C'est Dieu même qui m'a affranchi : penses-tu qu'il souffre que son fils tombe sous ta puissance ? Tu es maître de ce cadavre, mais tu n'as aucun pouvoir sur moi[3]. »

118. Preuves de la liberté. — *Preuve tirée du sentiment vif interne.* — La première preuve de la liberté donnée par les philosophes est celle qui se tire du témoignage du *sens intime*, ou, comme s'exprime Leibniz, du *sentiment vif interne.*

Que chacun de nous s'écoute et se consulte soi-même, dit Bossuet ; il sentira qu'il est libre, comme il sentira qu'il est raisonnable. En effet, nous mettons une grande différence entre la volonté d'être heureux et la volonté d'aller à la promenade. De même nous délibérons et nous consultons, en nous-mêmes, si nous irons à la promenade ou non, et nous résolvons comme

---

1. Épictète, *Manuel*, IV.
2. Id., *ibid.*, XLIX.
3. Id., *ibid.*, LII.

il nous plaît ou l'un ou l'autre; mais nous ne mettons jamais en délibération si nous voulons être heureux ou non, ce qui montre que, comme nous sentons que nous sommes nécessairement déterminés par notre nature à désirer d'être heureux, nous sentons aussi que nous sommes libres à choisir les moyens de l'être [1].

Objection de la girouette. — On a prétendu que ce sentiment intérieur de notre liberté n'est qu'une illusion, ce que l'on a essayé de rendre sensible par une comparaison spirituelle, mais inexacte. Supposez, a dit Bayle, qu'une girouette ait du plaisir à tourner selon le vent; supposez qu'elle se prenne à désirer de se tourner du côté du nord, et qu'au moment même où elle forme ce désir, le vent vienne, à son insu, la tourner précipitamment du côté qu'elle a désiré, ne se croirait-elle pas la véritable cause de ce mouvement et ne dirait-elle pas qu'elle a tourné librement, quoique en réalité ce fût par une cause indépendante de sa volonté? Il en serait de même de l'aiguille aimantée, qui croirait aussi se diriger volontairement vers le pôle, dans son ignorance de la force magnétique qui l'entraîne malgré elle.

Réponse. — Cette objection, bien loin d'ébranler la preuve tirée du sentiment interne, est, au contraire, très propre à la bien faire comprendre et à en faire valoir la portée. Pour la réfuter, il suffit de se rappeler l'analyse que nous avons donnée de la volonté; on verra, en effet, que cette objection repose sur deux confusions : 1° sur la confusion du désir et de la volonté, 2° sur la confusion de la résolution volontaire et de l'exécution qui la suit.

1° On confond, dans cet apologue, le *désir* et la *volonté*. Il ne me suffit pas de désirer une action pour qu'elle soit libre, il faut encore que je la *veuille*. Si elle m'offre quelque obstacle, ou si quelque penchant résiste en moi à mon désir, il faut que je fasse un *effort* pour la réaliser. C'est dans le sentiment de cet effort que réside la conscience

---

1. Bossuet, *Traité du libre arbitre*, II.

de la liberté. Or, un désir, quelque vif qu'il soit, se distingue de l'*effort* par lequel je passe du désir à l'action. A la vérité, ce sentiment d'effort a surtout lieu lorsque je résiste à mes désirs, et il devient insensible et presque nul lorsque ma volonté se prononce dans le sens même du désir; mais alors même il y a une grande différence entre désirer et *consentir* à son désir, être le complice de son propre désir. Combien de fois, en effet, s'élève-t-il en nous de ces désirs auxquels nous ne consentons pas ! Or, dans ce cas, ces sortes de désirs ne sont pas dans le cas de ces actes que nous sentons libres. Le sentiment de la liberté ne commence qu'avec le *consentement* aux désirs. En un mot, étant donné un désir, je puis vouloir ou ne pas vouloir m'abandonner à ce désir : c'est en cela que consiste la liberté; par conséquent, la girouette, en tant qu'elle ne serait susceptible que de désir et non de volonté, ne serait pas libre, et elle n'éprouverait pas, comme nous, le sentiment intérieur de la liberté.

2° Une seconde erreur contenue dans la même objection, c'est de faire consister la liberté dans l'action extérieure, dans l'efficace corporelle, et non dans la résolution intérieure. Quelle que soit la cause qui fasse en réalité tourner la girouette, que ce soit la girouette elle-même par une action véritable, que ce soit telle cause physique ou extérieure, peu importe quant à la liberté morale et tout intérieure de la girouette elle-même. De cela seul qu'elle voudrait réellement se tourner dans un certain sens, elle serait libre en cela, quel que fût l'agent qui se mît à son service pour accomplir sa volonté, et quand même cette exécution de sa volonté serait tout accidentelle. La résolution, prise intérieurement, de tuer son ennemi suffit pour constituer un crime, que l'exécution suive ou ne suive pas. Sans doute si, ayant formé cette résolution, une cause extérieure et non préparée par moi venait à la réaliser, on pourrait dire que je ne suis pas coupable de l'exécution, mais seulement de la pensée du mal; car, entre la pensée et l'exécution, j'aurais pu changer d'avis. Il n'en est pas moins vrai que la liberté est déjà entière dans la seule résolution, même non suivie d'un commencement d'exécution ; par conséquent la girouette, qui se croirait libre de se vouloir tourner du côté du nord, ne se tromperait pas en cela, mais elle se tromperait seulement comme le politique qui s'attribue les conséquences imprévues des événements, ou comme la mouche qui croit faire marcher le coche. Dans ces deux cas, le politique et la mouche ne se trompent pas sur leur volonté intérieure, mais seulement sur ses effets.

Opinion de Spinoza. — Spinoza a soutenu que « la conscience de notre liberté n'est que l'ignorance des causes qui nous font agir ». Cette explication est tout à fait contraire à l'expérience.

1° Il est de fait que, dans beaucoup de cas, nous ignorons les mobiles de nos actions : or, bien loin de nous croire libres pour cela, nous sentons, précisément à cause de cela même, que nous ne le sommes pas ou que nous le sommes moins. Combien de fois, par exemple, ne nous arrive-t-il pas de dire : « Je ne sais ce qui m'a poussé à agir ainsi, j'ai été entraîné par une impulsion dont je ne me suis pas rendu compte : *Quelque diable aussi me tentant* ; mais ce n'est pas ma volonté qui a agi, c'est un caprice, une fantaisie, un instinct aveugle, un je ne sais quoi, etc. » Bien loin de nous croire libres dans de telles circonstances, nous nous servons précisément de cette excuse pour nous justifier de quelque faute, sachant très bien que, si nous pouvons persuader qu'il en est réellement ainsi, notre responsabilité en est d'autant diminuée ; en effet, si cette excuse n'est pas admise quand le criminel veut s'en servir, ce n'est pas qu'elle ne soit bonne en soi, c'est tout simplement parce qu'on ne le croit pas, et qu'il est bien rare qu'on fasse une mauvaise action sans savoir pourquoi. Que de faits analogues pourrait-on citer ! Pourquoi, par exemple, le poète attribue-t-il à la muse ou à quelque dieu les pensées qui viennent cependant de son génie ? C'est parce qu'il ignore comment elles lui viennent. Pourquoi l'illuminé, l'enthousiaste, le spirite, se croient-ils dominés par une puissance surnaturelle supérieure à eux-mêmes? C'est parce qu'ils se sentent parler et agir d'une manière extraordinaire, sans connaître les causes secrètes qui les déterminent. Concluent-ils de là à leur liberté? Non, sans doute, mais, au contraire, à l'action d'une cause surnaturelle, étrangère à eux-mêmes. Bien loin d'avoir conscience de leur liberté, ils n'ont plus même conscience de leur spontanéité.

2° Non seulement la conscience de la liberté ne coïncide point avec l'ignorance des motifs, mais, au contraire, elle grandit avec la connaissance des motifs. A mesure que je m'éclaire, je me sens plus libre; plus je connais les raisons diverses qui se présentent à moi, plus je sens que la résolution dépend de moi-même. Si, par exemple, j'obéis au plaisir, tandis que la raison me condamne, personne ne peut soutenir que j'ignore le mobile de mon action; je sais très bien que c'est le plaisir qui m'a entraîné; je sens que j'aurais pu ne pas l'être et que ma volonté aurait pu se décider dans un autre sens. Sans doute on peut bien dire à celui qui croit faire le bien, par un sentiment de bienveillance désintéressée ou par un motif de devoir, et qui s'attribue l'honneur de cette conduite, on peut bien lui dire qu'il se trompe, qu'il se fait illusion, qu'il se mêle toujours à nos résolutions une part d'intérêt personnel, que c'est le mobile intéressé qui réellement l'a déterminé, sous le voile de la générosité et de la vertu; et c'est, en général, le point de vue des misanthropes mondains tels que La Rochefoucauld, ou des théologiens chagrins tels que ceux de Port-Royal. Mais le sentiment de notre liberté ne diminue pas lorsque nous venons à reconnaître que de tels sentiments sont réellement en nous; par exemple, lorsque j'ai accompli quelque action par intérêt et que je le sais, je ne doute pas pour cela que je ne l'aie librement accomplie. D'un autre côté, lorsque nous ne réussissons pas, malgré toute notre clairvoyance, à surprendre en nous de tels sentiments, de quel droit supposerions-nous qu'ils y sont?

10

II. *Preuve tirée de la loi morale*. — Une seconde preuve de la liberté se tire de l'existence d'une loi morale. Cette preuve est très fortement exprimée par le philosophe allemand Emmanuel Kant.

Supposez, dit-il, que quelqu'un prétende ne pas pouvoir résister à sa passion : est-ce que, si l'on dressait un gibet devant lui pour l'y attacher immédiatement après qu'il aurait satisfait à son désir, il soutiendrait encore qu'il est impossible d'y résister ? Il n'est pas difficile de deviner ce qu'il répondrait ; mais si son prince lui ordonnait, sous peine de mort, de porter un faux témoignage contre un honnête homme qu'il voudrait perdre au moyen d'un prétexte spécieux, regarderait-il comme possible de vaincre en pareil cas son amour de la vie, si grand qu'il pût être ? S'il le ferait ou non, c'est ce qu'il n'osera peut-être pas décider ; mais que cela lui soit possible, c'est ce dont il conviendra sans hésiter. Il juge donc qu'il *peut* faire quelque chose, puisqu'il a la conscience de le *devoir*, et il reconnaît ainsi en lui-même la liberté, qui, sans la loi morale, lui serait toujours demeurée inconnue[1].

On peut ramener cette preuve à ce dilemme. Supposez que l'homme ne soit pas libre : ou bien il serait contraint d'accomplir la loi morale par une nécessité irrésistible, et dès lors cette loi est *inutile*; ou bien l'agent serait empêché par la même nécessité d'accomplir cette même loi, et, dans ce cas, la loi est *absurde*.

Il est, en effet, inutile de dire : *Fais cela*, à celui qui ne peut s'empêcher de le faire ; et il est absurde de le dire à celui qui est dans l'impossibilité de le faire.

On dira peut-être que pour les agents physiques la loi, pour être irrésistible, n'est pas pour cela inutile. Cela est vrai ; mais, dans les agents physiques, la loi n'est précisément que l'expression de cette nécessité irrésistible. Elle n'est pas *impérative*, elle ne contraint pas. Nulle loi ne dit à la pierre : *Tombe*, avant qu'elle ne soit tombée ; mais, comme elle est toujours tombée dans les mêmes circon-

---

1. Kant, *Critique de la raison pratique*, trad. franç. de J. Barni, p. 173.

stances, nous généralisons ce fait universel et nous l'appelons loi. Il n'en est pas de même pour les agents moraux : ici l'action est représentée à l'avance sous forme idéale dans l'esprit de l'agent, et elle s'impose comme un *ordre*. C'est cet ordre qui serait absurde et inutile si l'homme n'était qu'un automate, contraint ou empêché, par son organisation même, de faire ce que la loi ordonne.

III. *Preuve tirée des récompenses et des peines.* — Une troisième preuve généralement donnée de la liberté est celle qui se tire des récompenses et des peines. Leibniz pense cependant que cette preuve n'est pas valable :

On parle vulgairement, dit-il, comme si la nécessité de l'action faisait cesser tout mérite et tout démérite, tout droit de louer et de blâmer, de récompenser et de punir ; mais il faut avouer que cette conséquence n'est pas absolument juste : 1° il faut convenir qu'il est permis de tuer un furieux, quand on ne peut s'en défendre autrement. On avouera aussi qu'il est permis, souvent même nécessaire, de détruire des animaux venimeux et nuisibles, quoiqu'ils ne soient pas tels par leur faute ; 2° on inflige des peines à une bête, quoique destituée de raison et de liberté, quand on juge que cela peut servir à la corriger : c'est ainsi qu'on punit les chiens et les chevaux, et cela avec beaucoup de succès ; 3° on infligerait encore aux bêtes la peine capitale si cette peine pouvait servir d'exemple. Rorarius dit qu'on crucifiait les lions en Afrique pour éloigner les autres lions, et qu'il avait remarqué, en passant par le pays de Tolède, qu'on y pendait les loups pour mieux assurer les bergeries. Et ces procédures seraient bien fondées si elles servaient. Donc, puisqu'il est sûr et expérimenté que la crainte des châtiments et l'espérance des récompenses sert à faire s'abstenir les hommes du mal et les oblige à tâcher de bien faire, on aurait raison et droit de s'en servir quand même les hommes agiraient nécessairement. (*Théodicée*, part. Ire, § 63.)

D'après ces considérations de Leibniz, les peines et les récompenses ne seraient pas une preuve de la liberté : car, étant elles-mêmes des causes déterminantes d'action, elles serviraient toujours : 1° comme *moyens de défense* ; 2° comme *moyens d'amendement ou de correction* ; 3° comme *exemples ou moyens d'intimidation*.

Cependant le même philosophe reconnaît que :

Il y a une espèce de justice et une certaine sorte de récompenses et de punitions qui ne paraît pas si applicable à ceux qui agiraient par une nécessité absolue, s'il y en avait : c'est cette espèce de justice qui n'a pour but ni l'amendement, ni l'exemple, ni même la réparation du mal. Cette justice n'est fondée que sur la *convenance*, qui demande une certaine *satisfaction* pour *l'expiation* d'une mauvaise action.

Leibniz appelle cette sorte de justice *positive* ou *vindicative*, et, suivant lui, elle implique la liberté.

En effet, dans le sens rigoureux des mots, on ne doit pas appeler récompense ou châtiment tout ce qui n'est qu'un certain *moyen* pour produire un certain effet. Personne ne dira, par exemple, que l'on punit une vipère ou un chien enragé parce qu'on les tue. A ce titre donc, si les punitions n'étaient, de la part de la société, que des moyens de défense, ce seraient des *coups*, ce ne seraient pas des *punitions*. De même vous n'appellerez pas une récompense le morceau de sucre avec lequel vous attirez à vous un animal ou un petit enfant. Si l'on donne souvent le nom de punitions et de récompenses aux actes par lesquels on essaye de faire l'éducation des animaux, c'est par une sorte d'extension ou de fiction, et par analogie avec ce qui se passe dans l'espèce humaine. Bien loin d'expliquer les châtiments humains par ceux que nous exerçons envers les animaux, ce serait plutôt le contraire qui serait vrai. Nous nous les représentons, en effet, sur le modèle de nous-mêmes, nous leur supposons une sorte de libre arbitre, de mérite ou de démérite[1]; et peut-être même cette supposition n'est-elle pas tout à fait fausse.

La punition, comme telle, dit Kant, doit être juste par elle-

1. Cela est évident, par exemple, chez le chasseur qui récompense son chien d'avoir bien chassé. Ce n'est pas toujours pour le décider à bien faire une autre fois (ce qui a lieu quand on dresse le chien), mais évidemment par une sorte de reconnaissance de ce qu'il a bien travaillé. Nous prêtons dans ce cas à l'animal un certain mérite.

même, c'est-à-dire que celui qu'on punit doit avouer qu'il a mérité sa punition et que son sort est parfaitement approprié à sa conduite. La justice est la première condition de toute punition, comme telle, et l'essence même de cette notion... Ainsi la punition est un mal physique qui, lors même qu'il ne serait pas lié comme conséquence naturelle avec le mal moral, devrait en être considéré encore comme une conséquence suivant les principes de la législation morale. (*Raison pratique*, ch. Ier, § 8, scolie 2.)

On peut dire aussi réciproquement que la récompense est un bien physique qui, lors même qu'il n'est pas une conséquence naturelle du bien moral, en est cependant une *conséquence de convenance*, c'est-à-dire *doit* suivre le bien moral lorsqu'il est accompli d'une manière désintéressée. Or, dans ces deux cas, il faut que l'action ait été accomplie avec liberté pour être susceptible d'être récompensée ou punie. Une créature peut être heureuse ou malheureuse sans être libre ; mais pour être *digne* du bonheur ou du malheur, il faut avoir bien ou mal agi, ce qui implique toujours la liberté.

Parmi les récompenses et les punitions, il faut compter en premier lieu les sentiments de nos semblables, l'estime et le respect pour la vertu, le mépris et l'horreur pour le vice ; or, ces sentiments n'ont de signification qu'envers les agents libres ; de là ce mot de Kant : « Le respect ne s'adresse qu'aux personnes, jamais aux choses. »

Ainsi, supposé que les hommes ne fussent pas des agents libres, les punitions sociales pourraient encore subsister sans doute, mais ce ne seraient plus des *punitions*. Nul n'aurait plus à être puni ou récompensé ; ces notions devraient disparaître avec la liberté même.

Si maintenant on considère les dispositions des lois civiles et les procédés de la justice, on voit que les uns et les autres impliquent la croyance à la liberté des agents moraux.

En effet, l'acte par lequel est enfermé un malfaiteur est essentiellement différent de celui par lequel on enferme un fou. Que signifierait l'acquittement de ce dernier, si la punition consistait uniquement dans l'acte physique qui frappe le coupable? Car le fou est tout aussi bien séquestré de la société des hommes que le criminel; mais il l'est par voie de précaution et de traitement, et l'autre par voie de châtiment. En quoi les prisons seraient-elles plus honteuses que les hôpitaux, si les actions des criminels étaient de même genre que les actions des aliénés? Il en est de même pour l'enfant. Les maisons pénitentiaires ne sont pas toutes des maisons de correction; autre chose est contraindre l'enfant au bien et l'éloigner du mal, autre chose est le punir. On voit par là que la contrainte physique, considérée comme moyen de correction ou d'action, n'est pas identique à la punition.

Ce qui prouve que les lois supposent la liberté des agents moraux, c'est la gradation qu'elles établissent dans les peines, selon le degré de *responsabilité* de l'agent. La première condition qu'elles exigent pour punir, c'est l'*intention* de nuire; or, la liberté est précisément le pouvoir d'agir intentionnellement, avec choix et discernement, avec prévision des effets de l'action et en consentant d'avance à ses effets. Pour cette raison, la loi considère la préméditation comme une circonstance aggravante, parce que la préméditation laisse à l'âme le temps de choisir, de se décider, de se repentir, et qu'elle suppose en outre une plus grande possession de soi-même, un consentement plus entier et plus durable, une volonté plus arrêtée. Que l'on considère toutes les circonstances légales qui aggravent ou atténuent le crime ou le délit, on verra que ce sont celles qui augmentent ou diminuent le pouvoir que l'âme est supposée avoir sur elle-même, et, par là, sa responsabilité.

119. Résumé. — Personne n'a mieux résumé qu'Aristote tous les arguments que la science morale et le sens commun fournissent en faveur de la liberté morale:

L'homme n'est-il pas le père de ses actions comme il l'est

de ses enfants ? C'est ce qui est confirmé par la conduite de tous les hommes et par le témoignage des législateurs. Ils punissent et châtient ceux qui commettent des actions coupables, toutes les fois que ces actions ne sont pas le résultat d'une contrainte ou d'une ignorance dont l'agent n'était pas cause. Au contraire, ils récompensent et honorent les auteurs des actions vertueuses; mais, dans toutes les actions qui ne dépendent pas de nous, personne ne s'avise de nous pousser à les faire; on sait qu'il serait inutile de nous engager, par exemple, à ne point avoir chaud, à ne point souffrir du froid ou de la faim, à ne point éprouver telles ou telles sensations, puisque nous ne les souffririons pas moins malgré ces exhortations. Les législateurs punissent quelquefois des actes faits sans connaissance de cause, mais c'est quand l'individu paraît coupable de l'ignorance où il était. Ainsi, ils portent de doubles peines contre ceux qui commettent un délit dans l'ivresse; car le principe de la faute est dans l'individu, puisqu'il est maître de ne pas s'enivrer, et que c'est l'ivresse seule qui a été cause de son ignorance. Des législateurs punissent ceux qui ignorent les dispositions de la loi lorsqu'on peut les connaître sans difficulté. — Il n'est pas moins déraisonnable de prétendre que celui qui fait le mal n'a pas la volonté de devenir méchant, que celui qui se livre à la débauche n'a pas l'intention de devenir débauché. — On ne reproche à personne une infirmité naturelle, mais on blâme ceux qui n'ont cette difformité que par un défaut d'exercice et de soin. Qui ferait des reproches à un aveugle de naissance?... On plaint surtout son malheur; mais tout le monde adresse un juste blâme à celui qui le devient par l'habitude de l'ivresse ou de tout autre vice [1].

120. Préjugés vulgaires contre la liberté. — Quoique les hommes, nous l'avons vu, aient un sentiment très vif de la liberté et qu'ils trahissent ce sentiment par leurs actes, leurs jugements, leurs approbations ou leurs blâmes, etc., d'un autre côté, cependant, ils cèdent souvent à l'empire de certains préjugés qui semblent contredire la croyance universelle dont nous venons de parler.

1° *Le caractère.* — Le principal de ces préjugés est l'opinion, souvent émise, que chaque homme est entraîné par

---

1. Aristote, *Éthique à Nicomaque*, l. III, ch. VI.

son *caractère* individuel à accomplir les actions qui sont d'accord avec ce caractère, et que l'on ne peut rien contre cette nécessité irrésistible de la nature. C'est ce qu'on exprime souvent par cet axiome vulgaire : « On ne se refait pas soi-même. » C'est ce que le poète a exprimé également par ce vers célèbre :

Chassez le naturel, il revient au galop [1].

Rien n'est plus inexact en fait, plus dangereux en principe, que cette prétendue immutabilité des caractères humains, qui rendrait le mal irrémédiable et incorrigible. L'expérience nous apprend le contraire. Le caractère se compose, non d'une inclination unique (comme on pourrait le croire par les comédies), mais de mille inclinations variées et diversement combinées. Ces inclinations n'ont rien d'absolu : elles varient selon les temps, les lieux, les circonstances, l'éducation; s'il en est ainsi, elles peuvent varier également par l'effet de notre volonté. Il y a en nous mille germes de sentiments et de passions qui n'attendent qu'une circonstance pour naître et se développer. Nul homme n'est absolument privé d'inclinations bonnes ni d'inclinations mauvaises; il peut développer les unes et vaincre les autres, en un mot choisir entre elles. J'accorde que ce travail ne dépasse pas certaines limites fixées par la constitution de chacun; mais ces limites sont très larges, et dans l'espace qu'elles enferment il peut naître mille caractères différents; j'accorde encore que, parmi les causes qui déterminent le nôtre, on doit compter pour beaucoup les circonstances; mais il y faut mettre en premier lieu notre propre volonté; aussi peut-on dire que l'homme se fait son caractère.

On reproduit à peu près la même objection, mais en

---

1. Vers du poète Destouches.
La Fontaine a dit dans le même sens :

Vous lui fermez la porte au nez,
Il reviendra par la fenêtre.

l'appliquant à des cas plus particuliers, aux habitudes, au tempérament, aux passions, à l'éducation, aux circonstances. Ces différents faits ne sont guère que les éléments dont se compose cet ensemble que l'on appelle le caractère. Nous ferons seulement quelques observations particulières sur chacun de ces différents faits.

2° *Les habitudes.* — Les habitudes deviennent, il est vrai, à la longue, presque irrésistibles. C'est un fait qui a été souvent observé ; mais, d'une part, si une habitude invétérée est irrésistible, il n'en est pas de même d'une habitude qui commence ; et ainsi l'homme reste libre de prévenir l'envahissement des mauvaises habitudes. C'est pourquoi les moralistes nous conseillent surtout de veiller à l'origine de nos habitudes : *principiis obsta* (prends surtout garde aux commencements). En outre, il n'est nullement établi qu'aucune habitude ne puisse céder à une volonté bien dirigée. C'est un principe de Malebranche « que l'on peut toujours agir contre une habitude dominante[1] ». Or, un premier acte tend à en produire un second du même genre ; on peut donc substituer peu à peu une habitude nouvelle aux habitudes précédentes, et les moralistes nous enseignent les moyens à prendre pour opérer cette substitution.

3° *Les passions.* — Les passions ont eu surtout le privilège de passer pour indomptables et irrésistibles. Tous les grands pécheurs s'excusent sur l'entraînement fatal des passions. « L'esprit est prompt, la chair est faible, » est-il dit dans l'Évangile. Les observations que nous venons de faire sur les habitudes s'appliquent également aux passions. Il est rare que les passions se manifestent subitement avec cet excès de violence qui, lorsqu'il est inattendu et éclate comme un délire, peut avoir, en effet, les apparences de la fatalité. Mais, en général, la passion croît et grandit peu à peu :

Quelques crimes toujours précèdent les grands crimes.

---

1. *Traité de morale,* 1re partie, ch. IV.

C'est quand les premières atteintes de la passion commencent à se montrer qu'elle doit être combattue avec énergie. Au reste, aucun moraliste prudent ne conseille de chercher à vaincre une passion directement et par la seule force de la volonté ; et nous verrons plus loin (chapitre dernier) par quels moyens éclairés et efficaces Bossuet nous apprend à détourner la passion lorsqu'il est impossible de la braver en face.

4° *Le tempérament.* — On invoque également l'empire du tempérament, de l'organisation, du physique sur le moral. Personne ne peut nier un tel empire ; mais l'expérience, je ne dis pas seulement des sages et des philosophes, mais des médecins eux-mêmes, nous atteste en même temps et réciproquement l'empire du moral sur le physique.

Gœthe nous en donne un exemple frappant : « Dans une fièvre putride épidémique qui exerçait autour de moi ses ravages, j'étais exposé à une contagion inévitable. Je parvins à m'y soustraire par la seule force d'une volonté ferme. On ne saurait croire combien de puissance a la volonté en pareil cas. La crainte est un état de faiblesse indolente qui nous livre sans défense aux attaques victorieuses de l'ennemi. » Descartes nous dit également qu'il s'est guéri dans sa jeunesse d'une affection grave en dirigeant son imagination sur des objets riants[1].

5° *L'éducation, l'exemple, le milieu.* — Nul doute que les hommes ne soient plus ou moins liés par l'éducation, les exemples, les circonstances extérieures. Un sauvage ne peut se donner les idées, les sentiments, la conscience morale des peuples civilisés. L'enfant né au milieu des bandits subit évidemment leur influence. Aussi, lorsqu'il s'agit d'apprécier la responsabilité humaine, serait-il permis de tenir compte, comme *circonstances atténuantes*, de tous les faits qui ont pu empêcher un homme de s'éclairer

---

1. Lettre à la princesse Élisabeth. (Œuvres, éd. Cousin, t. IX, p. 203.)

et de s'améliorer; mais il ne suit point de là que, dans les limites fixées par l'éducation et par le milieu, la volonté n'ait pas le pouvoir de s'appliquer librement et de préférer le bien au mal; et c'est la seule chose que nous ayons à établir ici : « Les brigands eux-mêmes, a dit Cicéron, ont une société et des lois; ils ont entre eux une justice. » Dès lors leur liberté consiste à obéir à cette loi de justice qu'ils se sont faite à eux-mêmes. De même les sauvages ont aussi à exercer leur force morale, sinon d'une manière semblable à la nôtre, au moins conformément à leurs idées. Ils sauront, par exemple, mourir avec courage, supporter la torture sans un mot de plainte, etc. Ainsi l'éducation, en enchaînant la liberté dans de certaines limites, ne la détruit pas et lui laisse un certain domaine. De même que l'homme n'est pas tout-puissant sur la nature et qu'il peut cependant exercer sur elle une certaine puissance, de même l'homme n'est pas tout-puissant contre le milieu moral dans lequel il est né, et il en subit plus ou moins la domination; mais, dans ce milieu même, il exerce sur lui-même une certaine puissance; or, quand nous attribuons à l'homme la liberté, nous ne lui attribuons pas l'omnipotence, mais simplement un certain pouvoir de choisir, limité naturellement, soit par les lois générales de l'univers, soit par le milieu et les circonstances dans lesquels il est né.

Non seulement le milieu ne détruit pas et n'asservit pas la liberté humaine, mais ce milieu lui-même est susceptible d'être transformé et modifié par la liberté; autrement on ne s'expliquerait pas les changements et les progrès de la civilisation, si quelques hommes au moins entre tous ne pouvaient s'affranchir, dans une certaine mesure, des idées ou des erreurs de leur temps et ne transformaient, par leur propre activité, les circonstances au milieu desquelles ils ont paru. C'est là, sans doute, le propre des grands hommes, et tous ne peuvent avoir la prétention d'aspirer à d'aussi hautes destinées; mais entre les grands hommes et les hommes ordinaires il n'y a jamais, après tout, qu'une différence de degré. Si donc les grands hommes ont la puissance de changer en quelque sorte le milieu moral des sociétés où ils naissent, de réagir contre l'éducation qu'ils ont pu recevoir et de faire plier les circonstances à leurs desseins, on peut dire que tous les hommes, dans la mesure modeste de leurs destinées, peuvent comparer les leçons reçues de leurs maîtres ou de leurs parents, soit avec leur propre conscience, soit avec les idées plus générales de la société où ils vivent; ils peuvent, par conséquent, s'il y a lieu, corriger, dans une certaine mesure, les vices de leur première éducation. Quant aux circonstances de la vie, on sait que, si elles entraînent ou subjuguent ceux qui n'ont pas une volonté forte, d'autres, au contraire, les font plier à leurs entreprises; et lors même que le succès fait défaut, il est toujours au pouvoir de l'homme de se mettre au-dessus des circonstances par l'énergie de sa volonté; au moins, c'est une vérité dont il doit se convaincre, pour qu'il puisse devenir capable de s'assurer un tel pouvoir.

Toutes les conditions que nous venons d'énumérer (caractère, habitudes, passions, tempérament, éducation, circonstances, etc.) n'ont donc pas pour effet de supprimer la liberté; mais elles peuvent en modifier l'action, et elles sont à considérer, comme on le verra plus loin, dans l'appréciation et la mesure de la responsabilité humaine. Mais tout en faisant la part aussi large que possible aux *circonstances atténuantes*, dans l'appréciation des *actes d'autrui*, nous devons, au contraire, la faire aussi stricte et aussi étroite que possible dans le gouvernement de nous-mêmes. En effet, personne n'ayant une mesure fixe qui lui permette de déterminer d'une manière absolue sa force morale, il vaut mieux viser plus haut que plus bas. C'est en ce sens qu'il est permis de dire que rien n'est impossible à qui le veut bien, « car on peut quand on croit pouvoir ».

PROBLÈMES ET EXERCICES PRATIQUES

Les doctrines contraires à la liberté : le *fatalisme*, le *déterminisme*. Que ces doctrines sont inconciliables avec l'idée de la responsabilité morale.

Faits moraux et sociaux qui prouvent la croyance des hommes à la liberté : les promesses et les engagements, l'exhortation, le regret et le repentir.

L'idée de la liberté. — Puissance de cette idée : comment la croyance à la liberté engendre la liberté elle-même. (Fouillée, *la Liberté et le Déterminisme*.)

Limites de la liberté. — La liberté n'est pas absolue ; dangers de la croyance à la liberté illimitée. Le vice se persuade à tort que l'on peut toujours revenir sur ses pas. (Marion, *de la Solidarité morale*.)

CHAPITRE IV

LA CONSCIENCE MORALE. — LE SENTIMENT MORAL

121. Définition de la conscience morale. — La conscience est l'acte de l'esprit par lequel nous appliquons à un cas particulier les règles générales données par la morale.

Elle peut s'appliquer : 1° à *nos propres actions;* 2° aux *actions des autres hommes.*

1° Quand il s'agit de nous-mêmes, la conscience parle, soit *avant l'action,* soit *après l'action.*

a) Avant l'action, elle ordonne et elle commande, ou, suivant l'expression consacrée, elle *dicte* ce qu'il faut faire ou éviter : on l'appelle conscience *antécédente.*

b) Après l'action, elle approuve ou désapprouve; en d'autres termes, elle *juge* ce qui a été fait : c'est la conscience *subséquente.*

2° Même distinction pour les actions des autres hommes. La conscience de chacun de nous proclame, et souvent avec plus de certitude et de clarté que celle des autres, ce que ceux-ci doivent faire et éviter. Après l'action, elle les approuve ou les condamne; en un mot, elle les juge.

En conséquence, la conscience morale est l'acte de l'esprit qui *ordonne* ce qu'il faut faire et qui *juge* ce qui a été fait.

La conscience est la condition de l'accomplissement de tous nos devoirs. Car, bien qu'elle ne constitue pas le devoir, sans elle cependant aucun devoir ne nous serait connu.

Kant dit avec raison à ce sujet :

La conscience n'est pas quelque chose que l'on peut acquérir, et il n'y a pas de devoir qui prescrive de se la procurer;

mais tout homme, comme être moral, la porte originairement en lui. Dire qu'on est obligé d'avoir de la conscience reviendrait à dire qu'on a le devoir de reconnaître des devoirs. La conscience est un fait inévitable, et non une obligation, un devoir. Quand on dit qu'un homme *n'a pas* de conscience, on veut dire qu'il ne tient aucun compte de ses arrêts; car, s'il n'en avait réellement pas, il ne s'imputerait aucune action conforme au devoir et ne s'en reprocherait aucune comme lui étant contraire. Le *manque* de conscience n'est donc pas *l'absence* de la conscience, mais un penchant à ne tenir aucun compte de son jugement. (*Doct. de la vertu*, trad. fr., p. 45.)

La conscience a inspiré à J.-J. Rousseau une magnifique apostrophe souvent citée :

Conscience ! conscience ! instinct divin, immortelle et céleste voix; guide assuré d'un être ignorant et borné, mais intelligent et libre; juge infaillible du bien et du mal, qui rend l'homme semblable à Dieu ! c'est toi qui fais l'excellence de sa nature et la moralité de ses actions; sans toi je ne sens rien en moi qui m'élève au-dessus des bêtes, que le triste privilège de m'égarer d'erreurs en erreurs à l'aide d'un entendement sans règle et d'une raison sans principes [1] !

122. Les degrés de la conscience. — La conscience étant le jugement pratique qui, dans chaque cas particulier, décide du bien et du mal, on ne peut demander à chaque homme qu'une seule chose : c'est d'agir suivant sa conscience. Une fois le moment de l'action venu, il n'y a plus d'autre règle que celle-là. Mais la conscience, quoi qu'en dise Rousseau dans le passage que nous venons de citer, n'est pas toujours un juge infaillible; elle ne parle pas toujours le même langage; elle passe par différents états ou degrés qui ont été distingués avec raison; car ces distinctions ont beaucoup d'importance dans la pratique.

Par exemple, on a distingué la conscience *droite* ou *éclairée, ignorante, erronée, douteuse, probable*, etc.

123. La conscience droite. — 1° La conscience *droite* ou *éclairée* est la vue claire, immédiate et certaine du bien

---

1. J.-J. Rousseau, *Émile*, l. V.

du mal dans les actions humaines. Tel est à peu près l'état de la conscience chez tous les hommes pour les actions très simples et en quelque sorte élémentaires. Par exemple, il n'y a guère de conscience humaine qui ne sache qu'il est mal de maltraiter un enfant, de calomnier un ami, d'offenser ses parents. La règle est donc ici qu'il ne faut pas chercher à obscurcir, soit en soi-même, soit dans les autres, par des doutes subtils, les décisions nettes et distinctes de la conscience. C'est ce qui est arrivé, dans la théorie, à certains casuistes combattus par Pascal[1], et, dans la pratique, à certains esprits qui, pour s'étourdir lorsqu'ils veulent accomplir certaines mauvaises actions, combattent leur propre conscience par des sophismes.

124. La conscience erronée. — 2° Sous l'influence de ces sophismes, la conscience devient *erronée*, c'est-à-dire qu'elle finit par prendre le bien pour le mal et le mal pour le bien. C'est ce qui arrive, par exemple, aux fanatiques. Au XVIe siècle, Poltrot, Jacques Clément, Ravaillac, étaient arrivés par des sophismes, qui sans doute leur étaient suscités en partie par l'éducation, à éteindre en eux-mêmes la voix de la conscience, qui défend l'homicide. Quoiqu'une sorte d'indulgence générale semble avoir couvert le crime de Charlotte Corday, surtout à cause de l'horreur inspirée par la victime, il n'en est pas moins vrai que c'est là un acte inspiré par une conscience *erronée*. Dans d'autres cas la conscience erronée, au lieu d'être le résultat du sophisme, vient, au contraire, du défaut de lumières; telles sont les erreurs de la conscience dans l'enfant, chez les peuples sauvages, ou même chez les peuples civilisés qui les acceptent comme des traditions inattaquables. La conscience erronée se confond alors avec la conscience ignorante.

125. La conscience ignorante. — 3° On appelle conscience *ignorante* celle qui fait le mal parce qu'elle n'a au-

---

1. Voy. les *Lettres provinciales*. On appelle *casuistes* ceux qui examinent les *cas de conscience*, c'est-à-dire les difficultés qui naissent quelquefois des conflits de nos devoirs.

cune connaissance du bien. Ainsi l'enfant qui tourmente les animaux ne le fait pas toujours par méchanceté ; il ignore ou il ne pense pas qu'il les fait souffrir. Il en est de même des sauvages, qui, dit-on, tuent leurs vieux pères quand ils ne peuvent plus les nourrir : ils croient et ils veulent leur faire du bien en les empêchant de souffrir de la faim. Au reste, il en est du bien comme du mal : l'enfant est bon ou méchant avant d'avoir le discernement de l'un ou de l'autre. C'est ce qu'on appelle l'*état d'innocence,* qui est en quelque sorte le sommeil de la conscience. Mais cet état ne peut durer ; il faut éclairer la conscience de l'enfant, et en général la conscience des hommes. C'est le progrès de la raison humaine qui nous apprend chaque jour à mieux connaître la différence du bien et du mal.

126. La conscience douteuse. — 4° Il arrive quelquefois que l'on est en quelque sorte partagé entre deux consciences ; non pas entre le devoir et la passion, mais entre deux ou plusieurs devoirs. C'est ce qu'on appelle la conscience *douteuse* ou *perplexe.* Dans ce cas, la règle la plus simple, quand elle est praticable, est celle qui est exprimée par cette maxime célèbre : *Dans le doute, abstiens-toi.* Par exemple, si vous ne savez pas lequel est le meilleur de conserver une loi ou de la changer, le mieux est de ne rien faire et de laisser les choses comme elles sont. Si vous avez à recommander deux personnes ayant exactement les mêmes titres, les mêmes mérites, et que le choix vous embarrasse, vous pouvez ou ne recommander ni l'une ni l'autre ou les recommander toutes les deux. Dans les cas où il est impossible de s'abstenir absolument, et où il faut non seulement agir, mais choisir, la règle sera alors de toujours choisir le parti qui est le moins conforme à notre intérêt : car nous pouvons toujours supposer que ce qui rend notre conscience douteuse, c'est un motif intéressé inaperçu. S'il n'y a d'intérêt ni d'un côté ni de l'autre, il ne reste plus alors qu'à se décider selon les circonstances. Mais il est bien rare que la conscience se trouve dans cet état de doute absolu, et presque toujours il y a plus de raisons d'un côté que de l'autre, et la conscience penche naturellement du côté qui lui paraît le plus juste. C'est ce qu'on appelle alors la conscience *probable*. Sans nous perdre ici dans les difficultés qui ont été soulevées à ce sujet, nous dirons que la règle la plus simple et la plus générale est de choisir toujours le parti le plus probable[1].

127. Autorité de la conscience. — Quoique la loi morale soit obligatoire par elle-même, cependant nous ne pouvons lui obéir qu'à la condition de la connaître, c'est-à-dire à la condition qu'elle passe par notre conscience, qui seule décide dans chaque cas particulier. Dans l'ordre de l'action, l'autorité suprême appartient à la conscience. De là cette règle de Fichte :

« La loi formelle de la morale, dit-il, est celle-ci : Agis toujours conformément à la conviction de ton devoir (en d'autres termes : Agis toujours suivant ta conscience). Cette règle en comprend deux autres : Cherche d'abord à te convaincre de ce qui est ton devoir dans chaque circonstance ; une fois en possession de ce que tu crois ton devoir, fais-le par cette seule raison que tu es convaincu que c'est ton devoir [2]. »

Le seul critérium pratique possible de la moralité est donc la conviction actuelle, ou la conscience actuelle. Si l'on nous oppose que cette conscience doit s'éclairer en consultant la conscience des autres hommes, nous répondrons que c'est ce qui est déjà compris dans la règle : car c'est ma propre conscience qui me dit qu'il faut consulter la conscience des autres. Et, d'ailleurs, il peut se présenter tel cas où, la conscience d'un homme se sentant moralement supérieure à celle de tous les autres (Socrate, par exemple), il ne peut pas, il ne doit pas la leur sacrifier.

Le principe de la conviction personnelle comme règle suprême du devoir n'exclut nullement cette pratique si recommandée par la religion, et que les philosophes eux-

---

1. Voy. la dissertation de Nicole *sur la Probabilité* (les *Provinciales*, avec les notes de Wendrock).
2. *System der Sittenlehre*, p. 131.

mêmes n'ont pas ignorée, à savoir la *direction de conscience*[1]. Cette pratique est parfaitement conforme à l'expérience et au bon sens. Quoi de plus naturel que les plus sages guident et éclairent ceux qui le sont moins? Chacun de nous est naturellement disposé à se faire illusion à lui-même sur l'état de sa conscience; entraîné et plus ou moins aveuglé par ses passions, l'homme a besoin de se mettre en face d'un spectateur impartial et de généraliser les motifs de ses actions pour en apercevoir la valeur morale. Mais ce spectateur abstrait et invisible est bien froid; il est difficile à évoquer: il faut déjà être supérieur à ses passions et voir clair en soi-même pour être capable de sortir de soi et de se contempler avec un œil désintéressé. N'est-il pas plus efficace de se choisir un spectateur et un juge vivant et parlant, dont la conscience réveille la nôtre, dont l'autorité nous impose, et devant lequel nous craignions de rougir?

Tout cela est vrai; mais la direction de conscience ne doit être, ni chez celui qui l'entreprend ni chez celui qui la recherche, un moyen de débarrasser l'individu de sa propre conscience en y substituant la conscience d'autrui. Toute direction doit avoir pour objet de rendre celui qui y consent capable de se diriger lui-même.

D'un autre côté, la règle: « Obéis à ta conscience, » ne signifie nullement qu'il faille agir à l'aveugle et sans raison; et il est obligatoire pour chacun de faire tous ses efforts pour connaître et choisir son véritable devoir et le distinguer du devoir apparent. Mais, si loin et si profondément que soit porté cet examen, il faut qu'il finisse, car la nécessité de l'action est là: or, à ce dernier moment, l'examen étant épuisé, la réflexion ayant tout dit, quelle peut être, je le demande, la règle d'action? *Fais ce que tu dois*, dira-t-on. — Soit; mais que dois-je? voilà le problème. Que l'on y réfléchisse; on y verra qu'il n'y a pas d'autre

---

[1] Voy. dans les *Moralistes sous l'Empire romain*, de M. C. Martha, l'intéressant chapitre intitulé *Sénèque directeur de conscience*.

règle que celle-ci : « Fais ce que tu *crois devoir faire.* » Ce qui revient à dire : « Obéis à la voix de ta conscience. »

128. Éducation de la conscience. — Quoique chaque homme ne soit tenu d'obéir, dans chaque cas particulier, qu'à sa propre conscience, c'est-à-dire au sentiment actuel qu'il a du bien et du mal; quoique l'on ne doive être jugé que sur cette conscience; en un mot quoiqu'on ne puisse demander à un sauvage ou à un enfant d'avoir la conscience morale d'un adulte ou d'un civilisé, cependant il ne s'ensuit pas qu'il faille laisser chaque homme dans l'état de conscience où il est, sans essayer de le conduire plus haut (et c'est l'affaire de l'éducation). Il ne s'ensuit pas davantage que l'humanité elle-même doive se contenter toujours du même état de conscience, et qu'elle ne doive pas chercher à s'élever de degré en degré à un état supérieur. C'est le propre de l'espèce humaine de purifier et d'étendre continuellement ses conceptions morales.

Le progrès de la conscience dans l'humanité se prouve par le développement de nouvelles idées morales dont l'histoire nous donne la preuve.

C'est ainsi, par exemple, qu'on a vu peu à peu disparaître ou diminuer les préjugés ou vices qui tiennent plus ou moins à l'état de barbarie. C'est ainsi que, le sentiment du respect pour la vie humaine s'étant de plus en plus développé parmi les hommes, sous la double influence de la philosophie et de la religion, on a vu disparaître ou s'affaiblir tout ce qui pouvait porter atteinte à ce principe; c'est ainsi que le cannibalisme, les vendettas, les guerres privées, les sacrifices humains, les tyrannicides, le suicide, le duel, la torture, après avoir été longtemps des pratiques permises et même honorées, ont peu à peu disparu, les unes des mœurs, les autres des opinions. C'est de même que, la vraie idée de la famille s'étant répandue, on a vu soit disparaître, soit se circonscrire dans certains pays, la polygamie, le droit de vie et mort des pères sur les enfants, le droit d'aînesse, etc. Par rapport à la propriété, à mesure que la société a été plus assurée, le pillage et le brigandage, qui à l'origine étaient le privilége des héros, sont devenus le refuge des malfaiteurs ; le droit de propriété a été de plus en plus accessible à tous, et de plus en plus garanti. Par rapport à la liberté personnelle, on a vu disparaître successivement des États civilisés l'esclavage sous toutes ses formes. Par rapport à la religion, on a vu disparaître également les violences et les cruautés exercées contre les consciences au nom de la foi religieuse. Par rapport au droit des gens, le droit de guerre a été réduit au strict nécessaire ; le pillage, le massacre des vaincus, la réduction des prisonniers en esclavage, les moyens odieux de faire la guerre, tels que le poison ; dans la paix, la haine de l'étranger, le droit d'aubaine et tous les restes de l'état barbare ont été successivement ou abandonnés ou flétris. En un mot, le sentiment de la dignité de l'homme et le sentiment de la fraternité humaine se répandant de plus en plus parmi les hommes, on a mieux compris et on comprendra de mieux en mieux les conséquences de ces principes.

Ce qui est vrai de l'humanité en général est vrai de l'individu ; et c'est ce qu'on appelle l'*éducation*. Par l'éducation, la conscience s'élève et s'éclaire, devient de plus en plus sévère et délicate. L'enfant apprend peu à peu à sentir le prix de ce qui lui est d'abord indifférent : la *propreté*, la *pudeur* ; ou de ce qui lui répugne le plus, le *travail* ; il apprend à respecter le bien d'autrui, à modérer la violence de ses instincts, à obéir à une régle, à se respecter lui-même, à chercher le bonheur d'autrui. Il n'y a pas une seule de ces vertus qui ne soit pour lui une conquête et qu'il n'apprenne soit par les livres, soit par les exemples, soit par les leçons du maître, soit par son expérience personnelle, soit enfin par le développement même de la nature, qui souvent n'a pas besoin d'éducation, ou qui même, au sein d'une mauvaise et funeste éducation, trouve d'elle-même, par une sorte d'instinct sacré, ce qui est pur et bien.

129. Le sentiment moral. — Nous venons de voir que

11.

la conscience n'est autre chose que le discernement du bien et du mal dans les actions ; c'est éminemment une faculté *pratique*, c'est-à-dire qu'elle se prononce toujours sur des actions réelles et précises, accomplies par nous-mêmes ou par d'autres et considérées comme présentes. A la conscience se joint le *sentiment*.

Le caractère de perception immédiate et soudaine que possède la conscience morale, et qui ressemble si bien à l'intuition des choses sensibles, a souvent donné lieu de comparer la conscience à un sens, et on l'a appelée, on l'appelle souvent encore le *sens moral*. On dit d'un homme qui n'a pas de moralité, qui ne manifeste ni scrupule ni remords en faisant le mal, qu'il est destitué du sens moral. Il y a, en effet, certains hommes qui, sous ce rapport, paraissent comme des aveugles et des sourds, auxquels tout discernement du bien et du mal semble avoir été refusé par la nature. L'analogie est si juste et si frappante qu'on ne saurait se priver d'une telle expression. Remarquons cependant qu'il y a ici deux choses distinctes, quoique étroitement unies et peut-être inséparables : d'une part, le discernement du bien et du mal, qui est un véritable jugement, c'est-à-dire un acte intellectuel ; de l'autre, les plaisirs ou peines, les émotions ou impulsions qui accompagnent ce jugement. Quoique peut-être à leur racine ces deux ordres de faits puissent se réduire à un seul, ils se distinguent néanmoins dans leur développement ; car nous voyons souvent des hommes d'une conscience droite et sévère doués de peu de sensibilité ; d'autres, au contraire, ont une sensibilité morale très vive et très ardente, mais un jugement incertain et sujet à fléchir dans les circonstances particulières. Nous réserverons le terme de *conscience* pour le discernement de l'esprit, et nous embrasserons sous le terme de *sentiment moral* tous les phénomènes qui naissent de la sensibilité.

Ce qui caractérise toute espèce de sentiments, ce sont les deux phénomènes corrélatifs et opposés du plaisir et de la douleur ; or, il n'y a pas de plaisir et de douleur sans certains mouvements qui nous portent vers les objets ou qui nous en éloignent. Les sentiments moraux sont donc les diverses affections de plaisir et de douleur causées dans l'âme par la présence du bien et du mal et les impulsions qui accompagnent ou qui suivent ces affections.

En conséquence, le *sentiment moral* ou *sentiment du bien* est l'inclination accompagnée de plaisir ou de peine qui nous porte vers le bien ou nous détourne du mal.

On a distingué les sentiments moraux en deux classes, suivant qu'ils se rapportent *à nos propres actions* ou *aux actions d'autrui*.

Relativement à nos propres actions, les sentiments se modifient suivant que l'action est *à faire* ou qu'elle est *faite*. Dans le premier cas, nous éprouvons d'un côté un attrait pour le bien (quand la passion n'est pas assez forte pour l'étouffer), et de l'autre une répugnance ou aversion pour le mal (plus ou moins atténuée selon les circonstances par l'habitude ou par la violence du désir). Ces deux sentiments n'ont pas reçu de l'usage de noms particuliers : c'est le *sentiment du bien* et l'*aversion du mal*.

130. Satisfaction morale, repentir, remords. — Lorsque, au contraire, l'action est accomplie, le plaisir qui en résulte, si nous avons bien agi, est appelé *satisfaction morale*, et si nous avons mal agi, *remords* ou *repentir*.

Le remords est la douleur cuisante, et, comme l'indique le mot, la *morsure*[1] qui torture le cœur après une action coupable. Cette souffrance peut se rencontrer chez ceux-là mêmes qui n'ont aucun regret d'avoir mal fait et qui recommenceraient encore. Il n'a donc aucun caractère moral et doit être considéré comme une sorte de châtiment infligé au crime par la nature elle-même.

Montaigne a peint d'une manière admirable les angoisses et les aiguillons du remords :

Il semblait à cet homme, nous dit-il, en parlant d'un coupable qui se croyait découvert, qu'au travers de son masque et

---

1. Du mot latin *mordeo, remordeo*, mordre à plusieurs reprises.

des croix de sa casaque, on irait lire jusque dans son cœur ses secrètes intentions, tant est merveilleux l'effort de la conscience. Elle nous fait trahir, accuser et combattre nous-mêmes, et, faute de témoins étrangers, elle nous produit contre nous.

Occultum quatiens animo tortore flagellum [1].

Ce conte est en la bouche des enfants : Bessus, Pæonien, reproché d'avoir de gaieté de cœur abattu un nid de moineaux et les avoir tués, disait avoir eu raison, parce que ces oisillons ne cessaient de l'accuser faussement du meurtre de son père. Ce parricide, jusqu'alors, avait été occulte et inconnu ; mais les furies vengeresses de la conscience le firent mettre hors à celui même qui en devait porter la pénitence.

... Quiconque attend la peine, il la souffre, et quiconque l'a méritée, l'attend. La méchanceté fabrique des tourments contre soi, comme la mouche-guêpe pique et offense autrui, mais plus soi-même ; car elle y perd son aiguillon et sa force pour jamais [2].

Montaigne dit encore avec une admirable énergie :

La malice s'empoisonne de son propre venin. Le vice laisse comme un ulcère en la chair, une repentance en l'âme qui toujours s'égratigne et s'ensanglante elle-même.

Le *repentir* est aussi, comme le remords, une souffrance qui naît de la mauvaise action ; mais il s'y joint le *regret* de l'avoir accomplie, et le *désir* (sinon la ferme résolution) de ne plus l'accomplir.

Le repentir est une tristesse de l'âme ; le remords est une torture et une angoisse. Le repentir est déjà presque une vertu ; le remords est un châtiment ; mais l'un conduit à l'autre, et celui qui n'a point de remords ne peut avoir de repentir.

Montaigne n'a pas moins énergiquement peint les joies de la *bonne conscience*.

Il y a, dit-il, je ne sais quelle congratulation de bien faire

---

1. « Elle nous fouette d'un fouet secret, l'âme étant à elle-même son propre bourreau. » (Juvénal, *Sat.* XIII, v. 195.)
2. Montaigne, *Essais*, l. II, ch. v.

qui nous réjouit en nous-mêmes, et une fierté généreuse qui accompagne la bonne conscience. Une âme courageusement vicieuse se peut à l'aventure garnir de sincérité ; mais, de cette complaisance et satisfaction, elle ne s'en peut fournir. Ce n'est pas un léger plaisir de se sentir préservé de la contagion d'un siècle si gâté et de dire en soi : « Qui me verrait jusque dans l'âme, encore ne me trouverait-il coupable ni de l'affliction et ruine de personne, ni de vengeance ou d'envie, ni d'offense publique des lois, ni de nouveauté et de trouble, ni de faute à ma parole... » Ces témoignages de la conscience plaisent, et nous est grand bénéfice que cette esjouissance naturelle, et le seul payement qui jamais ne nous manque [1].

131. Sentiment de l'honneur, honte. — Parmi les sentiments qui sont provoqués par nos propres actions, il y en a deux qui sont les auxiliaires naturels du sentiment moral, ou qui même en sont des parties essentielles : c'est le sentiment de l'*honneur*, ou le sentiment de la *honte*.

La *honte* est le sentiment opposé à celui de l'honneur : c'est ce que nous éprouvons quand nous avons fait quelque action qui nous abaisse, non seulement aux yeux des autres, mais aux nôtres propres. Tout remords est plus ou moins accompagné de honte ; cependant la honte est plus grande pour les actions qui semblent le signe d'une certaine bassesse d'âme. Par exemple, on sera plus honteux d'avoir menti que frappé, d'avoir trompé au jeu que de s'être battu en duel.

Qu'est-ce que l'honneur ? C'est un principe qui nous détermine à faire les actions qui nous relèvent à nos propres yeux et à éviter celles qui nous abaissent. Le principe du devoir commande purement et simplement sans qu'il soit question de nous-mêmes. Le principe de l'honneur nous détermine d'après l'idée de notre grandeur. La vertu ne s'inquiète pas de la grandeur : elle est grande sans le savoir et sans y penser. Quelquefois la vertu exige le sacrifice de la grandeur, et lorsqu'on a failli elle commande l'humiliation [2] ; l'honneur ne va jamais

---

1. Montaigne, *Essais*, l. III, ch. II.
2. Cette expression est peut-être un peu forte : il n'y a jamais humiliation à réparer le mal qu'on a fait ; mais au point de vue du

jusque-là. Souvent même il nous fait sacrifier des devoirs très graves à une idée fausse et exagérée de notre propre grandeur. L'honneur est donc un principe moral très insuffisant et très incomplet... C'est d'ailleurs un principe supérieur au désir de la réputation et même de l'estime : car l'honneur ne demande pas à être approuvé; il a cela de commun avec la vertu, qu'il se contente en lui-même. Il est encore différent du principe de l'amour-propre. L'amour-propre consiste à s'aimer soi-même, grand ou petit, et à prendre plaisir à tous ses avantages. L'honneur consiste à ne faire état que de ce qui est grand, non pas même des grands talents ou des grands avantages de la nature, mais seulement des grands sentiments et des belles actions [1].

La honte, par cela même, n'est pas toujours une mesure exacte de la valeur morale des actions : car pour peu qu'elles aient quelque éclat, l'homme a bien vite fait d'en dépouiller toute honte; c'est ce qui a lieu, par exemple, pour la prodigalité, pour le désordre, pour l'ambition. On fait le mal, non sans remords, mais avec une ostentation qui étouffe le sentiment de la honte.

Indépendamment des sentiments que nous venons d'énumérer et qui sont soit les mobiles, soit les résultats de nos actions, il y a des sentiments qui naissent du jugement que l'homme porte sur lui-même : par exemple, l'estime ou le mépris de soi-même. Mais, comme ces sentiments sont tout à fait du même genre que ceux que nous éprouvons pour les autres hommes, nous les examinerons surtout à ce second point de vue.

132. Sympathie, bienveillance, estime et mépris. — Les différentes formes du sentiment moral dans son rapport aux actions d'autrui sont des nuances délicates, dont la délimitation appartient plus en quelque sorte à la littérature qu'à la science. Ce sont les divers degrés de plaisir ou de peine, d'amour ou de haine, suscités en nous par la vue ou le récit des actions présentes ou passées, et

---

monde, on se croit souvent humilié de reconnaître qu'on a eu tort, de faire des excuses, etc. Et cependant la justice l'exige en certains cas.

1. Ce passage est extrait de notre livre *de la Famille,* vi[e] leçon.

modifiés par les divers jugements que nous portons sur ces mêmes actions. Sympathie, antipathie, bienveillance, estime, mépris, respect, enthousiasme, indignation, telles sont les diverses expressions par lesquelles nous exprimons les divers sentiments de l'âme en présence de la vertu et du vice.

La *sympathie* est la disposition à ressentir les mêmes impressions que les autres hommes : sympathiser avec leur joie, c'est partager cette joie ; sympathiser avec leur douleur, c'est partager cette douleur. Il peut arriver que l'on sympathise avec les défauts des autres hommes, lorsqu'ils sont les mêmes que les nôtres ; mais, en général, les hommes sympathisent surtout avec les bonnes qualités, et n'éprouvent que de l'antipathie pour les mauvaises. Au théâtre, tous les spectateurs, bons ou mauvais, veulent voir la vertu récompensée et le crime puni. Le contraire de la sympathie est l'*antipathie*. La sympathie est un sentiment si voisin du sentiment moral, qu'un ingénieux philosophe écossais, Adam Smith, a fondé sur ce principe un système moral dont nous parlerons plus loin.

La *bienveillance* est la disposition à vouloir du bien aux autres hommes. L'*estime* est une sorte de bienveillance, mêlée de jugement et de réflexion, que nous éprouvons pour ceux qui ont bien agi, s'il ne s'agit surtout que des vertus moyennes et convenables ; s'il s'agit de vertus plus hautes et plus difficiles, l'estime devient du *respect;* s'il s'agit d'héroïsme, le respect se complique d'*admiration* et d'*enthousiasme;* l'admiration est le sentiment d'étonnement que nous fait éprouver tout ce qui est nouveau et grand, et l'enthousiasme est le même sentiment plus passionné et nous enlevant en quelque sorte à nous-mêmes, comme si un dieu était en nous [1]. Le *mépris* est le sentiment d'aversion que nous éprouvons pour celui qui agit mal ; il implique surtout l'idée d'actions basses et honteuses. Lors-

---

1. Le mot *enthousiasme* vient du grec, et signifie « être possédé de Dieu » ou « posséder Dieu en soi ».

qu'il s'agit d'actions condamnables, mais non odieuses, le sentiment que nous éprouvons est celui du *blâme*, qui, comme l'estime, est plus près d'être un jugement qu'un sentiment. Quand il s'agit enfin d'actions criminelles révoltantes, le sentiment qu'elles provoquent est l'*horreur* ou l'*exécration*.

133. Le respect. — Entre ces différents sentiments, il en est un surtout qui mérite d'être particulièrement étudié et dont le philosophe Kant a donné une très belle analyse : c'est le sentiment du respect. Nous reproduirons ici, en les résumant, les principaux résultats de cette analyse.

Le respect, dit Kant[1], s'adresse toujours aux personnes, jamais aux choses. Les choses peuvent exciter en nous de l'inclination et même de l'amour, quand ce sont des animaux (par exemple, des chevaux, des chiens, etc.), ou de la crainte, comme la mer, un volcan, une bête féroce, mais jamais du *respect*. Ce qui ressemble le plus à ce sentiment, c'est l'admiration, et celle-ci, comme affection, est un étonnement que les choses peuvent aussi produire, par exemple les montagnes qui s'élèvent jusqu'au ciel, la grandeur, la multitude et l'éloignement des corps célestes, la force et l'agilité de certains animaux, etc. Mais tout cela n'est point du respect. Un homme peut être un objet d'amour, de crainte ou d'admiration, et même d'étonnement, sans être pour cela un objet de respect. Son enjouement, son courage et sa force, la puissance qu'il doit au rang qu'il occupe parmi les autres peuvent m'inspirer ces sentiments, sans que j'éprouve intérieurement du respect pour sa personne. *Je m'incline devant un grand*, disait Fontenelle, *mais mon esprit ne s'incline pas*. Et moi j'ajouterai : Devant l'humble bourgeois, en qui je vois l'honnêteté du caractère portée à un degré que je ne trouve pas en moi-même, *mon esprit s'incline*, que je le veuille ou non, et si haut que je porte la tête pour lui faire remarquer la supériorité de mon rang. Pourquoi cela ? C'est que son exemple me rappelle une loi qui confond ma présomption, quand je la compare à ma conduite, et dont je ne puis regarder la pratique comme impossible, puisque j'en ai sous les yeux un

---

1. Kant, *Critique de la raison pratique*, trad. franç. de J. Barni, 252.

exemple vivant. Que si j'ai conscience d'être honnête au même degré, le respect subsiste encore. En effet, comme tout ce qui est bon dans l'homme est toujours défectueux, la loi, rendue visible par un exemple, confond toujours mon orgueil; car l'imperfection dont l'homme qui me sert de mesure pourrait bien être entaché, ne m'est pas aussi bien connue que la mienne, et il m'apparaît ainsi sous un jour plus favorable. Le respect est un tribut que nous ne pouvons refuser au mérite, que nous le voulions ou non; nous pouvons bien ne pas le laisser paraître au dehors, mais nous ne saurions nous empêcher de l'éprouver intérieurement.

Le respect est si peu un sentiment de plaisir, qu'on ne s'y livre pas volontiers à l'égard d'un homme. On cherche à trouver quelque chose qui puisse en alléger le fardeau, quelque motif de blâme qui dédommage de l'humiliation causée par l'exemple que l'on a sous les yeux. Les morts mêmes, surtout quand l'exemple qu'ils nous donnent paraît inimitable, ne sont pas toujours à l'abri de cette critique. La loi morale elle-même, malgré son imposante majesté, n'échappe pas à ce penchant que nous avons à nous défendre du respect. Si nous aimons à la rabaisser jusqu'au rang d'une inclination familière, et si nous nous efforçons à ce point d'en faire un précepte favori d'intérêt bien entendu, n'est-ce pas pour nous délivrer de ce terrible respect qui nous rappelle si sévèrement notre propre indignité? Mais, d'un autre côté, le respect est si peu un sentiment de peine, que quand une fois nous avons mis à nos pieds notre présomption, et que nous avons donné à ce sentiment une influence pratique, nous ne pouvons plus nous lasser d'admirer la majesté de la loi morale, et que notre âme croit s'élever elle-même d'autant plus qu'elle voit cette sainte loi plus élevée au-dessus d'elle et de sa fragile nature. De grands talents, joints à une activité non moins grande, peuvent, il est vrai, produire aussi du respect ou du moins un sentiment analogue; cela est même tout à fait convenable, et il semble que l'admiration soit identique ici avec ce sentiment. Mais en y regardant de plus près, on remarquera que, comme il est toujours impossible de faire exactement la part des dispositions naturelles et celle de la culture ou de l'activité personnelle, la raison nous les présente comme le fruit probable de la culture, et, par conséquent, comme un mérite qui rabaisse singulièrement notre présomption et devient pour nous un reproche vivant ou un exemple à suivre autant qu'il est en nous. Ce n'est donc pas seulement de l'admiration que le respect que nous montrons à un homme de talent et qui s'adresse véritablement à la loi que son exemple nous rappelle. Et ce qui le prouve encore, c'est qu'aussitôt que le commun des admirateurs se croit renseigné sur la méchanceté du caractère d'un homme de cette sorte, il renonce à tout sentiment de respect pour sa personne, tandis que celui qui est véritablement instruit continue à éprouver ce sentiment, au moins pour le talent de cet homme, parce qu'il est engagé dans une œuvre et suit une vocation qui lui fait en quelque sorte un devoir d'imiter l'exemple qu'il a devant les yeux.

PROBLÈMES ET EXERCICES PRATIQUES

Distinction entre la **conscience morale** et la **conscience psychologique.**

De l'examen de conscience. — Comment les plus sages peuvent servir à éclairer la conscience des autres sans détruire en eux le sentiment de la responsabilité.

Des cas de conscience. — Que les problèmes que l'on désigne de ce nom sont de moins en moins difficiles à résoudre à mesure que l'on développe davantage en soi le sentiment du devoir.

Les égarements de la conscience : le fanatisme.

Conscience relative et conscience absolue. — Comment la conscience de chaque homme n'est qu'un degré pour s'élever à une conscience supérieure. (Voir notre *Morale*, l. III, ch. 1er, p. 341.)

Les grands exemples de conscience droite. — Aristide, saint Louis, L'Hôpital, Las Cases, Washington.

De l'intention morale. — Réfuter ce sophisme célèbre : *La fin justifie les moyens.* (Voir notre *Morale*, l. III, ch. II.)

CHAPITRE V

LE MÉRITE ET LE DÉMÉRITE. — LA RESPONSABILITÉ MORALE

134. Définition et principes. — On définit généralement le mérite : la qualité en vertu de laquelle un agent moral se rend *digne* d'une récompense ; et le démérite serait, au contraire, en vertu de cette définition, la qualité par laquelle un agent moral se rendrait en quelque sorte *digne* d'une punition. En d'autres termes, le mérite ou le démérite seraient le rapport que l'agent moral peut avoir soit avec la *récompense*, soit avec le *châtiment*.

Je crois que la précision des idées veut que l'on considère l'idée de mérite ou de démérite en elle-même, indépendamment de la récompense ou de la punition.

Pour bien comprendre ces idées, il faut nous rappeler que les objets de la nature ont déjà en eux-mêmes, avant toute action morale, une certaine valeur, proportionnée à l'excellence de leur nature.

Les choses, en effet, se distinguent les unes des autres, comme l'a fait remarquer Malebranche, non seulement par la grandeur ou la quantité, mais encore par la perfection ou la qualité. De là une double série de rapports : *rapports de grandeur*, qui sont l'objet des mathématiques ; *rapports de perfection* ou d'excellence, qui sont l'objet de la morale.

Une bête, dit Malebranche, est plus estimable qu'une pierre et moins estimable qu'un homme, parce qu'il y a un plus grand rapport de perfection de la bête à la pierre que de la pierre à la bête[1], et qu'il y a un moindre rapport de perfection entre la

---

1. Cette pensée est mal exprimée. Malebranche veut dire qu'il y

bête comparée à l'homme, qu'entre l'homme comparé à la bête. Et celui qui voit ces rapports de perfection voit des vérités qui doivent régler son estime, et, par conséquent, cette espèce d'amour que l'estime détermine. Mais celui qui estime plus son cheval que son cocher, ou qui croit qu'une pierre en elle-même est plus estimable qu'une mouche... tombe nécessairement dans l'erreur et dans le dérèglement. (*Morale*, ch. 1er, 23.)

Non seulement les choses ou les êtres ont entre eux certains rapports d'excellence ou de perfection, mais dans un même être les diverses qualités qui le composent ont également des rapports du même genre; c'est ainsi que, dans l'homme, nous trouvons l'âme préférable au corps, le cœur aux sens, la raison à la passion, etc. Il y a donc là une échelle dont les degrés doivent mesurer les degrés de notre estime et, par conséquent, régler nos actions conformément à cette estime.

Chaque être ayant reçu de la nature un certain degré d'excellence, ce qui caractérise l'homme, entre tous les êtres, c'est qu'il est capable, par sa volonté, de s'élever au-dessus du degré d'excellence qu'il a reçu et de s'approcher indéfiniment du plus haut état que l'on peut concevoir dans la nature humaine : de même aussi il peut descendre au-dessous. Dans le premier cas, il gagne en valeur et en excellence; dans le second, il perd et s'abaisse : il sacrifie quelque chose de son prix.

J'appelle *mérite* l'accroissement volontaire de notre excellence intérieure; j'appelle *démérite* la diminution volontaire de cette excellence. C'est une sorte de *hausse* ou de *baisse* morale, pour emprunter une image à la langue financière. Le prix moral de l'homme, sa valeur morale, est, en effet, susceptible, comme les valeurs économiques, de monter ou de descendre, et cela par le seul fait de notre volonté. Celui qui fait le bien gagne en valeur, il a du *mérite :* son action est *méritoire*. Celui qui fait le mal perd son mérite : son action est *déméritante*.

a supériorité de perfection de la bête à la pierre, et une infériorité de perfection de la pierre à la bête.

Le *démérite* n'est pas seulement l'absence du mérite, le non-mérite. L'absence de mérite consiste à ne faire ni bien ni mal, ce qui a lieu dans les actions que l'on appelle indifférentes. Le démérite n'est pas une simple négation, un défaut, un manquement : c'est en quelque sorte ce qu'on appelle, en mathématiques, une quantité négative, laquelle n'est pas un pur rien ; car une *dette* n'est pas seulement un *non-avoir*; une perte n'est pas une *non-acquisition*. Ce sont là des quantités *en moins*. Le démérite est donc un mérite en moins, une perte réelle, une diminution.

Un animal déraisonnable ne pratique aucune vertu, dit Kant, mais cette omission n'est pas un démérite, car il n'a violé aucune loi intérieure : il n'a pas été poussé à une bonne action par un sentiment moral, et le zèle ou l'omission n'est qu'une pure négation. Il n'en est pas de même de l'homme[1].

135. Les peines et les récompenses. — Ayant séparé l'idée de *mérite* et de *démérite* de l'idée de *peines* et de *récompenses*, nous renvoyons l'analyse de ces dernières idées au chapitre qui traite de la SANCTION.

Le mérite et l'obligation. — On a posé quelquefois ce principe que le mérite est en raison inverse de l'obligation, de telle sorte que là où l'obligation serait absolument rigoureuse, par exemple de ne pas voler ou de ne pas tuer, le mérite serait en quelque sorte égal à zéro ; tandis que si l'action est toute de dévouement, le mérite est extrême, précisément parce que le dévouement n'est pas obligatoire. Ainsi, il y aurait deux sortes de bonnes actions, les unes obligatoires, les autres non. Le bien serait accompagné du devoir jusqu'à une certaine limite : au delà il n'y aurait plus de devoir, mais un champ libre ouvert à la vertu et, par conséquent, au mérite. Le *méritoire* s'oppose donc à l'*obligatoire*.

Nous n'admettons pas, quant à nous, cette théorie. Il n'y a pas d'actions obligatoires qui ne soient pas méri-

---

[1]. Kant, *Quantités négatives en philosophie*. (*Mélanges de Logique*, trad. franç. de Tissot, p. 153.)

toires; il n'y a pas d'actions purement méritoires qui ne soient pas obligatoires. Enfin, nous n'admettons pas davantage que le mérite soit en raison inverse de l'obligation.

Est-ce à dire qu'il n'y a pas de degré dans le mérite, et que toutes les actions bonnes soient également méritantes? Non, sans doute; mais ici nous ne connaissons qu'une règle : *le mérite est en raison composée de la difficulté et de l'importance du devoir*. Pourquoi, par exemple, a-t-on très peu de mérite à ne pas s'approprier le bien d'autrui? Parce que l'éducation sur ce point nous a tellement façonnés, que la plupart des hommes n'éprouvent aucune tentation de ce genre, et que, même eût-on une tentation semblable, on aurait honte de revendiquer publiquement le mérite d'y avoir résisté. Pourquoi y a-t-il un grand mérite à sacrifier sa vie au bonheur des autres hommes? Parce que nous avons une très vive attache à la vie et un sentiment relativement très faible d'amour pour les hommes en général. Sacrifier ce que nous aimons beaucoup à ce que nous aimons peu, par une vue de devoir, est évidemment très difficile; c'est pourquoi nous trouvons dans cette action un très grand mérite.

Ce qui prouve que c'est la difficulté, et non pas le plus ou moins d'obligation de l'action qui fait le mérite des actes, c'est qu'une action rigoureusement obligatoire peut avoir le plus haut degré de mérite, si elle est très difficile et si elle coûte beaucoup d'efforts. Par exemple, rien de plus obligatoire que la justice. Rendre à chacun le sien est une des maximes élémentaires de la morale. Cependant, supposez qu'un homme ait joui en toute sûreté de conscience, pendant une longue vie, d'une grande fortune qu'il croit sienne et dont il fait le plus noble usage, et qu'au seuil de la vieillesse il apprenne tout à coup que cette fortune n'est pas à lui. Supposez, pour rendre l'action plus difficile, qu'il le sache seul et puisse par conséquent, en sécurité, la garder, s'il le veut; aggravez la situation en supposant que cette fortune appartient à des héritiers dans la misère, et que ce dépositaire, une fois dépouillé, soit lui-même réduit à la misère. Imaginez enfin toutes les circonstances qui rendent à la fois le devoir et plus strict et plus difficile; vous aurez alors une action tout aussi méritoire que peut l'être le dévouement le plus libre et le moins strictement exigé.

Il est évident aussi que ce n'est pas seulement la difficulté de l'action qui en fait le mérite : c'est encore l'importance du devoir lui-même. Le mérite de la difficulté vaincue n'a pas plus de valeur en morale qu'en poésie, quand il est tout seul. On peut sans doute s'imposer une sorte de gymnastique morale, et, par conséquent, des épreuves très difficiles, quoique inutiles en définitive; mais ce n'est qu'à titre d'épreuves et d'exercices, et non pas comme devoirs; et encore faudra-t-il que ces épreuves aient quelques rapports à la vie à laquelle on est destiné. Par exemple, qu'un missionnaire ou un voyageur appelé à braver toute sa vie tous les climats, tous les dangers, s'y exerce d'avance par des entreprises hardies et téméraires, de telles entreprises sont raisonnables et méritoires. Mais celui qui par bravade, par ostentation, sans aucun but scientifique, s'imposerait de gravir des montagnes inaccessibles, de traverser un bras de mer à la nage, de lutter en public avec des bêtes féroces, etc., accomplirait des actions qui ne seraient pas sans mérite, puisqu'elles seraient courageuses, mais dont le mérite n'équivaudrait pas à celui que nous attribuerions à d'autres actions moins difficiles, mais plus sages.

Deux éléments doivent donc se rencontrer dans l'action pour en constituer le mérite : la *difficulté* et la *valeur intrinsèque*.

Quant au démérite, il est en raison de la gravité des devoirs et de la facilité à les accomplir : c'est pourquoi il est en quelque sorte en raison inverse du mérite. Lorsqu'une action est très méritoire, l'action contraire est très déméritante, et réciproquement.

D'après ces principes, on peut déterminer de la manière suivante l'évaluation des actions morales.

136. Qualification des actions morales. — Les actions humaines se divisent en deux classes : les *bonnes* et les *mauvaises*; c'est une question entre les moralistes de savoir s'il y en a d'*indifférentes*.

Parmi les actions bonnes, les unes sont *belles, héroïques, sublimes*, les autres *convenables, droites* et *honnêtes*; parmi les mauvaises, les unes sont simplement *condamnables*, les autres *honteuses, hideuses, criminelles*; enfin, parmi les indifférentes, les unes sont *agréables* et *permises*; les autres sont *nécessaires* et *inévitables*.

Donnons quelques exemples pour bien faire comprendre ces différents caractères des actions humaines.

Un juge qui rend la justice sans partialité, un marchand qui ne vend sa marchandise que ce qu'elle vaut, un débiteur qui s'exécute régulièrement avec son créancier, un soldat exact à la manœuvre, obéissant à la discipline et fidèle à son poste en temps de paix, un écolier qui fait régulièrement le devoir qui lui a été commandé, toutes ces personnes accomplissent des actions bonnes et louables, mais non extraordinaires. On les approuve, on ne les admire pas. Diriger économiquement sa fortune, ne pas trop accorder aux plaisirs des sens, ne pas mentir, ne pas blesser ou frapper nos semblables, sont autant d'actions bonnes, droites, convenables, dignes d'estime, non d'admiration.

A mesure que les actions deviennent plus difficiles, elles deviennent plus belles; et, si elles sont très difficiles, on les appelle héroïques et sublimes, pourvu d'ailleurs qu'elles soient bonnes : car on emploie quelquefois l'héroïsme à faire le mal. Celui qui, comme de Harlay, dit en face à un usurpateur tout-puissant : « C'est grand'pitié quand le valet chasse le maître; » celui qui, comme le vicomte d'Orthez, répond à Charles IX après la Saint-Barthélemy : « Mes soldats ne sont pas des bourreaux; » celui qui, comme Boissy d'Anglas, maintient d'une manière ferme et inébranlable le droit d'une assemblée en face des violences sanguinaires d'une populace ameutée; celui qui, comme Morus ou Dubourg, aime mieux mourir que de sacrifier sa foi; celui qui, comme Colomb, brave un océan inconnu et la révolte d'une troupe grossière et superstitieuse pour obéir à une conviction généreuse; celui qui, comme Alexandre, croit assez à l'amitié pour recevoir des mains de son médecin une boisson que l'on dit empoisonnée; tout homme qui se dévoue pour ses semblables, qui, dans le feu, dans l'eau, dans les profondeurs de la terre, brave la mort pour sauver leur vie; qui, pour répandre la vérité, pour rester fidèle à la foi, pour servir ou la religion, ou la science, ou l'humanité, ne recule pas devant la faim, la soif, la misère, l'esclavage, les tortures ou la mort, est un *héros*.

Épictète, le célèbre stoïcien, était esclave. Son maître, pour une négligence, le fit frapper : « Vous allez me casser la jambe, » dit-il ; ce fut ce qui arriva. « Je vous avais bien dit que vous la casseriez, » reprit paisiblement l'esclave. Voilà un héros. Jeanne d'Arc, vaincue, prisonnière, menacée du feu, disait en face à ses bourreaux : « Je sais bien que les Anglais me feront mourir; mais fussent-ils cent mille *goddem*, ils n'auront pas ce royaume. » Voilà une héroïne.

Les actions mauvaises ont également leurs degrés. Mais ici il est assez digne de remarque que les plus détestables sont celles qui s'opposent aux actions simplement bonnes; au contraire, une action qui n'est pas héroïque n'est pas pour cela nécessairement mauvaise ; et quand elle est mauvaise, elle n'est pas ce qu'il y a de plus criminel. Quelques exemples sont encore nécessaires pour comprendre ces nuances, dont tout le monde a le sentiment et que l'on reconnaît très bien dans la pratique, mais qui sont assez difficiles à analyser théoriquement.

Être respectueux, par exemple, envers ses parents, est une action bonne et honnête, mais non héroïque. Au contraire, les frapper, les insulter, les tuer, sont des actions abominables, du nombre des plus basses et des plus hideuses que l'on puisse commettre. Aimer ses amis, leur rendre les services que l'on peut, est le fait d'une âme droite et bien douée ; mais cela n'a rien de sublime. Au contraire, trahir l'amitié, calomnier ceux qui nous aiment, mentir pour s'insinuer auprès d'eux, leur surprendre leurs secrets pour s'en servir contre eux, sont des actions noires, basses et honteuses. On ne se fait guère de mérite de ne pas prendre le bien d'autrui ; le vol, au contraire, est ce qu'il y a de plus méprisable. Réciproquement, faiblir devant l'adversité, reculer devant la mort, ne pas affronter les glaces du pôle nord, rester chez soi quand l'incendie ou l'inondation menace nos frères, sont ou peuvent être des actions plates ou vulgaires, mais ce ne sont pas toujours des actions criminelles. Ajoutons cependant qu'il est des cas où le dévouement est obligatoire et où il est presque criminel de ne pas être héroïque. Un capitaine de vaisseau qui a mis son navire en péril et qui ne reste pas à son poste pour le sauver ; un général qui ne sait pas mourir, s'il le faut, à la tête de son armée ; un chef d'État qui, en temps de révolte ou quand la patrie est menacée, craint la mort ; un président d'assemblée qui fuit devant l'émeute, un médecin qui fuit devant l'épidémie, un magistrat qui trahit la justice par peur, commettent des actions vraiment coupables. Chaque état a son héroïsme qui devient obligatoire dans un cas donné. Néanmoins, il sera toujours vrai de dire que plus une action est facile, moins il est excusable, et par conséquent plus il est odieux de s'en affranchir.

Outre les actions bonnes et les actions mauvaises, il en est d'autres qui paraissent n'avoir ni l'un ni l'autre de ces deux caractères, ne sont ni mauvaises ni bonnes, et sont appelées pour cela indifférentes. Par exemple, aller se promener est une action qui, considérée en elle-même, n'est ni bonne ni mauvaise, quoiqu'elle puisse revêtir l'un ou l'autre caractère selon les circonstances. Dormir, veiller, se nourrir, prendre de l'exercice, causer avec ses amis, lire un livre agréable, faire de la musique, sont des actions qui n'ont certainement rien de mauvais, et que l'on ne citera pas néanmoins comme modèles de bonnes actions. On ne dira pas : Un tel est fort honnête homme, car il joue bien du violon; un tel est sage, parce qu'il a un bon appétit. A plus forte raison s'il s'agit d'actions qui sont absolument nécessaires, comme l'acte de respirer et de dormir. Les actions qui tiennent aux nécessités mêmes de notre existence échappent par là à tout caractère moral, elles sont chez nous ce qu'elles sont chez les animaux ou chez les plantes, des actions purement naturelles. Il en est d'autres qui ne sont pas nécessaires, mais simplement agréables, et que nous faisons parce qu'elles s'accommodent avec nos désirs et avec nos goûts. Il suffit qu'elles ne soient pas contraires au bien pour qu'on ne puisse pas dire qu'elles sont mauvaises; mais il ne s'ensuit pas qu'elles soient bonnes : et c'est ce qu'on appelle les actions indifférentes.

Telle est du moins l'apparence des choses : car, à un point de vue plus élevé, les moralistes n'ont pas eu tort de dire qu'il n'y a pas d'action absolument indifférente, et que toutes, à quelque degré, sont bonnes ou mauvaises, suivant la pensée dans laquelle on les accomplit.

137. De l'imputation morale. — L'homme, étant libre, est par là même *responsable* de ses actions: elles sont *imputables*. Ces deux expressions ont à peu près la même signification; seulement, la responsabilité se dit de l'agent, et l'imputabilité s'applique aux actions.

Le terme d'« imputer », dit Burlamaqui, est pris de l'arithmétique; il signifie proprement mettre une somme sur le compte de quelqu'un. Imputer une action à quelqu'un, c'est donc la lui attribuer comme à son véritable auteur, la mettre pour ainsi dire sur son compte et l'en rendre responsable.

Le même Burlamaqui distingue l'*imputabilité* de l'*imputation*. La première est une qualité générale des actions; la seconde est l'acte par lequel nous jugeons que telle ou telle action doit être actuellement imputée à son auteur, ce qui dépend de beaucoup de circonstances. Nous allons indiquer, d'après le même auteur, les principales circonstances qui, changeant les conditions de responsabilité dans l'agent, modifient le jugement d'imputation [1].

Les deux conditions fondamentales de la responsabilité morale sont, avons-nous dit : 1° la connaissance du bien et du mal ; 2° la liberté d'action. En conséquence, lorsque ces deux conditions varieront, la responsabilité variera, et dans la même proportion. Il suit de là que :

1° L'idiotisme, la folie, le délire en cas de maladie, détruisant presque toujours à la fois les deux conditions de la responsabilité, à savoir le discernement et le libre arbitre, ôtent par là même tout caractère moral aux actions commises dans ces différents états : elles ne sont pas de nature à être imputées à l'agent. Cependant, certains fous, n'étant pas tout à fait fous, peuvent conserver dans leurs états lucides quelque part de responsabilité. Seulement, il est juste que la loi étende autant que possible l'immunité accordée à la démence ; car on ne peut jamais savoir exactement jusqu'à quel point la partie saine de l'entendement a été affectée par la partie malade. De même, le sommeil et le somnambulisme sont en général des causes d'irresponsabilité. Cependant telle action qui serait le résultat de mauvaises pensées conçues pendant la veille, n'échapperait pas à toute imputation ; par exemple, celui qui aurait longtemps pensé à la mort de son ennemi et qui irait le tuer dans un accès de somnambulisme, ne pourrait pas se considérer comme entièrement innocent de cette action.

2° L'ivresse peut-elle être considérée comme une cause d'irresponsabilité ? Non, sans doute ; car, d'une part, on est responsable du fait même de l'ivresse ; de l'autre, on sait qu'en se mettant dans un pareil état on s'expose à toutes les suites, et par conséquent on les accepte implicitement. Par exemple, celui qui se met en état d'ivresse consent d'avance à toutes les actions basses et grossières

---

1. Burlamaqui, *Principes du droit de la nature,* ch. III et XI.

qui sont inséparables de cet état. Quant aux actions violentes et dangereuses qui en peuvent résulter accidentellement, comme les coups et les meurtres qui naissent de querelles, on ne doit pas sans doute les imputer à l'homme ivre avec la même sévérité qu'à l'homme sain : car certainement il ne les a pas voulues explicitement en se mettant en état d'ivresse ; mais il n'en est pas non plus innocent, car il savait que c'était l'une des conséquences possibles de cet état. Pour celui qui se met volontairement en état d'ivresse dans l'intention expresse de commettre un crime et afin de se donner du courage, il est bien évident que, bien loin de diminuer par là sa part de responsabilité dans l'action, il l'augmente au contraire, puisqu'il fait des efforts pour écarter violemment tous les scrupules ou les hésitations qui auraient pu arrêter le crime.

3° « A l'impossible nul n'est tenu. » D'après ce principe, il est évident que l'on n'est pas responsable d'une action si l'on a été dans l'impuissance absolue de l'accomplir. Ainsi, on ne peut en vouloir à un paralytique, à un enfant, à un malade, de ne pas prendre les armes pour défendre la patrie. Cependant, il ne faut pas s'être mis volontairement dans l'impossibilité d'agir, comme feraient, par exemple, ce qui arrivait souvent à Rome, ceux qui se coupaient le pouce pour ne pas porter les armes. De même le débiteur qui, par des circonstances indépendantes de sa volonté (incendie, naufrage, épidémie), est mis hors d'état d'acquitter ses obligations, est excusable ; mais s'il s'est engagé sachant qu'il serait dans l'impuissance de s'acquitter, il est évident que cette impuissance ne serait pas une excuse.

4° Les qualités naturelles ou les défectuosités de l'esprit et du corps ne peuvent être imputées à personne ni en bien ni en mal. « Qui ferait des reproches à un homme, dit Aristote, parce qu'il est aveugle de naissance ou parce qu'il l'est devenu à la suite d'une maladie ou d'un coup ? » Ainsi des défauts de l'esprit : nul n'est responsable de n'avoir pas de mémoire ou d'avoir peu d'esprit. Cependant, comme ces défauts peuvent se corriger par l'exercice, on est plus ou moins responsable de ne pas faire d'efforts pour y remédier. Quant aux défauts ou difformités qui résulteraient de notre faute, par exemple de nos passions, il est évident qu'ils peuvent nous être imputés à juste titre. Les qualités naturelles ne sont pas davantage imputables à la personne. Ainsi, on ne doit faire honneur à personne de sa force physique, de sa santé, de sa beauté, ou même de son esprit; et personne ne doit se vanter ou se faire honneur à soi-même de tels avantages. Cependant, celui qui, par une vie sage et laborieuse, a réussi à conserver ou à développer sa force physique, ou qui, par ses efforts de volonté, a cultivé et perfectionné son esprit, mérite des éloges; et c'est ainsi qu'indirectement les avantages physiques et moraux peuvent devenir matière légitime à l'imputation morale.

5° « Les effets des causes extérieures et les événements, quels qu'ils soient, ne sauraient être attribués à quelqu'un, ni en bien ni en mal, qu'autant qu'il pouvait et devait les produire, les empêcher ou les diriger, et qu'il a été soigneux ou négligent à leur égard. » Ainsi, on met sur le compte d'un laboureur une bonne ou mauvaise récolte, selon qu'il a bien ou mal cultivé les terres dont il est chargé.

6° Les cas précédents n'offrent aucune difficulté, et les maximes que nous avons données ne sont guère que des maximes de sens commun. La difficulté commence lorsqu'il s'agit d'actions commises par erreur ou par ignorance. L'erreur et l'ignorance sont-elles des causes d'excuse? Oui et non, selon les circonstances. On est généralement d'accord, par exemple, que l'ignorance invincible et involontaire est une excuse valable[1]. Ainsi, le sauvage qui n'a jamais connu d'autres mœurs et d'autres habitudes que celles de ses ancêtres, et à qui on n'a jamais parlé d'une autre morale, si l'on suppose d'ailleurs que sa conscience

---

1. Voy. plus haut *la Conscience*.

ne lui dit rien, ne peut être considéré comme responsable des erreurs qu'il commet par suite d'une telle ignorance. La femme indienne qui se brûle sur le bûcher de son mari fait certainement une action très déraisonnable; mais comme on lui a appris que c'était là pour elle un devoir et qu'elle ne soupçonne pas une autre vérité que celle-là, elle est excusable et même louable d'obéir à une loi cruelle dont rien ne l'avertit de se défier. Il n'en est pas de même de l'ignorance volontaire, comme serait celle du juge qui ne se serait pas donné la peine d'étudier les lois qu'il est chargé d'appliquer. Dans l'ordre civil, on admet comme une maxime nécessaire que « nul n'est censé ignorer la loi », quoique, en fait, les lois ne soient guère connues que de ceux qui en font leur état. Mais pour ce qui est des lois criminelles, la conscience suffit pour apprendre à chaque homme ce qu'il est défendu de faire; il n'est guère nécessaire d'apprendre le code pour cela. Quant aux lois civiles, chacun, selon qu'il y a intérêt, prend connaissance des lois qui le regardent personnellement. Cette maxime est une convention nécessaire au maintien de l'ordre social; mais dans l'ordre purement moral personne ne doit être réellement jugé que sur la connaissance actuelle qu'il a de la loi. Cependant, comme il est trop facile d'abuser de ce principe, à savoir que l'ignorance excuse, il ne faut s'en servir qu'avec une certaine circonspection, surtout par rapport à nous-mêmes; et même, quoique la fraternité humaine nous autorise à l'appliquer aux autres le plus souvent qu'il sera possible, il faut encore que cette indulgence ne dégénère pas en molle complaisance pour le mal.

Il en est de même des actes accomplis sans intention.

Par exemple, dit Aristote[1], on peut, en voulant montrer le mécanisme d'une machine, la faire partir sans intention, comme celui qui laisserait partir le trait d'une catapulte. Dans d'autres cas, on peut, comme Mérope, prendre son propre fils pour un ennemi mortel, croire qu'une lame pointue a le fer émoussé,

---

1. *Eth. Nic.*, l. III, ch. II, t. VI.

prendre une pierre de taille pour une pierre ponce, tuer quelqu'un d'un coup en voulant le défendre, ou lui faire quelque grave blessure en voulant lui démontrer quelque tour d'adresse, ainsi que font les lutteurs quand ils préludent à leurs combats.

7° Une autre difficulté souvent débattue par les moralistes et les criminalistes est de savoir si l'on est responsable des actions imposées par la contrainte : en principe, il est de toute évidence que l'on ne peut imputer que les actions libres : les actions forcées ou contraintes ne sont pas imputables. Mais la difficulté n'est que reculée, et il s'agit de savoir dans quel cas il y a contrainte. Si la contrainte est toute physique, au point que la force matérielle seule ait déterminé l'action, il est évident que l'action est absolument irréprochable. « En ce cas, dit Burlamaqui, l'auteur de la violence est la vraie et la seule cause de l'action, lui seul en est responsable ; et l'agent immédiat étant purement passif, le fait ne peut pas plus lui être imputé qu'à l'épée, au bâton ou à tout autre instrument dont on se servirait pour frapper. » Mais si la contrainte, au lieu d'être matérielle, n'est que morale ; si elle est, par exemple, la menace d'un très grand mal, l'action ne peut pas être considérée comme tout à fait involontaire : car la volonté peut toujours résister à la violence, ou du moins la subir sans y céder. Sans doute, à mesure que le mal dont on est menacé est plus grand, l'action devient plus difficile, et par conséquent plus grande et plus héroïque si on l'accomplit, plus excusable si elle s'égare. Mais il n'y a là qu'un degré d'atténuation et non une justification. La présence même de la mort ne peut pas justifier l'accomplissement d'une injustice. Ainsi celui qui, dans la Révolution française, votait contre sa conscience pour échapper à l'échafaud, était responsable de ses actes ; et il y a de tels cas où il faut subir la mort plutôt que d'accomplir une lâcheté. Par exemple, un soldat ne serait pas excusable de s'enfuir du champ de bataille sous prétexte qu'il a eu peur de la mort. Et il y a des cas semblables dans la vie civile. Le martyre est un devoir pour ceux qui ont la foi, et l'on pourrait justement reprocher à un croyant de n'avoir pas su mourir plutôt que de laisser humilier en lui la foi et la vérité.

Parmi les actions extorquées par la force, Burlamaqui distingue entre celles qui sont absolument mauvaises et que la force ne peut excuser, et celles qui, étant indifférentes en elles-mêmes, ne peuvent être imputées : et il cite, par exemple, les promesses et les conventions forcées. Mais on ne peut dire qu'une promesse soit une action absolument indifférente : car en promettant ce que vous comptez ne pas tenir, vous employez la parole pour déguiser votre pensée ; par conséquent il y a là un véritable mensonge, sans parler de l'abaissement qui consiste à céder devant la force. Sans doute on doit reconnaître que de telles promesses ne sont pas obligatoires; mais il n'est pas vrai qu'elles soient innocentes. Tout ce qu'on peut dire, en thèse générale, c'est qu'à mesure que le devoir est plus difficile à accomplir, l'accomplissement est plus héroïque et plus sublime, et la contravention moins condamnable. En un mot, l'appréciation dépend des circonstances ; mais ce qui est certain, c'est qu'il n'y a que la violence physique qui excuse d'une manière absolue. Le poète latin n'hésite pas à dire qu'il faut préférer la mort à un faux témoignage et ne pas sacrifier l'honneur à la vie [1].

Une dernière question est celle de la responsabilité que l'homme peut avoir dans les actions d'autrui. En principe, sans doute, tout homme n'est responsable que de ses propres actions. Mais les actions humaines sont tellement liées les unes aux autres, qu'il est bien rare que nous n'ayons pas quelque part, directe ou indirecte, dans la conduite des autres hommes. Par exemple : 1° on est respon-

---

[1]. Summum crede nefas animam præferre pudori
Et propter vitam vivendi perdere causas.
(Juvén., *Sat.* viii, v. 88.)

« Considérez comme le dernier des crimes de préférer la vie à l'honneur, et, pour l'amour de vivre, de sacrifier tout ce qui vaut la peine de vivre. »

sable dans une certaine mesure de la conduite de ceux qui nous sont soumis : un père de ses enfants, un maître de ses serviteurs et, dans une certaine mesure, un patron de ses ouvriers ; 2° on est responsable des actions qu'on aurait pu empêcher, lorsque par négligence ou paresse on ne l'a pas fait. Par exemple : si vous voyez un homme près de se tuer et que vous ne fassiez aucun effort pour l'en empêcher, vous n'êtes pas innocent de sa mort, à moins, bien entendu, que vous n'ayez pas deviné ce qu'il allait faire ; 3° vous êtes responsable de l'action d'autrui lorsque vous y avez coopéré soit par vos instigations, soit même par une simple approbation.

Lorsqu'une même action est accomplie en commun, la responsabilité est appelée *collective*, et elle se partage entre les coopérants d'après la mesure de leur coopération. On distingue trois espèces de causes diverses dans une action commune : la *cause principale*, la *cause subalterne* et les *causes collatérales*. La cause principale est la vraie cause efficiente : c'est elle qui commande l'action ou l'exécute elle-même pour la plus grande part. Tel est le chef d'un complot, soit qu'il se soit contenté de le concevoir ou d'en combiner toutes les machines, soit qu'il se mette à la tête de l'exécution. Un prince, qui ne peut pas exécuter par lui-même toutes les actions qu'il ordonne, n'en est pas moins la cause principale. « David fut la cause principale de la mort d'Urie, quoique Joab y eût contribué, connaissant bien l'intention du roi. » Joab était précisément dans cette circonstance la *cause subalterne*, c'est-à-dire l'agent qui exécute d'après un ordre supérieur. De même, dans l'*Andromaque* de Racine, Hermione est la cause principale et Oreste la cause subalterne. La responsabilité de l'agent subalterne est moindre évidemment que celle de l'agent principal ; mais elle est réelle, néanmoins, et varie en raison de la part plus ou moins importante de l'agent secondaire à l'action totale. Mais il faut évidemment, pour être responsable, que l'agent subalterne ait agi sciemment ; autrement, il n'est qu'un *instrument*. Enfin, la cause collatérale est celle qui concourt à l'action sans l'exécuter immédiatement : par exemple, le recéleur d'un vol, celui qui fournit l'argent d'un complot, etc. De ces distinctions fort justes, mais qu'il ne faut pas pousser trop loin pour ne pas tomber dans la subtilité, Burlamaqui déduit la règle suivante : « Toutes choses égales d'ailleurs, dit-il, les causes collatérales doivent être traitées également; mais les causes principales méritent en général plus de louange ou de blâme, et un plus haut degré de récompense ou de peine que les causes subalternes. »

PROBLÈMES ET EXERCICES PRATIQUES

Le mérite et le démérite dans les grands hommes de l'histoire. — Lectures ou analyses de Plutarque; apprécier moralement Thémistocle, Alcibiade, les Gracques, Pompée, César, Cicéron, etc.; et chez les modernes, Henri IV, Richelieu, Napoléon, La Fayette, etc. Analyses biographiques faites à ce point de vue.

Le mérite et le démérite dans les actions les plus ordinaires de la vie. — Les médisances, les rivalités, le prêt, le don, l'obéissance, l'oubli de soi-même. Prendre pour exemples les faits les plus communs.

Circonstances externes qui font varier le mérite et le démérite de l'action : enfance, éducation, misère, péril public, profession, etc.

La responsabilité des aliénés variable suivant les cas. — Le somnambulisme, la monomanie, le délire des actes, etc. (Voir *Annales médico-psychologiques*, discussion sur ce sujet, 1866.)

La responsabilité civile et la responsabilité politique. — En quoi elles diffèrent de la responsabilité criminelle.

CHAPITRE VI

LES FINS DE LA VIE HUMAINE : LE BONHEUR, L'UTILITÉ, LE DEVOIR; PLATON, LES STOÏCIENS, KANT.

138. Analyse de l'action morale. — Dans toute action marquée des caractères de la moralité, il y a trois *éléments* distincts à considérer : 1° le *but* de l'action, qui est ce qu'on appelle le *bien*; 2° la *loi* de l'action, qui est ce qu'on appelle le *devoir*; 3° la *cause* de l'action, ou l'*agent moral*, lequel revêt cette qualité grâce à une double condition : *a*) pouvoir connaître et distinguer le bien et le mal ; c'est ce qu'on appelle *conscience morale* et *sentiment moral*; *b*) pouvoir faire le bien ou le mal à son choix ; et c'est ce qu'on appelle la *liberté*. Ces deux conditions ont été étudiées plus haut.

139. Le bien. — Tous les hommes, avons-nous dit, distinguent instinctivement le bien du mal. Qu'est-ce donc que le *bien* ?

Le bien, c'est le *perfectionnement de soi-même*, et comme ce perfectionnement n'atteint jamais sa dernière limite, cette dernière limite vers laquelle nous pouvons tendre toujours sans l'atteindre jamais, c'est la *perfection*.

140. La perfection. Échelle de perfections. — La perfection absolue est en Dieu seul; mais les créatures ont plus ou moins de perfection, suivant que nous trouvons en elles plus ou moins de *qualités*, ou des qualités plus ou moins *intenses*. Il n'est pas douteux, par exemple, que nous ne trouvions plus de perfection dans une plante que dans une pierre, dans un animal que dans une plante, dans un homme que dans un animal. Cela vient de ce que chacun de ces êtres a des qualités qui manquent aux précédents. La plante a la *vie* que n'ont pas les pierres; les animaux ont la *sensibilité* que n'ont pas les plantes; l'homme a la *raison* et la *liberté* que n'ont pas les animaux. Chacune de ces qualités est susceptible de degrés. La vie d'un chêne est bien autrement riche, variée, intense, que celle des mousses. La sensibilité du cheval ou du chien est plus vive, plus noble, plus près de l'intelligence que celle de l'huître. La raison et la liberté sont plus éclairées, plus développées, plus sûres d'elles-mêmes dans l'homme que dans l'enfant, dans le civilisé que dans le sauvage.

Nous nous formons donc ainsi des degrés et une échelle d'après laquelle nous estimons les choses, et nous les déclarons *supérieures* et *inférieures*. C'est ainsi que nous pouvons dire avec Pascal : « L'homme est un roseau, le plus faible de la nature; mais c'est un *roseau pensant*. Lors même que l'univers l'écraserait, il serait encore plus *noble* que ce qui le tue. » Il y a donc certains attributs auxquels nous attribuons plus de noblesse. De ce genre sont la pensée, le sentiment et la liberté, qui constituent la *dignité* de l'homme.

L'homme, se jugeant ainsi supérieur aux autres créatures par certains attributs, se doit à lui-même de *conserver* ou de *développer* ces attributs; et c'est ce qu'on appelle le *bien*.

141. Le bien et les différents devoirs. — L'explication précédente rend parfaitement compte des devoirs que l'homme a envers lui-même, et qui se résument tous, en effet, dans le respect et le développement des facultés que la Providence a mises en lui. Tel est le devoir de cultiver son esprit, de fortifier sa volonté, d'élever son cœur. Mais peut-on appliquer le même point de vue aux devoirs que nous avons envers les autres hommes? Oui, sans doute, ces devoirs s'expliquent encore par le même principe. En effet, c'est encore un des attributs propres à l'homme d'être capable de *société;* quoiqu'il y ait un grand nombre d'animaux qui vivent en *troupes*, ce qui d'ailleurs est, même chez eux, un attribut déjà admirable et souvent admiré (castors, abeilles, fourmis), cependant il n'y a pas à comparer, pour la grandeur des résultats, la société des animaux à celle des hommes. De la société, en effet, naissent, parmi les hommes, les sciences, les arts, la religion, l'amitié, la patrie, la culture des terres, etc., en un mot un ensemble immense de faits que l'on appelle la *civilisation*. Ces faits sont dus à la société, à la société seule ; et chacun de nous en particulier doit la plus grande part de ce qu'il est à ce travail social dont il a reçu l'empreinte par l'éducation. Ses facultés ne sont que ce que les fait la société : en dehors d'elle, il ne serait qu'un animal, comme l'a prouvé l'exemple de quelques individus perdus dans les bois dans l'enfance, et qu'on a retrouvés, à l'âge adulte, sans aucune trace de facultés humaines et entièrement réduits à l'état animal. L'homme doit donc autant à la société qu'à lui-même, et ne peut travailler à sa propre perfection qu'en travaillant à la perfection de la société elle-même, c'est-à-dire en respectant et en développant chez les autres comme chez lui-même les attributs propres à l'humanité. C'est donc toujours la perfection de la nature humaine qui doit être son but et que la Providence lui a en quelque sorte proposée comme un modèle qu'il est chargé de réaliser.

142. Le bien moral et le bien physique. — On donne souvent au mot de bien un sens plus étendu que celui que nous venons d'indiquer : on désigne par là non seulement ce qui nous *perfectionne* et nous *élève*, mais encore tout ce qui nous est *avantageux* ou *agréable*. La première espèce de bien s'appelle le *bien moral;* les deux autres peuvent être réunies sous le titre de *bien physique* ou de *bien naturel*. Quelques langues même ont deux mots différents pour désigner ces deux espèces de *biens*. Il en est de même du mal, qui peut se ramener aussi à deux classes : le mal *moral* (le mensonge, l'ingratitude, etc.), et le mal *physique* (la maladie, la pauvreté, la mort).

Un philosophe écossais, Hutcheson, a bien montré par des exemples sensibles la différence du bien naturel et du bien moral, du mal naturel et du mal moral.

Si le bien moral ne se distinguait pas du bien naturel, nous aurions, dit cet auteur, les mêmes sentiments et les mêmes affections pour un champ fertile ou pour une maison commode que pour un ami généreux ; nous n'admirerions pas plus une personne qui a vécu dans un pays ou dans un siècle éloigné du nôtre, et dont l'influence ne saurait s'étendre jusqu'à nous, que nous n'aimons les montagnes du Pérou, tant que nous ne sommes point intéressés dans le commerce d'Espagne. Nous aurions les mêmes inclinations pour les êtres inanimés que pour ceux qui sont raisonnables...

C'est ce qu'on peut voir encore par les idées que nous avons du mal qu'un agent raisonnable nous fait à dessein. Le sentiment qu'on a du bien et du mal naturels devrait nous faire recevoir un affront, un soufflet, une injure de la part d'un voisin, une friponnerie de la part d'un associé ou d'un dépositaire avec le même sang-froid et la même tranquillité que nous cause la chute d'une tuile, d'une poutre ou d'une tempête. L'infamie, la trahison et la cruauté devraient faire la même impression que la brume, le serein ou une inondation.

143. Bien relatif; bien absolu. — Cependant, quelque différence qu'il faille établir entre le bien naturel et le bien moral, il n'y a pas moins entre eux quelque chose de commun : c'est que ce qui tend à conserver, à développer la nature humaine est un bien ; tout ce qui tend à la détruire est un mal. Par exemple, la santé n'est certainement pas par elle-même une vertu ; mais comme elle est une condition presque nécessaire de l'exercice de toutes les vertus, elle n'en est pas moins un bien. En effet, sans la santé, comment se livrer au travail? Sans le travail, comment développer nos facultés, comment élever notre famille, comment contribuer au bien-être de la société? C'est pourquoi les plus sages parmi les anciens ne craignaient pas de dire que la santé est un bien. Le plaisir lui-même, s'il est, comme nous l'avons vu un peu plus haut, le résultat d'une activité saine et la condition même du développement de cette activité, est encore un bien, puisqu'il favorise et contribue à accroître nos facultés. On sait, en effet, qu'un excès de douleur paralyse tous nos efforts et nous rend incapables de tout travail utile envers nous-mêmes ou envers les autres.

Mais s'il est vrai de dire que ce n'est pas sans raison que le sens commun donne le même nom à des choses très différentes, cependant il n'en est pas moins vrai qu'il y a lieu de distinguer deux sortes de biens : les biens *relatifs* et les biens *absolus* ; les uns, qui ne sont appelés biens que parce qu'ils sont les *conditions* d'autres biens qui leur sont supérieurs ; les autres, qui sont bien *par eux-mêmes* et par leur nature propre. Les uns sont des *moyens*, les autres sont des *fins*. C'est aux premiers que l'on peut donner le nom générique de *bien physique* (richesse, santé, bien-être) ; ce sont les autres que l'on peut appeler le *bien moral* (sincérité, dévouement, justice).

Les anciens philosophes donnaient deux caractères pour distinguer ces biens supérieurs des biens relatifs et subordonnés :

1° Ces biens doivent être recherchés *pour eux-mêmes*, et non pour autre chose : ce qui est le contraire des biens relatifs. Ainsi, par exemple, on peut rechercher la richesse pour pratiquer la bienfaisance ; mais on ne doit point pratiquer la bienfaisance dans l'espoir d'augmenter ses richesses. La richesse doit être recherchée comme un moyen, la bienfaisance comme une fin ; la richesse pour autre chose, la bienfaisance pour elle-même.

2° Ces biens supérieurs *ne dépendent que de nous*, tandis que les autres n'en dépendent pas. Il ne dépend pas de nous (d'une manière absolue) d'être riches ou pauvres, malades ou bien portants, puissants ou misérables. Mais il dépend de nous d'être justes, bons, sincères, résignés. C'est ainsi que, suivant les stoïciens, on pouvait toujours être libre dans l'esclavage, riche dans la pauvreté, heureux dans la misère, en détournant sa pensée et ses désirs des choses qui ne dépendent pas de nous.

144. Les biens extérieurs ; les biens du corps ; les biens de l'âme. — D'après les principes précédents, les anciens distinguaient trois espèces de biens : les *biens extérieurs,* les *biens du corps* et les *biens de l'âme.*

Les biens extérieurs sont toutes les choses matérielles que nous pouvons nous approprier, ou dont nous pouvons jouir pour apaiser nos besoins. Ces sortes de biens, dans une certaine mesure, sont absolument nécessaires pour la conservation de notre corps (aliment, vêtement, habitation, etc.). C'est la base matérielle de notre vie corporelle, qui elle-même est la base matérielle de notre vie intellectuelle et morale. Les biens extérieurs ne sont que des biens relatifs ; mais à ce titre on ne peut les écarter du rang des biens. C'est pourquoi, même au point de vue de la morale, ils ne sont pas méprisables : par exemple, la dissipation irréfléchie de ces biens, le désordre dans leur emploi, et même un excès de privation, s'il est volontaire, peuvent être blâmables ; et par conséquent, au contraire, une recherche modérée de ces biens, leur juste emploi, une jouissance sobre et délicate, etc., sont permis à ceux qui en ont le goût, et presque ordonnés à ceux qui ne l'ont pas.

Les biens du corps sont d'un ordre supérieur aux biens extérieurs, parce qu'ils nous touchent de bien plus près. La vie les comprend tous : car ce qu'on appelle la *vie,* c'est l'union actuelle de l'âme avec le corps. Or, tous nos devoirs, toutes nos vertus, toutes les qualités ou perfections de notre nature supposent les conditions actuelles de notre existence, et par conséquent supposent la vie. Il est donc permis de dire que la vie est un bien, quand même elle ne nous paraîtrait pas telle, mais parce qu'elle est la base et la condition des vrais biens, de ceux qui sont biens par eux-mêmes, à savoir des biens de l'âme. Par la même raison, la santé est aussi un bien : car elle est la condition de la vie, et aussi la condition d'un grand nombre de vertus. Il n'est pas même interdit, comme nous l'avons dit plus haut, de considérer les plaisirs des sens comme des biens, puisqu'ils contribuent pour leur part au bien-être du corps et à la santé de l'âme. Une âme joyeuse est tout près d'être une âme bonne. Sans doute le renoncement volontaire au plaisir des sens est une vertu; mais il ne faut pas qu'il aille jusqu'à compromettre la santé, ni jusqu'à donner à l'âme une austérité farouche qui la rende impropre à la société des hommes.

Restent enfin les biens de l'âme, qui seuls sont les vrais biens et qui comprennent, au plus bas degré, l'usage tempéré des biens du corps et des biens extérieurs (sobriété, tempérance, économie); à un degré supérieur, la culture de l'intelligence, de la volonté et de la sensibilité morale (prudence, force d'âme, sympathie, humanité); enfin, à un degré supérieur encore, le culte du vrai, du beau, de la perfection souveraine (la science, l'art, la religion).

145. L'honnête, le juste et le saint. — En un mot, pour nous résumer, quoiqu'il soit permis de chercher le plaisir, puisque la nature nous y invite, quoiqu'il soit permis et ordonné de rechercher ce qui nous est utile, puisque la raison veut que nous cherchions à nous conserver, cependant, au-dessus du plaisir et de l'utilité, il y a un autre but, un but supérieur qui est le véritable objet de la vie humaine. Ce but supérieur et dernier est ce que l'on appelle l'*honnête*, le *juste*, le *saint*, suivant les circonstances.

On peut distinguer dans l'homme une double nature : l'une supérieure, l'autre inférieure; l'une à laquelle on réserve plus particulièrement le nom d'âme, l'autre plus charnelle, plus matérielle, s'il est permis de dire, et que les théologiens appellent la *chair*, qui se rapproche du corps. En un mot, nous avons distingué les sens et l'intelligence, les appétits et les sentiments, l'instinct et la volonté. Or, ce qui distingue l'homme de l'animal, c'est de s'élever au-dessus des sens, des appétits et de l'instinct, et d'être capable de *penser*, d'*aimer* et de *vouloir*.

Préférer à la *liberté* l'entraînement aveugle de la *passion*, aux nobles *affections* du cœur les *appétits* corporels, et aux lumières de la *raison* les plaisirs ténébreux des *sens*, c'est, comme dit Aristote, « à la place de l'homme faire régner le corps et la brute ».

Platon a exprimé la même pensée par sa célèbre comparaison des deux coursiers :

> L'âme humaine, dit-il, est semblable à un attelage dont la raison est le cocher, qui est conduit par deux coursiers, l'un de bonne race, l'autre vicieux. Le premier a la contenance superbe, les formes régulières et bien prises, la tête haute, les naseaux un peu recourbés : il est blanc avec des yeux noirs ; il aime la gloire avec une sage retenue ; il obéit sans qu'on le frappe aux exhortations et à la voix du cocher. Le second a les membres tordus, épais, ramassés, la tête grosse, l'encolure courte, les naseaux aplatis : il est noir, ses yeux sont verts et veinés de sang ; il ne respire que fureur et vanité ; ses oreilles velues sont sourdes aux cris du cocher, et il n'obéit qu'avec peine au fouet et à l'aiguillon. Ce coursier vicieux est l'image de la partie inférieure de l'âme, principe de la sensation et du désir, de la crainte, de la colère aveugle, de l'amour grossier et populaire, qui ose tout et qui corrompt tout ; l'autre est le courage, principe de la colère noble et des affections généreuses, de l'amour pur et de l'enthousiasme. Quant au cocher, c'est la raison elle-même ; c'est la faculté qui connaît, qui démêle dans les choses ce qu'elles ont de vrai, de pur et d'éternel, qui s'élève jusqu'à Dieu même, c'est-à-dire jusqu'au principe de toutes choses. (*Phèdre*, trad. Victor Cousin, t. VI, p. 64.)

Ainsi, le bien moral consiste à préférer en nous ce qu'il y a de meilleur à ce qu'il y a de moindre, les biens de l'âme aux biens du corps, la dignité de la nature humaine à la servitude des passions animales, les nobles affections du cœur au penchant d'un vil égoïsme.

En un mot, le bien moral consiste pour l'homme à devenir vraiment homme, c'est-à-dire à posséder une volonté libre, guidée par le cœur, éclairée par la raison.

Le bien moral prend différents noms, selon les rapports que l'on considère. Par exemple, si l'on considère l'homme individuel dans son rapport avec lui-même, le bien devient ce qu'on appelle proprement l'*honnête*, et a surtout pour objet la dignité personnelle. Par rapport aux autres hommes, le bien prend le nom de *juste* et a surtout pour objet le bonheur d'autrui. Il consiste soit à ne pas faire à autrui ce que nous ne voudrions pas qu'on nous fît à nous-mêmes, soit à faire à autrui ce que nous voudrions qu'on nous fît à nous-mêmes. Enfin, par rapport à Dieu, le bien s'appelle le *pieux* ou le *saint* et consiste à rendre au père des hommes et de l'univers ce qui lui est dû.

146. Caractères du bien moral. — Ainsi l'*honnête*, le *juste* et le *saint* sont les différents noms que prend le bien moral, selon que nous nous considérons nous-mêmes, ou les autres hommes, ou Dieu.

Sous ces formes différentes, le bien moral se présente sous les caractères suivants ; il est :

1° *Obligatoire*, c'est-à-dire qu'aussitôt que nous le concevons, nous nous reconnaissons comme tenus de l'accomplir ;

2° *Désintéressé*, c'est-à-dire qu'il doit être recherché pour lui-même, et non pour ses conséquences ;

3° *Méritoire*, c'est-à-dire qu'aussitôt accompli, si toutefois il l'a été librement et en connaissance de cause, il investit l'agent moral d'une certaine qualité que l'on appelle le *mérite* et dont la nature a été déterminée.

Le premier de ces caractères a pour conséquence les deux autres. Il doit être examiné à part. C'est ce que l'on appelle le *devoir*.

147. Nature et définition du devoir. — Le bien moral ou l'honnête ne peut être conçu par nous sans être reconnu immédiatement pour le *vrai bien* et, comme le disaient les anciens, comme le *souverain bien*. Et, en effet, que peut-il y avoir de meilleur pour l'homme que d'être vraiment homme, c'est-à-dire de jouir des vraies facultés humaines, de celles qui le distinguent de l'animal ? Aucun homme ne consentirait volontairement à être changé en bête, à devenir idiot, fou, à tomber dans le délire, etc. ; et cependant c'est là précisément ce qui arrive lorsqu'on obéit volontairement à toutes ses passions, toute passion étant véritablement un délire. On peut sans doute, par faiblesse, être entraîné au mal ; mais il est impossible de ne pas aimer le bien quand on le connaît véritablement.

Si l'homme n'était que pure raison et pur amour (comme on dit que sont les saints), il se porterait aussi naturellement vers l'honnête, le saint et le juste qu'il se porte actuellement vers le plaisir ou vers l'utilité. Mais l'homme étant double, étant lié au corps et à l'animalité d'un côté comme il est lié de l'autre à Dieu, à la vérité et à la justice, il s'ensuit qu'il y a en lui une guerre intestine, et que sa raison d'un côté lui montre le bien, tandis que de l'autre sa passion l'entraîne au plaisir.

Cette loi qui nous conduit au bien, et qui ne serait qu'une loi de liberté et d'amour si l'homme était tout esprit, prend la forme, en tant qu'elle s'oppose aux passions, d'une *contrainte,* d'un *ordre,* d'une *nécessité.* Elle prend une forme *impérative* ou *prohibitive :* elle est un *commandement* ou une *défense :* « Fais le bien . — Ne fais pas le mal. » Telle est sa formule. Elle parle ainsi comme un législateur, comme un maître.

Cependant cette contrainte est une *contrainte morale ;* et elle se distingue de la contrainte physique en ce que celle-ci est fatale et irrésistible, tandis que la crainte que nous impose le devoir est subie par notre raison, sans violenter la liberté. Ce genre de nécessité qui ne s'impose qu'à la raison, sans contraindre la volonté, est l'*obligation* morale.

Dire que le bien est obligatoire, c'est donc dire que nous nous considérons comme *tenus* de l'accomplir, sans y être *forcés.* Au contraire, aussitôt que nous l'accomplirions par force, il cesserait d'être le bien. Il doit donc être librement accompli, et le devoir peut être défini une *nécessité consentie.*

C'est ce qui est exprimé par cette définition de Kant : « Le devoir, dit-il, est la nécessité d'obéir à la loi par respect pour la loi. » (*Fondements de la métaphysique des mœurs,* trad. de Jules Barni, p. 24.)

On peut, en effet, obéir à une loi de deux façons : 1° parce qu'elle est un *moyen* certain ou probable d'atteindre tel *but ;* 2° indépendamment de tout but, *pour la loi elle-même*, uniquement parce qu'elle commande. C'est ainsi, par exemple, que je puis obéir à une consigne, soit par la crainte du châtiment ou tel autre motif, soit à cause de la consigne elle-même, parce qu'il me paraît de l'essence d'une consigne d'être exécutée. Il en est de même pour l'obéissance aux ordres des magistrats et en général des supérieurs, de quelque nature qu'ils soient. Tantôt j'obéis par crainte du châtiment, tantôt par respect pour l'autorité : or, ce second genre d'obéissance est la seule et vraie obéissance. Remplacez maintenant les supérieurs par la loi elle-même ; obéissez-lui parce qu'elle est loi, et non pour aucune autre raison : vous aurez la loi morale, et ce genre de nécessité particulière à laquelle vous obéirez est le *devoir*.

148. Impératif hypothétique et impératif catégorique. — C'est ce caractère du devoir, d'être obligatoire par lui-même, et non par ses conséquences, que Kant a voulu exprimer par sa distinction de l'*impératif catégorique* et des *impératifs hypothétiques*. Toute règle, tout ce qui commande une action est pour lui un *impératif*. Mais, ou bien la règle nous commande sans condition, et c'est ce que Kant appelle l'impératif *catégorique* ; ou la règle ne nous commande une action que pour atteindre quelque autre but que l'action elle-même : c'est alors l'impératif *hypothétique* ou *conditionnel*, dans lequel le commandement est subordonné à une condition.

C'est ainsi que les *ordres* du devoir se distinguent des *règles* ou des *conseils* de la prudence intéressée. Dans ce dernier cas, la règle n'est jamais qu'un *moyen* d'atteindre un but différent de la règle ; dans le premier cas, au contraire, la loi n'a d'autre but qu'elle-même ; elle n'est plus un moyen, elle est un *but* ; elle doit être obéie par respect pour la loi, et non pour aucune autre raison.

Les règles de l'intérêt ou maximes de la prudence représentent la nécessité pratique d'une certaine action comme *moyen* pour quelque autre chose qu'on désire. Les règles de la loi morale, au contraire, représentent une action comme étant *par elle-*

même, et indépendamment de tout autre but, absolument nécessaire. Dans le premier cas, l'action n'est que *relativement* bonne, bonne eu égard à l'objet désiré. Dans le second cas, l'action est *absolument* bonne, bonne en soi.

Dans les règles de la première espèce, il n'y a pas à se demander si le but que l'on se propose est bon ou mauvais; il ne s'agit que de ce qu'il faut faire pour l'atteindre. Les préceptes que suit le médecin qui veut guérir radicalement son malade et ceux que suit l'empoisonneur qui veut tuer un homme, à coup sûr ont pour tous deux une égale valeur en ce sens qu'ils leur servent également à atteindre leur but. Dans la jeunesse, comme on ne sait jamais quel but on aura à poursuivre dans le cours de la vie, les parents cherchent à faire apprendre beaucoup de choses à leurs enfants; ils veulent leur donner de l'habileté pour toutes sortes de fins; et ce soin même est si grand chez eux qu'ils négligent d'ordinaire de former et de rectifier le jugement de leurs enfants sur la valeur même des choses qu'ils pourront avoir à se proposer pour fins. En général, la formule par laquelle on peut représenter ces sortes de préceptes subordonnés ainsi à une certaine condition, c'est-à-dire à l'hypothèse d'un certain objet désiré, c'est ce proverbe populaire: « Qui veut la fin veut les moyens[1]. »

Les préceptes du devoir se distinguent essentiellement des préceptes précédents en ce qu'ils commandent immédiatement une certaine conduite, sans avoir eux-mêmes une condition relativement à laquelle cette conduite ne serait qu'un *moyen*. Par exemple, si je dis : « Tu ne dois pas faire de promesse trompeuse, » je n'ajoute rien autre chose à ce précepte; il est par lui-même une règle absolue, sans qu'il soit nécessaire d'indiquer une fin pour laquelle il ne serait qu'un moyen. Au contraire, si j'ajoutais telle ou telle condition, comme, par exemple : « Ne trompe pas — de peur de nuire à ton crédit, » cet ordre cesserait d'être immédiatement une règle morale : ce ne serait plus qu'une maxime de prudence; ce ne serait plus un principe de moralité. Le principe moral a donc pour caractère essentiel de commander sans condition, sans égard à une fin ou à un but

---

[1]. Voy. Kant, *Fondements de la métaphysique des mœurs*, trad. franç., p. 47 et suiv.

déterminé, mais par lui-même : ce qu'on exprime en langage populaire par ce proverbe : « Fais ce que dois, advienne que pourra. »

149. Caractères de la loi morale. — Il résulte de ce qui précède que le premier caractère du devoir est d'être *absolu*, c'est-à-dire de commander sans condition et sans tenir compte des désirs, des passions, des intérêts de celui auquel il commande. Il est indépendant de la constitution individuelle de chacun. Par exemple, de ce qu'un tel trouve du plaisir à mentir, il ne s'ensuit pas que ce soit bien pour lui de mentir. De ce que vous avez telle passion, il ne s'ensuit pas qu'il vous soit permis de la satisfaire. La morale ne dépend pas de nos goûts et de nos fantaisies; car, s'il en était ainsi, il n'y aurait plus de morale. Qui dit règle dit quelque chose qui a une valeur intrinsèque et absolue, indépendamment des cas particuliers auxquels elle s'applique. Dire que le devoir est absolu, c'est donc dire qu'il repose sur la nature des choses et non sur les appréciations individuelles de chacun.

De ce premier caractère s'en déduit un second. Le devoir, étant absolu, est en même temps *universel*, c'est-à-dire qu'il s'applique à tous les hommes de la même manière, dans les mêmes circonstances; d'où il suit que chacun doit reconnaître que cette loi s'impose à lui-même aussi bien qu'aux autres hommes.

150. Règle pratique de Kant. — C'est de ce second caractère du devoir que Kant a déduit la règle par laquelle il propose de reconnaître si une action est ou n'est pas conforme au devoir : *Agis toujours*, dit-il, *d'après une règle telle que tu puisses vouloir qu'elle soit une loi universelle*[1].

Expliquons cette règle importante à l'aide de quelques exemples empruntés au philosophe même que nous citons :

1° Un homme réduit au désespoir par une suite de malheurs

---

1. Kant, *Métaphysique des mœurs*, trad. franc., p. 17.

a pris la vie en dégoût ; mais il est encore assez maître de sa raison pour pouvoir se demander s'il n'est pas contraire au devoir envers soi-même d'attenter à sa vie. Or, il cherche si la maxime de son action peut être une loi universelle de la nature. Voici cette maxime : J'admets en principe, pour l'amour de moi-même, que je puis abréger ma vie, dès qu'en la prolongeant j'ai plus de maux à craindre que de plaisir à espérer. Qu'on se demande si ce principe peut être une loi universelle de la nature. On verra bientôt qu'une nature qui aurait pour but de détruire la vie par ce même penchant dont le but est de la conserver serait en contradiction avec elle-même; d'où il suit qu'une telle maxime est contraire au principe suprême de tout devoir.

2º Un autre est poussé par le besoin à emprunter de l'argent. Il sait bien qu'il ne pourra pas le rendre; mais il sait bien aussi qu'il ne trouvera pas de prêteur s'il ne s'engage formellement à payer dans un temps déterminé. Il a envie de faire cette promesse; mais il a encore assez de conscience pour se demander s'il n'est pas défendu et contraire au devoir de se tirer d'embarras par un tel moyen. Je suppose néanmoins qu'il se décide à prendre ce parti, la maxime de son action se traduirait ainsi : Quand je crois avoir besoin d'argent, j'en emprunte en promettant de le rembourser, quoique je sache que je ne le rembourserai jamais. Or, cette maxime ne peut revêtir le caractère de loi universelle de la nature sans se contredire et se détruire elle-même. En effet, ce serait rendre par là toute promesse impossible, puisque personne n'ajouterait plus foi aux promesses et qu'on s'en rirait comme de vaines protestations.

3º Un troisième se sent un talent qui, cultivé, pourrait faire de lui un homme utile à divers égards. Mais il se voit dans l'aisance et il aime mieux s'abandonner aux plaisirs que travailler à développer les heureuses dispositions de la nature... Or, il voit bien, à la vérité, qu'une nature dont cette maxime serait une loi universelle pourrait encore subsister (comme chez les insulaires de la mer du Sud); mais il lui est impossible de *vouloir* que ce soit là une loi universelle... En effet, en sa qualité d'être raisonnable, il *veut* nécessairement que toutes ses facultés soient développées.

4º Enfin, un quatrième qui est heureux, mais qui voit des hommes qu'il pourrait soulager aux prises avec l'adversité, se dit à lui-même : Que m'importe ? que chacun soit aussi heureux qu'il plait au ciel et qu'il peut l'être par lui-même, je ne l'en empêcherai en rien, je ne lui porterai pas même envie ; seulement je ne suis pas disposé à contribuer à son bien-être et à lui prêter secours dans le besoin. Sans doute cette manière de voir pourrait à la rigueur devenir une loi universelle de la nature sans que l'existence du genre humain fût compromise nécessairement... Mais il est impossible de *vouloir* qu'un tel principe soit partout admis comme une loi de la nature. Une volonté qui le voudrait se contredirait elle-même ; car il peut se rencontrer bien des cas où l'on ait besoin de la sympathie et de l'assistance des autres et où on se serait privé soi-même de tout espoir de secours en érigeant volontairement cette maxime en une loi de la nature.

La règle de Kant est une règle excellente qu'il est toujours bon d'avoir devant les yeux, si l'on veut se perfectionner moralement. Nous savons bien, en effet, sans y penser, que le principe moral est une règle qui commande la même chose à tous les hommes, aussi bien à nous qu'aux autres ; mais nous sommes trop disposés à l'oublier quand nous sommes dominés par la passion et l'intérêt.

Or, si l'on prend l'habitude de généraliser les motifs de ses actions, on rend de plus en plus difficile cet aveuglement et cette illusion ; et la complaisance avec laquelle on se pardonne à soi-même ce qu'on condamne dans les autres devient impossible. Kant a très finement expliqué ce point de vue : « Qu'arrive-t-il, dit-il, la plupart du temps, lorsque nous violons la loi morale ? Voulons-nous en réalité transformer en règle et en loi générale notre conduite particulière ? Loin de là : nous voulons que le contraire de notre action demeure une loi universelle. Seulement nous prenons la liberté d'y faire une exception en notre faveur, ou plutôt en faveur de nos penchants, et pour cette fois seulement... Quoique notre jugement, lorsqu'il est impartial, ne puisse justifier cette espèce de compromis, on y voit néanmoins la preuve que nous reconnaissons réellement la validité du principe du devoir, et que, sans cesser de le respecter, nous nous permettons à regret quelques exceptions qui nous paraissent de peu d'importance ».

On a objecté à la règle de Kant qu' « on est plutôt législateur pour soi-même que pour autrui, et qu'il sera toujours plus facile de savoir ce qu'on doit faire soi-même que de savoir ce que doivent faire tous les hommes sans exception[1] ». C'est ce qui serait vrai s'il n'y avait pas les passions et l'intérêt personnel. Au contraire, nul n'est bon juge pour soi-même : et pour savoir si l'on a raison ou si l'on a tort, il est toujours sage de dépouiller notre conduite de tout ce qu'elle a de personnel et d'individuel pour la considérer abstraitement de l'œil d'un *spectateur impartial*[2]. Tous les jours nous donnons aux autres de très bons conseils que nous ne suivons pas nous-mêmes. Un malhonnête homme peut être un très bon arbitre ; et souvent ceux qui font les meilleures lois ne sont pas ceux qui les appliquent le mieux. Rien n'est donc plus conforme à l'expérience et à la pratique que le conseil donné par Kant d'universaliser les maximes de ses actions pour en reconnaître la moralité.

Ce principe est encore d'un usage fréquent en éducation. Lorsqu'un enfant commet une action injuste (qu'il frappe ou qu'il dérobe), on lui fait sentir l'injustice de son action : 1° en la lui appliquant à lui-même[3] ; par exemple : « Que dirais-tu si on te frappait, si on te dérobait, etc. ? » 2° en généralisant davantage et en lui disant : « Qu'arriverait-il si tout le monde frappait, dérobait, etc. ? ». J'ai toujours remarqué que l'enfant était très sensible à cette espèce d'argument ; et quand la passion n'est pas trop forte, ce raisonnement suffit pour l'arrêter. Souvent même, quand il va au delà, c'est à l'aide de quelque sophisme, et, comme dit Kant, en stipulant quelque exception en sa faveur[4], mais jamais en niant directement que ce qui s'applique

---

1. Objection de Garve, *Considérations sur les différents principes de la morale*, 1798.
2. Le philosophe Adam Smith proposait de se placer en face d'un *spectateur impartial* lorsque nous sommes sur le point de faire une action.
3. Ce qui est la maxime de l'Évangile : *Ne fais pas à autrui ce que tu ne voudrais pas qu'on te fît.*
4. Comme par exemple : « C'est un tel qui a commencé. »

aux autres s'applique également à lui dans les mêmes circonstances.

151. La morale de Platon. — On peut compléter la morale de Kant par la morale de Platon et celle des stoïciens.

La morale de Platon a son principe dans sa psychologie. L'homme est selon lui naturellement en guerre avec lui-même et divisé entre deux forces contraires, le désir aveugle du plaisir et l'amour réfléchi du bien. Il peut être comparé à un être étrange, composé de trois animaux divers : une hydre à cent têtes, qu'il faut à la fois rassasier pour vivre et dompter pour vivre heureux ; un lion, qui, pour être plus noble et plus généreux, n'en est pas moins aveugle par lui-même ; un homme, enfin, qui soumet l'hydre à l'aide du lion. L'homme est donc l'être supérieur qui raisonne, qui délibère, qui commande : enchaîné par la nature à cette bête à mille têtes, il semble ne faire qu'un avec elle, condamné à la combattre sans cesse, sans pouvoir jamais s'en séparer.

Il y a dans l'homme une partie *inférieure*, principe de la sensation et du désir, de la crainte, de la colère aveugle, de l'amour grossier et populaire qui ose tout et corrompt tout ; une partie *supérieure*, la raison, la faculté qui connaît, qui démêle dans les choses ce qu'elles ont de vrai, de pur et d'éternel, s'élève jusqu'au principe de toutes choses, jusqu'à l'Être même, qui combat dans l'âme les passions, les désirs honteux, et exerce la souveraineté ; une partie *moyenne* qui les relie l'une à l'autre, le courage, principe de la colère noble et des affections généreuses, qui sert d'auxiliaire à la raison dans sa lutte contre le désir et la passion.

Le plaisir n'est donc pas le bien, comme le pensaient les sophistes et comme le croient la plupart des hommes ; la vie de plaisir ou l'intempérance est à la fois ignorante et impuissante : ignorante, car elle ne connaît pas son vrai bien ; impuissante, car elle ne peut y atteindre. Mais Platon ne voudra-t-il point retrancher de l'âme tout désir, toute inclination, tout plaisir ? Ne préconisera-t-il point une morale mystique ? C'est là une opinion assez répandue, et quelquefois même en lisant Platon on serait tenté de la croire fondée. Mais le mysticisme n'est pas la vraie pensée de Platon; son vrai principe moral, ce n'est pas le renoncement, la rupture violente de l'homme avec lui-même : c'est l'harmonie et la paix. La meilleure fin de la guerre intestine que se font en l'homme l'âme et le corps, ce n'est point la défaite et la ruine du corps, mais sa réconciliation avec l'âme et leur commune harmonie : il n'y a qu'un moyen de salut, ne pas exercer l'âme sans le corps ni le corps sans l'âme, afin que, défendant l'un contre l'autre, ils maintiennent l'équilibre et conservent la santé.

Si, la mesure, l'harmonie, l'ordre, constituent le souverain bien, l'homme peut, selon Platon, réaliser ce bien dans son âme par la vertu, qui est pour lui identique à la science.

152. Le stoïcisme. — « Il semblait, dit Montesquieu, que la nature humaine eût fait un effort pour produire d'elle-même cette secte admirable, qui était comme ces plantes que la terre fait naître dans des lieux que le ciel n'a jamais vus. » L'idée fondamentale du stoïcisme, idée déjà émise par Socrate et par Platon, mais que les premiers stoïciens Zénon, Chrysippe et Cléanthe ont exprimée avec bien plus de précision et un développement plus philosophique, c'est l'idée d'une justice naturelle, d'un droit naturel, qui a son fondement dans l'essence même de l'homme et dans sa parenté avec la divinité : « La loi, disait Chrysippe, est la reine de toutes les choses divines et humaines, l'arbitre du bien et du mal, du juste et de l'injuste, la souveraine maîtresse des animaux sociables par nature. Elle commande ce qui doit être fait et défend le contraire. » Le principe de la loi ou de la justice est Dieu ou Jupiter, la nature première ou universelle; il ne suffit pas de dire avec Orphée que la justice est assise à la droite de Jupiter, il est lui-même le droit et la justice, il est la plus antique et la plus parfaite des lois. Cette loi, étant la droite raison, unit tous ceux qui ont la raison en partage : tous les hommes possédant la raison, qui est une dans son principe, sont capables de la loi et de la même loi.

Au-dessus de l'État, il y a la raison, le droit, la loi. Les États particuliers ne sont que des membres d'un grand tout gouverné par la raison : voilà l'État véritable, la république universelle que Zénon rêvait entre tous les peuples en supprimant les cités particulières. « De même qu'il n'y a qu'une seule lumière, dit Marc-Aurèle, quoiqu'elle paraisse se diviser sur les murailles, sur les montagnes et sur les objets divers, il n'y a qu'une âme qui se partage entre les êtres intelligents. » Si l'univers entier forme une seule famille, à plus forte raison cela est-il vrai du genre humain. Le beau mot de Térence : *Je suis homme, et rien de ce qui est humain ne m'est étranger*, est le cri du stoïcisme. Il faut aimer l'homme par cela seul qu'il est homme ; tous les hommes sont parents ; et comme leur mère commune est la nature, c'est-à-dire la raison de Dieu, commettre une injustice envers les hommes est une impiété.

Ainsi commence à se faire jour l'idée d'une certaine fraternité entre les peuples ; ainsi commence à se faire jour une théorie qui condamne l'esclavage. Si le sage seul est vraiment libre, s'il y a une liberté inviolable que ni la loi ni aucun accident extérieur ne peuvent faire fléchir, il est évident que l'esclavage est une oppression, un abus de la force, la honte de celui qui l'impose et non pas de celui qui le subit. Si tous les hommes sont parents, s'ils sont tous d'une même famille et d'une même race, s'ils ont une même raison, une même nature, un même auteur, comment croire qu'il soit permis aux uns d'opprimer les autres et de les réduire en servitude ? Le principe de la sociabilité a été compris par les derniers stoïciens de la manière la plus large ; d'Aristote à Marc-Aurèle, la philosophie ancienne a toujours été en développant les idées d'humanité, de bienveillance, d'égalité.

Résumons rapidement les principaux progrès de la morale sociale sous l'influence du stoïcisme. Ils combattent l'esclavage, montrent que le mariage est la plus nécessaire, la plus antique, la plus sainte des unions : l'homme et la femme s'associent pour vivre ensemble, pour agir ensemble, pour engendrer ensemble, pour nourrir et élever ensemble les fruits de leur union ; ils se doivent aide, assistance et affection en toutes circonstances, dans les maladies comme dans la santé, dans l'infortune comme dans le bonheur. L'homme et la femme sont égaux : l'étincelle divine qui brille dans l'âme de l'homme brille aussi dans celle de la femme, qui est la compagne et non la servante de l'homme. Les devoirs envers l'enfant étaient enseignés, et le pouvoir abusif que l'ancienne loi attribuait au père de famille a été ramené à des notions plus saines et plus humaines. La dignité et la pureté de la femme à qui on demandait des devoirs plus élevés étaient relevées en même temps qu'était relevé le rôle de la mère. L'idée et le sentiment de l'humanité se développent ; la pitié et la compassion, dont on fait d'ordinaire un sentiment chrétien, trouvent des accents vifs et touchants dans les écrivains de l'école impériale ; cette sensibilité conduit à la tolérance et à l'indulgence, à l'amour des hommes et à la bienfaisance. Le stoïcisme ressemble à notre philosophie du xviii⁰ siècle : il en a la libéralité, la générosité, l'étendue [1].

PROBLÈMES ET EXERCICES PRATIQUES

De l'idée de progrès. — Comment elle implique celle de *perfection*; le *changement* n'est pas le *progrès*.

Du progrès dans l'individu. — Éducation.

Du progrès dans l'espèce. — Civilisation.

Montrer que la morale a pour objet d'enseigner à l'homme à faire *pour* lui-même et *par* lui-même ce que

---

[1]. Voy. Denis, *Histoire des doctrines morales de l'antiquité*, et notre *Histoire de la science politique*, tome I⁰ʳ.

fait l'éducation pour l'individu et la civilisation pour l'espèce.

Exemples tirés de la morale pratique. — Tempérance, travail, véracité, modestie, dignité personnelle. Respect des autres hommes, bienveillance, humanité, dévouement, amour de la science, amour de la patrie, piété, etc. Montrer comment toutes ces vertus ajoutent quelque chose à l'âme.

Exemples inverses. — Grossièreté, brutalité, cruauté, égoïsme, lâcheté, impiété, etc.

Montrer que le perfectionnement moral est indépendant du genre d'occupation des hommes. L'échelle des facultés n'est pas la même chose que l'échelle des fonctions sociales. — Dignité du travail manuel, son rôle moral.

Le bien et le devoir. — Le bien est-il toujours obligatoire? Y a-t-il au-dessus du devoir un champ libre qui appartient au dévouement? (Sur cette question, voir notre *Morale*, l. III, ch. Ier.)

La loi morale est-elle l'œuvre de l'éducation, l'invention des législateurs, ou encore le résultat des besoins sociaux et des instincts naturels, perfectionnés par la civilisation? Insuffisance de ces diverses conceptions.

Le conflit des devoirs. — Règles. (Voir notre *Morale*, l. II, ch. VI.)

Devoirs stricts et devoirs larges. — Dans quel sens doit-on admettre cette distinction? (*Morale*, l. II, ch. III.)

CHAPITRE VII

LA MORALE DU PLAISIR ET L'UTILITÉ. — LA MORALE DU SENTIMENT

153. Le plaisir, l'intérêt, le sentiment. — Certains philosophes ont cru que le principe du devoir était un principe trop élevé, trop abstrait, trop idéal pour la nature humaine. Ils ont pensé qu'il fallait chercher ce principe plus près de l'expérience et de la réalité. Les uns l'ont cherché dans le *plaisir*, les autres dans l'*intérêt personnel*, les autres dans l'*intérêt général*, les autres dans le *sentiment*. Examinons ces différents principes, et montrons :

1° Comment ils sont *insuffisants* ;

2° Comment ils peuvent cependant servir d'*auxiliaires* à la doctrine du devoir.

154. Le principe du plaisir. — Il semble, au premier abord, que la loi qui doit régir l'homme soit imprimée dans sa nature même, et qu'il n'ait besoin ni de raison pour la connaître ni de volonté pour la choisir. En effet, la nature le porte invinciblement à rechercher le *plaisir* et à fuir la *douleur*. Est-il besoin d'une autre loi que celle-là ? Qu'appelons-nous bien ? N'est-ce pas ce qui nous procure du plaisir ? Qu'appelons-nous mal ? N'est-ce pas ce qui nous cause de la douleur ? Le bien peut-il être autre chose que le bonheur ; le mal autre chose que le malheur ? La morale peut-elle avoir un autre but que de nous apprendre à être heureux ?

On peut affirmer sans aucun doute que la morale nous apprend à être heureux et nous met sur le chemin du vrai bonheur. Mais ce n'est pas, comme on pourrait le croire, en obéissant à cette loi aveugle de la nature qui nous porte au plaisir que l'on sera véritablement heureux. Le chemin qu'indique la morale est moins facile, mais il est plus sûr.

De très simples réflexions suffiront à nous faire voir qu'on ne peut dire d'une manière absolue que le plaisir soit le *bien* et que la douleur soit le *mal*. L'expérience et le raisonnement prouvent aisément la fausseté de cette opinion.

1° Le plaisir n'est pas toujours un bien, et même il peut devenir un véritable mal, selon les circonstances. Réciproquement, toute douleur n'est pas toujours un mal, et peut même devenir un grand bien. Ainsi nous voyons, d'un côté, que les plaisirs de l'intempérance amènent avec eux la maladie, la perte de la santé et de la raison, l'abréviation de la vie. Les plaisirs de la paresse à leur tour entraînent la pauvreté, l'inutilité, le mépris des hommes. Les plaisirs de la vengeance et du crime sont suivis du châtiment et du remords, etc. Réciproquement, on voit les douleurs et les épreuves les plus pénibles procurer des biens évidents. L'amputation nous sauve la vie, le travail énergique et pénible donne l'aisance, etc. Dans ces différents cas, si l'on considère les résultats, c'est le plaisir qui est un mal, c'est la douleur qui est un bien.

2° Il faut ajouter que, parmi les plaisirs, les uns sont bas, honteux et vulgaires; les autres, nobles et généreux. Le plaisir de l'ivresse est méprisable; le plaisir de faire du bien aux hommes est délicat et élevé. Parmi les plaisirs de l'homme, il en est qui lui sont communs avec les bêtes, d'autres qui sont propres à l'homme. Mettra-t-on sur la même ligne les uns et les autres? N'est-il pas convenable à l'homme de jouir du bonheur humain, et non pas de celui qui suffit à l'animal?

3° Il y a des plaisirs très vifs, mais qui sont passagers et fugitifs, comme les plaisirs des passions. Il y en a d'autres qui sont durables et continus, comme ceux de la santé, de la sécurité, de l'aisance, de la considération. Sacrifiera-t-on ces plaisirs, qui durent toute la vie, à des plaisirs qui ne durent qu'une heure?

4° D'autres plaisirs sont très vifs, mais également incertains et livrés au hasard: par exemple, les plaisirs de l'ambition ou les plaisirs du jeu; d'autres, au contraire, plus calmes et moins enivrants, mais plus sûrs : par exemple, les plaisirs de la vie domestique, de la médiocrité, de l'économie, de la tempérance, etc.

On peut donc considérer aujourd'hui comme suffisamment démontré, par les innombrables analyses qui ont été faites avant nous, que le plaisir réduit à lui seul est incapable de servir de principe à une morale quelconque, et qu'il doit au moins céder la place au principe de l'utilité.

155. Le principe de l'utilité. — Les philosophes de l'école utilitaire (Bentham particulièrement) ont montré que les plaisirs peuvent être comparés et classés à différents points de vue, dont les principaux sont : la *certitude*, la *pureté*, la *durée*, l'*intensité*, etc. En effet, entre deux plaisirs, l'un *certain*, l'autre *incertain*, la sagesse et l'expérience nous apprennent évidemment que c'est le premier qu'il faut choisir; de même, entre un plaisir *pur*, c'est-à-dire sans mélange de douleur, et un plaisir *mélangé*; entre un plaisir *durable* et un plaisir *fugitif* et *passager*; entre un plaisir très *vif* et très *intense* et un plaisir *médiocre* et *sans attrait*, c'est évidemment la pureté, la durée, l'intensité, que la raison nous apprend à préférer. Combinez maintenant ces différents rapports, ajoutez-y le *nombre* probable des plaisirs, vous arrivez ainsi à former des règles dont l'ensemble compose l'*art* de la vie, et qui ont pour effet de nous assurer ce qu'on appelle vulgairement le *bonheur*, c'est-à-dire *la plus grande somme de plaisirs possible avec le moins de douleurs possible*. Tout ce qui tend à ce but est appelé *utile*. L'*utile* considéré comme mobile d'action est appelé *intérêt personnel*. L'*utile* s'oppose à l'*agréable*, l'*intérêt* au *plaisir*. Il peut donc être une vraie règle d'action. Il est le seul principe de la morale.

156. Objections de Kant contre l'utilitarisme. — Cette doctrine est exposée aux objections suivantes, que nous empruntons à Kant[1] :

---

1. Kant, *Critique de la raison pratique*, l. Ier, ch. 1er, théor. IV, scolie, traduction française de Jules Barni, l. p. 183.

1° Il est contraire à la conscience morale de tous les hommes de confondre le bien moral avec l'utile, et la vertu avec l'intérêt personnel.

Supposez, dit Kant, qu'un de vos amis croie se justifier auprès de vous d'avoir porté un faux témoignage en alléguant le devoir, sacré à ses yeux, du bonheur personnel, en énumérant tous les avantages qu'il s'est procurés par ce moyen, enfin en vous indiquant les précautions qu'il emploie pour échapper au danger d'être découvert, même par vous, à qui il ne révèle ce secret que parce qu'il pourra le nier en tout temps, et qu'il prétend en même temps s'être acquitté d'un vrai devoir d'humanité : ou vous lui ririez au nez, ou vous vous éloigneriez de lui avec horreur; et cependant, si on ne fonde ses principes que sur l'avantage personnel, il n'y a pas la moindre chose à objecter. La ligne de démarcation entre la moralité et l'amour de soi est si clairement et si distinctement tracée, que l'œil même le plus grossier ne peut confondre en aucun cas l'une de ces choses avec l'autre.

2° « L'intérêt *conseille*, la moralité *ordonne*. » On n'est pas tenu d'être un habile homme, mais on est tenu d'être un honnête homme.

3° L'intérêt personnel ne peut donner matière à aucune loi universelle et générale s'appliquant aux autres comme à nous-mêmes, car le bonheur de chacun dépend de sa manière de voir. Chacun prend son plaisir où il le trouve. Même à ce point de vue, le partisan de la morale utilitaire n'a rien à répondre au partisan du plaisir quand même, à celui qui prendra pour devise de sa vie : « Courte et bonne. » Car s'il lui plaît de se tuer pour jouir plus vite, en vertu de quel principe le lui interdirez-vous ?

4° La conscience déclare immédiatement à chacun ce qui est bien ou mal; mais il faut une expérience très exercée pour calculer toutes les conséquences possibles de nos actions, et souvent même il nous serait absolument impossible de les prévoir. Mais la moralité n'attend pas que ces conséquences soient claires pour s'imposer à nous d'une manière manifeste et irrésistible.

5° On peut toujours faire le bien; mais on ne peut pas

toujours faire ce qui serait nécessaire pour être heureux. Le prisonnier peut toujours supporter courageusement sa prison; mais il ne peut pas en sortir[1].

6° Le jugement que l'on porte sur soi-même diffère selon le principe d'action que l'on admet. Celui qui a *perdu* au jeu peut *s'affliger* sur lui-même et sur son imprudence; mais celui qui a conscience d'avoir *trompé* au jeu (quoiqu'il ait gagné par ce moyen) doit *se mépriser* lui-même lorsqu'il se juge au point de vue de la loi morale. Cette loi doit donc être autre chose que le principe du bonheur personnel. Car, pour pouvoir se dire à soi-même : « Je suis un *misérable*, quoique j'aie rempli ma bourse, » il faut un autre critérium que pour se féliciter soi-même et se dire : « Je suis un homme *prudent*, car j'ai enrichi ma caisse. »

7° L'idée de *punition* ou de châtiment ne s'explique pas dans l'hypothèse de l'intérêt personnel.

Il est évidemment absurde de dire que le crime consiste précisément à attirer sur soi un châtiment en portant atteinte à son bonheur personnel (ce qui, suivant le principe de l'amour de soi, serait le concept propre du crime). Dans ce système, la punition étant la seule raison qui ferait qualifier une action de crime, la justice consisterait bien plutôt à laisser de côté toute punition : car alors il n'y aurait plus rien de mal dans l'action, puisqu'on aurait écarté les maux qui en seraient résultés et qui seuls rendaient cette action mauvaise.

8° Même observation contre ceux qui font consister la vertu ou le vice à rechercher ou à craindre les plaisirs et les souffrances de la conscience. Pour pouvoir se représenter un criminel tourmenté par la conscience de ses crimes, il faut lui attribuer d'abord un caractère qui, au fond et à quelque degré du moins, ne soit pas privé de toute bonté morale, de même qu'il faut d'abord concevoir

---

[1]. On objectera peut-être à cet argument de Kant que, pour le prisonnier, se résigner est le seul moyen d'être heureux qui lui reste. Soit, mais on voit par là que son bonheur consiste à *se priver* du bonheur, tandis qu'il n'est jamais forcé de *se priver* de vertu. Ce qui est la pensée de Kant.

comme vertueux celui que réjouit la conscience de ses bonnes actions. Ainsi le concept de la moralité et du devoir doit précéder la considération de ce contentement de soi-même, et il n'en peut être dérivé.

157. L'intérêt bien entendu. — La morale de l'utilité ou de l'intérêt essaye de se disculper des diverses accusations dont elle est l'objet, et en particulier de ces deux reproches : 1° d'être une morale *grossière* qui recherche les plaisirs sensibles au détriment des plus nobles plaisirs de l'homme ; 2° d'être une morale *égoïste*, qui sacrifie le bien d'autrui au bien de l'individu. On essaye d'établir que la morale de l'utilité n'est nécessairement ni grossière ni égoïste, en distinguant l'intérêt ignorant et brutal de l'*intérêt bien entendu*.

1° Dans le choix des plaisirs, dit-on, il ne faut pas considérer seulement la *quantité*, mais la *qualité*. Le vrai plaisir n'est pas seulement le plus vif, mais encore le plus doux, le plus noble, le plus délicat. A ce titre, les plaisirs de l'esprit sont supérieurs aux plaisirs du corps, et les plaisirs du cœur sont encore supérieurs aux plaisirs de l'esprit.

2° L'expérience nous atteste qu'en sacrifiant l'intérêt des autres à notre propre intérêt, nous nous perdons nous-mêmes. Au contraire, l'intérêt des autres est toujours d'accord avec le nôtre propre. Si vous faites du bien à vos amis, vos amis vous en feront. Si vous servez les hommes, ils vous serviront. L'estime, la considération, la paix, sont les récompenses de la vertu. Au contraire, l'avarice, l'égoïsme, la lâcheté, tous les vices sont pour les hommes qui en sont les victimes une occasion de honte et de misère. Indépendamment des châtiments de la loi, il y a les châtiments de l'opinion.

Le véritable intérêt préférera donc les plaisirs les plus élevés aux plus grossiers, et recherchera l'utilité générale en même temps que l'utilité personnelle. C'est ce que l'on appelle l'*intérêt bien entendu*, qui coïncidera, comme on le voit, dans toutes les actions, avec ce que les hommes appellent la *vertu*.

La doctrine de l'intérêt bien entendu succombe devant les mêmes objections que celles de l'intérêt en général. Il nous suffira de répondre aux deux instances que nous venons de résumer :

1° La morale utilitaire n'a pas le droit de distinguer dans les plaisirs la quantité et la qualité. Un plaisir délicat ne peut être préféré à un autre qu'autant qu'il est plus vif : car s'il l'est moins chez moi que chez tel autre, au nom de quel principe m'imposerez-vous de préférer ce qui m'agrée le moins à ce qui m'agrée le plus?

2° Quant au second point, à savoir l'accord constant de l'intérêt personnel et de l'intérêt général, nous pouvons répondre deux choses : *a*) que cet accord n'est pas vrai en fait; *b*) que, fût-il vrai, ce n'est pas l'action toute seule qui fait la moralité, c'est le *motif*.

a) Est-il vrai que l'utilité générale coïncide toujours avec l'utilité particulière, de telle sorte que celui qui fait le bien des autres fait en même temps le sien propre? Rien n'est plus opposé à l'expérience. Sans doute, on démontre en économie politique que ce qui sert à la société sert à l'individu. Mais ce principe n'est vrai que d'une manière très générale; c'est en moyenne, pour ainsi dire, et après un certain temps que le plus grand bien de tous est en même temps le plus grand bien de chacun; mais il ne s'ensuit nullement que, dans chaque cas particulier, on soit plus heureux en se sacrifiant aux autres qu'en recherchant son propre intérêt. Sans doute une société qui établit des lois justes et générales fait le bien de chacun en même temps que celui de l'État en général. C'est le bien de chacun que la justice soit rendue, que l'ordre règne, que le soldat défende la patrie. Mais il ne suit nullement de là que celui qui profite des abus soit plus heureux quand ils sont détruits, que celui qui spolierait les autres sera plus heureux en se privant de ses spoliations, que celui qui mourra pour la patrie sera plus heureux que s'il envoyait les autres mourir à sa place.

A la vérité, on fait observer que celui qui fait le mal en

est puni, soit par la loi, soit par la défiance des hommes, soit par leur mépris; au contraire, celui qui fait le bien en est récompensé, soit par l'estime des hommes, soit par la réciprocité des services, soit par les récompenses publiques, soit par la satisfaction de la conscience, soit par l'amour de la gloire et les récompenses futures. Mais on peut répondre: 1° que la loi ne punit pas tous les coupables, et qu'un grand nombre de crimes sont en dehors de sa compétence: égoïsme, ingratitude, méchanceté, etc.; que pour ceux qu'elle punit, on peut y échapper; qu'après tout, la seule conséquence de la morale de l'utilité serait qu'il faut prendre des précautions pour l'impunité; plus on serait adroit, moins on devrait être coupable : ce qui est absolument le contraire de la vérité; 2° que la satisfaction morale et le remords n'ont pas de sens dans la doctrine de l'utilité; que celui qui a pris toutes ses précautions pour faire le mal avec sécurité ne doit avoir rien à craindre de sa conscience, puisqu'il court très peu de risques; que si sa conscience lui fait des reproches, c'est qu'il y a un autre principe d'action que l'utilité; que, pour la satisfaction morale, elle doit se confondre, dans cette doctrine, avec le plaisir du succès; que, par conséquent, celui qui fait le mal avec succès doit être heureux, celui qui fait le bien sans succès doit être malheureux. La satisfaction morale et le remords ne peuvent donc entrer comme éléments dans le calcul; 3° il en est de même de l'estime et du mépris: ces deux sentiments supposent la distinction du bien et du mal; si le bien n'est que l'utile, les hommes ne doivent estimer que les habiles gens et ne mépriser que les maladroits. Il faut donc être habile; c'est la seule conséquence de la doctrine de l'utilité. 4° Les peines et les récompenses futures n'ont aucune raison d'être dans la doctrine de l'utilité. Si cette doctrine est vraie, il faut écarter l'idée de ces peines et de ces récompenses; et, par conséquent, cette idée ne devrait pas entrer en ligne de compte dans le calcul des honnêtes gens.

On voit que les utilitaires ne parviennent à faire coïncider le principe de l'intérêt personnel avec celui de l'intérêt général qu'en y introduisant des motifs qui n'auraient aucune raison d'être si la doctrine de l'intérêt était vraie.

b) Ajoutons que, lors même que les deux principes se trouveraient coïncider dans l'application, le principe moral se distinguerait toujours du principe utilitaire. En effet, il est un grand nombre d'actions que l'on peut accomplir à la fois par honnêteté et par intérêt, où, par conséquent, l'honnête et l'utile se confondent, et que nous distinguons cependant par leurs principes. On est détourné du vol, par exemple, soit par la conscience, soit par la crainte de la loi. Qui est-ce qui n'aurait pas honte cependant de déclarer publiquement et même de s'avouer à soi-même qu'il ne s'abstient du vol que par la crainte de la prison? Qui est-ce qui consentirait à avouer qu'il n'est honnête que dans les limites du Code, et que, par conséquent, en dedans de ces limites, il ne l'est qu'en raison du Code? La vraie moralité implique que l'action est bonne en elle-même, indépendamment de ses conséquences; et ces conséquences fussent-elles agréables ou pénibles, ce n'est pas pour cela que l'action est bonne ou mauvaise.

En un mot, il est bien vrai que, selon les lois de la justice, le bien doit finir par coïncider avec le bonheur, soit ici-bas, soit ailleurs, la récompense étant la conséquence légitime du principe moral; mais il ne faut pas intervertir ces termes et faire de la récompense elle-même le principe du mérite.

158. Le rôle de l'intérêt dans la morale. L'intérêt auxiliaire du devoir. — Tout en admettant que l'intérêt est un principe insuffisant pour fonder la morale, il ne s'ensuit pas qu'il doive être exclu de la morale et qu'il ne puisse pas y jouer un rôle important, comme principe *auxiliaire* et *subordonné*.

D'abord, à un point de vue purement pratique, il sera toujours sage, et les philosophes se sont rarement privés de ce moyen d'action, de montrer que, dans beaucoup de cas, la vertu nous est avantageuse, et que, la plupart du temps, la plus grande habileté consiste dans l'honnêteté.

Cependant, sans rejeter entièrement ce genre de considérations, il ne faudrait pas en abuser, sous peine d'altérer la pureté du principe moral et de ramener l'esprit à l'habitude de tout considérer au point de vue de l'intérêt. Mais on peut faire la part de l'intérêt en se plaçant à un point de vue plus élevé.

1° Dans beaucoup de cas, l'intérêt lui-même devient un devoir lorsqu'on le compare, non à la vertu elle-même, qui le surpasse, mais au plaisir, qui s'oppose à lui. Par exemple, tel plaisir est contraire à notre santé. L'homme qui tous les jours s'enivre avec de l'alcool se procure un plaisir d'un moment qui sera payé plus tard par la perte de la santé, de la raison, de la vie. La santé, la raison, la vie, sont des biens plus importants, plus élevés que le plaisir brutal dont il jouit un moment. Par là même, ces biens, quoiqu'ils soient personnels, deviennent pour lui des biens obligatoires, auxquels il doit sacrifier son plaisir. L'intérêt se présente donc ici, par rapport au plaisir, comme le bien lui-même par rapport à l'intérêt. L'utile est à l'agréable ce que l'honnête est à l'utile.

2° N'oublions pas d'ailleurs que le bien lui-même se compose des qualités supérieures de la nature humaine, lesquelles ne doivent pas lui être moins précieuses que ses avantages corporels. La sagesse dans l'esprit, la bonté dans le cœur, la force dans la volonté, sont en quelque sorte la *santé* de l'âme, comme le dit Platon ; et le vice en est la maladie. L'homme n'a pas moins d'intérêt à jouir de la perfection de ses facultés qu'à goûter les satisfactions du bien-être. Son âme est aussi bien lui-même que son corps ; ou, pour mieux dire, elle est bien plus lui-même que son corps. Le bon état de son âme doit donc lui être aussi avantageux que le bon état de son corps. C'est pourquoi Cicéron, dans son *Traité des devoirs*, répète à satiété non seulement que l'utile n'est pas l'honnête, mais que la seule chose vraiment utile, c'est l'honnête. En immolant les parties les moins élevées aux parties les plus élevées, l'homme vertueux ne fait donc pas un mauvais calcul : il échange, au contraire, de la monnaie de billon contre de l'or. C'est la vraie manière de s'aimer soi-même. Aussi dit-on, au contraire, du méchant qu'il est l'*ennemi de lui-même*. Celui qui rend les autres malheureux commence par se rendre malheureux. C'est ce qu'exprime Aristote :

« Si un homme, dit-il, ne cherchait jamais qu'à suivre la justice, la sagesse, ou telle autre vertu... il serait impossible de l'appeler égoïste et de le blâmer. Cependant n'est-il pas en quelque sorte plus égoïste que les autres, puisqu'il s'adjuge les choses les plus belles et les meilleures, et qu'il jouit de la partie la plus relevée de son être ?... Il est évident que c'est ce principe souverain qui constitue essentiellement l'homme, et que l'honnête homme aime de préférence à tout. Il faudrait donc dire, à ce compte, qu'il est le plus égoïste des hommes. Mais ce noble égoïsme l'emporte sur l'égoïsme vulgaire, autant que la raison sur la passion, et que le bien l'emporte sur l'utile. »

159. La doctrine du sentiment. — Le sentiment moral est un phénomène si énergique de l'âme humaine, qu'il a souvent caché aux yeux des hommes, et même des philosophes, l'acte essentiellement rationnel qui distingue le bien du mal et qui impose l'obligation à la volonté. De là cette doctrine célèbre que l'on appelle la *morale du sentiment*, qui fait du sentiment moral (sous une forme ou sous une autre) le seul principe, le seul mobile, le seul critérium du bien et du mal.

Cette doctrine est supérieure à la morale de l'utilité, en ce qu'elle admet et maintient le désintéressement ; mais en elle-même elle est insuffisante.

M. V. Cousin[1] a parfaitement montré : 1° que la morale du sentiment suppose un principe antérieur à elle ; 2° que

---

1. *Le Vrai, le Beau et le Bien*, XIXe leçon.

cette morale n'explique pas les deux caractères essentiels de la loi morale : l'universalité et l'obligation.

1° Nous serait-il possible de ressentir quelque satisfaction intérieure ou quelque remords, si nous ne savions d'abord que nous avons bien ou mal agi? Le sentiment moral suppose donc un jugement moral antérieur. Loin de fonder l'idée du bien, il la suppose. Il en est de même de la sympathie, il en est de même de la bienveillance et de toutes les autres affections morales. L'idée du bien est déjà dans tous ces sentiments : tous l'impliquent ou en dérivent : ce ne sont donc pas eux qui peuvent l'expliquer.

2° Le sentiment moral ne peut fonder une loi universelle. Il n'est pas le même chez tous les hommes, tous ne sont pas disposés à goûter avec la même délicatesse les plaisirs intimes du cœur. Il y a des natures grossières et des natures d'élite. L'état de l'atmosphère, la santé, la maladie émoussent, ou avivent la sensibilité morale. La solitude laisse au remords toute son énergie; la présence de la mort la redouble. Le monde, le bruit, l'entraînement, l'habitude, l'étourdissent sans l'étouffer... L'esprit souffle à son heure... On connaît le mot célèbre : Il fut brave un tel jour.

N'est-ce pas une règle de la prudence et de la justice de ne pas trop écouter, sans les dédaigner toutefois, les inspirations capricieuses du cœur? Sans doute, sous le gouvernement de la raison, le sentiment ne s'égare pas et devient même pour elle un appui admirable. Mais livrez-le à lui-même, et il n'a plus de principe assuré; il dégénère en passion; et la passion est fantasque, injuste, excessive... Sans la vue toujours présente du bien et de l'obligation inflexible qui y est attachée, l'âme ne sait où se prendre sur ce terrain mouvant qu'on appelle la sensibilité; elle flotte du sentiment à la passion, de la générosité à l'égoïsme, montée un jour au ton de l'enthousiasme, et le lendemain descendant à toutes les misères de la personnalité.

160. Doctrine de la sympathie. Adam Smith. — Une des formes les plus ingénieuses de la morale du sentiment est la doctrine de la *sympathie*, dont l'auteur est le célèbre moraliste et économiste Adam Smith, dans son traité *des Sentiments moraux*.

C'est un fait universellement observé que l'homme souffre des souffrances des autres hommes et jouit de leurs plaisirs. Ce fait est la sympathie, qui a sa source dans l'imagination, c'est-à-dire dans la faculté de nous mettre à la place de nos semblables et de nous représenter leurs douleurs ou leurs joies assez vivement pour les partager. Non seulement les grandes douleurs ou les joies très vives, mais en général toute espèce de sentiments réels ou imaginaires déterminent en nous des sentiments sympathiques : c'est ainsi que nous sympathisons avec les héros de théâtre et de roman; ou bien encore avec des personnages véritables, mais auxquels notre imagination prête des sentiments qu'ils n'éprouvent pas en réalité, par exemple avec l'homme qui a perdu la raison, quoiqu'il ne sente pas son malheur. Cette correspondance de sentiments, ce retentissement des émotions étrangères dans notre cœur est accompagné de plaisirs; il est doux même de souffrir avec ceux qui souffrent, mais il est doux surtout de sentir les hommes souffrir avec nous et leur cœur battre avec le nôtre. La sympathie rapproche les âmes, elle rend la joie plus vive et la douleur plus légère.

Le fait de la sympathie étant une fois bien établi, voyons comment ce sentiment peut devenir, selon Smith, la source de l'approbation et la mesure certaine de la convenance ou de la disconvenance des actes. Lorsque nous sympathisons entièrement avec les sentiments d'une personne; lorsque, nous mettant à sa place par l'imagination, il nous semble que nous sentirions comme elle, ces sentiments nous paraissent convenables; au contraire, nous les jugeons non convenables quand nous ne pouvons sympathiser avec eux. Et ils sont plus ou moins convenables selon qu'ils se rapprochent ou s'éloignent du point où nous les partageons sans réserve; or, déclarer les sentiments des autres hommes convenables ou non convenables, c'est les approuver ou les désapprouver. Approuver ou désapprouver les actions des hommes, c'est donc simplement reconnaître que nous sympathisons ou que nous ne sympathisons pas avec elles. Adam Smith reconnaît cependant qu'il peut arriver que nous approuvions certains sentiments sans sympathiser vivement avec eux dans le moment actuel ; nous ne rions pas toujours d'une plaisanterie que nous approuvons, c'est-à-dire que nous trouvons fine et juste ; mais ce cas rentre encore dans la règle : car notre approbation a pour principe la sympathie que nous avons eue auparavant pour une plaisanterie du même genre, et que nous aurions encore si nous étions disposés à la gaieté. De même nous pouvons être témoins de la douleur d'un homme qui a perdu une personne chérie sans y sympathiser vivement ; et pourtant nous l'approuvons : c'est que nous nous rappelons une douleur pareille, nous savons qu'elle mérite la sympathie, quoique dans le moment présent notre âme ne soit pas en état de la ressentir. En un mot, il n'y a d'autre règle, pour juger les sentiments des autres hommes, que l'analogie des sentiments qui leur correspondent en nous-mêmes.

La sympathie n'est pas seulement juge, selon A. Smith, de la convenance ou de la disconvenance des actions, mais encore du mérite ou du démérite de l'agent. C'est un point très ingénieux de sa doctrine. Il y a dans l'âme une sorte de sympathie double qui s'éveille lorsque nous voyons un homme faire du bien à un autre homme, et celui-ci répondre à cette bienveillance par de vifs sentiments de gratitude et d'amitié. Nous sympathisons alors à la fois avec les sentiments du bienfaiteur et avec ceux de l'obligé : avec le premier, nous voulons du bien au second ; avec le second, nous voulons rendre au premier le bien qu'il a fait ; nous partageons la bienveillance de l'un, la reconnaissance de l'autre ; nous prononçons, en un mot, que l'obligé a raison de vouloir du bien à son bienfaiteur ; nous prononçons donc avec lui que le bienfaiteur mérite un bien proportionné à celui qu'il a fait. De là l'idée de mérite, à laquelle s'attache celle de récompense. Au contraire, lorsque nous voyons un homme en maltraiter un autre injustement, et que le second se révolte contre cette injustice, qu'il en réclame la réparation et qu'il punit le premier d'une manière proportionnée à l'offense, nous sympathisons avec ce juste ressentiment; nous l'approuvons; c'est-à-dire qu'en nous-mêmes nous prononçons que le malfaiteur, le méchant a mérité la peine qu'il subit : de là l'idée de démérite, que suit celle de châtiment.

Mais comme il est évident que l'homme, emporté par son ressentiment ou même par sa reconnaissance, n'a pas une juste idée du mérite ou du démérite des actions dont il est l'objet, le spectateur peut se tromper aussi s'il est entraîné par les mêmes passions : lui-même pourra trop sympathiser avec le ressentiment de celui-ci, avec la gratitude de celui-là, et mettre l'offenseur ou le bienfaiteur l'un trop bas, l'autre trop haut : aussi le juge véritable et infaillible n'est pas la personne intéressée ni celui qui épouse ses passions; c'est un spectateur tranquille et *impartial*, et, comme le dit Smith, « un homme raisonnable, doué d'humanité ». Ainsi, ce n'est pas tout homme qui est le juge de la convenance ou du mérite des actions : c'est tout homme raisonnable et humain, tout spectateur désintéressé et impartial.

Comment expliquer maintenant par la sympathie les jugements que nous portons sur nous-mêmes, et ce jugement intérieur, reconnu par les moralistes et par tous les hommes, que nous nommons la conscience? La sympathie suppose toujours deux personnes qui ont des sentiments communs ou différents, qui s'approuvent ou se désapprouvent selon l'analogie ou l'opposition de leurs sentiments : il semble résulter de là que la personne qui agit ou qui approuve certains sentiments ne peut pas elle-même approuver ou désapprouver ses propres actions ou ses propres sentiments : elle manquera donc de lumière pour se conduire. Ce jugement de la conscience, suivant Adam Smith, n'est point direct et primitif; nous n'avons pas plus une notion primitive de la convenance ou de la disconvenance de nos actions que de la beauté ou de la difformité de notre visage : seule, l'âme ne parviendrait jamais à distinguer le bien du mal; elle n'aurait pas de miroir où s'apercevoir elle-même; ce miroir, c'est pour nous la physionomie et les sentiments des autres hommes, qui peu à peu, en nous montrant ce qui leur plaît ou ce qui leur déplaît en nous, nous apprennent ce qui convient ou ce qui ne convient pas. Ainsi, c'est la sympathie des autres hommes pour nos sentiments qui devient la mesure de nos idées de convenance et de disconvenance. Mais pourquoi cela? et quelle est pour nous l'autorité du jugement d'autrui? C'est que, lorsqu'un spectateur impartial sympathise avec nos sentiments, nous sympathisons à notre tour avec sa sympathie, et ainsi nous sympathisons avec nous-mêmes, par son intermédiaire. Sympathiser avec nous-mêmes, c'est nous approuver; et s'approuver soi-même, en général, c'est approuver l'approbation du spectateur impartial: origine singulièrement détournée et compliquée d'un sentiment si simple et si immédiat.

Quelque ingénieux que soit le système de la sympathie, il succombe devant les deux objections déjà exposées :

1° Le sentiment de la sympathie ne peut fonder le jugement d'approbation; mais, au contraire, il le suppose. Qu'est-ce, en effet, que ce *spectateur impartial* dont parle Smith, si ce n'est la raison elle-même nous apprenant ce que nous devons approuver ou blâmer?

2° La sympathie, comme tous nos autres sentiments, est soumise à toutes les fluctuations et à toutes les contradictions de la sensibilité, ce qui lui ôte le caractère d'une règle immuable et absolue.

161. Le rôle du sentiment dans la morale. — Cependant, quoique le sentiment soit un principe insuffisant pour fonder la morale, ce n'est pas à dire qu'il doive être complètement écarté et traité en ennemi. C'est le tort du philosophe Kant, qui a eu des vues si sublimes en morale, de jeter une sorte de défaveur sur nos bons sentiments et sur les inclinations naturelles qui nous conduisent au bien spontanément et sans effort. Il ne reconnaît le caractère de la moralité que là où il y a obéissance au devoir, c'est-à-dire effort et lutte, ce qui implique en définitive résistance et rébellion : car la lutte suppose l'obstacle. Veut-il nous donner la véritable idée du devoir de conservation personnelle, il nous représentera l'homme arrivé par le désespoir jusqu'à prendre sa vie en horreur, mais triomphant de cette misanthropie farouche et ne consentant à vivre que par respect pour la loi morale. De même, veut-il peindre le véritable devoir envers les hommes, il nous représentera une âme naturellement froide et insensible qui, sans pitié et sans faiblesse, fait le bien d'autrui parce que c'est son devoir et par nul autre motif. Tout autre amour que celui qui se manifeste par des actes extérieurs est comme flétri par lui sous le nom d'*amour pathologique*. Il en vient jusqu'à dépouiller le mot touchant de l'Évangile : « Aimez-vous les uns les autres, » de toute flamme intérieure, pour le réduire exclusivement à des obligations externes, oubliant cette admirable parole de saint Paul : « Quand je donnerais tout mon bien pour être distribué aux pauvres, quand je livrerais mon corps pour être brûlé, si je n'ai pas la charité, tout cela ne me sert de rien. »

Une telle morale aurait pour effet de nous inspirer des scrupules et des remords pour nos bons sentiments ; et même elle semble impossible s'il n'y en a pas de mauvais. Le devoir y est partout représenté comme étant exclusivement une contrainte, un ordre, une discipline. Mais cette contrainte suppose évidemment une résistance de la sensibilité. Si nous n'avions pas de passions, qu'aurions-nous à vaincre ? Celui qui n'a pas de goût pour les plaisirs de la table s'en prive tout naturellement, sans avoir besoin de la contrainte de la loi ; celui qui n'a pas la passion du jeu n'a que faire du précepte qui défend de jouer ; celui qui n'a jamais éprouvé le désir de la vengeance ne pense pas à la loi qui défend de se venger.

Il faudrait donc non seulement regretter ses bons sentiments, mais même désirer d'en avoir de mauvais, si l'on veut atteindre à la vraie moralité. Dans cette doctrine il y aurait aussi des élus et des réprouvés ; seulement, les élus sont ceux qui sont nés avec des vices ; les réprouvés sont ceux que la Providence a faits bons, pieux, naturellement sincères, naturellement courageux. Les premiers peuvent se donner à eux-mêmes une vraie valeur morale ; les seconds jouissent d'une nature heureuse, mais le mérite et la moralité leur sont interdits.

On le voit, il y a dans cette morale une sorte de jansénisme[1] rebutant, qui dépouille la vertu de ses grâces et de sa beauté, n'y voit que contrainte et sèche obéissance, au lieu d'y voir joie, bonheur et attrait. C'est une vertu de moine, pour laquelle la règle est tout. Ce n'est pas là la vertu des Grecs, d'un Socrate, d'un Platon, d'un Fénelon (car celui-là aussi est un Grec), vertu accessible et douce, vertu aimable et noble, vertu mêlée de rythme et de poésie : « Le sage est un musicien, » disait Platon. Ce n'est pas la vertu chrétienne, vertu de tendresse et de cœur, vertu de dévouement et de fraternité. Kant s'est trompé en refusant d'admettre ce superflu si nécessaire qui est l'amour même de la vertu.

On pourrait craindre, sans doute, que cette revendication des droits du sentiment n'affaiblisse le principe de la moralité, c'est-à-dire l'énergie de l'action individuelle et le libre effort de la volonté. Ce serait une crainte chimérique. La prédominance des bons instincts, dans les meilleurs des hommes, laisse encore une assez grande place aux mauvais pour qu'il reste, et indéfiniment, une marge suffisante aux obligations impérieuses de la loi et aux conquêtes morales du libre arbitre. Mieux vous avez été partagé par la nature, plus vous êtes tenu d'augmenter ce bien naturel par vos efforts pour conquérir ce qui vous manque. Les bons sentiments eux-mêmes sont encore une matière à lutte et à perfectionnement moral, puisque vous pouvez avoir à lutter contre leurs tentations mêmes ; car la sensibilité est un piège en même temps qu'elle est un

---

[1]. Le *jansénisme* est une secte du xviie siècle, célèbre par la rigueur outrée de sa morale.

don. S'il est bien d'aimer les hommes, la raison et le devoir sont là pour vous dire qu'il ne faut pas sacrifier la vertu austère de la justice à la vertu aimable de la charité. S'il est bien d'aimer sa famille et ses amis, il n'en est pas moins obligatoire de ne leur sacrifier ni le bien des autres ni l'intérêt même de votre propre vertu.

Il n'est donc point question de remplacer la morale du devoir par la morale du sentiment ; nous ne nous élevons que contre l'exagération de Kant, qui exclut entièrement le sentiment du domaine de la moralité, et semble trop souvent confondre dans la morale le moyen avec le but. Le but, c'est d'arriver à être bons. Que si Dieu a commencé par nous faire tels, en nous dispensant d'une partie des efforts à faire pour arriver au but, ce serait une morale très imparfaite que celle qui trouverait le moyen de s'en plaindre, qui mettrait sur la même ligne les bons et les mauvais sentiments, et constituerait même un privilège en faveur de ceux-ci.

Le sentiment n'est donc pas, quoi qu'en dise Kant, l'ennemi de la vertu ; il en est, au contraire, l'ornement et la fleur. Aristote a été à la fois plus humain et plus vrai lorsqu'il a dit : « L'homme vertueux est celui qui trouve du plaisir à faire des actes de vertu. » Il ne suffit pas d'être vertueux, il faut encore que le cœur trouve du plaisir à l'être. Que si la nature a déjà bien voulu faire pour nous les premiers frais, ce serait être bien ingrat que de lui en vouloir.

PROBLÈMES ET EXERCICES PRATIQUES

Les deux formes de la morale du plaisir. — Morale d'Aristippe et morale d'Épicure ; l'une qui prescrit la recherche de toute espèce de plaisirs sans discernement, l'autre qui fait consister le plaisir dans la privation de la douleur. Dans les deux cas, la morale du plaisir se détruit elle-même. Bentham : l'*Arithmétique* du plaisir. (Voir Jouffroy, *Cours de droit naturel*, leçons sur Bentham.)

La quantité et la qualité du plaisir. — (Voir notre *Morale*, l. Ier, ch. Ier, p. 17.)

Distinguer le bonheur du plaisir. — Comment la vraie notion du bonheur se concilie avec celle du devoir. (Voir notre *Morale*, l. Ier, ch. IV.)

Analyse des diverses formes de la morale du sentiment.

Doctrine de J. J. Rousseau. — (*Émile*.)

Doctrine de Jacobi. — (Analyse du *Woldemar* dans l'*Allemagne*, de Mme de Staël.)

Doctrine de Hutcheson : le sens moral. — **Doctrine de Ferguson :** la bienveillance. (Voir V. Cousin, l'*École écossaise*.

Analyse détaillée de la doctrine d'Adam Smith. (Voir V. Cousin, l'*École écossaise*, et surtout Jouffroy, *Cours de droit naturel*.)

Comment l'amour de Dieu et l'amour des hommes peuvent-ils être un *devoir*, si ce n'est pas l'amour, c'est-à-dire le sentiment qui est le principe de la morale ?

Histoire du mot « vertu ». — On a d'abord entendu par là les *qualités naturelles de l'âme*; il a été plus tard exclusivement consacré à désigner l'œuvre de la volonté libre. (Voir dans la *Morale d'Aristote* ce qu'il appelle les vertus *naturelles*, les vertus *intellectuelles* et les vertus *morales*.)

De plus, il a surtout signifié d'abord les qualités mâles et *viriles* (*vir*, homme ; *virtus*), avant de signifier toutes les qualités de l'âme librement acquises, conservées ou perfectionnées.

De l'influence de l'intelligence sur la vertu. — Y a-t-il, peut-il y avoir progrès dans la vertu ? (F. Bouillier, *du Progrès moral* ; Caro, *Morale sociale*. Voir aussi notre *Morale*, l. III, ch. IX.)

La vertu, en devenant une habitude, ne perd-elle pas sa liberté ? Différences de la *vertu* et de la *sainteté*. La vertu suppose la lutte ; la sainteté est l'accord complet et inaltérable de la volonté avec la loi morale.

CHAPITRE VIII

L'INDIVIDU. — DEVOIRS ENVERS LA PERSONNE MORALE. — LA DIGNITÉ HUMAINE

Toutes les questions que nous avons étudiées jusqu'ici ont rapport aux principes de la morale et composent ce qu'on appelle la morale *théorique*. La seconde partie de cette science, dont il nous reste à nous occuper, est la morale *pratique*. La première a pour objet les *principes*, la seconde les *préceptes*; la première traite *du devoir*, la seconde *des devoirs*.

On ramène généralement les devoirs à trois classes : devoirs envers *nous-mêmes* ou devoirs individuels, envers les *autres hommes* et envers *Dieu*.

Les devoirs individuels se divisent en deux classes : devoirs relatifs au *corps*, devoirs relatifs à l'*âme*.

162. Devoir de conservation. Le suicide. — Considéré comme animal, l'homme est lié à un corps, et cette union de l'âme et du corps est ce que l'on appelle la vie. De là un premier devoir, que l'on peut considérer comme le devoir fondamental et la base de tous les autres : le *devoir de conservation*. Il est évident, en effet, que l'accomplissement de tous nos autres devoirs suppose préalablement celui-là.

Avant d'être un devoir, la conservation est pour l'homme un instinct, et même un instinct si énergique et si universel, qu'il semble avoir bien peu besoin d'être transformé en devoir, au point même que l'homme doit plutôt combattre en lui la tendance lâche qui lui fait aimer la vie que celle qui le porterait à la mort. Cependant il arrive, malheureusement encore trop souvent, que les hommes, égarés par le désespoir, en viennent à se croire le droit de s'affranchir de la vie : c'est ce qu'on appelle le *suicide*. Il est donc très important, en morale, de combattre ce funeste préjugé et d'apprendre aux hommes que, lorsque la vie cesse d'être un plaisir, elle reste encore une obligation morale à laquelle ils ne peuvent se soustraire.

Le suicide peut être condamné à trois points de vue différents :

1° Le suicide est une transgression de notre devoir envers les autres hommes (en tant que l'on peut toujours, si misérable qu'on soit, rendre quelque service à autrui).

2° Le suicide est contraire à nos devoirs envers Dieu (en ce sens que l'homme abandonne par là, sans en avoir été relevé, le poste qui lui a été confié dans le monde).

3° Enfin, le suicide est une violation du devoir de l'homme envers soi-même ; toute autre considération mise à part, l'homme doit se conserver, par cela seul qu'il est une personne morale et qu'il n'a pas plus de droit sur lui-même que sur autrui.

C'est un sophisme, dit-on, d'appeler le suicide une lâcheté, car il faut beaucoup de courage pour s'ôter la vie. — On ne conteste pas qu'il n'y ait un certain courage physique à s'ôter la vie ; mais il y aurait un plus grand courage, un courage moral, à braver la douleur, la pauvreté, l'esclavage : le suicide est donc au moins une lâcheté relative. Peu importe d'ailleurs que le suicide soit un acte courageux ou lâche ; ce qui est certain, c'est qu'en se détruisant l'homme détruit, par là même, toute possibilité d'accomplir quelque devoir que ce soit.

Admettre la légitimité du suicide, c'est admettre que l'homme s'appartient à lui-même comme une chose appartient à son maître. Or, l'homme n'est pas une *chose* ; il ne peut jamais être traité comme tel, ni par autrui ni par lui-même.

Il ne faut pas confondre avec le suicide la mort volontaire, c'est-à-dire la mort bravée et même recherchée pour le bien de l'humanité, de la famille, de la patrie, de la vérité. Par exemple, Eustache de Saint-Pierre et ses compagnons, d'Assas, tant d'autres, ont volontairement cherché ou accepté la mort, pouvant l'éviter. Sont-ce là des suicides? Si l'on poussait jusque-là, il faudrait aller jusqu'à supprimer le dévouement, car le comble du dévouement est précisément de braver la mort; et il faudrait condamner celui qui s'expose même à un simple péril, puisqu'il n'a aucune assurance que le péril ne soit pas un acheminement à la mort. Mais il est évident que le suicide condamné est celui qui a pour cause soit l'égoïsme, soit la crainte, soit un faux honneur. Aller plus loin, ce serait sacrifier d'autres devoirs plus importants et couvrir l'égoïsme lui-même de l'apparence et du prestige de la vertu[1].

163. Conséquences du devoir de conservation. — Une des conséquences évidentes du devoir de conservation, c'est qu'il faut éviter les mutilations volontaires. Par exemple, ceux qui se mutilent pour éviter le service militaire manquent d'abord au devoir envers leur pays; mais ils manquent aussi à un devoir envers eux-mêmes. Car, le corps étant l'instrument de l'âme, il est interdit d'en supprimer une partie sans nécessité. C'est là un suicide partiel.

De là encore le devoir de ne pas nuire volontairement et inutilement à sa santé. Seulement, c'est là un devoir qu'il ne faut pas entendre à la rigueur. Autrement il deviendrait une préoccupation étroite et égoïste qui ne serait pas digne de l'homme. On doit choisir et observer régulièrement le régime qui paraît, soit par l'expérience générale, soit par notre expérience personnelle, le plus conforme à la conservation de la santé; mais, ce principe une fois établi, des précautions trop minutieuses et trop circonspectes abaissent l'homme et lui donnent au moins un certain cachet de ridicule qu'il doit éviter. L'on ne prendra donc pas pour modèle l'Italien Cornaro, qui avait des balances à ses repas pour mesurer ses aliments et ses boissons, quoique ce régime, dit-on, l'ait conservé jusqu'à cent ans.

---

1. Voy., pour et contre le suicide, les deux lettres de Saint-Preux et de mylord Edouard dans la *Nouvelle Héloïse*.

Mais si une préoccupation trop minutieuse des soins de la santé ne doit pas être recommandée, cependant on ne saurait trop s'imposer l'obligation, dans la mesure du possible, de suivre un régime sage et modéré, aussi favorable à l'esprit qu'au corps. Sous ce rapport, l'hygiène est une partie non méprisable de la morale.

Éviter les longues veilles, les repas trop prolongés ou les boissons excitantes, distribuer régulièrement sa journée, se lever matin, se couvrir modérément, tels sont les conseils que donne la sagesse ; ce qui n'exclut pas cependant la liberté de faire fléchir ces règles devant de plus importantes quand il est nécessaire. Le principe est de ne pas trop accorder au corps : c'est le meilleur moyen de le fortifier.

Parmi les vertus qui se rattachent au devoir de conservation, il en est une qu'un philosophe du xviii° siècle (Volney, *Loi naturelle*, ch. ix) a signalée le premier dans son *Catéchisme de morale* : c'est la *propreté*. Elle est, en effet, d'une grande importance, et le contraire surtout en est répugnant. Outre la part qu'elle a, comme on sait, à la conservation de la santé, la propreté a encore ce mérite d'être le signe d'autres vertus d'un ordre plus élevé. La propreté suppose l'ordre, une certaine délicatesse, une certaine dignité; elle est le premier signe de la civilisation; partout où on la rencontre, elle annonce que des besoins plus élevés que ceux de l'animalité se font ou vont se faire bientôt sentir; là où elle manque, on peut affirmer que la civilisation n'est qu'apparente ou qu'elle a encore beaucoup à faire et à réparer.

164. Tempérance. — Nous venons de voir que l'homme n'a pas le droit de détruire son corps, ni de le mutiler, ni enfin de le diminuer, de l'affaiblir inutilement. Mais il faut distinguer deux choses dans les fonctions du corps humain : d'une part leur *utilité*, de l'autre le *plaisir* qui les accompagne.

Sans doute un certain plaisir est nécessaire au bon exercice des fonctions, et l'appétit, par exemple, est un assaisonnement agréable qui excite et facilite la digestion. Néanmoins nous savons tous qu'il n'y a pas une proportion exacte et constante entre le plaisir des sens et l'utilité; nous savons que la jouissance peut dépasser de beaucoup le besoin, et que souvent même la santé exige une certaine limite dans la jouissance.

Par exemple, les plaisirs du palais peuvent être plus recherchés et prolongés qu'il n'est nécessaire à la satisfaction du besoin. Très peu de chose suffit à nourrir l'homme; mais il peut, par son industrie, se créer une multitude de plaisirs plus ou moins raffinés, et chatouiller encore son palais longtemps après que le besoin est satisfait. Le besoin de boire, en particulier, a donné naissance à une multitude de raffinements inventés par l'industrie humaine et qui n'ont qu'un rapport très éloigné avec le principe qui leur a donné naissance. Le vin et les alcooliques, qui sont des toniques utiles employés avec modération, sont, pour le goût, des excitants qui sollicitent sans cesse le désir; et plus ils sont recherchés, plus ils provoquent et captivent l'imagination.

De cette disproportion et disconvenance qui existent entre les plaisirs des sens et les besoins du corps naissent les vices, c'est-à-dire certaines habitudes qui sacrifient le besoin au plaisir, et dont la conséquence est précisément l'altération et la ruine des fonctions naturelles. Le plaisir, en effet, est dans une certaine mesure l'auxiliaire et en quelque sorte l'interprète de la nature; mais au delà de cette limite, le plaisir ne se satisfait qu'aux dépens de la fonction même, et, par solidarité, de toutes les autres; ainsi le trop manger détruit les fonctions digestives; les boissons excitantes brûlent l'estomac et portent atteinte de la manière la plus grave au système nerveux.

Qui oserait, dit Bossuet, penser à d'autres excès qui se déclarent d'une manière bien plus dangereuse? Qui, dis-je, oserait en parler ou oserait y penser, puisqu'on n'en parle point sans pudeur et qu'on n'y pense point sans péril, même pour les blâmer? O Dieu, encore une fois, qui oserait parler de cette profonde et honteuse plaie de la nature, de cette concupiscence qui lie l'âme au corps par des liens si tendres et si violents, dont on a tant de peine à se défendre, et qui cause dans le genre humain de si effroyables désordres! (*Traité de la concupiscence.*)

L'abus des plaisirs des sens en général s'appelle intempérance, et le juste usage de ces plaisirs *tempérance*. La gourmandise est l'abus des plaisirs du manger; l'ivresse ou l'ivrognerie, l'abus des plaisirs du boire; l'impudicité ou luxure, l'abus dans les plaisirs attachés à la reproduction de l'espèce. A ces trois vices s'opposent la *sobriété* (opposée aux deux premiers vices) et la *chasteté*.

Le devoir de la tempérance se prouve par deux considérations : 1° l'intempérance étant, comme le montre l'expérience, la ruine de la santé, elle est par là même contraire au devoir que nous avons de nous conserver; 2° l'intempérance, portant atteinte aux facultés intellectuelles et nous rendant incapables de toute action énergique et virile, est contraire au devoir qui nous est imposé de respecter nos facultés morales et de maintenir la supériorité de l'âme sur le corps.

Les anciens sages ont admirablement parlé de la tempérance. Socrate, en particulier, a bien montré que la tempérance rend l'homme libre, et l'intempérance en fait une brute et un esclave.

Dis-moi, Euthydème, penses-tu que la liberté soit un bien précieux et honorable pour un particulier et pour un État? — C'est le plus précieux des biens. — Celui donc qui se laisse dominer par les plaisirs du corps et qui est mis par là dans l'impuissance de bien faire, le considères-tu comme un homme libre? — Pas le moins du monde. — Peut-être appelles-tu liberté le pouvoir de bien faire, et servitude la présence d'obstacles qui nous en empêchent? — Justement. — Les intempérants alors te paraîtront esclaves? — Oui, par Jupiter, et avec raison. — Que penses-tu de ces maîtres qui empêchent de faire le bien et qui obligent à faire le mal? — C'est, par Jupiter, la pire espèce possible. — Et quelle est la pire des servitudes? — Selon moi, celle qui nous soumet aux pires des maîtres. —

Ainsi les intempérants subissent la pire des servitudes? — C'est mon avis. (Xénophon, *Mémorables*, IV, v.)

Une considération secondaire, qui doit être ajoutée à celle qui précède, c'est que l'intempérant qui cherche le plaisir ne le trouve pas; et même que ce plaisir, poursuivi d'une manière forcenée, se transforme en douleur : « L'intempérance, dit Montaigne, est peste de la volupté, et la tempérance n'est pas son fléau, c'est son assaisonnement. »

La tempérance ne doit pas se borner à l'intérieur; elle doit se manifester au dehors par les actes, les paroles, même le maintien et les attitudes : c'est ce que l'on appelle la *décence*, dont la principale partie est la *pudeur*. Enfin comme l'âme est toujours tentée de se mettre au ton du corps, et que le dedans se compose naturellement sur le dehors, on évitera le désordre dans les manières, dans les habits, dans les paroles, qui amènent insensiblement le désordre dans les pensées. La dignité extérieure n'est que le reflet de la dignité de l'âme.

165. Devoirs relatifs aux biens extérieurs. De l'économie et de l'épargne. — Les biens extérieurs sont aussi nécessaires à l'homme que son corps lui-même : car c'est d'abord une loi fondamentale des êtres organisés de ne subsister que par un échange continuel de parties avec des substances étrangères. La vie est une circulation, un tourbillon : nous perdons et nous acquérons; nous restituons à la nature ce qu'elle nous a donné, et nous lui reprenons de nouveau en échange ce qui est nécessaire pour réparer nos pertes. Il suit de là qu'un certain nombre de choses extérieures, à savoir les aliments, sont indispensables à notre existence, et qu'il faut absolument que nous en ayons la possession assurée pour être nous-mêmes assurés de la vie.

La nourriture n'est pas le seul besoin de l'homme. Le logement et les vêtements, sans être rigoureusement indispensables (comme on le voit dans les pays chauds), sont cependant d'une grande utilité pour maintenir un certain équilibre entre la température de notre corps et la température extérieure; car on sait que le dérangement de cet équilibre est une des causes les plus ordinaires de maladie. La nature n'ayant point vêtu l'homme, comme les autres animaux, il a de plus qu'eux la nécessité de se procurer les vêtements par son industrie. Quant à l'habitation, plusieurs animaux, ainsi que l'homme, savent s'en construire, par exemple les castors et les lapins; et malgré la supériorité incontestable de son art, ce n'est encore là pour l'homme, comme on le voit, que le développement d'un instinct qu'il partage avec d'autres êtres.

Ces divers besoins, qui exigent donc pour être satisfaits un certain nombre d'objets matériels, tels qu'aliments, maisons, vêtements, etc., en entraînent d'autres à leur suite, par exemple le besoin de locomotion pour se procurer ce dont on a besoin (de là les voitures, les bateaux, etc.); le besoin de se défendre contre ceux qui voudraient nous prendre ce que nous possédons (de là les armes de toute espèce); le besoin de repos et d'ordre dans l'intérieur de la maison (de là les meubles de toute nature); à un degré plus élevé, le besoin de plaire à l'imagination (de là les œuvres d'art, tableaux, statues); le besoin de s'instruire (de là les livres, etc.).

Enfin, indépendamment de toutes ces choses si diverses, il y en a encore deux qui méritent d'être remarquées et mises à part, à cause de leur caractère original et distinctif. C'est, d'une part, la terre, qui est la racine commune et inépuisable de toutes les richesses, la seule qui ne périsse pas et qui se retrouve toujours en même quantité, après comme avant la jouissance; la terre, qui est comme la substance, la matière même de la richesse; d'un autre côté, la monnaie (or ou argent, avec leur symbole, le papier), qui est de nature à pouvoir s'échanger contre toute espèce de marchandises, même la terre, et qui par conséquent les représente toutes. Ces deux sortes de choses, la terre et l'argent, l'une matière première, l'autre image condensée de toute richesse, sont les deux objets les plus naturels des désirs de l'homme, parce qu'avec l'un ou avec l'autre il pourra se procurer tout le reste.

Les biens extérieurs étant nécessaires à la vie, nous avons à nous demander comment on doit en *user* quand on les possède, comment on doit les *acquérir* quand on ne les possède pas.

Une première considération, c'est que les choses matérielles ou les richesses n'ont point de valeur en elles-mêmes : elles ne valent que par leur application à nos besoins. L'or et l'argent, par exemple, ne valent que parce qu'ils peuvent être échangés contre des choses utiles, et ces choses elles-mêmes ne sont bonnes que parce qu'elles sont utiles. On renverse cet ordre lorsque l'on prend les choses matérielles précisément comme des *buts* et non comme des *moyens*. C'est ce qui arrive, par exemple, lorsqu'on recherche le gain pour le gain et qu'on accumule des richesses pour le seul plaisir de les accumuler, vice qu'on appelle la *cupidité*. C'est encore ce qui arrive lorsqu'on jouit de la richesse pour elle-même, sans vouloir s'en servir, et que l'on se prive de tout pour jouir de la chose même, qui n'a de valeur qu'à la condition d'en acheter d'autres, vice qu'on appelle l'*avarice*.

Gagner de l'argent est sans doute une nécessité qu'il faut subir (et dont, d'ailleurs, il ne faut avoir aucune honte, puisque c'est la nature elle-même qui l'exige); mais ce n'est pas, ce ne doit pas être un but pour l'âme. Le but est d'assurer, à nous-mêmes ou à notre famille, les moyens de subsister et de nous procurer le *nécessaire*, ou même un certain degré de *superflu*. Il est donc légitime, selon le mot d'un ancien, de *posséder* les richesses, mais il ne faut pas *en être possédé*.

Tel est l'*esprit* dans lequel l'homme doit rechercher ou posséder les richesses, et c'est pour lui un devoir strict; mais quant au degré et à la limite de possession; quant au nombre ou à la quantité des richesses, la morale ne nous donne aucune règle ni aucun principe. Il n'y a pas de limite connue au delà de laquelle il deviendrait immoral de gagner de l'argent. Il n'est défendu à personne d'être millionnaire, si on le peut. Ce serait une très mauvaise morale que celle qui habituerait à regarder les riches comme des coupables. Le mépris des richesses, tel que le professaient les philosophes anciens, est une très belle chose; mais le bon emploi des richesses en est aussi une très belle. La richesse, qui n'a aucune valeur par elle-même, peut en avoir une très grande par l'usage que l'on en fait. Il n'y a donc pas d'autre règle ici que celle que nous avons déjà donnée, à savoir, qu'il ne faut pas aimer l'argent pour lui-même, mais l'acquérir ou le recevoir comme moyen d'être utile à soi-même ou aux autres. Ajoutons cependant que, même avec cette direction d'intention, il ne faut point trop désirer le gain : car c'est encore une manière de s'asservir à la fortune que prendre trop plaisir à l'accumuler, même pour bien l'employer.

Le devoir de ne pas être asservi en esprit aux biens matériels entraîne comme corollaire le devoir de supporter la pauvreté, si elle vous est imposée par les circonstances. Le pauvre doit chercher sans doute à améliorer sa position par son travail, et nous sommes loin de lui recommander une insensibilité stupide qui tarirait la source de toute industrie; mais ce qu'il faut interdire, et surtout s'interdire à soi-même, c'est ce mécontentement inquiet et anxieux qui fait et notre malheur et celui des autres. Il faut savoir se contenter de son sort, comme dit la vieille sagesse, et s'il est presque nécessaire de s'élever jusqu'à l'héroïsme pour savoir supporter la misère, il suffit de la sagesse pour accepter paisiblement la pauvreté et la médiocrité.

Dire que les richesses n'ont pas de valeur par elles-mêmes, mais seulement comme moyens de satisfaire nos besoins, ce n'est pas dire qu'elles sont faites pour être dépensées sans discernement; ce n'est pas condamner l'*épargne* et l'*économie,* vertus recommandées non seulement par la morale, mais encore par la science. Pour éviter la cupidité et l'avarice, on ne devra pas tomber dans la dissipation et la prodigalité.

Il est évidemment déraisonnable et absurde de sacrifier nos besoins de demain à nos plaisirs d'aujourd'hui. L'économie et l'épargne sont donc conseillées par le plus simple bon sens. Mais l'économie et l'épargne ne sont pas seulement un devoir de prudence, c'est encore un devoir de dignité : car l'expérience nous apprend que la pauvreté et la misère nous mettent dans la dépendance d'autrui et que le besoin conduit à la mendicité. Celui qui sait ménager ses moyens d'existence s'assure donc par là, dans l'avenir, non seulement l'existence, mais l'indépendance ; en se privant de quelques plaisirs passagers et médiocres, on achète ce qui vaut mieux : la dignité. « Soyez économe, dit Franklin, et l'indépendance sera votre cuirasse et votre bouclier, votre casque et votre couronne ; alors vous marcherez tête levée, sans vous courber devant un faquin vêtu de soie parce qu'il aura des richesses, sans accepter une offrande parce que la main qui vous l'offrira étincellera de diamants. »

C'est en se plaçant à ce point de vue que les maximes charmantes et spirituelles, mais quelquefois un peu vulgaires, du bonhomme Richard peuvent être considérées comme des maximes morales et doivent entrer dans les esprits : « N'apprenez pas seulement comme on gagne de l'argent, mais comment on le ménage. — Plus la cuisine est grasse, plus le restaurant est maigre. — Il en coûte plus cher pour entretenir un vice que pour élever deux enfants. — Un peu répété plusieurs fois fait beaucoup. — Les fous donnent les festins, et les sages les mangent. — C'est une folie d'employer son argent à acheter un repentir. — Les étoffes de soie éteignent le feu de la cuisine. — Quand le puits est sec, on connaît la valeur de l'eau. — L'orgueil déjeune avec l'abondance, dîne avec la pauvreté et soupe avec la honte. »

Ce que Franklin a peint avec le plus d'énergie et d'éloquence, c'est l'humiliation qui s'attache aux dettes, triste conséquence du défaut d'économie : « Celui qui va faire un emprunt va chercher une mortification. Hélas! pensez-vous bien à ce que vous faites, lorsque vous vous endettez ? Vous donnez des droits à un autre sur votre liberté. Si vous ne pouvez pas payer au terme fixé, vous serez honteux de voir votre créancier, vous serez dans l'appréhension en lui parlant; vous vous abaisserez à des excuses pitoyablement motivées; peu à peu vous perdrez votre franchise, et vous en viendrez à vous déshonorer par les menteries les plus évidentes et les plus méprisables. Car *le mensonge monte en croupe de la dette*. Un homme né libre ne devrait jamais rougir ni appréhender de parler à quelque homme vivant que ce soit, ni de le regarder en face; mais souvent la pauvreté efface et courage et vertu.

— *Il est difficile qu'un sac vide se tienne debout.* »

166. Le travail. — La nécessité de se procurer les choses nécessaires à la vie nous impose une obligation fondamentale, qui dure encore lors même que le besoin est satisfait : c'est l'obligation du *travail*.

Le travail naît du besoin, c'est sa première origine; mais il survit même au besoin; et c'est sa beauté et sa dignité que, né d'abord d'une nécessité mercenaire, il devient l'honneur de l'homme et le salut de la société.

Tout travaille dans la nature; tout est en mouvement; partout on ne voit qu'effort, énergie, déploiement de forces. Bornons-nous aux animaux : l'oiseau travaille pour faire son nid, l'araignée pour tisser sa toile, l'abeille pour faire son miel, le castor pour bâtir sa maison, le chien pour atteindre le gibier, le chat pour attraper les souris. On trouve parmi les animaux des ouvriers de toutes sortes : des maçons, des architectes, des tailleurs, des chasseurs, des voyageurs. On y trouve aussi des politiques et des artistes, comme s'ils étaient destinés à nous donner des exemples de tous les genres de travail et d'activité.

Les anciens distinguaient deux sortes de travail : le travail noble et libre, à savoir les arts, les sciences, la guerre et la politique; et le travail servile ou mercenaire, à savoir le travail des mains, et en général tout travail lucratif; ils le laissaient aux *esclaves;* celui-ci leur paraissait au-dessous de la dignité de l'homme.

Il n'est pas nécessaire d'arriver jusqu'aux temps modernes pour trouver la réfutation de ces erreurs. Un des plus grands sages, le philosophe Socrate, avait compris la dignité du travail, même du travail productif qui sert à assurer la vie; il avait vu que le travail en lui-même n'est pas servile, comme le prouve cette charmante histoire racontée par Xénophon :

Voyant un jour Aristarque plongé dans la tristesse : « Tu m'as l'air, lui dit Socrate, d'avoir quelque chose qui te pèse; il faut partager le fardeau avec tes amis. — Ma foi, Socrate, repartit Aristarque, je suis dans un grand embarras; depuis que la ville est en sédition, mes sœurs, mes nièces, mes cousines, qui se trouvaient abandonnées, se sont réfugiées chez moi, si bien que nous sommes quatorze personnes de condition libre; nous ne retirons rien de la terre, car les ennemis en sont maîtres, ni de nos maisons, puisque la ville est presque sans habitants; personne n'achète de meubles; on ne trouve nulle part à emprunter de l'argent. Il est bien triste de voir autour de soi des parents dans la détresse, et impossible de faire vivre tant de monde dans de pareilles circonstances. — Comment se fait-il donc, lui répondit Socrate, que Nausicydes, en faisant de la farine, trouve à nourrir non seulement lui-même et ses esclaves, mais encore ses troupeaux? Que Cyrénus, en faisant du pain, nourrisse toute sa maison et vive largement? Que Déméas, en faisant des *chlamydes,* Ménon des *chlanides,* la plupart des Mégariens des *exomides*[1], trouvent de quoi se nourrir? — Ah! Socrate, c'est que tous ces gens-là achètent des esclaves barbares qu'ils forcent de travailler à leur guise, tandis que moi j'ai affaire à des personnes libres, à des parentes. — Quoi donc! parce qu'*elles sont libres* et tes parentes, *crois-tu qu'elles ne doivent rien faire que manger et dormir?* Crois-tu que la paresse et l'oisiveté aident les hommes à apprendre ce qu'ils doivent savoir, leur conservent ce qui est nécessaire à la vie, tandis que le travail et l'exercice ne serviraient de rien? Ont-elles appris ce que tu dis qu'elles savent

---

1. Chlamydes, chlanides, exomides, sortes de vêtements.

comme choses inutiles à la vie et dont elles n'auraient que faire, ou au contraire pour s'en occuper et en tirer parti? Quels sont donc les hommes les plus sages, de ceux qui restent dans l'oisiveté ou de ceux qui s'occupent de choses utiles? les plus justes, *de ceux qui travaillent ou de ceux qui, sans rien faire, délibèrent sur les moyens de subsister?* — Au nom des dieux, Socrate, reprit Aristarque, ton conseil est excellent; je n'osais pas emprunter, sachant bien qu'après avoir dépensé ce que j'aurais reçu je n'aurais pas de quoi rendre; maintenant je crois pouvoir me décider à le faire. »

Aussitôt dit, on se procure des fonds, on achète de la laine. Les femmes dînaient en travaillant, soupaient après le travail, et la gaieté avait succédé à la tristesse; au lieu de se regarder en dessous, on se voyait avec plaisir. Elles aimaient Aristarque comme un protecteur, et Aristarque les chérissait pour leurs services. Enfin celui-ci vint gaiement conter l'aventure à Socrate et lui dit que ses parentes lui reprochaient d'être le seul de la maison qui mangeât sans rien faire. « Eh bien, dit Socrate, que ne leur contes-tu la fable du chien? Du temps que les bêtes parlaient, la brebis dit à son maître : « Ta conduite est bien étrange! « Nous qui te fournissons de la laine, des agneaux, du fromage, « tu ne nous donnes rien que nous ne soyons obligées d'arracher « à la terre, et ton chien, qui ne te rapporte rien, tu partages « avec lui ta propre nourriture. » Le chien, qui l'avait entendue lui dit : « Il a raison, par Jupiter! car c'est moi qui vous garde « et vous empêche d'être enlevées par les hommes ou ravies par « le loup; si je ne veillais sur vous, vous ne pourriez paître, « dans la crainte de périr. » Va donc dire à tes parentes que tu veilles sur elles comme le chien de la fable; que, grâce à toi, elles ne sont insultées par personne et peuvent, sans chagrin et sans crainte, continuer leur laborieuse existence. »

S'il est injuste de considérer comme servile le travail manuel et productif, ce serait un préjugé en sens inverse que de ne considérer comme un travail que le travail des mains et le travail mercenaire. Le travail intellectuel, celui des savants, des artistes, des magistrats, des chefs d'État, n'est pas moins utile; il est donc aussi légitime.

Il n'est pas besoin d'insister beaucoup pour nous rappeler que le travail seul assure la sécurité et le bien-être. Sans doute, il ne les assure pas toujours; cela est malheureusement vrai. Mais si, en travaillant, on n'est pas bien sûr de nourrir sa femme et ses enfants et de s'assurer pour sa vieillesse un légitime repos, en revanche, ce dont on est sûr, c'est que, sans travailler, on se condamnera soi-même et toute sa famille à une misère certaine. On n'a encore trouvé aucun moyen de faire sortir des richesses de dessous terre sans travail. Ces richesses apparentes qui frappent nos regards éblouis, ces palais, ces calèches, ces toilettes splendides, ces meubles, tout ce luxe, toutes ces richesses et d'autres plus solides, les machines, les usines, les produits de la terre : tout cela, c'est du travail accumulé. Entre l'état des peuplades sauvages qui errent affamées dans les forêts de l'Amérique, et l'état de nos sociétés civilisées, il n'y a d'autre différence que le travail. Supposez que, par impossible, dans une société comme la nôtre, tout travail vienne à s'arrêter subitement : la détresse et la faim en seront les conséquences immédiates et inévitables. L'Espagne, quand elle a découvert les mines d'or de l'Amérique, s'est crue enrichie pour l'éternité; elle a cessé de travailler : elle s'est ruinée, et, de maîtresse souveraine qu'elle était en Europe, elle est descendue au rang où nous la voyons aujourd'hui. La paresse amène la misère, la misère amène la mendicité, et la mendicité ne se contente pas toujours de demander : elle prend.

Le travail n'est pas seulement un plaisir ou une nécessité : c'est un devoir. Même pénible et sans joie, le travail est encore une obligation pour l'homme; c'est encore pour lui une obligation lors même qu'il n'en aurait pas besoin pour vivre. Le travail n'assure pas seulement la sécurité; il assure la dignité. L'homme est fait pour exercer les facultés de son corps et de son esprit. Il est fait pour agir comme l'oiseau pour voler.

Il est difficile sans doute de s'habituer au travail; mais une fois les premières difficultés vaincues, le travail est si peu une fatigue qu'il devient un besoin. On est obligé de faire effort pour se reposer. Oui, après avoir eu de la peine dans l'enfance à s'habituer au travail, ce qui devient à la longue le plus difficile, c'est de ne pas travailler. Il faut presque lutter contre soi-même pour se forcer à la distraction et au repos. Le loisir devient à son tour un devoir auquel on se soumet avec peine et auquel la raison seule dit qu'il faut se soumettre : car il ne faut pas abuser des forces que la Providence nous a confiées.

167. Devoirs relatifs à l'intelligence. — Le premier devoir relatif à l'intelligence est le devoir de *s'instruire*.

Sans doute personne n'est tenu d'être savant, d'apprendre le latin ou les sciences ; mais on peut dire que c'est un devoir pour chacun de nous : 1° d'apprendre, aussi bien qu'il lui est possible, les principes de l'art qu'il aura à cultiver ; par exemple : le magistrat, les principes de la jurisprudence ; le médecin, les principes de la médecine ; l'artisan et le laboureur, les principes de leur art ; 2° c'est un devoir pour tous les hommes, selon les moyens qu'ils ont à leur disposition, de s'instruire sur leurs devoirs ; 3° c'est encore un devoir pour chacun de dépasser, autant qu'il le peut, le strict nécessaire en matière d'instruction, et en raison des moyens qu'il a à sa disposition. C'est donc un devoir de ne négliger aucune occasion de s'instruire.

C'est encore un devoir de faire tous ses efforts pour éviter l'erreur, et de cultiver en soi le bon sens, qui est la faculté de discerner le vrai du faux.

168. La prudence. — L'instruction et le bon sens conduisent à la vertu que l'on appelle la *prudence*, qui consiste à délibérer pour agir et qui est l'art de bien discerner notre intérêt dans les choses qui nous concernent, et l'intérêt d'autrui dans les choses qui concernent autrui. Il y a donc deux sortes de prudence : la prudence personnelle, qui n'est que l'intérêt bien entendu, et la prudence civile ou désintéressée, qui s'applique aux intérêts d'autrui : ainsi, un général prudent, un notaire prudent, un ministre prudent, ne le sont pas pour eux-mêmes, mais pour les intéressés : à ce point de vue, ce n'est qu'un devoir envers autrui.

Quoique la prudence ne soit que la vertu de l'*utile*, elle est cependant une vertu. Car, lorsque nous sommes sur le point d'être entraînés par la passion, c'est le devoir lui-même qui nous ordonne de préférer l'utile à l'agréable.

Voici quelques-unes des règles relatives à la prudence :

1° Il ne suffit pas de faire attention au bien ou au mal présent, il faut encore examiner quelles en seront les suites naturelles, afin que, comparant le présent avec l'avenir et balançant l'un par l'autre, on puisse reconnaître d'avance quel en doit être le résultat.

2° Il est contre la raison de rechercher un bien qui causera certainement un mal plus considérable.

3° Rien n'est plus raisonnable que de se résoudre à souffrir un mal dont il doit certainement nous revenir un plus grand bien.

4° On doit préférer un grand bien à un moindre, et réciproquement un moindre mal à un plus grand.

5° Il n'est pas nécessaire d'avoir une entière certitude à l'égard des biens et des maux considérables, et la vraisemblance suffit pour engager une personne raisonnable à se priver de quelques petits biens ou à souffrir quelques maux légers, en vue d'acquérir des biens beaucoup plus grands ou d'éviter des maux beaucoup plus fâcheux. (Burlamaqui, *Droit naturel*.)

169. La véracité. — Les hommes se servent de la parole pour exprimer la pensée. De là un devoir important et fondamental : celui de n'affirmer par la parole que la vérité, ou ce que l'on croit tel après avoir pris toutes les précautions possibles pour ne pas se tromper. On estime au plus haut degré ceux qui ne se servent de la parole que pour exprimer leur pensée, et on méprise ceux qui s'en servent pour tromper. Cette sorte de vertu s'appelle *véracité*, et le vice qui lui est opposé est le *mensonge*.

On peut distinguer deux espèces de mensonges :

Le mensonge *intérieur* et le mensonge *extérieur* : le premier par lequel on se ment à soi-même, c'est-à-dire on manque de sincérité par rapport à soi-même; le second par lequel on ment à autrui.

On peut se demander s'il est possible que l'homme se mente véritablement à soi-même. On comprend, en effet, que l'homme se trompe, mais alors il ne sait pas qu'il se trompe : c'est erreur, ce n'est pas mensonge; si, au contraire, il sait qu'il se trompe, par cela même il n'est pas trompé. Il semble donc qu'il ne puisse y avoir mensonge à l'égard de soi-même.

Et cependant il est certain que l'homme peut se tromper volontairement lui-même, par conséquent se mentir. Le cas le plus habituel du mensonge intérieur est lorsque l'homme emploie des sophismes pour étouffer le cri de la conscience, ou encore lorsqu'il cherche à se faire croire à lui-même qu'il n'a d'autre motif que le bien moral, tandis qu'il n'obéit en réalité qu'à la crainte du châtiment ou à tel autre motif intéressé.

Le mensonge intérieur est déjà une véritable bassesse, ou du moins une faiblesse; et l'on doit conclure de là qu'il en est de même du mensonge extérieur, c'est-à-dire du mensonge qui s'exprime par des paroles.

Le mensonge est toujours une chose basse, soit qu'il ait pour cause le désir de nuire, ou celui d'échapper à la punition, ou le désir du gain, ou tout autre mobile plus ou moins grossier : « Le menteur, a dit un moraliste, est moins un homme véritable que l'apparence trompeuse d'un homme. »

Il est évident que le devoir de ne pas mentir n'entraîne pas comme conséquence le devoir de tout dire. Il ne faut pas confondre le silence avec la dissimulation, et nul n'est tenu de dire tout ce qu'il a dans le cœur; bien au contraire, nous sommes ici en face d'un autre devoir envers nous-mêmes, qui est en quelque sorte l'opposé du précédent, à savoir : la discrétion. Le bavard et l'étourdi, l'un qui parle quand même, l'autre qui dit ce qu'il devrait taire, ne doivent pas être confondus avec l'homme loyal et sincère qui ne dit que ce qu'il pense, mais qui ne dit pas nécessairement tout ce qu'il pense.

Si le mensonge, en général, est un abaissement de la dignité humaine, cela est encore vrai, à bien plus forte raison, de cette sorte de mensonge que l'on appelle *parjure* et que l'on pourrait définir un double mensonge.

Le parjure est de deux sortes : il est ou la prestation d'un faux serment, ou la violation d'un serment antérieur, c'est-à-dire d'une promesse faite sous serment. Pour savoir ce que c'est qu'un parjure, il faut donc savoir ce que c'est qu'un serment.

Le *serment* est une affirmation où l'on prend Dieu à témoin de la vérité de ce qu'on dit. Le serment consiste donc en quelque sorte à invoquer Dieu en notre faveur, à le faire parler en notre nom. On atteste pour ainsi dire que Dieu, qui voit le fond des cœurs, s'il était appelé en témoignage, parlerait comme nous parlons nous-mêmes. Le serment indique que l'on accepte d'avance les châtiments que Dieu ne manque pas d'infliger à ceux qui attestent son nom en vain.

On voit comment le parjure, j'entends par là la prestation d'un faux serment, peut être appelé un double mensonge. Car le parjure ment d'abord en affirmant une chose fausse ; et il ment ensuite en affirmant que Dieu lui-même rendrait témoignage s'il était là. Ajoutons qu'il y a là une sorte de sacrilège, qui consiste à faire en quelque sorte de Dieu le complice de notre mensonge. Il en est de même lorsque le parjure est la violation d'un serment antérieur.

170. Devoirs relatifs à la volonté et au sentiment. La force d'âme : courage. — La volonté est le pouvoir de se résoudre à l'action sans y être contraint par aucune force du dehors ou même par la force des passions. Elle a donc elle-même une force, par laquelle elle lutte contre les obstacles externes ou internes qui s'opposent à elle. C'est ce qu'on appelle la *force d'âme*, dont la principale forme est le courage.

Le courage, dans son sens le plus habituel, est cette sorte de vertu qui brave le péril et même la mort, quand il est nécessaire, pour accomplir un devoir.

Le courage qui frappe le plus les hommes, c'est le courage militaire ; cependant ce n'est pas le seul : le médecin dans une épidémie, le simple citoyen dans un fléau public, chacun de nous sur son lit de mort, peuvent montrer autant et souvent plus de courage que le soldat dans la bataille. Le courage *civil* n'est pas moins nécessaire que le courage militaire : celui, par exemple, du magistrat rendant la justice malgré les sollicitations des puissants, celui du citoyen défendant les lois, du juste disant la vérité au péril de sa vie, etc.

Le courage, a-t-on dit, est un milieu entre la témérité et la lâcheté. Cela est vrai en général ; mais il ne faut pas croire qu'il y ait toujours témérité à braver le péril et toujours lâcheté à l'éviter. Le vrai principe, c'est qu'il faut braver les périls nécessaires, quelque grands qu'ils soient, et éviter les périls inutiles, si minimes qu'ils puissent être.

Le courage ne consiste pas seulement à braver le péril et la mort, mais encore à supporter le malheur, la misère, la douleur. On peut être courageux dans la pauvreté, dans l'esclavage, dans la maladie. Le courage ainsi entendu s'appelle *patience*.

C'est cette sorte de courage de tous les instants qui est surtout réclamé dans la vie, et c'est celui qui est le plus rare ; car on trouve encore un assez grand nombre d'hommes capables de braver la mort quand l'occasion s'en présente ; mais supporter avec résignation les maux inévitables et sans cesse renouvelés de la vie humaine, est une vertu d'autant plus rare qu'on n'a presque point honte du vice qui lui est contraire. On rougirait de craindre le péril, on ne rougit pas de s'emporter contre la destinée ; on veut bien mourir, s'il le faut, mais non pas être contrarié. Cependant on conviendra que succomber sous le poids de sa destinée est aussi une sorte de lâcheté. C'est pourquoi on a pu dire avec raison que le suicide lui-même est un acte lâche ; car s'il est vrai qu'il exige un certain courage physique, il est aussi vrai que le courage moral qui saurait supporter de tels maux serait d'un ordre bien supérieur encore.

Mais il ne faut pas confondre la vraie force, le vrai courage, la vraie patience, avec la fausse et la ridicule obstination.

Un de mes amis, dit Épictète, résolut, sans aucun motif, de se laisser mourir de faim. Je l'appris quand il y avait déjà trois jours qu'il s'abstenait de manger : j'allai le trouver, et je lui demandai ce qu'il faisait : « Je l'ai résolu, me répondit-il. — Mais quel est le motif qui t'a poussé ? — Il faut être ferme dans ses décisions. — Que dis-tu là, mon ami ? Il faut être ferme dans ses décisions, sans doute, mais dans celles qui sont raisonnables. Quoi ! si par un caprice tu avais décidé qu'il ferait nuit, tu persisterais en disant : « Il faut être ferme dans ses décisions ?... » Notre homme se laissa décider, mais non sans peine. — On ne persuade pas plus un sot qu'on ne le brise.

A la patience dans l'adversité il faut joindre toujours une autre espèce de courage, non moins rare et moins difficile, à savoir, la modération dans la prospérité. C'est en quelque sorte une seule et même vertu s'appliquant à deux circonstances contraires, et c'est ce qu'on appelle l'égalité d'âme. Il n'y a pas moins de faiblesse à manquer de modération quand la fortune nous sourit que lorsqu'elle nous est contraire ; et il n'y a rien de plus beau dans la vie qu'une âme toujours égale, un front toujours le même, un visage toujours serein.

A l'égalité d'humeur ou possession de soi-même se rattache encore une autre obligation : celle d'éviter la colère, passion que l'on a considérée avec raison comme l'origine du courage, mais qui en elle-même est sans règles et plus propre aux bêtes qu'aux hommes. Il y a deux espèces de caractères irascibles : celui qui s'emporte vite et s'apaise vite, et, au contraire, celui qui conserve longtemps son ressentiment. Le premier est le caractère irascible, le second est le caractère atrabilaire ou vindicatif. Ce second caractère est beaucoup plus odieux que l'autre : la colère est quelquefois excusable, la rancune ne l'est jamais.

Cependant, si la colère est un mal, l'apathie, l'indifférence absolue est loin d'être un bien. S'il y a une colère brutale et animale, il y a aussi une noble colère, une *colère généreuse,* celle qui se met au service des nobles sentiments. La colère généreuse a, comme on le voit, son principe dans le sentiment de la *dignité personnelle,* auquel se rattache le devoir du *respect de soi-même.*

171. La dignité personnelle. — L'homme, étant supérieur aux autres êtres de la création par la raison, par la liberté, par la moralité, ne doit pas s'abaisser à leur niveau, mais doit respecter en lui-même et faire respecter en lui par les autres hommes la *dignité humaine.* C'est ce qui nous explique d'abord que l'homme ait des devoirs envers les animaux.

De là encore ces maximes : « Ne soyez pas esclaves des hommes. — Ne souffrez pas que vos droits soient impunément foulés aux pieds. — Ne contractez pas de dettes pour lesquelles vous n'offririez pas une entière sécurité. — Ne recevez point de bienfaits dont vous puissiez vous passer. — Ne soyez ni parasites, ni flatteurs, ni mendiants. — Les plaintes et les gémissements, même un simple cri arraché par une douleur corporelle, sont choses indignes de vous (à plus forte raison si vous avez mérité la peine). Aussi un coupable ennoblit-il sa mort par la fermeté avec laquelle il meurt. — Celui qui se fait ver peut-il se plaindre d'être écrasé ? » (Kant, *Doctrine de la vertu,* § 12.)

Le juste sentiment de la dignité humaine s'appelle *fierté*. Il ne faut pas confondre la fierté légitime avec une passion qui imite la fierté, mais qui n'en est que le fantôme : je veux dire avec l'*orgueil.* La fierté est le juste sentiment que l'homme a de sa dignité morale, et qui lui défend d'humilier ou de laisser humilier en lui la personne humaine. L'orgueil est le sentiment exagéré que nous avons de nos avantages et de notre supériorité sur les autres hommes. La fierté se rapporte à ce qu'il y a en nous de sacré et de divin ; l'orgueil ne se rapporte qu'à notre individu, et ce sont ses misères mêmes dont il se grandit et se gonfle.

La fierté ne demande qu'à ne pas être opprimée, l'orgueil demande à opprimer les autres. La fierté est noble, l'orgueil est brutal et insolent.

Le diminutif de l'orgueil, c'est la vanité. L'orgueil prend avantage des grandes choses, au moins de ce qui paraît tel parmi les hommes : la vanité s'honore même des plus petites. L'orgueil est insultant, la vanité est blessante. L'un est odieux, l'autre ridicule.

Le plus bas degré de la vanité est la *fatuité,* ou la vanité des avantages extérieurs : figure, toilette, agréments superficiels. Ce diminutif de l'orgueil est une des passions les plus pitoyables, qui doit être combattue par tous les sentiments mâles et virils.

La vertu opposée à l'orgueil, et qui n'est nullement inconciliable avec la fierté, est la modestie, à savoir le juste sentiment de ce que l'on vaut et de ce que l'on ne vaut pas. Il n'est nullement interdit par la morale de se rendre compte de ses propres mérites ; mais c'est à la condition de ne pas s'en exagérer la portée : ce qui est facile en se comparant soit à ceux qui ont reçu des dons plus excellents, soit à ce que nous devrions et pourrions être avec plus d'efforts, plus de courage, plus de volonté, soit en reconnaissant à côté de ces avantages les limites, les bornes, les lacunes, surtout en ayant sur nos défauts un œil aussi ouvert, plus ouvert encore que sur nos qualités. Prenons garde à la poutre de l'Évangile.

La modestie ne doit pas seulement être extérieure, mais encore intérieure ; au dehors, elle est surtout un devoir envers les autres, que nous ne devons pas humilier de nos avantages ; au dedans, elle est un devoir envers nous-mêmes, que nous ne devons pas tromper sur notre valeur. Quelquefois on est modeste au dehors sans l'être au dedans, et réciproquement. Je puis feindre devant les hommes de n'avoir pas grande opinion de moi-même, tandis qu'intérieurement je m'enivre de mon mérite : c'est pure hypocrisie. Je puis, au contraire, m'attribuer extérieurement des avantages que ma conscience ne reconnaît nullement dans le for intérieur : c'est fanfaronnade. Il faut être modeste à la fois au dedans et au dehors, en paroles et en actions.

Il faut distinguer de la modestie une autre vertu que l'on appelle l'*humilité*. L'humilité ne doit pas être un abaissement ; car ce n'est jamais une vertu pour l'homme de s'abaisser. Mais de même que la dignité et la fierté sont les vertus qui naissent du juste sentiment de la grandeur humaine, de même l'humilité est la vertu qui naît du sentiment de notre faiblesse. Souviens-toi que tu es homme, et ne te laisse pas avilir : voilà le respect de soi-même. Souviens-toi que tu n'es qu'un homme, et ne te laisse pas enorgueillir : voilà l'humilité.

PROBLÈMES ET EXERCICES PRATIQUES

Peut-on réduire les quatre classes de devoirs à une seule? (Voir notre *Morale*, l. II, ch. v.)

Du respect de la vie dans toute la nature animée. (Damiron, *Cours de philosophie*, tome VI, ch. II.)

Est-il permis de faire des bouquets? (G. Sand, *Lettres d'un voyageur à propos de la botanique : Revue des Deux Mondes*, 1er juin 1868.)

Expériences sur les animaux vivants : des vivisections. (Cl. Bernard, *Introduction à la médecine expérimentale*, 2e partie, ch. II.)

Questions casuistiques. (Kant, *Doctrine de la vertu*, trad. franç. de Barni, p. 78.) — Est-ce un suicide que de se dévouer à une mort certaine (comme Curtius) pour sauver la patrie? — Est-il permis de prévenir par le suicide une injuste condamnation à mort prononcée par le souverain (Sénèque, Roland, Condorcet)? — Peut-on faire un crime à un grand monarque mort depuis peu (Frédéric II) d'avoir porté sur lui un poison très subtil, sans doute afin de n'être pas obligé, s'il venait à être prisonnier dans la guerre, de souscrire à des conditions onéreuses pour son pays?

De la tempérance (*ibid.*, p. 85). — Est-il permis, sinon à titre de panégyriste du vin, au moins à titre d'apologiste, d'en permettre un usage voisin de l'abus, par cette raison qu'il anime la conversation entre convives et pousse ainsi les cœurs à s'ouvrir ?

De l'alcoolisme. Ses ravages. — Usage et abus des narcotiques. Le tabac. Ses dangers.

(*Ibid.*, p. 95.) L'avarice n'étant condamnable qu'en tant qu'elle conduit à l'indigence, ne mérite-t-elle pas plutôt le titre d'*imprudence* que celui de *vice*, si l'indigence est volontaire?

Réponse: L'avarice n'est pas seulement une économie mal entendue, c'est une soumission *servile* de soi-même aux biens de la fortune; c'est en cela qu'elle est un vice.

L'économie consistant dans un milieu entre la prodigalité et l'avarice, en quoi consiste ce milieu ? — Qu'est-ce que le *trop* et le *trop peu?* — Dois-je restreindre mes dépenses de table ou mes dépenses extérieures? Est-ce dans la vieillesse ou dans la jeunesse?

Est-ce un devoir pour les peuples de passer de l'indigence et de la misère à la richesse? — Oui, en tant que la richesse peut être cause de santé, de propreté, d'instruction; la richesse est une des formes de la civilisation.

La richesse exclut-elle une modération relative dans les désirs?

De la moralité du *luxe*. En quoi permis, en quoi défendu. — Des excès du luxe. De l'abus du travail : le devoir du repos. (Baudrillart, *Histoire du luxe public et privé*.)

Culture de l'intelligence. — De l'instruction populaire. — Que faut-il penser de l'opinion qui consiste à dire que c'est un danger d'instruire le peuple, parce que c'est le détourner de sa condition? Des déclassés: ce mal vient-il de l'instruction?

De l'opposition souvent établie entre l'instruction et l'éducation.

Questions casuistiques. (Kant, *Doctrine de la vertu*, trad. franç., p. 91.) — Du mensonge.

Peut-on regarder comme un mensonge la fausseté que l'on commet par pure politesse (par exemple, le *très obéissant serviteur* que l'on met au bas d'une lettre)? — Un auteur demande à un de ses lecteurs : « Que pensez-vous de mon ouvrage? » Que doit-on répondre si l'ouvrage est mauvais? Scène du sonnet dans le *Misanthrope*. — Si je dis une chose fausse dans des affaires importantes où le mien et le tien sont en jeu, dois-je répondre des conséquences qui peuvent en résulter? Par exemple, un maître a ordonné à son domestique de dire qu'il n'est pas à la maison ; le domestique suit cet ordre, mais il est cause par là que son maître, s'étant évadé, commet un grand crime. Le domestique est-il responsable?

Est-il permis de mentir pour sauver la vie d'un parent ou d'un ami? (Kant, *du Prétendu Devoir de mentir par humanité : Doctrine de la vertu*, trad. franç., p. 249.) Exemple de Jeannie Deans dans la *Prison d'Édimbourg*, de Walter Scott. — Doctrine des restrictions mentales et de la direction d'intention. (Pascal, 9ᵉ *Provinciale*.)

Du mensonge d'imagination : le *Menteur*, de Corneille. D'un paradoxe de Platon dans le *Second Hippias* (Œuvres, trad. V. Cousin, tome IX), à savoir que le mensonge volontaire est supérieur moralement au mensonge involontaire.

Gymnastique morale : développement de la volonté (voir 1ᵉʳ chap.). — Maxime des stoïciens : *Supporte et abstiens-toi*. Maximes d'Épictète.

Questions casuistiques. (Kant, *Doctrine de la vertu*, trad. franç., p. 100.) « Le sentiment de la sublimité de notre destination, c'est-à-dire l'élévation de l'âme qui porte si haut l'estime de soi-même, n'est-elle pas trop voisine de la présomption pour qu'il soit sage de nous y exciter? Ou bien, au contraire, l'abnégation de soi-même n'aurait-elle pas pour effet de donner aux autres une très médiocre opinion de notre valeur personnelle, et n'est-elle pas ainsi contraire au devoir de respect envers soi-même?

« Les hautes marques de respect dans les paroles, les révérences, les compliments, les phrases de cour, le Toi, le Lui, le Vous, le Très Noble (sorte de pédanterie que les Allemands ont poussée plus loin que les autres peuples[1]), tout cela n'est-il pas la preuve d'un penchant à la servilité? Celui qui se fait ver peut-il se plaindre ensuite d'être écrasé? »

---

1. Cette parenthèse est de Kant.

CHAPITRE IX

LA FAMILLE. — SA CONSTITUTION NORMALE. — ESPRIT DE FAMILLE. — L'AUTORITÉ DANS LA FAMILLE

Des devoirs individuels passons aux devoirs envers les autres hommes. Ces devoirs peuvent se ramener à trois classes : devoirs envers la famille, devoirs envers les hommes en général, devoirs envers l'État.

On peut distinguer dans la famille quatre espèces de rapports, d'où naissent quatre classes de devoirs :

1° Rapports du mari et de la femme ;
2° Rapports des parents aux enfants ;
3° Rapports des enfants aux parents ;
4° Rapports des enfants entre eux.

D'où : le devoir conjugal, le devoir paternel ou maternel, le devoir filial et le devoir fraternel.

A ces quatre éléments de la famille on peut en ajouter un cinquième, la domesticité : d'où le devoir des maîtres à l'égard des domestiques et des domestiques à l'égard des maîtres.

172. Devoirs du mariage. — Le devoir commun du mari et de la femme est la fidélité. Ce devoir est fondé d'abord sur la nature même du mariage, et en second lieu sur une promesse réciproque.

Commençons par cette dernière considération. Le mariage, tel qu'il est institué dans les pays civilisés et chrétiens, est la *monogamie*, ou mariage d'un seul homme avec une seule femme (sauf le cas de décès). Tel est l'état auquel on s'engage en entrant dans la condition du mariage ; on accepte donc, par là même, l'obligation d'une fidélité inviolable. Que si une promesse est sacrée quand il s'agit des biens matériels (par exemple une dette de jeu), combien plus sacrée est la promesse des cœurs, et ce don réciproque de l'âme à l'âme qui fait la dignité du mariage ! La fidélité conjugale est donc un devoir d'honneur, une véritable dette.

Mais ce n'est pas seulement le résultat obligatoire d'une promesse, d'une parole donnée : la fidélité résulte de l'idée même du mariage, et le mariage à son tour résulte de la nature des choses.

Le mariage a été institué pour sauver la dignité de la femme. L'expérience, en effet, nous apprend que, partout où existe la polygamie, la femme est l'esclave de l'homme. Celui-ci, partageant ses affections entre plusieurs personnes différentes, ne peut en aimer aucune avec cette délicatesse et cette constance qui rendent la femme l'égale de l'homme. Comment pourrait-il y avoir cette intimité et ce partage des biens et des maux qui fait la beauté morale du mariage, entre un maître et plusieurs esclaves qui se disputent ses regards et ses caprices? Il est de toute évidence que l'égalité de l'homme et de la femme ne peut subsister là où celle-ci est obligée de disputer à d'autres le bien commun de l'affection conjugale.

De là l'institution du mariage, qui a été inspirée par l'intérêt de la femme et qui est la protection du plus faible. Il s'ensuit évidemment qu'elle est tenue, de son côté, à la même fidélité qu'elle a droit d'exiger. L'infidélité conjugale, de quelque côté qu'elle vienne, est donc une polygamie déguisée, et encore une polygamie irrégulière et capricieuse, très inférieure à la polygamie légale : car celle-ci au moins laisse subsister certaines règles et fixe d'une manière précise la condition des diverses épouses. Mais l'adultère détruit tout rapport régulier et précis entre les deux époux; il introduit dans le mariage l'usurpation ouverte ou clandestine des droits jurés; il tend à rétablir l'état primitif et sauvage où le hasard et le caprice décident du rapprochement des sexes.

La fidélité est un devoir commun et réciproque aux deux époux. Ils ont en outre chacun les leurs. Nous insisterons surtout sur ceux du mari. Le premier de tous, et qui enveloppe tous les autres, est la protection.

« L'homme, étant le chef de la famille, en est le protecteur naturel. L'autorité lui est dévolue par les lois et par l'usage. Mais cette autorité ne serait qu'un privilège insupportable si l'homme prétendait l'exercer sans rien faire, et sans rendre à la famille en sécurité ce qu'elle lui paye en respect et en obéissance. Le travail, voilà le premier devoir de l'homme comme chef de famille. Cela est vrai de toutes les classes de la société, tout aussi bien de celles qui vivent de leurs revenus que de celles qui vivent de leur travail. Car les uns ont à se rendre dignes de la fortune qu'ils ont reçue par de nobles occupations, et au moins de la conserver et de la faire fructifier par une habile administration; et les autres ont, sinon une fortune à acquérir, but très rarement atteint, au moins un objet bien plus pressant, celui de faire vivre tous ceux qui reposent sous leur tutelle [1]. »

Un sage de l'antiquité, Socrate, raconte en ces termes la conversation d'Ischomachus et de sa femme, deux jeunes mariés dont le mari instruit sa femme des devoirs domestiques.

« Quand elle se fut familiarisée avec moi, et que l'intimité l'eut enhardie à converser librement, je lui fis à peu près les questions suivantes : « Dis-moi, femme, commences-tu à com-
« prendre pourquoi je t'ai choisie et pourquoi tes parents t'ont
« donnée à moi?... Si la Divinité nous donne des enfants, nous
« aviserons ensemble à les élever de notre mieux : car c'est un
« bonheur qui nous sera commun, de trouver en eux des défen-
« seurs et des appuis pour notre vieillesse. Mais dès aujourd'hui,
« cette maison nous est commune. Moi, tout ce que j'ai, je le mets
« en commun, et toi, tu as déjà mis en commun tout ce que tu
« as apporté. Il ne s'agit plus de compter lequel de nous deux a
« fourni plus que l'autre; mais il faut bien se pénétrer de ceci,
« que celui de nous deux qui gérera le mieux le bien commun
« fera l'apport le plus précieux. »

1. Extrait de notre livre de *la Famille*.

« A ces mots, Socrate, ma femme me répondit : « En quoi
« pourrais-je t'aider? De quoi suis-je capable? Tout roule sur
« toi. Ma mère m'a dit que ma tâche est de me bien conduire.
« — Oui, lui dis-je, et mon père aussi me disait la même chose ;
« mais il est du devoir d'un homme et d'une femme qui se con-
« duisent bien de faire en sorte que ce qu'ils ont prospère
« le mieux possible, et qu'il leur arrive en outre des biens
« nouveaux par des moyens honnêtes et justes. Le bien de la
« famille et de la maison exige des travaux au dehors et au
« dedans. Or la Providence a d'avance approprié la nature de
« la femme pour les soins et les travaux de l'intérieur, celle
« de l'homme pour les soins et les travaux du dehors. Froids,
« chaleurs, voyages, guerres, le corps de l'homme a été mis en
« état de tout supporter; d'autre part, la Divinité a donné à
« la femme le penchant et la mission de nourrir les nouveau-
« nés; c'est aussi elle qui est chargée de veiller sur les provi-
« sions, tandis que l'homme est chargé de repousser ceux qui
« voudraient nuire.

« Comme la nature d'aucun d'eux n'est parfaite en tous
« points, cela fait qu'ils ont besoin l'un de l'autre; et leur union
« est d'autant plus utile que ce qui manque à l'un, l'autre
« peut le suppléer. Il faut donc, femme, qu'instruits des fonc-
« tions qui sont assignées à chacun de nous par la Divinité,
« nous nous efforcions de nous acquitter le mieux possible de
« celles qui incombent à l'un comme à l'autre.

« Il est toutefois, dis-je, une de tes fonctions qui peut-être
« t'agréera le moins : c'est que si quelqu'un de tes esclaves tombe
« malade, tu dois, par des soins, dus à tous, veiller à sa guérison.
« — Par le ciel! dit ma femme, rien ne m'agréera davantage,
« puisque, rétablis par mes soins ils me sauront gré et me
« montreront plus de dévouement que par le passé. » Cette réponse m'enchanta, reprit Ischomachus, et je lui dis : « Tu
« auras d'autres soins plus agréables à prendre : quand d'une
« esclave incapable de filer tu auras fait une bonne fileuse;
« quand d'une intendante ou d'une femme de charge incapable
« tu auras fait une servante capable, dévouée, intelligente.

« Mais le charme le plus doux sera lorsque, devenue plus
« parfaite que moi, tu m'auras fait ton serviteur; quand, loin
« de craindre que l'âge, en arrivant, ne te fasse perdre de ta
« considération dans ton ménage, tu auras l'assurance qu'en
« vieillissant tu deviens pour moi une compagne meilleure
« encore, pour tes enfants une meilleure ménagère, pour ta
« maison une maîtresse plus honorée. Car la beauté et la bonté

« ne dépendent point de la jeunesse : ce sont les vertus qui
« les font croître dans la vie aux yeux des hommes. » (Xénophon, *Économique*, ch. VII.)

173. Devoirs des parents. — Après avoir montré les devoirs communs et réciproques des époux, considérons maintenant leurs devoirs à l'égard de leurs enfants.

Chez les parents, le *devoir* est accompagné du *pouvoir*, c'est-à-dire de l'autorité qu'ils exercent légitimement sur ceux qui leur doivent le jour. C'est ce qu'on appelle le pouvoir paternel.

Bien que l'usage ait donné le nom de pouvoir paternel au pouvoir qu'exercent les parents sur les enfants, ce pouvoir comprend aussi bien le droit de la mère que celui du père : 1° à défaut du père, en cas d'absence ou de mort, la mère a sur l'enfant exactement le même pouvoir que le père lui-même ; 2° c'est un devoir absolu des parents de faire en sorte qu'il n'y ait pas, par rapport aux enfants, deux volontés dans le ménage, deux sortes de commandements contradictoires ; aux yeux de l'enfant, il ne doit y avoir qu'un seul et même pouvoir manifesté par plusieurs personnes, mais indivisible dans son essence ; en cas de conflit, la volonté du père prévaut, à moins que la loi n'intervienne ; mais le père ne doit qu'à la dernière extrémité user d'un tel privilège, et dans le cas de l'intérêt évident de l'enfant. Même alors il doit faire en sorte que l'obéissance à l'un des parents ne soit pas une désobéissance envers l'autre ; car ce serait ruiner à sa racine le pouvoir même dont il fait usage.

Le pouvoir paternel est donc le pouvoir commun des deux parents sur leurs enfants ; ce n'est que par exception qu'il est le pouvoir de l'un au détriment de l'autre.

La vraie raison du pouvoir paternel ou maternel est dans la faiblesse de l'enfant, dans son impuissance physique, dans son incapacité intellectuelle et morale.

Le pouvoir paternel, comme on le voit, n'ayant d'autre origine que l'intérêt même de l'enfant, est limité par l'intérêt et les droits de l'enfant lui-même. Au delà de ce qu peut être utile à son existence physique et morale, le père ne peut rien. Telle est l'étendue et telles sont les limites de son pouvoir.

De ces principes il résulte que :

1º Les parents n'ont pas sur leurs enfants le droit de vie et de mort, comme ils l'ont eu dans certaines législations;

2º Ils n'ont pas davantage le droit de les maltraiter, de les blesser, enfin de les traiter comme des choses et des animaux; et quoique l'usage paraisse considérer comme innocents certains châtiments corporels, ce sera toujours un mauvais exemple et une mauvaise habitude d'employer les coups comme moyen d'éducation;

3º Les parents n'ont pas le droit de trafiquer de la liberté de leurs fils, de les vendre comme esclaves, comme dans l'antiquité, ou de s'en faire des instruments de gain, comme dans beaucoup de familles. Sans doute, on ne peut interdire d'une manière absolue au père de faire servir le travail de l'enfant à l'entretien de la famille ; mais ce ne peut être qu'en tenant compte des forces de l'enfant et en ne sacrifiant pas son éducation intellectuelle et morale;

4º Les parents n'ont pas le droit de corrompre leurs enfants, d'en faire des complices de leurs propres désordres.

Ainsi les parents ne doivent faire aucun tort à leurs enfants, ni physique ni moral. Mais ils leur doivent plus encore ; ils doivent les aimer et leur faire tout le bien qui est en leur pouvoir; seulement on doit les aimer pour eux-mêmes et non pour soi. Ce n'est pas notre bonheur, c'est le leur que nous devons aimer dans nos enfants; et pour cette raison même il arrive souvent qu'il faut commander à sa propre sensibilité, et ne pas chercher à faire plaisir aux enfants au détriment de leur solide intérêt. L'excès de tendresse n'est souvent, comme on l'a dit, qu'un défaut de tendresse : c'est une sorte d'égoïsme délicat, qui craint de souffrir par les apparentes souffrances des enfants, et qui, ne sachant leur rien refuser, pour ne pas leur déplaire, leur prépare de cruelles déceptions lorsqu'ils seront en face des nécessités des choses.

Une conséquence de ce qui précède, c'est que le père de famille doit aimer tous ses enfants également et se défendre de toutes préférences entre eux. Il ne doit pas avoir de favoris, encore moins de victimes. Il ne doit pas, par un sentiment d'orgueil de famille, préférer les garçons aux filles, ni l'aîné aux autres enfants ; il ne doit pas même céder à cette prédilection si naturelle qui nous attache de préférence aux plus aimables, aux plus spirituels, à ceux qui ont reçu les dons les plus séduisants. On a souvent remarqué que les parents, et surtout les mères, ont un faible pour les enfants les plus débiles, ou qui ont coûté le plus de soin. Si une préférence pouvait être justifiée, ce serait dans ce cas.

Considérons les devoirs particuliers qui sont contenus dans les devoirs généraux que nous venons d'indiquer. Ils se rapportent à deux points principaux : la conservation et l'éducation des enfants.

Le fait de donner la vie aux enfants entraîne, comme conséquence inévitable, le devoir de la leur conserver. L'enfant ne pouvant se donner à lui-même sa nourriture, il faut que les parents la lui fournissent : c'est ce qui résulte de la nature même des choses.

D'où il suit que l'homme doit travailler pour nourrir ses enfants : c'est un devoir si évident et si nécessaire qu'il est à peine besoin d'y insister.

Mais ce n'est pas seulement le présent que le père de famille doit assurer, c'est l'avenir. Il doit d'un côté prévoir le cas où, par un malheur possible, il viendrait à leur manquer avant l'âge. Il doit en second lieu préparer le moment où ils auront à se suffire à eux-mêmes. Le premier cas nous fait voir comment l'économie et la prévoyance se trouvent un devoir sacré du père de famille. C'est ce qui explique aussi comment ce peut être un devoir, dans la formation du mariage, de ne pas négliger la considération des biens; non pas que cette considération ne puisse céder à d'autres plus importantes; mais, toutes choses égales d'ailleurs, le mariage le meilleur est celui qui prévoit l'intérêt futur des enfants et leur assure des ressources dans le cas où le malheur voudrait qu'ils restassent orphelins dès le bas âge [1].

Les parents ne sont pas tenus seulement d'assurer à leurs enfants la subsistance matérielle; ils leur doivent encore et surtout l'éducation morale.

Tout le monde reconnaît dans l'éducation des enfants deux parties distinctes : l'*instruction* et l'*éducation* proprement dite; la première a pour but l'esprit, et la seconde le caractère. Il ne faut pas séparer ces deux choses : car sans instruction toute éducation est impuissante, et sans éducation morale l'instruction peut être dangereuse.

Les parents doivent donc, et c'est un devoir rigoureux, donner aux enfants l'instruction dans la proportion de leurs ressources et de leur condition; mais il ne leur est pas permis de les laisser dans l'ignorance, s'ils trouvent les moyens de les en faire sortir.

L'instruction a deux effets utiles : d'abord elle augmente les ressources de l'individu, le rend apte à plus de choses diverses; elle est donc, comme le dit l'économie politique, un capital. Les parents, en faisant donner de l'instruction à leurs enfants, leur communiquent par là même un capital plus solide et plus productif que celui qu'ils pourraient leur transmettre par don ou héritage. En second lieu, l'instruction relève l'homme et ennoblit sa nature. Si c'est la raison qui distingue l'homme de la brute, ce sont les lumières qui étendent et rehaussent la raison. Par là, l'instruction se confond avec l'éducation morale et en est une partie essentielle.

---

[1]. C'est aussi dans cette prévoyance qu'ont été instituées les *assurances sur la vie*, qui, moyennant un sacrifice modique, peuvent assurer aux enfants un capital en cas de malheur. C'est un devoir, pour le père de famille qui n'a pas d'autre ressource, de s'assurer celle-là.

Il faut d'ailleurs reconnaître que l'instruction toute seule ne suffit pas à l'éducation : la formation du caractère ne se fait pas seulement par la science ; elle se fait encore par la persuasion, par l'autorité, par l'exemple, par l'action morale de tous les instants. L'éducation doit mélanger la crainte et la douceur, la contrainte et la liberté. L'enfant ne doit pas seulement être élevé par la crainte, comme les animaux ; mais une faiblesse excessive est aussi dangereuse qu'une despotique autorité.

174. Devoirs des enfants. — Le premier devoir des enfants à l'égard des parents, c'est l'*obéissance*. Comme ils sont incapables de se diriger eux-mêmes, il faut qu'ils se confient entièrement à ceux qui ont le droit et le devoir de les diriger.

Les enfants doivent encore à leurs parents *respect* et *reconnaissance*. « Il faut honorer, dit Platon, pendant leur vie et après leur mort, les auteurs de nos jours : c'est la première, la plus indispensable de toutes les dettes ; on doit se persuader que tous les biens que l'on possède appartiennent à ceux de qui on a reçu la naissance et l'éducation, et qu'il convient de les consacrer sans réserve à leur service, en commençant par les biens de la fortune, et venant de là à ceux du corps ; et enfin à ceux de l'âme ; leur rendant ainsi avec usure les soins, les peines et les travaux que notre enfance leur a coûtés autrefois, et redoublant nos attentions pour eux à mesure que les infirmités de l'âge les leur rendent plus nécessaires. Il faut, de plus, que pendant toute sa vie on parle à ses parents avec un respect religieux. Ainsi, il faut céder à leur colère, laisser un libre cours à leur ressentiment, soit qu'ils le témoignent par des paroles ou par des actions, et les excuser dans la pensée qu'un père qui se croit offensé par son fils a un droit légitime de se courroucer contre lui. »

On nous rapporte également une admirable exhortation de Socrate à son fils aîné Lamproclès sur la piété filiale. La femme de Socrate, Xantippe, était célèbre par son caractère acariâtre, qui mettait souvent à l'épreuve la patience de Socrate. Il est probable qu'il en était de même de ses fils, et que ceux-ci, moins patients que leur père, se laissaient quelquefois emporter contre elle. Socrate rappelle Lamproclès à son devoir de fils, en lui rappelant tout ce que les mères font pour leurs enfants.

« La mère, dit-il, porte d'abord en son sein ce fardeau qui met ses jours en péril; elle donne à son enfant une part de sa propre substance; puis, après une gestation et un enfantement pleins de douleur, elle nourrit et soigne, sans aucun retour, un enfant qui ne sait pas de qui lui viennent ces soins affectueux, qui ne peut pas même faire connaître ce dont il a besoin, tandis que la mère cherche à deviner ce qui lui convient, ce qui peut lui plaire, et le nourrit nuit et jour, au prix de mille fatigues. Mais c'est peu de nourrir les enfants; dès qu'on les croit en âge d'apprendre quelque chose, les parents leur communiquent toutes les connaissances utiles qu'ils possèdent eux-mêmes, ou bien ils les envoient près d'un maître, sans épargner ni les dépenses ni les soins. » — A cela le jeune homme répondit : « Oui, sans doute, elle a fait cela, et mille fois plus encore; mais personne cependant ne pourrait supporter son humeur. — Et toi, dit Socrate, combien, depuis ton enfance, ne lui as-tu pas coûté de désagréments insupportables, en paroles et en actions, et le jour et la nuit!... Crois-tu donc que ta mère soit pour toi une ennemie? — Non, certes, je ne le crois pas. » — Alors Socrate : « Eh bien, cette mère qui t'aime, qui prend de toi tous les soins possibles quand tu es malade, afin de te ramener à la santé, qui prie les dieux de te prodiguer leurs bienfaits, tu te plains de son humeur!... Oh! mon fils, si tu es sage, tu prieras les dieux de te pardonner tes offenses envers ta mère, dans la crainte qu'ils ne te regardent comme un ingrat et ne te refusent leurs bienfaits; et, pour les hommes, tu prendras garde aussi qu'instruits de ton manque de respect pour tes parents, ils ne te méprisent tous et ne te laissent privé d'amis. Car, s'ils pensaient que tu fusses ingrat envers tes parents, aucun d'eux ne te croirait capable de reconnaître un bienfait. » (Xénophon, *Mémorables*, l. II, ch. II.)

A l'âge de la majorité, les enfants sont dégagés par la loi du devoir strict de l'obéissance : ils ne le sont pas des devoirs de la reconnaissance et du respect. Ils doivent avoir toujours égard aux conseils de leurs parents, les entourer de leur sollicitude et de leurs soins, et, s'il est nécessaire, leur rendre les secours qu'ils en ont reçus dans leur enfance. C'est à eux à protéger à leur tour ceux dont ils ont été si longtemps protégés.

En outre, il y a deux graves circonstances où ils ont à épuiser toutes les formes du respect et de la soumission, avant d'user des droits rigoureux que leur accorde la loi : c'est le mariage et le choix d'une profession. Dans le premier cas, la loi et la morale exigent le consentement des parents; et ce n'est qu'à la dernière extrémité qu'il est permis de passer outre, après trois actes respectueux. Ici, quoi que permette la loi, on peut dire que, sauf les cas extrêmes et exceptionnels, il est toujours mieux de ne pas passer outre, et d'attendre que le changement des circonstances amène le changement de la volonté chez les parents. Le plus souvent, en effet, la résistance des parents en ces circonstances est conforme à l'intérêt des enfants; ils veulent les défendre contre l'entraînement de leurs propres passions. Ils ont d'ailleurs aussi une sorte de droit à interdire l'entrée de leur famille et la participation de leur nom à quelqu'un qui n'en serait pas digne.

Quant au choix de la profession, l'obligation de se conformer aux désirs et à la volonté des parents est moins rigoureuse que pour le mariage, et il est évident ici que le premier devoir, le devoir strict, est de choisir la profession à laquelle on est le plus propre. Mais, comme il y a là aussi souvent, de la part des enfants, beaucoup d'inexpérience, que parmi les professions il en est de très difficiles, de très périlleuses, on comprend qu'il y ait un devoir, de la part des enfants, sauf vocation irrésistible, à se laisser guider par une expérience plus éclairée et mieux avertie. En tout cas, ce qui est un devoir strict, c'est de consulter la sagesse paternelle et de retarder autant qu'il sera possible une résolution définitive.

175. Devoirs des frères. — Un moraliste moderne,

Silvio Pellico, a exprimé d'une manière charmante les devoirs des frères entre eux :

Pour bien pratiquer envers les hommes la science divine de la charité, il faut en faire l'apprentissage en famille.
Quelle douceur ineffable n'y a-t-il pas dans cette pensée : « Nous sommes les enfants d'une même mère !... » Si vous voulez être bon frère, défendez-vous de l'égoïsme. Que chacun de vos frères, que chacune de vos sœurs voie que ses intérêts vous sont aussi chers que les vôtres. Si l'un d'eux commet une faute, soyez indulgent pour le coupable. Réjouissez-vous de leurs vertus; imitez-les.
L'intimité du foyer ne doit jamais vous faire oublier d'être poli avec vos frères.
Trouvez dans vos sœurs le charme suave des vertus de la femme ; et puisque la nature les a faites plus faibles et plus sensibles que vous, soyez plus attentif à les consoler dans leurs afflictions, à ne pas les affliger vous-même.
Ceux qui contractent à l'égard de leurs frères et de leurs sœurs des habitudes de malveillance et de grossièreté restent malveillants et grossiers avec tout le monde. Que le commerce de la famille soit uniquement tendre et saint, et l'homme portera dans ses autres relations sociales le même besoin d'estime et de nobles affections. (*Devoirs des hommes.*)

176. Esprit de famille. — Il faut non seulement s'acquitter des devoirs qui incombent aux époux, aux parents, aux enfants, mais encore il faut ne pas oublier que tous ceux qui portent notre nom sont de notre famille : les oncles, les tantes, les cousins, les cousines, tous ceux qui, en un mot, peuvent se rattacher à des ancêtres que nous revendiquons pour nous-mêmes, doivent être considérés comme faisant partie de la famille au sens large du mot. Nous devons en toutes circonstances leur venir en aide, et ne jamais oublier que nous sommes obligés de conserver intègre et respecté le nom qui est notre propriété commune.

177. Devoirs des maîtres et des domestiques. — Une des fonctions les plus importantes de l'administration intérieure, c'est le gouvernement des domestiques. Elle se compose de deux choses : le *choix* et la *direction*.
Il ne sert de rien de bien choisir et de bien rencontrer,

si l'on ignore l'art de diriger et de gouverner. Le maître de maison doit sans doute avoir toujours l'œil ouvert, mais il doit savoir aussi qu'aucune créature n'apprend à bien faire si on ne la laisse agir avec une certaine liberté. *Surveillance* et *confiance*, tels sont les deux principes d'un sage gouvernement domestique. Sans la première, on est trompé; sans la seconde, on se trompe soi-même en privant le serviteur du ressort le plus énergique de la volonté humaine, la responsabilité et l'honneur.

En outre, le maître doit éviter d'être violent et brutal envers les domestiques. Il doit exiger tout ce qui est juste, sans pousser cependant ses exigences jusqu'à la persécution. Beaucoup de personnes se privent de bons domestiques parce qu'elles ne savent pas supporter avec patience des défauts inévitables, inhérents à la nature humaine.

En revanche, le domestique doit au maître : 1° une honnêteté inviolable. Comme ce sont eux, en définitive, qui traitent au dehors et font la dépense, le trésor de la famille est entre leurs mains. Plus on est obligé de se confier à eux, plus il est de leur honneur de s'interdire la plus légère infidélité. 2° Ils doivent l'obéissance et l'exactitude dans les choses qui sont de leur service. 3° Autant que possible, ils doivent s'attacher à la maison où ils servent; plus ils y restent, plus ils sont considérés comme faisant partie de la famille, plus ils y obtiennent les égards et l'affection que l'on doit à l'âge et à la fidélité.

PROBLÈMES ET EXERCICES PRATIQUES

Histoire de la famille. — Polygamie et monogamie. — Servitude de la femme et des enfants. — Divorce et indissolubilité. Raisons pour et contre. — Étendue et limites du pouvoir paternel. — Instruction obligatoire. — Protection des enfants mineurs.

De l'égalité du partage entre les enfants. Du droit d'aînesse.

CHAPITRE X

LA SOCIÉTÉ. — PRINCIPES GÉNÉRAUX DE LA MORALE SOCIALE. — LA JUSTICE ET LA CHARITÉ. — LE DÉVOUEMENT.

Principes généraux des devoirs sociaux : Faire du bien, ne pas faire du mal.
Différents degrés de cette double obligation. — 1° Ne pas rendre le mal pour le bien (éviter l'*ingratitude*);
2° Ne pas faire du mal à ceux qui ne vous en ont pas fait (éviter l'*injustice* et la *cruauté*);
3° Ne pas rendre le mal pour le mal (éviter la *vengeance*);
4° Rendre le bien pour le bien (pratiquer la *reconnaissance*);
5° Faire du bien à ceux qui ne vous en ont pas fait (pratiquer la *charité*);
6° Rendre le bien pour le mal (*pardon des offenses*).
Distinction entre les devoirs. — 1° Envers la vie des autres hommes; 2° envers leurs biens; 3° envers leur famille; 4° envers leur honneur; 5° envers leur liberté; 6° devoirs relatifs à l'amitié.
Distinction entre les devoirs de justice et les devoirs de charité. — La justice est absolue, sans restriction, sans exception; — la charité, tout aussi obligatoire que la justice, est plus indépendante dans l'application. Elle *choisit* son lieu et son temps, ses objets et ses moyens; — *sa beauté est dans sa liberté.*

Nous résumerons rapidement en quelques pages les principes de la morale *sociale*.

178. Principes généraux des devoirs sociaux : faire du bien, ne pas faire de mal. — Toutes les actions humaines, par rapport aux autres hommes, peuvent se ramener à ces deux préceptes : 1° faire du bien aux hommes; 2° ne pas leur faire de mal. C'est à quoi se réduisent toutes les vertus de la morale sociale. Mais, avant d'exposer plus en détail ces vertus et ces vices, expliquons ce que l'on doit entendre par ces expressions : *faire du bien* et *faire du mal*.

Dans le sens le plus général et le plus apparent, faire du bien à quelqu'un, c'est lui *faire plaisir;* lui faire du mal, c'est le *faire souffrir.* Cependant, est-ce toujours faire du bien à un homme que de lui procurer des plaisirs? et est-ce toujours lui faire du mal que de lui causer de la douleur? Par exemple, comme le dit Kant, devra-t-on « donner au paresseux de moelleux coussins, à l'ivrogne des vins en abondance, au fourbe des manières et une figure prévenantes pour tromper plus aisément, à l'homme violent de l'audace et un bon poignet »? Serait-ce véritablement faire du bien à ces hommes que de leur donner ce qui est l'objet de leurs désirs, ce qui peut satisfaire leurs passions? Réciproquement, le chirurgien qui coupe une jambe gangrenée, le dentiste qui vous arrache une dent, le maître qui vous force à apprendre, le père qui corrige vos fautes ou qui contraint vos passions, vous font-ils véritablement du mal parce qu'ils vous causent de la douleur? Non, sans doute. Il y a donc des cas où l'on fait du bien à quelqu'un en le faisant souffrir, et où on lui fait du mal en lui procurant des plaisirs.

On ramène avec raison tous les principes de la morale sociale à ces deux maximes de l'Évangile : « Ne fais pas à autrui ce que tu ne voudrais pas qu'on te fît à toi-même; » — « Fais à autrui ce que tu voudrais qu'on te fît à toi-même. » Ces deux maximes sont admirables, sans doute; mais il faut les interpréter. Si nous avons mal fait, par exemple, est-ce que nous voulons, en général, que l'on nous corrige et que l'on nous punisse? Quand nous sommes en proie à une passion, est-ce que nous désirons qu'on la réprime, qu'on la refoule? Au contraire, ne désirons-nous pas que l'on satisfasse nos passions, qu'on se prête à nos vices? N'est-ce pas là en général ce que nous voulons tous quand la voix du devoir ne nous parle pas et ne fait pas taire nos sentiments passionnés? S'il en est ainsi, devons-nous vouloir faire aux autres ce que nous désirons pour nous-mêmes, c'est-à-dire satisfaire toutes leurs passions? Devons-nous, au contraire, ne pas leur faire ce que nous n'aimons pas qu'on nous fassse à nous-mêmes, c'est-à-dire les punir et les corriger? Évidemment, ce n'est pas en ce sens qu'il faut entendre les deux maximes évangéliques; car elles ne seraient alors que des maximes de relâchement et de complaisance. Au contraire, elles expriment admirablement la vérité morale : seulement, lorsqu'elles nous parlent de ce que nous voudrions, il est question d'une *vraie* et *bonne* volonté et non de la volonté des passions; de même, lorsque nous recommandons de faire du bien aux hommes, on entend parler des *vrais* biens, et non des biens apparents; comme aussi, en nous recommandant de ne pas faire du mal, il est bien entendu qu'il s'agit des *vrais* maux, et non pas des maux illusoires des sens, de l'imagination et des passions.

Ainsi, pour bien comprendre les devoirs que nous avons à remplir envers les autres hommes, il faut savoir distinguer les *vrais biens* et les *faux biens*. Les faux biens sont ceux qui consistent exclusivement dans le plaisir, abstraction faite de l'utilité ou de la valeur morale, par exemple les plaisirs des passions. Les vrais biens sont ceux qui, indépendamment du plaisir, se recommandent encore soit par l'utilité, soit par la valeur morale; par exemple, la santé ou l'éducation. Les maux véritables sont ceux qui portent atteinte soit à l'intérêt bien entendu, soit à la dignité morale des autres hommes, tels que la misère ou la corruption. Les maux apparents sont ceux dont on souffre un moment, mais qui sont rachetés par des avantages ultérieurs : ce sont, par exemple, les remèdes ou les châtiments.

Lorsque nous parlons du bien chez les autres hommes, nous ne devons pas craindre d'entendre par là leur intérêt bien entendu, en même temps que le bien moral; car, si pour nous-mêmes nous ne devons pas avoir pour but de nos actions notre propre intérêt, il n'en est pas de même quand il s'agit des autres hommes. La recherche de notre bonheur n'a aucune valeur morale; mais la recherche du bonheur d'autrui peut en avoir une, pourvu, encore une fois, que nous ne nous trompions pas sur le vrai sens du mot *bonheur*, et que nous n'entendions pas par là une trompeuse et passagère volupté.

« Faire aux autres ce que nous *voudrions* qu'on nous fît; ne pas leur faire ce que nous ne *voudrions* pas qu'on nous fît, » doit donc s'entendre dans le sens d'une volonté *éclairée*, qui ne voudrait pour elle-même que ce qui est vraiment conforme soit à l'intérêt bien entendu, soit à la vertu. Ainsi comprises (et c'est leur vrai sens[1]), ces deux maximes résument parfaitement toute la morale sociale.

179. Différents degrés de cette double obligation. — Le sens de ces deux termes, faire du bien et faire du mal, étant défini, examinons maintenant les différents cas qui peuvent se présenter, en nous élevant en quelque sorte du plus bas au plus haut degré du devoir.

Supposons d'abord qu'il s'agisse d'un certain bien, ou d'un certain mal, qui restera invariable dans tous les cas suivants : voici l'échelle que l'on peut parcourir à partir de la moindre vertu, à laquelle correspond évidemment le plus grand vice, pour s'élever à la plus haute vertu, à laquelle correspond le moindre vice.

1° *Ne pas rendre le mal pour le bien.* — Telle est, on peut le dire (toutes choses égales d'ailleurs), la plus faible des vertus, comme *rendre le mal pour le bien* constitue le plus grand des crimes. Soit, par exemple, l'homicide : n'est-il pas évident que l'homicide d'un bienfaiteur est le plus abominable de tous? que le vol d'un bienfaiteur est le plus affreux de tous les vols? que la calomnie envers un bienfaiteur est la plus criminelle des calomnies? — Réciproquement, au contraire, ne pas tuer, ne pas voler, ne pas calomnier, ne pas tromper un bienfaiteur, est le minimum de la vertu morale. S'abstenir de faire du mal à celui qui vous a fait du bien est une vertu toute négative, qui est simplement l'absence d'un crime. On n'ap-

---

1. C'est à tort que Kant rejette ces deux maximes, en les interprétant dans le sens exprimé plus haut et que nous venons de réfuter.

pellera pas cela de la reconnaissance, car la reconnaissance est une vertu positive et non négative : elle est toute en action, et non en omission ; mais, avant d'être reconnaissant, la première condition, au moins, c'est de ne pas être ingrat. Nous dirons donc que le plus grand des crimes, c'est l'*ingratitude*. C'est en raison de ce principe que les crimes envers les parents sont les plus odieux de tous : car nous n'avons pas de plus grands bienfaiteurs que nos parents, et sans aller jusqu'aux crimes contre lesquels la nature répugne assez, il est évident que la même espèce de mal (blessures, coups, injures, négligence, etc.) sera toujours plus blâmable envers les parents qu'envers tout autre bienfaiteur, et envers les bienfaiteurs en général qu'envers les autres hommes.

2º *Ne pas faire de mal à ceux qui ne nous ont pas fait de mal.* — La violation de cette maxime est le second degré du crime et du péché, un peu moindre que le précédent, mais encore assez odieux pour que s'en abstenir soit, dans beaucoup de cas, une assez faible vertu. Ne pas tuer, ne pas voler, ne pas tromper, ne pas s'exposer aux punitions de la loi, sont des actions d'une assez faible valeur morale, tandis que le contraire donne lieu aux actions les plus basses et les plus odieuses. Le genre de vice qui consiste à nuire à autrui sans provocation est ce qu'on appelle l'*injustice*, et quand il s'y joint le plaisir de faire le mal, la *cruauté*. La cruauté est une injustice qui se réjouit du mal d'autrui ; l'injustice se contente d'en profiter. Il y a donc un degré de mal de plus dans la cruauté que dans l'injustice pure et simple.

La vertu opposée à l'injustice est la *justice*, laquelle a deux degrés et deux formes : l'une négative, qui consiste uniquement à s'abstenir de faire du mal, *ne nuire à personne* ; la seconde positive, qui consiste à *rendre à chacun ce qui lui est dû*. Cette seconde forme de la justice est plus difficile que la première, car elle est active. Il est plus difficile de restituer ou de payer ses dettes que de ne pas voler ; il est plus difficile de dire du bien de ses rivaux que de n'en pas dire du mal; il est plus difficile de céder sa place à quelqu'un qui la mérite que de ne pas lui prendre la sienne; et cependant il est des cas où la justice exige que l'on agisse, au lieu simplement de s'abstenir.

3° *Ne pas rendre le mal pour le mal.* — Ici nous nous élevons en quelque sorte d'un degré dans l'échelle morale. Les deux degrés inférieurs, à savoir l'ingratitude et la cruauté, ont été partout et toujours considérés comme des crimes. Nulle part il n'a été considéré comme permis de faire du mal à ceux qui nous ont fait du bien. Mais, dans presque toutes les sociétés à un certain degré de civilisation, il a été considéré comme permis et même comme glorieux de rendre le mal pour le mal. « Faire du bien à nos amis et du mal à nos ennemis » est une des maximes les plus souvent reproduites par les poètes et les sages de la Grèce. Chez les Indiens de l'Amérique, la gloire consiste à orner sa demeure du plus grand nombre possible de chevelures arrachées aux ennemis vaincus. On connaît les *vendettas* corses. En un mot, la passion de la *vengeance* (laquelle consiste précisément à rendre le mal pour le mal) est une des plus naturelles et des plus profondes du cœur humain, et il faut une éducation morale très avancée pour comprendre que la vengeance est contraire aux lois de la morale. Or, comme la beauté des vertus est en raison de la difficulté des passions qu'il y a à vaincre, il est évident que les vertus contraires à la vengeance, à savoir : la *mansuétude*, la *clémence*, le *pardon des injures*, sont au nombre des plus belles et des plus sublimes. Déjà, chez les anciens, la morale était allée jusqu'à cette maxime : qu'il ne faut pas faire de mal même à ceux qui nous en ont fait, comme on le voit par le dialogue de Platon intitulé *le Criton* : « SOCRATE : Il ne faut donc commettre d'injustice en aucune manière ? — CRITON : Non, sans doute. — SOCRATE : Alors, *il ne faut pas même faire d'injustice à ceux qui nous en font.* »

4° Jusqu'ici, nous n'avons parlé que des vertus qui s'expriment sous forme négative, et qui consistent surtout à ne pas faire le mal. Considérons maintenant celles qui s'expriment sous forme affirmative, et qui consistent à faire le bien. Le premier degré est de *rendre le bien pour le bien* : c'est la *reconnaissance,* dont le contraire, nous l'avons vu, est l'ingratitude ; mais il y a deux sortes d'ingratitude comme deux sortes de reconnaissance. Il y a une ingratitude négative et une ingratitude positive. L'ingratitude positive, qui est, nous l'avons vu, le plus odieux de tous les crimes, consiste à rendre le mal pour le bien ; l'ingratitude négative consiste tout simplement à ne pas rendre le bien pour le bien, à oublier le bienfait. Elle n'est pas aussi odieuse que la précédente, mais elle a toujours un certain caractère de bassesse. La reconnaissance a également deux degrés et deux formes : elle est négative en tant qu'elle se borne à ne pas faire du mal au bienfaiteur[1] ; elle est positive en tant qu'elle rend le bien pour le bien. En un sens, la reconnaissance est une partie de la justice, car elle consiste à rendre au bienfaiteur ce qui lui est dû ; mais elle en est une partie notable et qui mérite d'être signalée. Car il semble qu'il n'y ait rien de plus facile que de rendre le bien pour le bien, et l'expérience nous apprend au contraire que rien n'est plus rare.

5° *Faire le bien à ceux qui ne nous ont fait ni bien ni mal.* — C'est ce que l'on appelle la *charité,* qui est un degré supérieur au précédent, car dans le cas précédent nous ne faisons guère que restituer ce que nous avons reçu ; ici nous mettons du nôtre. Mais, pour caractériser

---

1. Il semble ici que la reconnaissance négative se confonde avec l'ingratitude négative ; l'une ne faisant pas le mal, l'autre ne faisant pas le bien, c'est, à ce qu'il semble, un seul et même état où l'on ne fait ni bien ni mal ; mais la distinction subsiste : car il s'agit d'un côté de ne pas faire du mal quand on serait tenté d'en faire ; et de l'autre de ne pas faire du bien lorsqu'il y aurait lieu d'en faire. Par exemple, celui qui dépouille les autres, mais qui s'arrête devant son bienfaiteur, a un certain degré de reconnaissance, et celui qui fait du bien à ses amis et à ses complaisants, et n'en fait pas à son bienfaiteur, est déjà un ingrat.

ce nouveau degré de la vertu, il faut bien expliquer qu'il s'agit d'un bien *qui n'est pas dû*. Car la justice, nous l'avons vu, ne se réduit pas toujours à s'abstenir du mal, et fait aussi quelquefois du bien. Rendre un dépôt à quelqu'un qui ne s'y attend pas, faire du bien à celui qui le mérite, nommer à une place celui qui en est digne, ou, ce qui est encore plus héroïque, lui céder la place, c'est évidemment faire du bien aux autres et à ceux qui ne nous en avaient pas fait ; mais ce sont là des biens *dus*, et qui appartiennent en quelque sorte d'avance à ceux auxquels nous les conférons. Il n'en est pas de même du bien que distribue la charité. Les dons que je fais aux pauvres, les consolations que je répands sur les affligés, les soins que je donne aux malades et que je prends sur mon temps et sur mes intérêts, ma vie que je mets en péril pour sauver celle de mon semblable, sont des biens qui sont à moi et non à lui ; je ne lui rends pas ce qu'il posséderait légitimement, le sachant ou non : je lui livre quelque chose de moi ; c'est un pur *don*. Ce don m'est inspiré par l'amour, non par la justice. — Le contraire de la *charité* ou du *dévouement* est l'*égoïsme*.

6° Enfin, il est un dernier degré supérieur à tous les degrés précédents : *rendre le bien pour le mal*. — Cette sorte de vertu, la plus haute de toutes, n'a pas de nom particulier dans notre langue. La charité, en effet, consiste à faire du bien en général et comprend à la fois ces deux degrés : faire le bien aux malheureux et rendre le bien pour le mal. La clémence peut consister simplement à pardonner ; elle ne va pas nécessairement jusqu'à rendre le bien pour le mal. Corneille aurait pu encore appeler sa pièce de *Cinna* la *Clémence d'Auguste*, quand même Auguste se serait contenté de pardonner à Cinna, et quand même il n'eût pas ajouté : « Soyons amis ! » Ainsi, cette grande et magnifique vertu n'a pas de nom ; et comme la science est impuissante à créer des mots destinés à la langue usuelle, elle doit se contenter de périphrases. Quoi qu'il en soit, cette vertu sublime n'a nulle part sa plus belle expression que dans ces maximes de l'Évangile : « Vous avez appris qu'il a été dit : Vous aimerez votre prochain et vous haïrez votre ennemi. Et moi, je vous dis : Aimez vos ennemis; faites du bien à ceux qui vous haïssent, et priez pour ceux qui vous persécutent et vous calomnient. »

180. Différentes espèces de devoirs sociaux. — Après la division précédente, qui répond aux différents degrés d'obligation qui peuvent exister entre les hommes, il y a une autre classification qui repose sur les différentes *espèces* ou *matières* de devoirs que nous pouvons avoir envers nos semblables. Résumons d'abord brièvement ce qui sera longuement développé dans les chapitres suivants.

1° *Devoirs relatifs à la* VIE *des autres hommes*. — Suivant les deux maximes citées plus haut, ces devoirs sont de deux sortes : 1° ne pas attenter à la vie d'autrui; 2° faire ses efforts pour sauver la vie d'autrui. Tout attentat à la vie d'autrui s'appelle *homicide*. S'il est accompagné de perfidie ou de trahison, c'est *assassinat*. Le meurtre des parents par les enfants est appelé *parricide;* des enfants par les parents (surtout à l'âge le plus tendre), *infanticide;* des frères les uns par les autres, *fratricide*. Tous ces crimes sont les plus odieux et les plus repoussants pour le cœur humain. Le meurtre n'est jamais permis, même pour le plus grand intérêt et pour le plus grand bien. Ainsi, c'était une erreur des anciens de croire que le meurtre du tyran ou *tyrannicide* était non seulement légitime, mais honorable et beau. Cependant il faut excepter le cas de *légitime défense;* car il ne peut nous être interdit de nous défendre contre celui qui veut nous ôter la vie. Mais on ne considérera pas le *duel* comme un fait de légitime défense : cela est évident pour l'agresseur ; et, d'autre part, l'autre ne se défend que parce qu'il a consenti à se mettre en péril. Quant à la question de savoir si l'attaque à l'honneur ne peut pas équivaloir à une attaque à la vie, on ne peut pas dire que ce soit faux dans tous les cas; mais ici l'abus est si près du principe qu'il est plus sage de condamner d'une manière absolue une pratique barbare dont on a fait un si déplorable abus. Enfin, le meurtre *à la guerre,* pourvu que ce soit dans la condition autorisée par le droit des gens, est considéré comme un cas de légitime défense.

Si le meurtre est la plus criminelle des actions et (pour notre sensibilité) la plus odieuse de toutes, l'action, au contraire, qui consiste à *sauver la vie* d'autrui, et surtout à *donner sa vie* pour autrui, est la plus belle de toutes : « Le bon pasteur donne sa vie pour ses brebis. »

A ce devoir fondamental de ne pas attenter à la vie des autres hommes se rattache, comme corollaire, le devoir de ne pas porter atteinte à leur corps par des coups ou des blessures, à leur santé par des violences dangereuses, et, réciproquement, le devoir de les secourir dans leurs maladies.

2° *Devoirs relatifs aux* BIENS. — Nous avons vu plus haut que l'homme ne peut conserver sa vie et la rendre heureuse et commode sans un certain nombre d'objets matériels que l'on appelle les *biens extérieurs.* La possession légitime de ces biens est ce que l'on appelle la *propriété.*

La propriété une fois fondée sur le droit, c'est pour nous un devoir de ne pas attenter au droit. L'acte de prendre à autrui ce qui lui appartient est ce qu'on appelle le *vol.* Le vol est absolument interdit par la loi morale, de quelque nom qu'il se couvre et de quelque prestige qu'il s'enveloppe : *Vous ne déroberez point.* Le vol ne consiste pas seulement à mettre la main dans la poche de son voisin, il consiste dans toutes les manières possibles de s'approprier le bien d'autrui. Par exemple, *frauder* sur la qualité de la chose vendue, se livrer à un *agiotage* illégitime, employer pour son usage un *dépôt* confié à ses soins, emprunter sans savoir si l'on peut payer, et, après avoir emprunté, méconnaître sa *dette* ou refuser de s'acquitter : ce sont autant de manières de s'approprier le bien d'autrui, autant de formes diverses du vol.

Relativement au bien d'autrui, le devoir négatif consiste donc à ne pas prendre ce qui appartient à autrui. — Le devoir positif consiste à aider autrui de ses propres biens, à le soulager dans sa misère. C'est ce qu'on appelle la *bienfaisance*, laquelle peut s'exercer de plusieurs manières, soit par le *don*, soit par le *prêt*. Elle peut s'exercer encore soit en *nature*, c'est-à-dire en donnant les objets nécessaires à la subsistance ou à l'entretien, soit en *argent*, c'est-à-dire en donnant les moyens de se les procurer; soit en *travail*, ce qui est le meilleur de tous les dons : car, en soulageant les autres, on leur donne les moyens de se suffire à eux-mêmes.

Au devoir relatif aux biens d'autrui se rattachent, comme corollaires, les devoirs relatifs à l'observation des *conventions* ou *contrats*; la transmission des biens dans la société ne se faisant pas toujours de la main à la main, mais par voie de promesses et d'écrits, manquer à sa promesse, frauder sur le sens des conventions jurées, c'est, d'une part, s'approprier le bien d'autrui, et, de l'autre, mentir et tromper : c'est donc manquer à un double devoir.

3° *Devoirs relatifs à la* FAMILLE D'AUTRUI. — Nous avons vu plus haut quels sont les devoirs de l'homme dans sa famille; il nous reste à dire quelques mots sur les devoirs envers la famille d'autrui. On peut manquer à ces devoirs soit en portant atteinte au lien conjugal, ce qui est l'*adultère*; soit en enlevant aux autres leurs enfants, ce qui est le *rapt*; soit en les dépravant par de mauvais conseils ou de mauvais exemples, ce qui est la *corruption*.

4° *Devoirs relatifs à l'*HONNEUR D'AUTRUI. — On peut manquer à ces devoirs soit en disant en face à un homme (qui ne le mérite pas) des choses blessantes et grossières : ce sont les *injures*; soit en disant du mal des autres, et ici l'on distingue deux degrés : si le mal que l'on dit est vrai, c'est la *médisance*; si le mal que l'on dit est faux et inventé, c'est la *calomnie*. En général, il ne faut pas préjuger trop facilement le mal chez les autres hommes; ce genre de défaut est ce que l'on appelle les *jugements téméraires*.

Le devoir *positif*, relativement à la réputation d'autrui, est de *rendre justice* à chacun, même à ses ennemis, et à dire du bien, quand ils le méritent, même de ceux qui disent du mal de nous. C'est un devoir d'avoir en général pour les hommes une disposition *bienveillante*, pourvu que cela n'aille pas jusqu'à la complaisance pour le mal. Dans les rapports avec le prochain, l'usage du monde, pour éviter les querelles et les injures, a introduit ce que l'on appelle la *politesse*, qui, pour être une vertu mondaine, n'en est pas moins une vertu nécessaire à l'ordre de la société.

5° *Devoirs envers la* LIBERTÉ D'AUTRUI. — Ces sortes de devoirs sont plutôt les devoirs de l'État que des simples particuliers. Ils consistent à respecter chez autrui la liberté de conscience, la liberté du travail, la liberté individuelle, la responsabilité personnelle, qui sont les *droits naturels* de l'homme. Cependant les particuliers eux-mêmes peuvent aussi manquer à cette sorte de devoirs, et ils doivent se rappeler qu'ils sont obligés non seulement de respecter, mais d'encourager, de développer la liberté d'autrui.

6° *Devoirs relatifs à l'*AMITIÉ. — Tous les devoirs précédents sont les mêmes envers tous les hommes. Il y en a d'autres qui sont particuliers envers certains hommes, envers ceux, par exemple, auxquels vous attachent, soit la sympathie de caractère, soit l'uniformité des occupations, soit une éducation commune, etc. : c'est ce qu'on appelle les *amis*. Les devoirs relatifs à l'amitié sont : 1° de bien choisir ses amis, de les choisir honnêtes, éclairés, afin de trouver dans leur société des encouragements au bien. Rien de plus dangereux que les amis de plaisir ou les amis intéressés, unis par les vices et les passions, au lieu de s'unir par la sagesse et la vertu ; 2° une fois les amis choisis, le devoir réciproque est la *fidélité*. Ils doivent se traiter avec une parfaite *égalité*, avec *confiance*. Ils se doivent le *secret*, lorsque l'un a confié à l'autre ses intérêts les plus chers ; le *dévouement*, si l'un a besoin des secours de l'autre. Enfin, ils se doivent d'une manière plus stricte et plus rigoureuse ce que l'on doit en général aux autres hommes, et les fautes ou crimes envers l'humanité en général prennent un caractère encore plus odieux envers des amis.

181. Distinctions entre les devoirs de justice et les devoirs de charité. — Nous avons dit plus haut que tous les devoirs sociaux pouvaient se ramener à ces deux maximes : « Ne faites pas à autrui ce que vous ne voudriez pas qu'on vous fît. — Faites à autrui ce que vous voudriez qu'on vous fît. » Ces deux maximes correspondent à ce qu'on appelle : 1° les devoirs de *justice;* 2° les devoirs de *charité.*

La première consiste à ne pas faire le mal, ou du moins à réparer le mal déjà fait. La charité consiste à faire du bien, ou du moins à donner aux autres un bien qui ne leur est pas dû. La distinction de ces deux vertus a été faite avec beaucoup de pénétration et de force par un célèbre écrivain[1] :

« Le respect des droits d'autrui s'appelle la justice. Toute violation d'un droit quelconque est une injustice.

« La plus grande des injustices, parce qu'elle les comprend toutes, c'est l'esclavage. L'esclavage est l'asservissement de toutes les facultés d'un homme au profit d'un autre.

« La personnalité morale est respectable en vous comme en moi, et au même titre. Relativement à moi, elle m'imposait un devoir; en vous, elle devient le fondement d'un droit, et m'impose par là un devoir nouveau relativement à vous.

« Je vous dois la vérité, comme je me la dois à moi-même... et ce m'est un devoir étroit de respecter le développement de votre intelligence, de ne point arrêter sa marche vers la vérité.

« Je dois aussi respecter votre liberté; peut-être même lui dois-je plus qu'à la mienne, car je n'ai pas toujours le droit de vous empêcher de faire une faute.

---

1. V. Cousin, *le Vrai, le Beau et le Bien,* leçons XXI et XXII.

« Je vous dois respecter dans vos affections, qui font partie de vous-même, et de toutes les affections il n'y en a pas de plus saintes que celles de la famille... Attenter au droit conjugal et paternel, c'est attenter à la personne dans ce qu'elle a de plus sacré.

« Je dois respect à votre corps, en tant que vous appartenant, en tant qu'instrument de votre personne. Je n'ai le droit ni de vous tuer ni de vous blesser, à moins d'être attaqué moi-même.

« Je dois respect à vos biens, car ils sont le produit de votre liberté même en exercice; et s'ils proviennent d'un héritage, je dois respect à la libre volonté qui vous les a transmis.

« La justice, c'est-à-dire le respect de la personne dans tout ce qui la constitue, voilà le premier devoir de l'homme envers son semblable. Ce devoir est-il le seul?

« Quand nous avons respecté la personne des autres, que nous n'avons ni contraint leur liberté, ni étouffé leur intelligence, ni maltraité leur corps, ni attenté à leur famille ou à leurs biens, pouvons-nous dire que nous ayons accompli toute la morale à leur égard? Un malheureux est là souffrant devant nous. Notre conscience est-elle satisfaite si nous pouvons nous rendre le témoignage de n'avoir pas contribué à ses souffrances? Non; quelque chose nous dit qu'il est bien encore de lui donner du pain, des secours, des consolations. Et cependant cet homme qui souffre, et qui va mourir peut-être, n'a pas le moindre droit sur la moindre partie de votre fortune, fût-elle immense; et s'il usait de violence pour vous arracher une obole, il commettrait une faute. Nous rencontrerons ici un nouvel ordre de *devoirs qui ne correspondent pas à des droits*. L'homme, nous l'avons vu, peut recourir à la force pour faire respecter ses droits; il ne peut pas imposer à un autre un sacrifice, quel qu'il soit. La justice *respecte* ou *restitue*; la charité *donne*.

« ... On ne peut pas dire qu'il ne soit pas obligatoire d'être charitable; mais il s'en faut que cette obligation soit aussi précise, aussi inflexible que la justice. La charité, c'est le sacrifice. Or, qui trouvera la règle du sacrifice, la formule du renoncement à soi-même? Pour la justice, la formule est claire : respecter les droits d'autrui. Mais la charité ne connaît ni règles ni limites. Elle surpasse toute obligation. Sa beauté est précisément dans sa liberté. »

Il suit de ces considérations que la justice est absolue, sans restriction, sans exception. La charité, quoique tout aussi obligatoire que la justice, est plus indépendante dans l'application; elle choisit son lieu et son temps, ses objets et ses moyens. En un mot, comme dit V. Cousin, « sa beauté est dans sa liberté ».

Pour terminer ce que nous avons à dire sur la morale sociale en général, ne craignons pas d'emprunter à l'apôtre saint Paul son admirable apologie de la charité :

« Quand je parlerais toutes les langues des hommes et des anges, si je n'ai point la charité, je ne suis qu'un airain sonnant, une cymbale retentissante.

« Quand j'aurais le don de prophétie, que je pénétrerais tous les mystères, et que je posséderais toutes les sciences, quand j'aurais même toute la foi possible, jusqu'à transporter des montagnes, si je n'ai point la charité, je ne suis rien.

« Et quand je distribuerais tout mon bien pour nourrir les pauvres, et que je livrerais mon corps pour être brûlé, si je n'ai point la charité, tout cela ne me sert de rien.

« La charité est patiente, elle est bienfaisante, elle n'est point jalouse, elle n'est pas téméraire, elle ne s'enfle point.

« Elle ne fait rien contre la bienséance, elle ne cherche point ses propres intérêts; elle ne s'aigrit point; elle ne pense point le mal.

« Elle souffre tout; elle croit tout; elle supporte tout. »

182. Dévouement; abnégation; sacrifice. — Lorsque la charité s'élève au degré le plus élevé, lorsqu'elle exige que l'on donne aux autres ce à quoi l'on tient le plus, par exemple la vie, la fortune, etc., elle prend un autre nom et s'appelle *dévouement, abnégation, sacrifice.* Ces trois mots, avec des nuances diverses, expriment l'idée d'un don précieux dont on se prive soi-même pour les autres. On peut se dévouer de diverses manières, en se proposant pour objet soit la vie, soit le bien-être, soit la liberté, soit la moralité et l'intelligence dans autrui. Examinons ces diverses formes de dévouement.

183. La matière du bienfait. — Diverses formes de dévouement. — La vie, le bien-être, la moralité d'autrui, etc. — *Dévouement pour la vie d'autrui.* — La justice exige que l'on ne porte pas atteinte à la vie d'autrui ; la charité veut plus : elle demande que nous fassions tous nos efforts pour sauver la vie de nos semblables, quelquefois aux dépens même de la nôtre.

Ce devoir, qui est un devoir de charité pour les hommes en général, est un devoir de justice pour le médecin et pour tous ceux qui sont chargés de soigner les malades. Le médecin doit son dévouement au malade comme le soldat doit le sien à la patrie. Dans ces deux cas, *devoir médical, devoir militaire*, le dévouement est de devoir strict. C'est en même temps un devoir envers les autres, et un devoir à la fonction. C'est de part et d'autre ce que l'on peut appeler l'*honneur du drapeau.* Aussi voit-on chaque année un certain nombre d'internes d'hôpital frappés au champ d'honneur, comme les soldats.

Le devoir de soigner le malade et de s'exposer par là même à la contagion s'impose également à ceux qui l'ont choisi comme but de leur existence : les sœurs de charité, les gardes-malades, les infirmiers et infirmières. C'est aussi un devoir dans la famille : les parents se doivent à leurs enfants ; les domestiques eux-mêmes doivent accepter, dans une certaine mesure, la même responsabilité, quoique le devoir des maîtres de maison soit de le leur épargner autant qu'il est possible. Au reste, on sait combien ce dévouement est fréquent, surtout chez les mères, et combien d'entre elles meurent de la maladie contractée au chevet de leur enfant. Dans toutes ces circonstances, il n'est pas dit qu'il soit défendu de prendre des précautions, et la sagesse veut que l'on n'aille pas au delà du strict nécessaire; mais le nécessaire est obligatoire, et à qui s'impose-t-il de préférence, sinon aux parents?

Outre les maladies qui menacent la vie des hommes, il y a des dangers plus subits, plus violents, plus terribles, qui naissent de l'invasion des forces de la nature; le feu et l'eau sont les plus terribles : incendies, inondations, naufrages, catastrophes de toutes sortes, mettent en péril la vie des hommes. Ici il ne s'agit plus de soins lents et donnés à loisir. Pour sauver une vie qu'une minute de plus va éteindre, il faut une résolution subite, un courage à toute épreuve, et la volonté de risquer sa vie pour celle d'autrui. Dans ces terribles circonstances, il y a des hommes qui paraissent plus naturellement appelés que d'autres à se dévouer : ce sont, par exemple, les pompiers en cas d'incendie, les marins en cas de naufrage ou d'inondation. Il est certain que ce sont ceux qui connaissent le mieux l'élément qu'il faut combattre qui sont le plus appelés à le faire, et pour lesquels le dévouement est un plus grand devoir. Mais il n'est pas toujours possible d'avoir affaire aux uns ou aux autres; dans une catastrophe subite, tous doivent avoir leur part du péril, tous doivent être prêts, s'ils peuvent le faire utilement, à donner leur vie pour celle des autres.

Dévouement envers les misérables. — Après la santé et la vie, ce que les hommes estiment le plus ce sont les biens matériels, et ce qu'on appelle la fortune. Sans doute, il ne faut pas encourager cette estime des hommes pour les biens matériels; il faut autant que possible leur apprendre à s'en passer; et il est très vrai de dire que le bonheur réside plutôt dans la médiocrité que dans la richesse. Mais il n'est pas moins vrai que les choses matérielles sont absolument nécessaires à la vie, et que l'absence de ces choses est préjudiciable à l'homme à tous les points de vue, puisque la santé, la vie et même les intérêts de l'âme et de l'esprit dépendent de ces biens matériels. Comment s'instruire sans se nourrir? Comment s'élever le cœur et l'âme, quand le besoin crie et nous pousse à toutes les tentations? Enfin la souffrance elle-même, quoique la morale ordonne de la supporter avec courage, est un objet légitime de sympathie. De toutes ces considérations naît, pour ceux qui possèdent quelque chose, l'obligation de venir au secours de ceux qui n'ont rien : c'est ce que l'on appelle *don*. Cette obligation peut être satisfaite de bien des manières, et il est certain qu'elle doit surtout se concilier avec la dignité et la responsabilité de ceux qui sont l'objet du don. L'expérience a démontré qu'une charité mal entendue encourage l'oisiveté, et souvent récompense et perpétue le vice. C'est donc surtout du travail qu'on doit donner aux pauvres : en général le prêt doit être préféré au don; mais enfin, quelques précautions qu'on prenne, et quelles que puissent être les causes de la misère, il vient toujours un moment où en présence de la faim, de la maladie, du besoin suprême, il faut donner, il faut se priver soi-même pour autrui. Quant aux règles particulières qui régissent la bienfaisance, nous les avons données plus haut, en parlant des bienfaits.

Consolations, exhortations, instructions. — Après les devoirs envers le corps viennent les devoirs envers l'âme : et cette distinction a lieu pour les autres comme pour nous-mêmes. Il ne suffit pas d'assurer et de sauver la vie des hommes et de leur donner le pain corporel; il faut aussi donner du pain à leurs âmes, à leur intelligence, à leur faiblesse morale, qui, elles aussi, ont besoin de soutien. De là trois obligations différentes : *consoler* les affligés; *exhorter* les faibles; *instruire* les ignorants. La consolation des affligés est une vertu qui n'a pas besoin de règle et qui n'en supporte pas. On ne console pas par ordre, par procédés, par principes. C'est ici que le cœur vaut mieux que la loi stricte. Rapportez-vous-en à votre cœur : il vous apprendra à être compatissant sans être indiscret, à toucher sans blesser, à dire assez sans dire trop. Pour les pauvres gens, on les console souvent en soulageant leur misère, et le devoir se confond ici avec la bienfaisance.

Après la consolation viennent les *exhortations*. Le devoir ici devient de plus en plus délicat. Il n'est pas facile de conseiller les hommes; nous n'en avons pas même toujours le droit : car c'est nous attribuer une certaine supériorité sur eux. Aussi ce devoir d'exhortation est-il souvent plutôt une prétention de l'orgueil qu'une inspiration de fraternité. C'est surtout avec les enfants, avec les jeunes gens, que de bonnes exhortations faites à propos peuvent être utiles. Avec quelques mots sobres et justes, on peut souvent leur rappeler leurs devoirs de respect envers eux-mêmes, d'économie, de sobriété, de dévouement aux leurs. Enfin vient le devoir de l'*instruction*. Ici, ce n'est plus guère l'office de tous, mais seulement de ceux qui sont chargés de cette fonction. Seulement on peut contribuer pour sa part à l'instruction des enfants, soit par des participations en argent, soit par des visites aux écoles, soit par des sociétés d'encouragement, en un mot par toutes sortes de moyens auxiliaires. Tels sont les principaux devoirs à l'égard des âmes.

184. Clémence. Pardon des injures. Amour des ennemis. — Les devoirs précédents consistent non seulement à rendre le bien pour le bien, mais encore à faire du bien à ceux qui ne nous en ont pas fait à nous-mêmes. Un degré supérieur de charité, que l'on appelle la *générosité*, consiste à rendre le bien pour le mal, à pardonner aux méchants non pas le mal qu'ils ont fait aux autres, mais le mal qu'ils nous ont fait à nous-mêmes. C'est ce qu'on appelle la *clémence,* quand il s'agit de souverains. On connaît le beau mot de Louis XII, ayant pardonné aux ennemis qu'il avait eus avant de prendre la couronne : « Le roi, disait-il, doit oublier les injures faites au duc d'Orléans. » Corneille, dans *Cinna*, faisait pleurer le grand Condé par ces vers sublimes si connus :

> Soyons amis, Cinna, c'est moi qui t'en convie :
> Comme à mon ennemi je t'ai donné la vie,
> Et malgré la fureur de ton lâche dessein,
> Je te la donne encor comme à mon assassin.

Le devoir de rendre le bien pour le mal va même plus loin que la clémence et le pardon des injures ; car c'est encore là se borner à ne pas faire de mal à ses ennemis. Mais il faut faire plus encore : il faut être capable de faire du bien à ses ennemis lorsqu'ils le méritent, ou lorsqu'ils en ont besoin; et encore faut-il s'efforcer de pousser la vertu jusqu'à s'interdire toute pensée d'orgueil qui s'élève naturellement dans le cœur qui a assez de grandeur d'âme pour se venger par des bienfaits.

Le philosophe Spinoza a exprimé cette doctrine en termes admirables en disant : « La haine doit être vaincue non par la haine, mais par l'amour et la générosité. »

PROBLÈMES ET EXERCICES PRATIQUES

Ramener aux distinctions précédentes les principaux vices ou les principales vertus.

Les vices. — Délation, trahison, calomnie, fausseté, indiscrétion, tyrannie, etc.

Les vertus. — Miséricorde, équité, magnanimité, confiance, libéralité, clémence, sévérité, etc.

Deux sortes de caractères : les caractères forts et les caractères doux et tendres; les uns plus portés à la justice, les autres à la charité. Du mélange des caractères. (Platon, *République*, l. IV.)

Justice et charité : difficultés d'une délimitation exacte. La reconnaissance, par exemple, est-elle un devoir de justice ou de charité ? Les devoirs de famille rentrent-ils dans l'une ou dans l'autre de ces deux classes? Les devoirs de société (politesse, convenance, aménité) sont-ils de l'une ou de l'autre catégorie ?

Les devoirs de charité sont-ils plus difficiles, plus obligatoires, plus méritants que les devoirs de charité, ou réciproquement ?

La bienfaisance. — « Ne vaudrait-il pas mieux pour le bien du monde, en général, que toute la moralité fût réduite aux devoirs de justice, et que la bienveillance fût reléguée parmi les choses indifférentes ? » (Kant, *Doctrine de la vertu*, questions casuistiques, trad. franç., p. 135.) Dureté et sécheresse de cette doctrine.

Pourquoi le bienfaiteur aime-t-il l'obligé plus que l'obligé n'aime le bienfaiteur ? (Voir Aristote, *Morale à Nicomaque*, l. IX, ch. vii.)

La bienfaisance est-elle de l'égoïsme parce que l'on trouve du plaisir à faire du bien à autrui ? (Aristote, *Ibid.*, ch. viii.)

Deux espèces de dévouement. — Dévouement continu et quotidien qui porte sur les choses ordinaires de la vie, et dévouement rare et exceptionnel qui va aux dernières extrémités.

Exemples historiques de grands dévouements.

CHAPITRE XI

LA SOCIÉTÉ. — LE DROIT ET LES DROITS. — RESPECT DE LA PERSONNE DANS LES AUTRES HOMMES

185. Le droit naturel. — Le *droit naturel* se rattache et s'oppose à la *morale*[1], comme le *droit* se rattache et s'oppose au *devoir*.

Le devoir est la loi qui nous impose des obligations soit envers nous-mêmes, soit envers les autres : c'est une *nécessité morale*. Le droit est le *pouvoir* que nous avons d'exercer et de développer nos facultés conformément à notre destinée, pourvu que nous laissions aux autres hommes le même pouvoir. Chaque homme, avons-nous dit, par cela seul qu'il est une personne morale, c'est-à-dire qu'il jouit de la liberté et de l'intelligence, est, comme dit Kant, une *fin en soi*, c'est-à-dire un *but*, et ne doit pas être traité comme *moyen*. L'homme est une chose sacrée pour l'homme. Il est inviolable dans sa personne et dans tout ce qui est le développement de sa personne.

De là suit immédiatement une première conséquence : c'est que, tout homme étant homme au même titre, nul ne peut réclamer pour soi un droit sans le reconnaître en même temps en autrui : de là l'*égalité des droits*. En outre, la liberté de l'un ne peut supprimer sans contradiction la liberté de l'autre : d'où cette autre conséquence : le droit est l'*accord des libertés*.

186. Le droit et la contrainte. — Si le droit consiste

---

[1] On a souvent pris le mot de *droit naturel* comme équivalent à la *morale* elle-même : c'est ce que fait Jouffroy dans son *Cours de droit naturel*. Nous l'entendons ici dans un sens précis. On pourrait dire que la Morale et le Droit naturel font partie d'une seule et même science, que l'on appellerait l'*Éthique*.

dans l'accord des libertés, il s'ensuit évidemment que celui qui use de sa liberté aux dépens de celle d'autrui n'est plus dans son droit : il n'est donc plus inviolable à ce titre, il doit être contenu dans les limites qu'impose l'accord des libertés réciproques. La *contrainte* peut donc être employée pour obliger chaque homme en particulier à respecter le droit d'autrui.

187. Devoirs de droit ; devoirs de vertu. — De là, comme l'a remarqué Kant (*Doctrine du droit*, trad. Jules Barni, p. 28), deux sortes de devoirs : les devoirs de *droit*, auxquels on peut être contraint extérieurement, et les devoirs de *vertu*, qui échappent à toute contrainte. « La législation *éthique*, ou *morale*, dit Kant, ne peut jamais être extérieure ; la législation *juridique* (ou de droit) peut être extérieure. » La même action, par exemple accomplir ses engagements, peut être à la fois devoir de vertu et devoir de droit. C'est d'abord un devoir pour la conscience, mais de plus c'est un devoir extérieur auquel on peut être contraint par la loi. Or le droit, en général, est cette faculté que nous pouvons faire respecter par autrui au moyen de la contrainte, quel que soit d'ailleurs le motif auquel obéisse celui qui se soumet à cette contrainte.

188. Droit naturel et droit positif ; école historique. — On appelle droits *naturels* les droits qui résultent de la nature même de l'homme, indépendamment de toute loi écrite. Deux hommes qui se rencontreraient dans un désert ne seraient obligés à rien l'un envers l'autre par aucune loi positive ; et cependant l'un n'a pas le droit de faire de l'autre son esclave. Maintenant, nous avons vu que le droit emporte comme conséquence et comme sanction la faculté de contraindre : or, dans les sociétés civilisées, il n'y a que l'État ou société civile qui puisse user de la contrainte ; il a donc fallu déterminer d'une manière générale, et abstraction faite des circonstances particulières, les cas où l'on userait de la contrainte et ceux où les citoyens resteraient libres : c'est ce qu'on appelle les *lois;* et l'ensemble des droits ainsi garantis par les lois s'appelle le *droit positif.* La science qui traite du droit positif ou droit écrit est la *jurisprudence.*

Une certaine école conteste l'existence des droits naturels proprement dits, de ce qu'on a appelé en 1789 les *droits de l'homme.* Elle ne reconnaît d'autres droits que ceux qui naissent ou des *lois* ou des *coutumes.* Le droit se forme, selon elle, *historiquement,* au fur et à mesure des besoins et des sentiments humains. Les droits naturels sont des droits *abstraits, indéterminés,* conçus à priori par les philosophes, mais qui n'ont de valeur qu'autant qu'ils sont consacrés par des institutions et des habitudes.

Cette manière de concevoir le droit tend à représenter l'homme non plus comme un être *raisonnable* appelé à se gouverner par la raison, mais comme une *espèce animale,* régie exclusivement par les instincts et les habitudes. Sans doute les rapports entre les hommes sont dominés en grande partie par les lois de la sensibilité et de l'habitude; mais c'est le propre de l'homme de transformer sans cesse ces rapports d'habitude et d'instinct en rapports de raison, et de rapprocher le droit écrit du droit naturel, du droit humain.

On invoque contre le droit naturel : 1° la diversité des lois et des coutumes chez les différents peuples; mais la même objection s'est élevée contre les devoirs; il ne s'ensuit pas qu'il n'y ait pas de devoirs; 2° la difficulté de déterminer les droits naturels, qui sont sans cesse en opposition les uns avec les autres; la même difficulté existe aussi pour les devoirs; il y a des conflits de devoirs comme des conflits de droits; faut-il en conclure qu'il n'y a pas de morale? 3° si le droit a pour sanction légitime l'emploi de la force, en posant à priori des droits absolus et indéterminés, on autorise par là même, à ce qu'il semble, l'emploi de la force toutes les fois que chacun croira le droit violé en sa personne : de là le *droit d'insurrection* en permanence; c'est le principe révolutionnaire, incompatible avec l'existence de toute société. Cette conséquence n'est pas légitime : la société seule a le droit de contraindre; le droit, même violé, ne peut se défendre lui-même. Sans doute, il a pu y avoir des insurrections généreuses et justifiées par le résultat; mais ce sont là des exceptions qui peuvent avoir lieu aussi bien sous prétexte de droit historique que de droit naturel : il n'y a donc rien à en conclure ni pour ni contre.

189. Les différents droits. — Après avoir exposé les principes du droit naturel, nous n'avons plus qu'à distinguer les différents droits naturels; et comme le droit est fondé sur la liberté, les *droits* ne sont autre chose que les *libertés;* les libertés elles-mêmes ne sont que les différents moyens de garantir et de développer nos facultés naturelles.

190. Liberté corporelle et individuelle. — On appelle liberté individuelle, dans toutes les constitutions, le droit *d'aller et de venir*, le droit de disposer de son propre corps : c'est ce que les Anglais appellent l'*habeas corpus*. Il est évident que la première liberté pour l'homme, et la base de toutes les autres, c'est la possession de son propre corps, le droit de ne pas être atteint dans sa personne corporelle, de n'être ni détruit, ni mutilé, ni enchaîné. La détention arbitraire est contraire à ce droit; la *servitude de la glèbe*, quoique laissant une certaine liberté au corps, n'en était pas moins une atteinte à la liberté individuelle, puisque le serf était attaché au sol et ne pouvait sortir d'un certain territoire.

191. Liberté du travail. — La liberté corporelle a pour conséquence légitime la liberté du travail, c'est-à-dire le droit d'employer ses facultés comme on l'entend, soit pour subvenir à sa subsistance, soit pour satisfaire ses goûts. C'est ce principe que Turgot a formulé dans l'édit célèbre de 1776 qui abolissait les maîtrises et les jurandes :

« Dieu, en donnant à l'homme des besoins, en lui rendant nécessaire la ressource du travail, a fait du droit de travailler la propriété de tout homme; et cette propriété est la première, la plus sacrée et la plus imprescriptible de toutes. Nous regardons comme un des premiers devoirs de notre justice et comme un des actes les plus dignes de notre bienfaisance d'affranchir nos sujets de toutes les atteintes portées à ce droit inaliénable de l'humanité. »

La liberté du travail comprend : le droit pour tout citoyen de choisir sa profession; le droit d'en exercer une ou plusieurs; le droit d'en changer; le droit de régler le prix de ses produits ou de ses services; le droit d'en échanger les résultats à l'intérieur ou à l'extérieur sans aucune entrave. (Jules Simon, la *Liberté,* 2e partie, ch. III, § 2.)

192. La propriété. — La conséquence immédiate de la liberté du travail, c'est la *propriété :* comme c'est de tous les droits celui qui a été le plus contesté de nos jours, nous devons y insister. Qu'est-ce que la propriété? Quelle en est l'origine et le principe? Quelles objections a-t-elle soulevées? Quelles raisons morales et sociales la justifient et en rendent le maintien à la fois sacré et nécessaire?

Définition de la propriété. — « La propriété, dit le Code civil, est le droit de jouir et de disposer des choses de la manière la plus absolue, pourvu qu'on n'en fasse pas un usage prohibé par les lois ou par les règlements. » (Art. 544.)

« Le droit de propriété, disait la constitution de 93, est celui qui appartient à tout citoyen de jouir et de disposer à son gré de ses biens, de ses revenus, du fruit de son travail et de son industrie. » (Art. 8.)

Ce sont là les définitions juridiques et politiques de la propriété. Philosophiquement, on peut dire qu'elle est le droit, pour chaque homme, de faire quelque chose *sien,* c'est-à-dire de s'attribuer le droit *exclusif* de jouir de quelque chose d'extérieur.

Il faut distinguer la *possession* et la *propriété*. La possession n'est autre chose que la *détention actuelle :* je puis avoir entre les mains quelque chose qui n'est pas à moi, soit qu'on me l'ait prêté, soit que je l'aie trouvé; je n'en suis pas pour cela propriétaire. La propriété est le droit que j'ai d'exclure les autres de l'usage d'une chose, même quand je ne la possède pas actuellement [1].

Origine et fondement de la propriété. — La première propriété est celle de mon propre corps; mais jusque-là elle n'est autre chose que ce que nous avons appelé la liberté corporelle. Comment allons-nous au delà? Comment étendons-nous ce droit primitif sur les choses qui sont en dehors de nous?

Remarquons d'abord que ce droit de s'approprier les choses extérieures repose sur la nécessité et sur les lois de l'être organisé. Il est évident en effet que la vie ne peut se conserver que par un échange perpétuel entre les parties du corps vivant et les molécules des corps environnants. La nutrition est *assimilation* et par conséquent *appropriation*. Il est donc nécessaire que certaines choses du monde extérieur deviennent *miennes* : autrement la vie est impossible.

La propriété est donc *nécessaire;* cherchons en outre à quel titre elle est légitime.

On a donné plusieurs origines à la propriété : l'*occupation*, la *convention*, le *travail*.

L'occupation. — Selon les uns, la propriété a pour fondement le *droit de premier occupant*. On dit que l'homme a le droit de s'approprier une chose inoccupée (*bonum vacans*), de même qu'au théâtre le spectateur qui arrive le premier a le droit de prendre la meilleure place. (Cicéron.) Soit; mais au théâtre je n'occupe que la place de mon propre corps; je n'ai pas le droit de m'approprier le théâtre tout entier, ni même le parterre. Il en est de même du droit de premier occupant. J'ai certainement droit à la place de mon propre corps, mais pas plus loin : car où s'arrêterait mon droit?

« Suffira-t-il, dit J.-J. Rousseau, de mettre le pied sur un

---

[1]. Kant distingue dans le même sens la possession *sensible* et la possession *intelligible*. Celle-ci, qui est ce que nous appelons propriété, est une possession sans détention. (*Doctrine du Droit*, trad. franç., p. 66.)

terrain commun pour s'en prétendre aussitôt le maître?... Quand Nuñez Balboa prenait sur le rivage possession de la mer du Sud et de toute l'Amérique méridionale au nom de la couronne de Castille, était-ce assez pour en exclure tous les princes du monde ? Sur ce pied-là, le Roi Catholique n'avait tout d'un coup qu'à prendre, de son cabinet, possession de tout l'univers, sauf à retrancher ensuite de son empire ce qui était auparavant possédé par les autres princes. » (*Contrat social*, l. Ier, ch. IX.)

La convention. — Si l'occupation ne suffit pas par elle seule pour fonder la propriété, ne deviendra-t-elle pas légitime en y ajoutant la *convention*, c'est-à-dire la loi? La propriété, avons-nous vu, est nécessaire ; mais si chacun est libre de s'approprier tout ce dont il a besoin, c'est l'anarchie ; c'est, comme l'a dit Hobbes, « la guerre de tous contre tous ». Il faut que la loi fixe le bien de chacun dans l'intérêt de tous. Le *suum* est la part que l'autorité publique a fixée ou reconnue, soit qu'on admette un partage primitif qui aurait été fait par le magistrat, soit une occupation primitive, plus ou moins due au hasard, mais que la loi aurait consacrée.

Sans doute, la raison d'utilité sociale joue un grand rôle dans l'établissement et la consécration de la propriété, et il serait absurde de ne pas tenir grand compte de cette considération. Sans doute, quand même la propriété ne serait qu'un fait consacré par le temps, par la nécessité et par la loi, elle aurait déjà par là même une très grande autorité ; mais nous croyons que ce n'est pas assez dire. La propriété n'est pas seulement un *fait* consacré, elle est encore un *droit*. Elle trouve dans la loi sa *garantie*, mais non son *fondement*.

Le véritable principe de la propriété est le *travail*, et la propriété se confond avec la liberté même : *liberty and propriety*, disent les Anglais.

Le travail. — Si toutes les choses dont l'homme a besoin étaient en nombre illimité, et si on pouvait les acquérir sans aucun effort, il n'y aurait pas de propriété. C'est ce qui a lieu, par exemple, pour l'air atmosphérique, dont nous avons tous besoin, mais qui n'appartient à personne. Mais s'il s'agit de choses qui ne peuvent être *acquises* que par un certain effort (les animaux courant dans les forêts), ou même qui ne peuvent être *produites* que par l'effort humain (une moisson dans un terrain stérile), ces choses *appartiennent* de droit à celui qui les conquiert ou qui les fait naître.

« Je prends du blé sauvage dans ma main, je le sème dans un terrain que j'ai creusé, et j'attends que la terre, aidée de la pluie et du soleil, fasse son œuvre. La récolte qui croîtra est-elle mon bien ? Où serait-elle sans moi ? Je l'ai créée. Qui le niera ?... Cette terre ne valait rien et ne donnait rien ; j'ai fouillé le sol ; j'ai apporté de loin de la terre friable et fertilisante ; je l'ai réchauffée par un engrais : elle est fertile pour de longues années. Cette fertilité est mon œuvre... La terre n'était à personne ; en la fertilisant, je l'ai rendue mienne. Suivant Locke, dans les produits du sol les neuf dixièmes au moins doivent être attribués au travail humain[1]. »

On a dit que le travail n'est pas un fondement suffisant pour établir le droit de propriété, qu'il faut y ajouter l'occupation ; car autrement le travail suffirait pour nous rendre propriétaires de la chose déjà occupée par autrui : le fermier deviendrait propriétaire des champs qu'il cultive, par le fait seul de sa culture. L'occupation est donc un élément nécessaire de la propriété.

Sans doute ; mais l'occupation elle-même n'a de valeur que parce qu'elle est déjà un travail, et dans la mesure où elle est un travail. Le fait de cueillir un fruit, de saisir un animal et même de prendre pied sur une terre déserte, est un exercice de mon activité plus ou moins facile ou difficile, mais qui n'en est pas moins en réalité le résultat d'un effort. C'est donc le travail lui-même qui fonde et consacre l'occupation. Mais la chose une fois occupée et devenue la propriété d'un homme par un travail primitif,

---

1. Jules Simon, *la Liberté*, 2ᵉ partie, ch. III.

ne peut plus, sans contradiction, devenir la propriété d'un autre par un travail ultérieur. Ce travail appliqué à la propriété d'autrui n'en est pas moins lui-même le fondement d'une propriété, à savoir le prix reçu en échange du travail, et que l'on appelle *salaire;* mais c'est à l'économie politique à étudier de plus près cette notion.

193. Accumulation et transmission. — Le droit d'*appropriation*, fondé, comme nous venons de le voir, sur le travail, entraîne comme conséquence le droit d'*accumulation* et celui de *transmission*.

En effet, si j'ai acquis une chose, je puis, soit en jouir actuellement, soit la réserver pour en jouir plus tard; et si j'ai plus que mes besoins actuels n'exigent, je puis mettre de côté ce qui m'est aujourd'hui inutile, mais ce qui me sera utile plus tard. C'est ce qu'on appelle l'*épargne;* et l'addition successive des épargnes est ce qu'on appelle accumulation. On ne peut contester ce droit à l'homme; car ce serait méconnaître en lui l'une de ses plus nobles facultés, à savoir la faculté de prévoir l'avenir. En supprimant ce droit on tarirait la source même de toute production, c'est-à-dire le travail : car c'est surtout la prévision de l'avenir qui détermine l'homme à travailler pour assurer sa sécurité.

Le droit de *transmettre* est une autre conséquence de la propriété; car si je puis jouir moi-même, je dois pouvoir faire jouir autrui; enfin je puis me priver de ma propriété pour obtenir à la place la propriété d'autrui, qui me serait plus agréable ou plus utile; de là le droit d'*échanger*, qui donne naissance à ce qu'on appelle l'*achat* et la *vente :* ici encore nous touchons au terrain de l'économie politique.

De toutes les transmissions, la plus naturelle est celle qui a lieu du père aux enfants : c'est ce qu'on appelle l'*héritage*. Si on enlevait au père de famille le droit de penser à ses enfants dans l'accumulation du fruit de ses travaux, on détruirait par là même le plus énergique ressort de travail qu'il y ait dans le cœur de l'homme.

194. Propriété individuelle et communauté. — Les adversaires de la propriété ont souvent dit qu'ils n'attaquaient pas la propriété en elle-même, mais seulement la propriété *individuelle*. Le sol, qui est, sinon le principe, au moins la matière de toute richesse, appartient, disent-ils, non à l'individu, mais à la société, à l'État, c'est-à-dire à tous d'une manière commune et indivise : chaque individu n'est que consommateur, et reçoit sa part de l'État, qui seul est véritablement propriétaire. C'est ce qu'on appelle le système de la *communauté*, ou le *communisme*, qui prend deux formes, suivant qu'il admet que le partage doit se faire d'une manière absolument égale entre les cosociétaires, et c'est le système *égalitaire*; ou bien que le partage doit se faire en raison de la *capacité* et des *œuvres*, et c'est cette forme de communisme qu'a soutenue de nos jours l'école saint-simonienne.

Nous n'avons pas à faire remarquer l'impossibilité pratique de réaliser un pareil système. Bornons-nous à en signaler le vice essentiel. Si le communisme est égalitaire, et c'est là le vrai communisme, il détruit le ressort du travail : car l'homme, assuré de sa subsistance par l'État, n'a plus rien qui le stimule à l'effort personnel. Le travail, n'ayant plus l'espoir d'une rémunération légitime, se réduirait au strict minimum, et la civilisation, qui vit de travail, rétrograderait rapidement : la misère générale serait la conséquence nécessaire de cet état de choses; tous seraient également pauvres et misérables; on retournerait à l'état primitif dont l'humanité a eu tant de peine à sortir, et dont elle n'est sortie que par le travail et la propriété. De plus, comme il est absolument impossible de supprimer le travail, l'État serait bien obligé de contraindre ceux que leur intérêt n'y porterait plus spontanément; de libre, le travail deviendrait servile, et les pensionnaires de l'État n'en seraient en réalité que les esclaves.

Quant au communisme inégalitaire qui admet une rémunération par l'État, mais proportionnelle au mérite et aux produits, c'est-à-dire à la *capacité* et aux *œuvres,* il atteint sans doute d'une manière moins grave le principe de la propriété et de la liberté; mais d'une part il ne satisfait pas les instincts d'égalité qui ont toujours inspiré dans tous les temps les utopies communistes; de l'autre, il s'attaque les instincts de famille, en supprimant l'héritage : or si l'homme s'intéresse à son propre sort, il s'intéresse peut-être plus encore, à mesure qu'il avance en âge, au sort de ses enfants; en lui enlevant la responsabilité de leurs destinées, on lui ôte un stimulant de travail des plus énergiques, et l'on tend par là à produire, quoique à un moindre degré, le même mal d'appauvrissement général qui serait la conséquence nécessaire du communisme proprement dit. Mais le vice principal de tout communisme, égalitaire ou non, est de substituer l'État à l'individu, de faire de tous les hommes des fonctionnaires, de charger l'État de la destinée de tous les individus, en un mot de faire de l'État une providence[1].

195. Inégalité des richesses. — Cependant il s'élève toujours dans les âmes un problème douloureux et redoutable. Pourquoi les biens, qui ont été créés pour tous, sont-ils distribués d'une manière si inégale et si capricieuse? Pourquoi des riches et des pauvres? et si l'inégalité doit exister, pourquoi n'est-elle pas en proportion de l'inégalité de mérite et de travail personnel? Pourquoi des riches oisifs et prodigues? Pourquoi des pauvres accablés à la fois de travail et de misère?

Il y a ici deux questions : 1° pourquoi y a-t-il inégalité? 2° pourquoi cette inégalité, en supposant qu'elle doive exister, est-elle sans rapport avec le mérite et le travail des individus?

Sur le premier point, on ne peut nier, à moins de vouloir supprimer toute responsabilité humaine, toute acti-

---

[1]. Sur la question de la propriété, voir Proudhon : *Qu'est-ce que la propriété?* Thiers, *la Propriété* (1848), et les *Harmonies économiques* de Bastiat.

vité libre et personnelle, en un mot toute liberté, on ne peut nier, dis-je, que l'inégalité du mérite et du travail n'autorise et ne justifie une certaine inégalité dans la distribution des biens.

Mais, dit-on, cette inégalité n'est pas proportionnelle au travail. On peut répondre qu'à mesure que les lois civiles se perfectionnent (par l'abolition des monopoles, des privilèges, des droits abusifs, tels que les droits féodaux, etc.), la distribution des richesses tend à se faire de plus en plus en proportion du mérite et des efforts. Il reste seulement deux sources d'inégalité qui ne proviennent pas du travail personnel : 1° les accidents ; 2° la transmission héréditaire. Mais, pour ce qui concerne les accidents, il n'est aucun moyen de supprimer absolument la part du hasard dans la destinée des hommes ; on ne peut que la corriger ou la diminuer, et c'est à quoi tendent les institutions des assurances, des caisses d'épargne, des caisses de secours, etc., qui sont des moyens d'égalisation, croissant toujours avec le progrès général. Quant à l'inégalité produite par l'héritage, de deux choses l'une : ou l'héritier conserve et accroît, par son propre travail, ce qu'il a acquis, et il arrive ainsi à le mériter, ou, au contraire, il cesse de travailler et il consomme sans produire, et dans ce cas il détruit lui-même son privilège sans que l'État s'en mêle.

D'ailleurs, il s'agit moins du *bien-être relatif* des hommes que de leur *bien-être absolu*. A quoi servirait-il aux hommes d'être tous égaux s'ils étaient tous misérables ? Il y a sans doute plus d'égalité dans une république de sauvages que dans nos sociétés européennes : mais combien y a-t-il de nos pauvres européens qui voulussent échanger leur condition contre l'existence des sauvages ? En réalité le progrès social, en augmentant sans cesse la richesse générale, augmente en même temps le bien-être de chacun, sans que la somme d'efforts augmente. Ce surcroît de bien-être est en réalité *gratuit*, comme l'a démontré Bastiat. De là, comme il le dit, une communauté croissante de bien-être[1], à mesure que nous nous éloignons, par la propriété de mieux en mieux garantie, de la communauté de misère d'où nous sommes sortis.

« La propriété, dit Bastiat, tend à transformer l'utilité onéreuse en utilité gratuite. Elle est cet aiguillon qui force l'intelligence humaine à tirer de l'inertie de la matière des forces naturelles latentes. Elle lutte, à son profit sans doute, contre les obstacles qui rendent l'utilité onéreuse ; et quand l'obstacle est renversé, il se trouve qu'il a disparu au profit de tous. Alors l'infatigable propriété s'attaque à d'autres obstacles, et, toujours élevant sans cesse le niveau humain, réalise de plus en plus la communauté, et avec elle l'égalité au sein de la grande famille. »

196. La famille. Le mariage. — Nous avons déjà étudié plus haut, au point de vue de la morale, les principes qui constituent la famille.

Rappelons les belles définitions du droit romain : « Le mariage est l'union de l'homme et de la femme, la vie en commun de l'un et de l'autre, la connexion du droit divin et humain. » (MODESTIN.) « Le mariage est l'union de l'homme et de la femme, constituant d'une manière indivisible l'habitude de la vie commune. » (ULPIEN.)

Le but principal du mariage est la perpétuité de l'espèce, par conséquent la procréation des enfants ; cependant, comme on l'a dit, ce n'en est pas le but unique : autrement la loi devrait interdire le mariage aux vieillards, ce qu'elle ne fait pas. « Ce qui constitue essentiellement le mariage, c'est le don réciproque de la personnalité totale, physique et morale, entre l'homme et la femme. C'est la fusion de l'amitié et de l'amour ayant pour but la formation d'une société permanente entre deux individus de sexes différents[2]. » C'est ce que nous appelons *société*

---

1. Voyez, dans les *Harmonies économiques*, VIII, cette ingénieuse et solide théorie qui montre le progrès croissant de la communauté en raison même de la propriété.
2. Ahrens, *Philosophie du droit*, 2ᵉ partie, 2ᵉ section, ch. 1ᵉʳ, § 1ᵉʳ. Si

conjugale ou *mariage*, et cette société, dans la plupart des cas, a pour but et pour effet la formation d'une société plus complète appelée *famille*, qui se compose des époux ou *parents* et des *enfants*.

Si le mariage est le don total de la personnalité entre l'homme et la femme, il s'ensuit évidemment que la seule forme, ou du moins la forme la plus élevée du mariage, est la *monogamie*, c'est-à-dire le mariage d'un homme avec une seule femme : car « le mariage étant établi sur l'union des individualités, exige nécessairement une égalité dans la position réciproque des époux ». (AHRENS, *Philosophie du droit,* du Mariage, § 3.)

Le mariage, par là seul qu'il est un don de soi-même, doit être *libre :* il ne peut être contraint ni par la volonté des parents ni par l'autorité de l'État; et il doit être *réciproquement* libre.

La société est garante et témoin de ce contrat ; mais elle ne le fonde pas.

Une autre conséquence non moins évidente est la *fidélité :* elle est impliquée dans l'idée même d'un don total de soi-même ; mais il est évident que la fidélité doit être réciproque, et qu'il ne peut être question, sous ce rapport, d'un privilège pour l'un des deux époux.

197. Le pouvoir paternel. — Quant au pouvoir des parents sur les enfants, ou pouvoir paternel, nous en avons déjà parlé plus haut avec quelques détails ; ici, nous ne pouvons qu'y renvoyer.

198. De l'esclavage. — La libre possession et le libre usage de son corps, ou liberté corporelle, le libre exercice du travail, le libre accès à la propriété, le droit de former une famille, ces quatre droits réunis constituent ce que l'on appelle la *liberté civile ;* la privation de ces droits, en tout ou partie, est l'*esclavage*. Le caractère essentiel de l'esclavage, c'est que l'homme y est transformé en *chose :*

---

les enfants étaient la raison seule du mariage, les unions sans enfant, au bout d'un certain temps, devraient être dissoutes.

il est acheté ou vendu ; il n'a pas de propriété, mais il est lui-même une propriété. Dans les atténuations successives qu'a subies l'institution de l'esclavage, il a pu se concilier, dans une certaine mesure, avec les droits de la propriété et de la famille ; mais c'était plus en apparence qu'en réalité. Il est assez inutile aujourd'hui de réfuter l'esclavage, qui tend à disparaître de plus en plus de la surface du globe. Rappelons seulement cet admirable plaidoyer, sous forme ironique, de Montesquieu dans l'*Esprit des lois* :

« Si j'avais à soutenir le droit que nous avons eu de rendre les nègres esclaves, voici ce que je dirais :

« Les peuples de l'Europe ayant exterminé ceux de l'Amérique, ils ont dû mettre en esclavage ceux de l'Afrique pour s'en servir à défricher tant de terres.

« Le sucre serait trop cher si l'on ne faisait cultiver la plante qui le produit par des esclaves.

« Ceux dont il s'agit sont noirs depuis les pieds jusqu'à la tête, et ils ont le nez si écrasé qu'il est presque impossible de les plaindre.

« On ne peut se mettre dans l'esprit que Dieu, qui est un être très sage, ait mis une âme, surtout une âme bonne, dans un corps tout noir.

« Il est impossible que nous supposions que ces gens-là soient des hommes ; parce que si nous les supposions des hommes, on commencerait à croire que nous ne sommes pas nous-mêmes chrétiens.

« De petits esprits exagèrent trop l'injustice que l'on fait aux Africains. Car, si elle était telle qu'ils le disent, ne serait-il pas venu dans la tête des princes d'Europe, qui font entre eux tant de conventions inutiles, d'en faire une générale en faveur de la miséricorde et de la pitié [1] ? »

199. Servage. Abus de pouvoir. — L'esclavage absolu a existé dans l'antiquité, et a surtout reparu depuis la découverte de l'Amérique, grâce à la différence des races :

---

1. *Esprit des lois*, XV, ch. IV. Les conventions que demandait Montesquieu ont été faites et ont amené la suppression, ou tout au moins l'extrême diminution de la traite des nègres.

la race noire ayant paru particulièrement propre à la culture des climats torrides, et étant douée d'une grande vitalité physique, est devenue la race servile par excellence; on lui a même fait la chasse pour en multiplier le produit; de là un infâme trafic appelé *traite des nègres*, et qui est interdit aujourd'hui par tous les pays civilisés.

Mais il y a eu au moyen âge, et il a subsisté jusqu'à nos jours, en Russie, par exemple, un esclavage relatif, moins rigoureux et moins odieux, et qui, quoique renfermé dans de certaines limites, n'en était pas moins une atteinte grave à la liberté. Le serf pouvait avoir une famille et même un certain pécule; mais la terre qu'il cultivait ne pouvait jamais lui appartenir; et surtout il ne pouvait quitter cette terre, ni employer son travail, ses services, comme il l'aurait voulu. C'était sans doute une moindre injustice que l'esclavage, mais c'était encore une injustice. Au reste, cette injustice n'est plus aujourd'hui qu'un souvenir historique. La morale n'a plus à s'en préoccuper.

Mais il arrive encore dans les rapports entre maîtres et domestiques, patrons et ouvriers, entre gouvernants et gouvernés, que ceux qui possèdent sur leurs semblables une certaine autorité en abusent pour leur enlever une partie de leur liberté; les obligent, pour continuer à exercer les fonctions qui leur permettent de faire vivre leur famille ou pour avoir du travail, à exécuter certains actes, à se soumettre à certaines prescriptions qui sont contraires à leurs opinions religieuses ou politiques. Il est évident que la morale condamne ces abus de pouvoir comme elle condamne le servage et l'esclavage...

200. Liberté de conscience; liberté de pensée, tolérance. — Les droits précédents sont toujours plus ou moins liés au corps : car l'union de la famille même est moitié corporelle et moitié spirituelle; mais il est d'autres droits qu'un philosophe a appelés *droits de l'âme* [1], et qui

---

[1]. Em. Beaussire, *de la Liberté intellectuelle et morale*, Introduction (2ᵉ édition, 1878).

sont en effet renfermés presque exclusivement dans le domaine de l'âme. Le principal de ces droits est la *liberté de conscience*, ou *liberté religieuse*. Le principe de la liberté religieuse, c'est que les rapports de l'homme et de Dieu ne relèvent que de la conscience, et que l'État ou la société n'a aucune autorité pour décider ce qui est le vrai ou le faux en matière religieuse.

La liberté *philosophique* est le complément nécessaire de la liberté religieuse : elle implique le droit, pour chacun de ceux qui ne se rattachent à aucune religion, de penser ce qu'ils trouvent le plus conforme à la raison dans les questions que se pose l'esprit humain sur l'âme, sur Dieu et sur la nature.

La conséquence naturelle de la liberté religieuse et philosophique, c'est la *tolérance :* chacun doit laisser à son voisin le droit de penser ce qu'il veut en ces matières ; chacun doit respecter les opinions religieuses et philosophiques de ceux qui sont arrivés, par la réflexion ou par la croyance, à des opinions qui ne sont pas les siennes.

La liberté de penser ou d'écrire a pour fondement ce principe de Descartes : « Ne reconnaître pour vrai que ce qui paraîtra *évidemment* être tel. » Puisque c'est un *devoir* pour l'esprit de ne se soumettre qu'à l'évidence, il faut que ce soit en même temps un *droit;* car comment pourrais-je obéir au devoir, si on me refuse le droit ? Quant à la liberté d'écrire, elle soulève tant de questions difficiles que nous ne pouvons qu'en poser le principe : c'est que l'État n'est pas juge du vrai et du faux, et qu'il est seulement garant des droits de chacun. La liberté d'écrire n'est donc susceptible de répression qu'en tant qu'elle porte atteinte aux droits des individus.

201. Droit public et droit des gens. — Les droits naturels que nous venons de résumer appartiennent à l'homme considéré comme individu, comme membre du corps social. C'est là l'objet du droit naturel proprement dit, que l'on peut appeler le *droit privé*. Mais le droit naturel s'étend plus loin : il ne considère pas seulement l'individu, mais encore la société, et non seulement la société humaine en général, mais cette société spéciale et organisée que l'on appelle la *société civile* ou État. Cette partie du droit naturel s'appelle le *droit public,* et, en tant qu'il étudie les rapports des États entre eux, il s'appelle le *droit des gens*.

PROBLÈMES ET EXERCICES PRATIQUES

De l'esclavage moral. — Doit-on pousser l'influence sur les autres hommes jusqu'à détruire leur volonté? et, d'un autre côté, doit-on se priver de toute influence sur les autres?

N'y a-t-il pas un droit de la sagesse sur l'ignorance, de l'âge et de l'expérience sur la jeunesse?

Histoire de la propriété. — Voir *la Propriété et ses formes,* par Em. de Laveleye (*Bibliothèque de philosophie contemporaine,* 1874).

Les diverses formes du socialisme. — *Études sur les réformations contemporaines,* de Louis Reybaud.

Le socialisme d'État. — L'individu et l'État. — Leurs droits réciproques.

La famille. — La question du divorce. — Que le mariage est indissoluble moralement; mais que l'État peut ne pas se croire obligé d'imposer cette indissolubilité et laisser sur ce point la liberté à la conscience.

Devoirs du propriétaire. — Administration et usage modéré de la fortune; emploi noble dans l'intérêt de la civilisation; bienfaisance. (Voir plus loin *Devoirs de charité.*)

Devoirs de la pauvreté. — Patience et travail. Savoir jouir du peu qu'on a. Ne pas porter envie aux plus riches que soi.

CHAPITRE XII

LA PATRIE. — L'ÉTAT ET LES LOIS. — FONDEMENT DE L'AUTORITÉ PUBLIQUE. — LE GOUVERNEMENT. — DEVOIRS ET DROITS DES GOUVERNANTS. — DEVOIRS PROFESSIONNELS.

202. Trois groupes de sociétés. — Cicéron et Fénelon ont fait remarquer qu'il y a trois sortes de sociétés parmi les hommes : la première, qui est la plus étendue, comprend l'*humanité* tout entière; la dernière, qui est la plus étroite, est ce que l'on appelle la *famille*. Mais entre la famille et le genre humain il y a une société intermédiaire, plus large que l'une, plus étroite que l'autre, et c'est ce que l'on appelle la *patrie*.

203. Le patriotisme. — Le sentiment qui nous unit à la patrie, et qui devient un *devoir* par la réflexion, est ce qu'on appelle le *patriotisme*.

Le patriotisme est un de nos sentiments les plus complexes; il se compose en effet de bien des éléments distincts : c'est d'abord l'*amour du sol* où l'on est né, et ce sol est d'abord le territoire étroit où l'on a passé son enfance, et que l'on a embrassé tout entier par ses yeux et par ses souvenirs : c'est le village, la ville natale. Mais si c'est là la première origine de la patrie, ce n'est pas elle tout entière. L'amour du clocher n'est pas le patriotisme; il lui est même souvent opposé. Il faut que le sol s'étende et s'élargisse, et que de la maison natale il embrasse peu à peu, par des accroissements successifs, le village, la ville, le canton, la province, le pays tout entier. Mais qui est-ce qui fixe cette étendue de territoire? Qui est-ce qui décide qu'il ira jusqu'ici et non jusque-là? Il doit s'y joindre bien des éléments : et d'abord des habitants, des concitoyens, des compatriotes; un sol désert ne serait pas une patrie; à l'amour du territoire doit s'ajouter l'*amour* de ceux qui l'habitent avec nous, ou des *compatriotes;* pour les peuples nomades, la patrie n'est que la tribu. Réciproquement, les concitoyens sans le sol ne sont pas non plus la patrie, car l'exil en commun n'en est pas moins l'exil. Enfin la réunion du sol et des concitoyens peut ne pas être la patrie, au moins toute la patrie : un peuple conquis peut conserver son sol et ses habitants et avoir perdu la patrie : par exemple la Pologne. Quels sont donc les liens qui décident de l'existence d'une patrie ? Il y en a un grand nombre, tels que l'unité de langue, l'unité de lois, l'unité de drapeau, la tradition historique, et enfin par-dessus tout l'unité de gouvernement, et d'un gouvernement accepté. Une patrie n'existe que là où il y a un État politique indépendant. Cette unité politique ne suffit pas quand les autres liens manquent, quand elle est une contrainte, quand les peuples réunis sous un même gouvernement ont des mœurs, des coutumes, des traditions différentes; réciproquement, l'unité de langue et la communauté d'habitudes ne suffiront pas davantage quand l'unité politique, ou une certaine forme d'unité politique, fera défaut. Bien avant tout, ce qui fait la patrie, c'est un esprit commun, une âme commune, enfin un nom commun, qui vient résumer tout cet ensemble de faits, dont aucun n'est absolument nécessaire, mais qui ajoutent chacun un élément de plus à la force de la patrie. Il y a une dernière condition, c'est que l'association qui deviendra patrie ne soit pas trop étendue; car au delà de certaines limites le patriotisme se relâcherait; par exemple, l'empire romain était devenu si vaste, que l'amour de la patrie s'y confondait avec l'amour de l'humanité.

La nature a mis en nous ce sentiment du patriotisme. Il n'est aucun homme qui n'aime mieux son pays que les autres pays, qui ne soit flatté de la gloire nationale et ne souffre des humiliations et des misères du pays natal. Mais ce sentiment est plus ou moins vif selon les personnes. Souvent il se borne à des impressions, sans passer aux actions. C'est la réflexion qui fait du patriotisme un devoir, qui commande de passer du sentiment à l'action, et qui commande à tous les citoyens les mêmes actes, quelles que soient les inclinations personnelles de chacun.

Les devoirs imposés à chaque homme à l'égard de la société particulière dont il est membre s'appellent devoirs *civiques*. Lui-même, à l'égard de cette société, est ce que l'on appelle un *citoyen*; enfin, la société elle-même, considérée comme une seule et même personne dont les citoyens sont les membres, est ce qu'on appelle l'*État* ou la *Cité*.

Au fond, il n'y a pas de différence entre la *Patrie* et l'*État*. La patrie, c'est à la fois la *société* et le *sol*. On lui donne ce nom lorsqu'on la considère comme une sorte de famille dont les citoyens sont les enfants, et aussi quand on la considère par rapport aux autres nations et aux autres sociétés. L'État est cette même société considérée intérieurement et en elle-même, non plus dans le sol et dans le territoire, mais dans les membres qui la composent, et en tant que ces membres forment un seul et même corps et sont régis par des lois. La Patrie est une expression plus concrète et plus vivante, qui parle davantage au sentiment; l'État est une expression plus abstraite, qui s'adresse à la raison. Au reste, nous comprendrons mieux ce que c'est que l'État lorsque nous aurons expliqué la nature de l'autorité publique et des lois.

204. Fondement de l'État. Le droit. — Pour comprendre la nature de l'État et de ce qu'on appelle l'*autorité*, la *souveraineté*, la *magistrature*, la *loi*, il faut partir de la notion du droit et des différentes espèces de droit.

Le devoir est la loi qui nous impose des obligations, soit envers nous-mêmes, soit envers les autres : c'est une *nécessité morale*. Le **droit** est le *pouvoir* que nous avons d'exercer et de développer nos facultés conformément à notre destinée, pourvu que nous laissions aux autres hommes le même pouvoir : c'est un *pouvoir moral*. (Leibniz.) Chaque homme, par cela seul qu'il jouit de la liberté et de l'intelligence, est une *personne*, et ne doit pas être traité comme une *chose*. « L'homme est une chose sacrée pour l'homme, » disaient les anciens. Il est inviolable dans sa personne et dans tout ce qui est le développement de sa personne.

De là suit immédiatement une première conséquence : c'est que, tout homme étant homme au même titre, nul ne peut réclamer pour soi un droit sans le reconnaître en même temps à autrui : de là l'*égalité des droits*. En outre, la liberté de l'un ne peut supprimer sans contradiction la liberté de l'autre ; d'où cette autre définition : le droit est l'*accord des libertés*.

205. Les droits de l'homme. — Les principaux droits de l'homme sont les suivants : le droit de *conservation* ; le droit d'aller et de venir, ou *liberté individuelle* ; la *liberté du travail* ; le *droit de propriété* ; la *liberté de penser* ; la *liberté de conscience* ; le *droit de famille*, etc.

L'homme a un dernier droit qui est la garantie et la sanction de tous les autres : c'est le droit de *prévenir* par la force toute atteinte à son droit, de *contraindre* les autres au respect de ses droits, et enfin de *punir* toute violation de ses droits. C'est ce qu'on appelle le *droit de défense personnelle*.

206. L'autorité publique. — L'homme a donc, comme nous venons de le voir, le droit de se défendre par la force contre toute attaque ; et lorsqu'il est dans la solitude, loin des secours de la société, il possède ce droit dans sa plénitude. Mais il est facile de voir le danger et les inconvénients d'un tel droit dans une société. Chaque homme, en effet, quand il rencontre une opposition à ses volontés et à ses désirs, croit toujours être lésé dans son droit. Si la liberté était laissée à chacun de se défendre lui-même en toutes circonstances, le droit de défense mettrait sans cesse les armes aux mains des hommes ; et la société, sans un pouvoir régulateur qui mette un frein aux entreprises de chacun, serait bientôt, comme l'a dit le philosophe Hobbes, *la guerre de tous contre tous*. De là la nécessité de l'État, c'est-à-dire d'un *pouvoir désintéressé* qui prenne en main la défense de tous et assure l'efficacité du droit de défense en supprimant ses abus. C'est ce qu'on appelle l'*autorité publique*.

207. La société et l'État. — Il faut distinguer la *société* et l'*État*, ou la société *naturelle* et la société *civile*.

La société est l'union qui existe entre les hommes par cela seul qu'ils sont hommes, et sans distinction de frontières, sans contrainte extérieure. Un Anglais et un Indien, comme dit Locke, se rencontrant dans les forêts désertes de l'Amérique (Robinson et Vendredi), sont, par le seul fait de leur commune nature, en état de société.

La *société civile* ou *État* est une réunion d'hommes soumis à une *autorité* commune, à des *lois* communes, c'est-à-dire une société dont les membres peuvent être *contraints* par la force publique à respecter réciproquement leurs droits.

208. Les trois pouvoirs. — Il résulte de là que deux éléments nécessaires entrent dans l'idée de l'État : les *lois* et la *force*. Les lois sont les règles générales qui établissent d'avance et fixent après délibération, et d'une manière abstraite, les droits de chacun ; la force, c'est la contrainte matérielle dont le pouvoir public est armé pour faire exécuter les lois. De là deux *pouvoirs* dans l'État : le pouvoir *législatif* et le pouvoir *exécutif*, l'un qui fait la loi, l'autre qui l'exécute. On en ajoute d'ordinaire un troisième, le pouvoir *judiciaire*, qui est chargé pour sa part d'appliquer et d'interpréter la loi[1].

209. La souveraineté. — Ces trois pouvoirs émanent d'une source commune que l'on appelle le *souverain*. Dans tous les États, le souverain est l'autorité qui possède ou qui délègue les trois pouvoirs précédents. Dans la monarchie absolue, le souverain est le monarque, qui exerce par lui-même le pouvoir législatif et le pouvoir exécutif, quelquefois même le pouvoir judiciaire. Dans la démocratie, le souverain, c'est l'universalité des citoyens ou le *peuple*, qui délègue les trois pouvoirs, et même dans quelques cas les exerce lui-même.

Quant au fondement de la souveraineté, deux systèmes sont en présence : le *droit divin* et la *souveraineté du peuple*. Dans le premier, l'autorité émane de Dieu, qui la transmet à des familles choisies ; dans le second, les sociétés, comme les individus, ont leur libre arbitre et s'appartiennent à elles-mêmes ; elles ont la responsabilité de leurs destinées ; or cela ne peut être vrai que de la société

---

1. Sur les trois pouvoirs, voyez Montesquieu, *Esprit des lois*, l. XI.

tout entière : car pourquoi certaines classes plutôt que d'autres auraient-elles le privilège de décider du sort de chacun? La souveraineté du peuple n'est donc autre chose que le droit de chacun de participer au pouvoir public, soit par lui-même, soit par ses représentants. Ce principe est celui qui tend à prédominer de plus en plus dans les États civilisés.

210. La liberté politique. — On appelle *liberté politique* l'ensemble des garanties qui assurent à chaque citoyen l'exercice légitime de ses droits naturels ; la liberté politique est donc la sanction de la liberté civile.

Les principales de ces garanties sont : 1° le *droit de vote*, qui assure à chacun sa part de souveraineté; 2° la *séparation des pouvoirs*, qui met entre des mains différentes le pouvoir exécutif, le pouvoir législatif et le pouvoir judiciaire; 3° la *liberté de la presse*, qui assure le droit des minorités, et leur permet d'employer la persuasion pour modifier les idées et les opinions de la majorité.

211. Le droit de punir. — Le droit de punir, dans un État, n'est autre chose que le droit de contrainte, qui est, nous l'avons vu, inhérent à l'idée même de l'État : car l'État n'existe que pour assurer à chacun l'exercice de son droit, et il ne peut le faire que par la contrainte et par l'emploi de la force. Jusqu'où peut aller ce droit de la force? Par exemple, peut-il aller jusqu'à la suppression même de la vie? C'est une question débattue entre les publicistes, et qui ne sera pas de longtemps résolue.

Après avoir résumé dans ces vues sommaires les principes sur lesquels repose l'idée de l'État[1] et les éléments essentiels qui entrent dans cette notion, nous sommes mieux préparés pour aborder ce qui est l'objet propre de la morale civique, à savoir les devoirs des citoyens envers la patrie ou envers l'État.

212. Devoirs civiques. — Ces devoirs sont les suivants : l'*obéissance aux lois*, le *respect des magistrats*, le *vote*, le *service militaire*, l'*obligation scolaire*.

---

1. Voir sur cette question les *Notions d'instruction civique*.

213. L'obéissance aux lois. — Le premier des devoirs civiques, c'est l'*obéissance aux lois*. La raison en est évidente. L'État repose sur la loi. C'est la loi qui substitue aux volontés individuelles, toujours plus ou moins entraînées par la passion ou dominées par l'intérêt, une règle impartiale et désintéressée. La loi est la garantie de tous : elle s'oppose à la force, ou plutôt elle met la force au service de la justice, au lieu de faire de la justice l'esclave de la force. Pascal a dit : « Ne pouvant pas faire que ce qui est juste fût fort, les hommes ont voulu que ce qui est fort fût juste. » C'est là une boutade de misanthrope. Sans doute, les lois ne sont pas toujours aussi justes qu'elles devraient l'être, malgré les efforts que l'on fait pour les rendre telles : cela tient à l'extrême complexité des intérêts, entre lesquels il est difficile de trouver la vraie balance et le juste équilibre; mais telles qu'elles sont elles sont infiniment plus justes que le droit du plus fort, lequel régnerait seul s'il n'y avait pas de lois.

L'empire des lois est donc ce qui assure l'*ordre* dans une société et par conséquent donne à chacun la sécurité et la paix, et, par là, le moyen de se livrer au travail soit intellectuel, soit matériel, et d'en recueillir les fruits. — En même temps que la loi garantit l'ordre au dedans, elle assure aussi l'indépendance de la nation au dehors. Car une nation sans lois, ou qui n'obéit plus aux lois, tombe dans l'anarchie et devient la proie du premier conquérant qui se présente, comme le prouve l'histoire de la Pologne.

C'est surtout dans les États démocratiques ou républicains que l'obéissance aux lois est nécessaire, parce que c'est là qu'elle est le plus difficile.

Montesquieu a montré avec profondeur la difficulté et par là même la nécessité de l'obéissance aux lois dans la démocratie; en effet, ce qui est obtenu par contrainte dans les autres gouvernements ne dépend, dans la démocratie, que de la volonté des citoyens.

Il est clair, dit Montesquieu, que dans une monarchie, où

celui qui fait exécuter les lois est au-dessus des lois, on a besoin de moins de vertu que dans un gouvernement populaire, où celui qui fait exécuter les lois sent qu'il y est soumis lui-même et qu'il en portera le poids.

Il est clair encore que le monarque qui, par mauvais conseil ou par négligence, cesse de faire exécuter les lois, peut aisément réparer le mal : il n'a qu'à changer de conseil ou se corriger de cette négligence même. Mais lorsque dans un gouvernement populaire les lois ont cessé d'être exécutées, comme cela ne peut venir que de la corruption de la république, l'État est déjà perdu.

Montesquieu décrit ensuite avec les couleurs les plus fortes et les plus vives un État républicain où les lois ont cessé de régner :

On était libre avec les lois; on veut être libre contre elles. Chaque citoyen est comme un esclave échappé de la maison de son maître. Ce qui était *maxime,* on l'appelle *rigueur;* ce qui était *règle* on l'appelle *gêne;* ce qui était *attention,* on l'appelle *crainte.* La république est une dépouille, et sa force n'est plus que le pouvoir de quelques citoyens et la licence de tous.

Dans les républiques d'Athènes et de Rome, tant qu'elles ont été prospères et grandes, l'empire des lois a été admirable. Socrate, dans sa prison, en a donné un sublime exemple. Il était condamné injustement par ses concitoyens à boire la ciguë, c'est-à-dire à mourir par le poison. Cependant ses amis le pressaient de s'évader ; et tout porte à croire que rien ne lui eût été plus facile, les juges eux-mêmes désirant presque être déchargés de la responsabilité de sa mort. Cependant Socrate résista et se refusa à ce moyen de salut. La principale raison donnée par lui, c'est qu'ayant été condamné par les lois de sa patrie, il ne pouvait se sauver lui-même qu'en violant les lois. C'est ce qu'a exprimé Platon dans le dialogue intitulé *Criton.* Socrate se fait adresser à lui-même un discours par les Lois de sa patrie : c'est ce qu'on appelle la prosopopée[1] du *Criton:*

Socrate, me diront-elles, est-ce de cela que nous sommes

---

1. On appelle, en rhétorique, *prosopopée* le procédé qui consiste à

convenus ensemble, ou de se soumettre aux jugements rendus par la république?... Quel sujet de plainte as-tu contre nous, pour entreprendre de nous détruire? N'est-ce pas nous d'abord à qui tu dois la vie? N'est-ce pas sous nos auspices que ton père prit pour compagne celle qui t'a donné le jour? Si tu nous dois la naissance et l'éducation, peux-tu nier que tu sois notre enfant et notre serviteur? Et s'il en est ainsi, crois-tu avoir des droits égaux aux nôtres, et qu'il te soit permis de nous rendre tout ce que nous pourrions te faire souffrir? Eh quoi! à l'égard d'un père, ou d'un maître si tu en avais un, tu n'aurais pas le droit de lui faire ce qu'il te ferait; de lui tenir des discours offensants s'il t'injuriait; de le frapper s'il te frappait, ni rien de semblable : et tu aurais ce droit envers la patrie! Et si nous avions prononcé ta mort croyant qu'elle est juste, tu entreprendrais de nous détruire!... Ta sagesse va-t-elle jusqu'à ne pas savoir que la patrie a plus de droits à nos respects et à nos hommages, qu'elle est plus auguste et plus sage devant les dieux et les hommes sages qu'un père, une mère et tous les aïeux; qu'il faut respecter la patrie dans sa colère, la ramener par la persuasion ou obéir à ses ordres, souffrir sans murmurer tout ce qu'elle commande de souffrir, fût-ce d'être battu ou chargé de chaînes?... Que fais-tu donc, continueraient-elles, que de violer le traité qui te lie à nous et de fouler aux pieds tes engagements?... En subissant ton arrêt, tu meurs victime honorable de l'iniquité, non des Lois, mais des hommes; mais si tu fuis, si tu repousses sans dignité l'injustice par l'injustice, le mal par le mal, si tu violes le traité qui t'obligeait envers nous, tu mets en péril ceux que tu devais protéger, toi, tes amis, ta patrie et nous. Tu nous auras pour ennemies pendant ta vie; et quand tu descendras avec les morts, nos sœurs, les Lois des enfers, ne t'y feront pas un accueil trop favorable, sachant que tu as fait tous tes efforts pour nous détruire.

Exceptions prétendues. — Il faut donc admettre en principe le devoir d'obéissance aux lois; mais ce devoir est-il absolu, et ne souffre-t-il pas quelques exceptions? Un savant théologien du XVIᵉ siècle, de l'ordre des Jésuites,

---

animer les choses physiques ou les choses abstraites, à leur prêter « une âme, un esprit, un visage » (BOILEAU), à les faire parler ou à leur adresser la parole comme si elles étaient présentes et vivantes. Dans *Criton*, les lois sont personnifiées, et ce sont elles qui parlent.

Suarez (*Traité des lois*, l. III, ch. IV), admet trois exceptions à l'obéissance due à la loi; 1° si une loi est injuste; car une loi injuste n'est pas une loi; non seulement elle n'oblige pas à l'acceptation, mais, même acceptée, elle n'obligerait pas; — 2° si elle est trop dure : car alors on peut présumer vraisemblablement que la loi n'a pas été portée par le prince avec l'intention absolue d'obliger, mais plutôt pour en faire l'essai; or, dans cette supposition, on peut toujours commencer à ne pas l'observer; — 3° si, en fait, la majorité du peuple a cessé de l'observer, lors même que les premiers qui auraient commencé auraient péché, la minorité n'est plus tenue alors d'observer ce que la majorité a abandonné : car on ne peut supposer que le prince ait le dessein d'obliger tels ou tels en particulier, lorsque la communauté dans son ensemble a cessé d'obéir.

Ces exceptions proposées par Suarez sont inadmissibles, au moins les deux premières. C'est introduire dans la société un principe intérieur de destruction que d'autoriser la désobéissance envers les lois injustes. Toute loi est supposée juste, sans quoi c'est l'arbitraire et non pas la loi. Tout homme trouve toujours injuste la loi qui le lèse. S'il y a des lois injustes, ce qui est possible, il faut en demander l'abrogation; et, de nos jours, la liberté de la presse est là pour donner satisfaction au besoin de critiquer; mais en attendant il faut obéir. La seconde exception n'est pas plus soutenable. Permettre que l'on puisse désobéir à une loi trop dure en supposant que le prince ne l'a portée que par essai, c'est permettre d'éluder toutes les lois : car toute loi est dure pour quelqu'un; et d'ailleurs il n'y a pas de mesure de la dureté des lois. Une telle appréciation d'ailleurs est une fiction; un prince qui fait une loi est supposé *à priori* en vouloir l'exécution : dire qu'il n'a que l'intention de nous éprouver est une invention toute gratuite. Sans doute, par une conduite de cette nature, on peut arriver à user une loi lorsque le prince est faible; mais cela n'en est pas moins injuste, et nul État ne pourrait résister à une telle cause de dissolution. Quant à la troisième exception, on peut admettre qu'il y a des lois tombées en désuétude, et que personne n'applique plus, parce qu'elles sont en contradiction avec les mœurs et qu'elles n'ont plus d'utilité; mais hors ce cas il n'est nullement permis de dire qu'il suffit que la majorité désobéisse pour que la minorité ait le droit d'en faire autant. Par exemple, s'il plaisait à la majorité des citoyens de faire de la contrebande, ou de faire de fausses déclarations en matière d'impôts, cela ne dispenserait nullement les bons citoyens de continuer à accomplir leur devoir.

Maintenant, si c'est un devoir absolu d'obéir à la loi, il faut admettre en même temps comme correctif le droit de critiquer la loi. Ce droit est le droit de la minorité, et il est reconnu aujourd'hui dans tous les pays civilisés. Une loi, en effet, peut être injuste ou erronée : elle peut avoir été portée par la passion, par l'esprit de parti; même sans avoir été injuste à l'origine, elle peut l'être devenue avec le temps, à cause du changement des mœurs; elle peut être ausssi l'œuvre de l'ignorance, du préjugé, etc., et par là être nuisible. De là la nécessité de ce qu'on appelle la *liberté de la presse*, garantie inviolable des minorités. Mais le droit de *critiquer* la loi n'est pas le droit d'*insulter* la loi. La discussion n'est pas l'injure. Toute loi est respectable, parce qu'elle est loi; elle est l'expression de la raison publique, de la volonté publique, de la souveraineté. On peut essayer de *persuader* le souverain par la raison pour l'amener à changer la loi; on ne doit pas inspirer le *mépris*, qui conduit fatalement à la désobéissance.

214. Respect des magistrats. — Un autre devoir, qui est le corollaire de l'obéissance aux lois, c'est le *respect du magistrat*.

Le magistrat, c'est-à-dire le fonctionnaire, quel qu'il soit, chargé de l'exécution des lois, doit être obéi non seulement parce qu'il est la force, mais encore parce qu'il est l'expression de la loi. Pour cela, il doit être l'objet du respect de tous. La personne n'est rien : c'est l'autorité même qui est respectable, et non tel ou tel individu. Beaucoup de personnes peu éclairées sont toujours portées à considérer le fonctionnaire comme un tyran, et tout acte d'autorité comme un acte d'oppression. C'est là un préjugé puéril et funeste. La plus grande oppression est toujours celle des passions individuelles, et le despotisme le plus dangereux est l'anarchie, car c'est alors le droit de la force qui domine seul. L'autorité, quelle qu'elle soit, a toujours un intérêt général au maintien de l'ordre, et l'ordre est la garantie de chacun. Le magistrat est encore respectable comme représentant de la patrie; si la patrie est une famille, l'autorité du magistrat doit être considérée comme celle du père de famille, autorité qui est respectable, même dans ses erreurs.

215. Le vote. — De toutes les obligations spéciales que nous avons énumérées, la plus importante à signaler est celle du *vote*, parce qu'elle est libre et laissée entièrement à la volonté des citoyens. Pour les autres obligations, la contrainte peut, jusqu'à un certain point, suppléer à la bonne volonté; celui qui ne paye pas ses impôts par devoir est bien forcé de les payer par nécessité; mais le vote est libre, on peut voter ou ne pas voter; on peut voter pour qui l'on veut : on n'est contenu ici que par l'idée du devoir; c'est pourquoi il faut insister sur ce genre d'obligation.

1° C'est un devoir de voter. En effet, ce que la loi veut, en accordant aux citoyens le droit de vote, c'est que la volonté des citoyens se manifeste, et que les décisions à prendre soient celles de la majorité. Ce principe du droit des majorités a souvent été contesté : car, dit-on, pourquoi la majorité ne se tromperait-elle pas? Sans doute; mais pourquoi la minorité ne se tromperait-elle pas aussi? La majorité est une règle qui termine les disputes et qui prévient l'appel à la force. Les minorités sans doute peuvent avoir lieu de se plaindre, car nulle règle n'est absolument parfaite; mais elles ont la chance de devenir à leur tour majorités. C'est ce qu'on voit dans tous les États libres, où la majorité se modifie sans cesse avec le temps. Si tel est le principe des gouvernements électifs (quelle que soit d'ailleurs la mesure ou l'extension du droit électoral), on voit de quelle importance il est que la vraie majorité se dessine; et c'est ce qui ne peut avoir lieu que par le plus grand nombre possible de votants. Si, par exemple, la moitié des citoyens s'abstient, et que dans la moitié qui vote une moitié seulement plus un fasse la majorité, il s'ensuivra que c'est le quart des citoyens qui fait la loi : ce qui paraît être le renversement du principe des majorités. Sans doute cela n'est pas absolument injuste, car on peut dire que ceux qui ne votent pas admettent implicitement le résultat obtenu; mais cette adhésion négative n'a pas la même valeur qu'une adhésion positive.

L'abstention du vote peut avoir deux causes : ou l'indifférence, ou l'ignorance des questions, et par suite l'impossibilité de se décider dans un sens ou dans un autre. Dans le premier cas surtout l'abstention est coupable. Nul citoyen n'a le droit de se désintéresser des affaires publiques. Le scepticisme est, en cette matière, un manque de patriotisme. — Dans le second cas, la question est plus délicate. Comment voulez-vous que je vote? dira-t-on. Je ne comprends pas ce dont il s'agit; je n'ai aucune opinion; je ne préfère aucun candidat à un autre. Pour combattre ce mal, il faut sans doute que l'instruction se développe, et que la liberté entre dans la pratique et dans les mœurs. On verra alors un nombre de plus en plus grand de citoyens s'intéressant aux affaires publiques et y comprenant quelque chose. Mais, même dans l'état actuel, on peut encore remplir son devoir en consultant les hommes éclairés, en choisissant quelqu'un en qui on ait confiance, et enfin en faisant tous ses efforts pour s'éclairer.

2° Le vote doit être *désintéressé*. Il ne s'agit pas seulement ici de la *vénalité* du vote, qui est un acte honteux et d'ailleurs puni par les lois. Le désintéressement doit être entendu dans un sens plus étendu. On doit, en votant, ne considérer que l'intérêt du pays, et nullement, ou du moins très secondairement, l'intérêt des localités représentées ; à moins, bien entendu, qu'il ne s'agisse précisément de ces intérêts, comme dans le vote pour les conseils municipaux.

3° Le voté doit être *libre*. L'électeur ou le représentant dans une assemblée ne doivent obéir qu'à leur conscience : ils doivent repousser toute pression, aussi bien, du reste, celle de comités s'arrogeant l'omnipotence que celle du pouvoir.

4° Enfin le vote doit être *éclairé*. Chacun doit s'instruire de la question posée, de la personne des candidats, de leur moralité et de leur aptitude à remplir leur devoir, de leurs opinions. Pour arriver à voter avec connaissance de cause, il faut d'abord avoir quelque instruction. Cela dépend sans doute de nos parents ; mais ce qui dépend de nous, c'est de développer l'instruction acquise ou de l'entretenir : il faut lire les journaux, mais ne pas se borner à un seul, afin de ne pas être l'esclave d'un mot d'ordre et d'un parti pris, s'éclairer aussi auprès des hommes plus instruits que nous, etc.

216. L'impôt. — C'est un devoir de payer l'impôt : car sans les contributions de chaque citoyen l'État n'aurait pas de budget et ne pourrait pas faire fonctionner les services dont il est chargé. Comment sans argent rendre la justice, donner de l'instruction, défendre le territoire, entretenir les routes ? Cet argent d'ailleurs est voté par les représentants du pays nommés à cet effet, et l'emploi en est surveillé par eux. Dès lors, le citoyen n'a rien à craindre ; on ne lui demande pas plus qu'il ne faut, et nul emploi illégitime ne peut être fait de ces fonds. Mais si l'État ne doit pas taxer les citoyens sans leur consentement et sans leur surveillance, ceux-ci, à leur tour, ne doivent pas refuser leur argent à l'État. Sans doute ce mal n'est pas très à craindre, puisque, à défaut de bonne volonté, la contrainte vient à bout des récalcitrants. Mais il y a toujours quelque moyen de frauder la loi. On croit trop facilement dans le vulgaire que tromper l'État ce n'est pas tromper : on ne se fait pas scrupule de faire de fausses déclarations là où l'on demande des déclarations, de passer à la frontière des objets prohibés, etc., autant de manières de refuser l'impôt.

Le service militaire est, comme l'impôt, devenu obligatoire par la loi, et ne dépend pas, par conséquent, de la liberté de chacun. Mais il ne suffit pas de faire son devoir parce qu'on y est forcé, il faut le faire consciencieusement et de bon cœur.

Il ne suffit pas de payer de sa bourse, dit un moraliste[1]; il faut payer de sa personne. — Certes, ce n'est pas pour son plaisir que l'on quitte parents et amis, ses travaux et ses habitudes, pour aller faire l'exercice dans les casernes, et au besoin se battre à la frontière. Mais qui défendra le pays en cas d'attaque, si ce ne sont les hommes jeunes et robustes ? Et ne faut-il pas qu'ils apprennent à manier les armes, pour être bons à quelque chose le jour où la patrie aura besoin d'eux ? Voilà pourquoi il y a des armées. Sans doute, il vaudrait mille fois mieux qu'il n'y en eût pas besoin, que toutes les nations fussent assez justes pour ne jamais s'attaquer les unes les autres. Mais en attendant que cet idéal se réalise, c'est bien le moins qu'on se tienne prêt à défendre sa liberté, à faire respecter son honneur !... Grâce à une bonne armée, non seulement on est tranquille chez soi, mais le plus humble citoyen est respecté partout où il va, partout où il a des intérêts. — Si on y regardait bien, on verrait qu'au point de vue des simples intérêts, le temps qu'on passe sous les drapeaux n'est rien en comparaison des avantages qu'on en retire. N'est-ce pas parce que d'autres y ont été avant nous que nous avons pu grandir paisibles et heureux jusqu'à l'âge d'homme ? N'est-il pas juste que nous allions les relayer, et veiller à notre tour pour le pays? Et quand nous revenons, d'autres vont prendre notre place. Et c'est grâce à cela que nous pourrons à notre tour élever une famille, faire nos affaires, avoir une vie et une vieillesse tranquilles.

Ajoutons à ces judicieuses considérations que le service

1. *Droits et devoirs de l'homme*, par Henri Marion (Paris, 1880, p. 67).

militaire est une école de discipline, d'ordre, d'obéissance, de courage, de patience, et qu'à tous ces titres il contribue à fortifier l'âme et le corps, à développer la personnalité, à former des citoyens. C'est encore une école physique et gymnastique, très utile à la santé.

Les principales infractions au devoir du service militaire sont : 1° les *mutilations* par lesquelles quelques-uns se rendent impropres au service ; 2° les *infirmités simulées* par lesquelles on essaye d'échapper à l'obligation ; 3° la *désertion* en temps de guerre, et, ce qui est plus criminel encore, le *passage à l'ennemi* ; 4° l'*indiscipline* ou désobéissance aux chefs.

Ce dernier vice est le plus important à signaler, les autres étant plus ou moins rares ; mais l'indiscipline est le mal le plus fréquent des armées, et c'est le mal le plus dangereux. Les opérations militaires sont devenues de nos jours si compliquées et si difficiles que rien n'est possible sans la plus stricte obéissance de la part des soldats. Dans les temps où la valeur individuelle était presque tout, l'indiscipline pouvait avoir beaucoup moins d'inconvénients. Mais aujourd'hui tout se fait par masses ; et si les individus n'obéissent pas, les armées sont nécessairement battues, parce qu'elles ne peuvent pas opposer à l'ennemi une force égale. Supposez que l'ennemi ait 50,000 hommes présents à un endroit, que vous-mêmes fassiez partie d'un corps de 50,000 hommes, et que vous arriviez tous ensemble au même lieu et en même temps que l'ennemi : vous êtes égaux en nombre, un contre un, et vous avez au moins autant de chances que lui ; et si, en outre, vous avez d'autres qualités qu'il n'a pas, vous aurez plus de chances. Mais s'il n'y a pas de discipline dans le corps dont vous faites partie, si chacun désobéit, si, par exemple, pour la marche, chacun ne part que quand il lui plaît et ne marche que comme il lui plaît, d'abord vous arriverez trop tard, et l'ennemi aura pris les bonnes positions ; c'est une chance que vous perdez. Si, de plus, par votre désordre, vous n'arrivez pas tous ensemble, s'il n'y a que 25,000 hommes en ligne, les autres étant derrière, ces 25,000 seront écrasés. Quant à ceux qui n'arrivent pas, croyez-vous qu'ils échapperont aux conséquences de la bataille? En aucune façon, le désordre ne les sauvera pas, et les livrera sans défense à la poursuite de l'ennemi. Or, tout désordre amène des conséquences semblables. Au contraire, l'obéissance du soldat étant assurée, une armée ne forme plus qu'un seul homme, qui se prête à tous les plans, à toutes les combinaisons, qui profite de toutes les chances heureuses, qui court moins de périls, parce que les affaires sont plus rapides et qu'avec moins de moyens on obtient plus d'effet. Telles sont les raisons de la discipline méticuleuse que l'on exige des soldats. « On nous traite comme des machines, » direz-vous : oui, si vous résistez, car alors il faut bien employer la contrainte; mais si vous comprenez la nécessité de la discipline, si vous vous y soumettez vous-mêmes, vous n'êtes plus alors des machines, vous êtes des hommes. La seule manière de ne pas être des machines est donc précisément d'obéir librement.

On s'est beaucoup demandé de nos jours si le soldat est toujours forcé d'obéir, fût-ce même à des ordres que sa conscience réprouverait. Ce sont là des questions dangereuses à soulever, et qui ont l'inconvénient de mettre en péril la discipline sans profiter beaucoup à la morale. Nul doute que si l'on commandait un crime à un soldat, par exemple d'aller assassiner un homme sans défense, il n'eût le droit de s'y refuser. Lors de la Saint-Barthélemy, l'ordre fut envoyé dans toutes les provinces d'imiter ce qui s'était fait à Paris. Un des gouverneurs, le vicomte d'Orthez, répondit que ses soldats ne faisaient pas l'office de bourreaux; et cette réponse a été admirée par tout le monde. Mais ce sont là des cas très rares; et, pour ces éventualités incertaines, il est dangereux d'inspirer la défiance contre l'ordre et la discipline, qui sont les garanties certaines de la défense et de l'indépendance du pays.

217. Obligation scolaire. — Le devoir d'instruire les

enfants résulte des rapports naturels des pères aux enfants. En effet, l'obligation d'élever implique l'obligation d'instruire. Il n'y a pas plus d'éducation sans instruction que d'instruction sans éducation. Aujourd'hui l'obligation scolaire est insérée dans la loi, et elle a une sanction dans la contrainte légale; mais les parents se doivent à eux-mêmes de ne pas attendre la contrainte pour obéir à la loi.

218. Le courage civique. — Nous avons déjà parlé du courage civil opposé au courage militaire. Mais ici c'est le lieu de revenir sur ce sujet. Rappelons à ce propos une belle page de J. Barni dans son livre sur la *Morale dans la démocratie* :

Les stoïciens définissaient admirablement le courage : *la vertu combattant pour l'équité*. On pourrait définir le courage civique : la vertu défendant la liberté et les droits des citoyens contre la tyrannie, que cette tyrannie soit d'ailleurs exercée par la foule ou par un despote. Il ne faut pas souvent moins de courage dans le premier cas que dans le second, et peut-être même est-ce alors que cette vertu est le plus difficile à pratiquer : on résiste plus malaisément à une foule qu'à un homme, et, n'eût-on à craindre que l'*impopularité*, c'est un des inconvénients qu'on a le plus de peine à braver. Que sera-ce s'il s'agit de risquer une popularité acquise ? Il faut pourtant savoir en faire au besoin le sacrifice. Le vrai courage civique se montre également dans tous les cas. Ainsi Socrate, ce type de la vertu civique comme de toutes les vertus, refusait, au péril de sa vie, d'obéir aux ordres iniques du tyran Critias; et il ne résistait pas avec moins de courage au peuple qui demandait, contrairement à la justice et à la loi, la mort des généraux vainqueurs aux Arginuses. — Un autre nom se présente à la mémoire : c'est celui de Boissy d'Anglas, immortalisé par l'héroïsme qu'il montra comme président de la Convention nationale, le 1ᵉʳ prairial an III (20 mai 1795). Assailli par les clameurs de la foule qui a envahi l'Assemblée, menacé, couché en joue, il reste impassible, et, sans paraître même s'apercevoir du danger qu'il court, il rappelle la foule au respect de la représentation nationale. On lui criait : « Nous n'avons pas besoin de ton Assemblée; le peuple est ici, tu es le président du peuple; signe, le décret sera bon, ou je te tue ! » Lui, tranquille, répondait : « Pour moi la vie est peu de chose; vous parlez de commettre un grand crime ; je suis représentant du peuple ; je suis président de la Convention ; » et il refusait de signer. La tête d'un représentant du peuple qui vient d'être massacré par la populace pour avoir voulu résister à l'envahissement de la Convention lui est présentée au bout d'une pique : il la salue, et demeure ferme à son poste. Voilà un grand exemple de courage civique.

219. Division du travail social. — Indépendamment des devoirs généraux auxquels l'homme est tenu comme homme ou comme membre d'un groupe particulier (famille, patrie), il en a encore d'autres relatifs à la situation qu'il a dans la société, au rôle qu'il y joue, au travail particulier dont il s'occupe. La société, en effet, est en quelque sorte une grande entreprise, où tous poursuivent un but commun, à savoir le plus grand bonheur ou la plus grande moralité de l'espèce humaine ; mais comme ce but est très complexe, il faut que l'on se partage les rôles pour y atteindre ; et, de même que dans l'industrie on n'arrive à l'unité de but, à la rapidité de l'exécution et à la perfection de l'œuvre, que par la *division du travail*, de même il y a aussi dans la société une sorte de *division du travail social*, qui fixe à chacun sa part de l'œuvre commune. Le travail spécial que chacun est chargé d'accomplir dans la société est ce que l'on appelle la profession, et les devoirs propres à chaque profession sont les *devoirs professionnels*.

220. De l'absence de profession ; le loisir. — C'est une première question de savoir si l'homme doit avoir une profession, ou si, ayant reçu de sa famille une fortune suffisante pour vivre sans rien faire, il a le droit de se dispenser de toute profession et de se livrer à ce que l'on appelle le *loisir*. Certaines écoles ont condamné le *loisir* d'une manière absolue, ont dénoncé ceux qu'ils appellent les *oisifs* comme les ennemis de la société. C'est là une question assez délicate, où il faut se garder d'un parti pris absolu.

Et d'abord, il ne peut pas être question d'approuver ou de permettre cette sorte de loisir inepte et honteux auquel se livrent de jeunes prodigues sans dignité et sans moralité, qui dissipent dans le désordre des fortunes traditionnelles ou des richesses conquises par l'infatigable labeur de leurs pères. On dit quelquefois que cela est un bien, parce qu'ainsi les fortunes passent de main en main et que chacun en profite à son tour. Mais qui ne sait qu'un bon emploi de la fortune est plus utile à la société que sa dissipation? Quoi qu'il en soit d'ailleurs, rien de plus indigne de la jeunesse que cette oisiveté sans nom où se perdent les forces du corps et de l'âme, l'énergie du caractère, la vivacité de l'intelligence, tous les dons de la nature. On a vu quelquefois des âmes extraordinaires sortir de ce désordre victorieuses d'elles-mêmes et plus fortes pour le combat de la vie. Mais combien ces exemples sont rares! Combien de fois n'arrive-t-il pas, au contraire, que l'oisiveté de la jeunesse décide de toute la vie!

Quelquefois, il est vrai, on choisit le loisir par système, non dans une pensée de désordre, mais au contraire dans une pensée de grandeur et de liberté. Certains esprits indépendants croient qu'une profession enchaîne et rétrécit l'individu, le fixe à des occupations mesquines et monotones, l'assujettit à des opinions convenues et étroites, enfin qu'un travail positif affaiblit et abaisse l'esprit. Il y a bien dans ces critiques quelque chose de vrai. Tout le monde a observé combien les hommes de professions diverses diffèrent par le tour et par le genre des idées. Quoi de plus différent qu'un médecin, un homme de lettres, un militaire, un marchand? Tous ces hommes pensaient à peu près les mêmes choses dans leur jeunesse; ils se revoient vingt ans après; chacun a pris son pli, sa physionomie, son costume et son masque. Non seulement la profession a absorbé l'homme, mais encore elle a amorti l'individu. On conçoit donc que quelques esprits ambitieux prétendent échapper à ce joug et conserver leur liberté en renonçant à tout état. N'être assujetti à aucune occupation fixe et imposée, ne dépendre d'aucun maître, cultiver noblement son esprit dans tous les sens, faire des expériences très étendues, n'être étranger à rien et enchaîné à rien, n'est-ce pas là, à ce qu'il semble, le comble du bonheur humain? Quelques hommes de génie ont suivi ce système et s'en sont bien trouvés. Descartes nous raconte dans le *Discours sur la Méthode* (Ire part.) que pendant neuf années de sa vie il n'a fait autre chose que « rouler çà et là dans le monde, tâchant d'y être spectateur plutôt qu'acteur en toutes les comédies qui s'y jouent. » Il employa, nous dit-il encore, « la jeunessse à voyager, à voir des cours et des armées, à fréquenter des gens de diverses humeurs et conditions, à recueillir diverses expériences, à s'éprouver soi-même dans les rencontres que la fortune lui proposait », etc. Que ce soit là une admirable école, un stage merveilleusement instructif pour des esprits bien doués, qui pourrait en douter ? Mais ce qui est possible et utile pour un Descartes ou un Pascal, convient-il à la majorité des hommes ? N'est-il pas à craindre que cette dispersion en tous sens, cette habitude de ne prendre pied nulle part, ne rende l'esprit superficiel et n'en affaiblisse l'énergie ? Celui qui renonce à être acteur, comme dit Descartes, pour n'être que spectateur, prend un rôle trop facile ; il se dispense de toute responsabilité : cela peut aiguiser la finesse de l'esprit, mais il y a toujours quelque vide dans le fond. Cependant la force du caractère et la supériorité personnelle peuvent dérouter toutes ces prévisions et renverser les règles des observateurs[1].

On peut donc douter que la vie de loisir, sauf exception, soit bonne pour celui qui s'y abandonne ; mais ce qui n'est pas légitime, c'est l'espèce de jalousie et d'envie que ressentent souvent ceux qui travaillent contre ceux qui n'ont rien à faire. Il y a des loisirs légitimes et noblement employés. C'est, par exemple, un loisir légitime que celui qui, obtenu par une fortune héréditaire, est occupé par le service gratuit du pays, par l'administration de la fortune et la culture de la terre, par les voyages consacrés à l'observation et à l'amélioration des choses humaines, par les nobles commerces de la société. C'est une fâcheuse erreur que de vouloir faire disparaître des sociétés toute existence qui n'a pas pour but le gain et qui n'est pas liée au besoin de chaque jour. La propriété et la richesse sont de véritables fonctions sociales, et au nombre des fonctions les plus difficiles. Ceux qui savent en user avec fruit remplissent dans la société un rôle des plus utiles et ne peuvent pas être dits sans profession.

221. Du choix d'un état. — S'il est nécessaire dans la société d'avoir un état, il est important de le bien choisir.

---

[1]. On nous pardonnera de nous citer nous-même. La citation précédente est empruntée à notre *Philosophie du bonheur*.

Quand on n'est pas à sa place, on manque de quelque qualité essentielle pour remplir celle qu'on occupe :

Si l'abbé de Carignan eût cédé aux désirs de Mᵐᵉ de Soissons, sa mère, quelle gloire allait perdre la maison de Savoie ! Il eût manqué à l'empire un de ses plus grands capitaines, un des boulevards de la chrétienté. Le prince Eugène a été un très grand homme dans l'état qu'on voulait lui interdire; qu'eût-il été dans l'état qu'on lui destinait ? — M. de Retz veut absolument que son fils cadet embrasse l'état ecclésiastique, malgré la répugnance qu'il y oppose, malgré les scandales qu'il multiplie comme pour se l'interdire. Ce duc donne à l'Église un prêtre sacrilège, à l'archevêché de Paris un pasteur sanguinaire, au royaume un grand séditieux et ôte à sa maison le dernier appui qui pouvait la soutenir [1].

Il faut donc étudier sa vocation, ne pas s'engager trop vite, s'instruire de la nature et des devoirs des différents états; puis consulter son goût, mais sans se laisser entraîner par des goûts illusoires, orgueilleux, inconséquents; consulter les personnes sages et éclairées; enfin faire, s'il est nécessaire, certaines expériences, mais en ayant soin de s'arrêter à temps.

222. Division des professions sociales. — Il serait impossible de passer en revue tous les états dont se compose la société : ce serait un travail infini. Il faut donc ramener ici les professions à un certain nombre de types ou de classes, qui permettent de réduire les règles de la *morale professionnelle* à un petit nombre. Plusieurs philosophes se sont occupés de diviser et de classer les occupations sociales. Nous ne rappellerons que les principales de ces divisions.

Platon a ramené à quatre classes les différentes fonctions sociales. Ce sont : 1° les *magistrats*; 2° les *guerriers*; 3° les *laboureurs*; 4° les *artisans*. Les deux premières classes sont les classes gouvernantes; les deux autres sont les

---

[1]. *Philosophie sociale, Essai sur les devoirs de l'homme et du citoyen*, par l'abbé Durosoi (Paris, 1783).

classes gouvernées. Les unes s'appliquent aux choses morales : l'éducation, la science, la défense du pays ; les autres à l'entretien et à la nourriture du corps. Cette classification de Platon est un peu générale pour nos sociétés modernes, qui comprennent des éléments plus variés et plus nombreux : cependant ces divisions sont importantes, et il doit en être tenu compte dans la morale.

Depuis Platon, nous ne trouvons guère que le socialiste Saint-Simon qui ait essayé une classification des carrières sociales. Il les ramène à trois groupes : les *industriels*, les *artistes* et les *savants*. Voici le sens de cette classification. L'objet du travail humain, suivant Saint-Simon, c'est l'exploitation du globe, c'est-à-dire la plus grande production possible ; or, c'est là l'objet du travail producteur : c'est ce que l'on appelle l'*industrie*. Maintenant l'exploitation de la nature exige la connaissance des lois de la nature, c'est-à-dire la *science*. Invention et science sont donc les deux grandes branches de l'activité sociale. Pour Saint-Simon, le travail, c'est-à-dire l'industrie, doit remplacer la guerre ; la science doit remplacer les lois. Donc point de guerriers ni de magistrats, ou plutôt les savants doivent être les vrais magistrats. Cependant, la science et l'industrie n'ayant rapport qu'à la nature matérielle, Saint-Simon croyait qu'il y avait une part à faire à l'ordre moral, au *beau* ou au *bien*; de là une troisième classe, qu'il appelle tantôt les *artistes*, tantôt les *moralistes* et les *philosophes*, et qui sont chargés d'une sorte de rôle religieux. On voit que cette théorie est absolument artificielle et utopique, qu'elle a rapport à un système de fantaisie et non à l'ordre des choses tel qu'il est : c'est une conception ingénieuse, mais qui ne pourrait nous être que d'un très faible secours pour le but pratique que nous poursuivons.

Un des plus grands moralistes modernes, le philosophe allemand Fichte, a fait une part, dans sa *Morale pratique*, à la doctrine des devoirs *professionnels* ; et il a commencé par donner une théorie des professions plus complète et plus satisfaisante que les précédentes.

Fichte distingue deux grandes divisions dans les professions spéciales : 1° celles qui ont pour objet l'entretien de la vie matérielle ; 2° celles qui ont pour objet l'entretien de la vie intellectuelle et morale. D'un côté, le *travail mécanique*; de l'autre, le *travail intellectuel et moral*.

Le travail mécanique a pour but la *production*, l'*élaboration* et l'*échange* des produits ; de là trois fonctions : **producteurs, fabricants et commerçants.**

Le travail moral et spirituel a également trois buts : 1° l'administration du droit dans l'État ; 2° la culture théorique de l'intelligence ; 3° la culture morale de la volonté. De là trois classes : 1° **fonctions publiques;** 2° **science et enseignement;** 3° **Église et clergé.**

Enfin, il y a dans la nature humaine une faculté qui sert de trait d'union entre la faculté théorique et la faculté pratique : c'est le *sens esthétique*, le sens du beau : de là une dernière classe : celle des **artistes.**

Cette théorie est plus savante que celle des saint-simoniens, mais elle est encore assez défectueuse : on ne voit pas, par exemple, au point de vue de la morale, qu'il y ait une grande différence de devoirs entre les producteurs, les fabricants et les commerçants : ce sont des distinctions économiques plutôt que morales. La division de Platon est meilleure, lorsqu'il oppose les laboureurs et les artisans. Il est certain qu'il y a, surtout de nos jours, des questions intéressantes en morale qui diffèrent suivant que les travailleurs habitent la ville ou la campagne. Nous préférerons donc sur ce point la division de Platon, et nous traiterons d'un côté de l'*industrie* et du *commerce*, de l'autre de l'*agriculture*; et dans chacune de ces divisions nous distinguerons ceux qui dirigent ou rémunèrent le travail, à savoir les *entrepreneurs, patrons, propriétaires, capitalistes* à quelque degré, et ceux qui travaillent de leurs mains et qui sont les *salariés*.

Dans la seconde classe de carrières, celles qui ont pour objet des intérêts moraux, nous emprunterons encore à Platon l'un des termes de sa division, à savoir la *défense de l'État.* Quant à l'administration du droit dans l'État, elle se divise, comme nous l'avons déjà dit, en trois pouvoirs : les pouvoirs *exécutif, législatif* et *judiciaire.* De là trois ordres de fonctions : l'*administration,* la *députation* et la *magistrature,* à laquelle se rattache le *barreau.*

Quant à la science, elle est *spéculative* ou *pratique.* Dans le premier cas, elle ne concerne que l'individu; nous en avons parlé dans les devoirs individuels (ch. IV). Dans le second cas, elle a pour objet l'*application,* et elle porte soit sur les *choses* soit sur les *hommes.*

Appliquée aux choses, la science se confond avec l'*industrie,* dont nous avons déjà parlé. Appliquée aux hommes, elle est la *médecine* s'il s'agit des corps, la *morale* ou la *religion* s'il s'agit des cœurs et des âmes.

Enfin, à côté des sciences qui recherchent le vrai il y a les *lettres* et les *arts* qui étudient et qui produisent le beau. De là une dernière classe, à savoir les *poètes,* les *écrivains,* les *artistes.*

Tel est à peu près le cadre de ce que pourrait être un tableau des professions sociales. Un traité de morale professionnelle qui serait en harmonie avec ce cadre serait toute une science, dont les éléments existent à peine, dispersés dans une multitude d'ouvrages, ou plutôt dans la pratique et dans la vie intérieure de chaque profession. Contentons-nous de quelques indications générales.

223. Professions mécaniques et industrielles. — 1° *Entrepreneurs et salariés.* — Les professions qui ont pour but l'exploitation matérielle du globe, et particulièrement l'*industrie* et le *commerce,* se divisent en deux grandes classes : 1° d'une part, ceux qui, ayant des capitaux, *entreprennent* et dirigent les travaux ; 2° ceux qui les exécutent de leurs bras et qui reçoivent un *salaire.* Les premiers sont les *entrepreneurs,* les seconds les *salariés.* Quels sont les devoirs respectifs de ces deux classes?

224. Devoirs des entrepreneurs. — Les devoirs de tous ceux qui, soit en vertu de leurs capitaux légitimement acquis, soit en vertu de leur intelligence, commandent, dirigent et salarient le travail des hommes, sont les suivants :

1° Ils doivent élever les salaires des ouvriers aussi haut que l'état du marché le permet; et ils ne doivent pas attendre pour cela d'être mis en demeure par les grèves ou les menaces de grèves. Réciproquement, ils ne doivent pas céder, par faiblesse et sans prévoyance, à toute menace de ce genre, quelque légitime qu'elle puisse être en soi et sans tenir compte de l'état de l'industrie dans les autres pays : car en surélevant les salaires d'une manière déraisonnable, on peut se rendre hors d'état de lutter contre la concurrence étrangère.

2° Les capitalistes, les entrepreneurs et les patrons doivent obéir strictement aux lois qui ont pour but la protection de l'enfance. Ils doivent n'employer le travail des mineurs que dans les limites et selon les conditions fixées par les lois.

3° Leur tâche n'est pas achevée lorsqu'ils ont assuré aux ouvriers et à leurs enfants la part de travail ou de salaire qui leur est due, lorsqu'ils se contentent de ne rien réclamer au delà de la justice. Ils ont encore à remplir des devoirs de protection et de bienveillance envers ceux qui leur sont subordonnés, les soulager et les aider soit dans les accidents qui peuvent leur arriver par le travail même auquel ils se livrent, soit dans les maladies, auxquelles nul n'est soustrait. Ils doivent leur éviter les chômages autant qu'il est possible; et enfin, par toutes sortes d'établissements (écoles, caisses de secours mutuels, cités ouvrières, etc.), leur faciliter l'instruction, l'épargne, la propriété, sans cependant pour cela leur imposer rien qui diminue leur propre responsabilité et qui puisse porter ombrage à leur dignité.

225. Devoirs des salariés. — Les devoirs des salariés doivent correspondre à ceux des entrepreneurs.

1° Les salariés se doivent à eux-mêmes de ne pas entretenir systématiquement dans leur cœur des sentiments de haine, d'envie, de convoitise et de révolte contre les entrepreneurs. La division du travail veut que dans l'industrie les uns dirigent, les autres soient dirigés. L'exploitation matérielle exige des capitaux ; et ceux qui apportent ces capitaux, fruit d'un travail antérieur, sont aussi nécessaires aux travailleurs pour utiliser leur travail que ceux-ci le sont aux premiers pour utiliser leurs capitaux.

2° Les salariés doivent leur travail à la fabrique ; leur intérêt est ici le même que leur devoir. La *paresse* et l'*intempérance* sont payées par la *misère*. On ne saurait trop déplorer l'usage de ce qu'on appelle les *lundis*, jours de repos pris en sus du repos hebdomadaire légitime et nécessaire. Il est certain qu'un jour de repos par semaine est de toute nécessité. Nul homme ne peut ni ne doit (sauf le cas de force majeure) travailler sans interruption toute l'année. Mais, le repos hebdomadaire une fois assuré, tout ce qui est au delà est pris sur les besoins de la famille et sur les réserves de la vieillesse.

3° Supposons que, par suite des progrès de l'industrie, le nombre des heures de repos puisse être augmenté, que, par exemple, la journée de travail puisse être réduite : ces heures de repos doivent être employées à la vie de famille ou à la culture de l'intelligence, et non aux tentations et aux funestes jouissances de l'ivresse.

Les ouvriers ont certainement le droit de demander l'égalité de considération et d'influence dans la société, et toutes nos lois modernes sont faites pour leur assurer cette égalité. C'est à eux-mêmes aujourd'hui de se rendre dignes de cette égalité nouvelle par leurs mœurs et par leurs lumières. Faire instruire leurs enfants, s'instruire eux-mêmes, occuper leurs loisirs par la vie en famille, par la lecture, par des récréations innocentes et élevées (musique, théâtre, jardinage, quand cela est possible), c'est par là que les ouvriers effaceront et feront disparaître les inégalités de mœurs et d'éducation qui peuvent subsister encore entre eux et ceux qu'ils appellent à tort les bourgeois.

4° On ne peut faire un reproche aux ouvriers de chercher à défendre leurs intérêts et à augmenter leur bien-être : ils ne font en cela que ce que font tous les hommes. Ils ont aussi le droit, pour obtenir satisfaction, de fixer à leur travail les conditions qu'ils veulent : c'est la *loi de l'offre et de la demande*, commune à toutes les industries. Enfin, comme le refus individuel de travail est un moyen absolument inefficace pour amener l'augmentation de salaire, on doit admettre que les ouvriers ont le droit de s'entendre pour refuser collectivement leur travail et faire collectivement leurs conditions. De là le droit de grève, aujourd'hui reconnu par la loi. Mais ce droit, qui est accordé au principe de la liberté du travail, ne doit pas être tourné contre ce principe. Les ouvriers qui refusent librement leur travail ne doivent pas gêner la liberté de ceux qui, trouvant leurs demandes mal fondées, persistent à vouloir donner le leur aux conditions existantes. Toute violence, toute menace pour faire entrer de force dans la grève celui qui s'y refuse est une injustice et une tyrannie. Cette violence est condamnée par les lois; mais comme il est facile de la dissimuler, elle ne peut pas toujours être atteinte; c'est donc par les mœurs surtout qu'il faut agir : c'est par la persuasion et par l'instruction. Il faut que les ouvriers prennent peu à peu les mœurs de la liberté, qu'ils se respectent les uns les autres. Par la même raison, les ouvriers doivent respecter le travail des femmes, ne pas interdire à leurs femmes, à leurs filles, le droit d'améliorer elles-mêmes leur position par le travail. Sans doute, il est très à désirer que la femme soit de plus en plus ramenée au foyer domestique, au soin de son ménage et de sa famille. C'est là sa principale part dans le travail social. Mais tant que le bien-être de la classe laborieuse ne permettra pas cet état de choses, on peut dire que les ouvriers travaillent contre eux-mêmes en essayant de fermer aux femmes le marché de l'industrie.

On doit aussi condamner la tendance à l'égalité des salaires comme idéal de la rémunération du travail. Rien de plus contraire à l'esprit moderne, qui veut que chacun soit traité suivant ses œuvres. La capacité, la peine, l'effort personnel, sont autant d'éléments qui veulent être proportionnellement rémunérés. Ajoutons que c'est le devoir des chefs d'industrie, en présence d'une bonne volonté trahie par les forces physiques, de concilier la bienveillance et l'équité avec la justice; ce n'est là d'ailleurs qu'un cas exceptionnel. Mais, en principe, chacun ne doit être récompensé que de ce qu'il a fait. Autrement, ce serait une prime à la nonchalance et à la fainéantise.

226. Ouvriers et paysans. — Après avoir considéré les ouvriers dans leurs rapports avec les patrons, considérons-les maintenant en parallèle avec les paysans : car il y a une assez grande différence dans les mœurs, et par conséquent dans les devoirs, selon que l'on habite la ville ou la campagne.

Les ouvriers, qui habitent la ville, sont par là même plus aptes à acquérir des idées et des connaissances générales; ils ont beaucoup plus de moyens d'instruction, et les plaisirs mêmes leur offrent encore un moyen d'élever leur esprit. En outre, étant plus près les uns des autres, ils sont plus disposés à considérer leurs intérêts communs et à les faire prévaloir. De là des avantages et des inconvénients. Les avantages sont : la supériorité de culture intellectuelle, plus d'aptitude à concevoir des idées générales, un intérêt plus vif porté aux affaires publiques; à tous ces points de vue, la vie des villes offre des avantages que ne donne pas la vie de la campagne. Mais de là naissent aussi de grands dangers. Les ouvriers, tout prêts à admettre des idées générales, mais sans avoir encore assez d'instruction et d'expérience politique pour les contrôler, se livrent volontiers aux prédications d'utopies et aux instigations de révolte. De plus, très préoccupés de leurs intérêts communs, ils sont trop disposés à ne considérer que leur propre classe et à former en quelque sorte un État à part dans la société et dans la nation. De là, pour les ouvriers, un double devoir : 1° s'instruire assez pour ne pas écouter aveuglément les démagogues; 2° apprendre à considérer leur intérêt comme lié à celui de toutes les autres classes et de toutes les autres professions.

Les paysans doivent à la vie de la campagne certaines qualités, mais aussi certains défauts. Le paysan est généralement plus attaché à la stabilité sociale que les habitants plus ou moins nomades des villes : il tient à la propriété ; il est peu changeant dans ses mœurs et dans ses idées. Par là, il est un puissant appui pour la conservation et l'esprit de tradition, sans lesquelles une société ne peut vivre et durer. De plus, il a eu jusqu'ici le grand mérite de ne pas faire classe à part, de ne pas séparer ses intérêts de ceux du pays en général. Ainsi, pour ces deux points, opposition à l'utopie, conservation de l'unité sociale, le paysan sert de contrepoids à ce qu'il y a de tendances opposées dans les ouvriers. Mais ces qualités mêmes tiennent peut-être à certains défauts : à savoir, l'absence d'instruction et de lumières. Le paysan ne voit pas beaucoup au delà de son clocher : la vie matérielle l'occupe et l'absorbe tout entier ; l'intérêt personnel et individuel est absolument dominant chez lui. Il est peu disposé à donner l'instruction à ses enfants, et il les regarde volontiers comme des moyens de travail qui lui coûtent moins cher que d'autres. L'idée d'une patrie en général, l'idée d'intérêts généraux primant l'intérêt privé, lui fait souvent défaut. Ce qu'il faut persuader au paysan, c'est l'utilité de l'instruction. Il faut lui faire prendre goût à la liberté, qui est une garantie pour lui et pour les siens aussi bien que pour toutes les autres classes sociales. L'ouvrier en s'instruisant mieux, le paysan en s'instruisant plus, se fondront peu à peu dans la bourgeoisie, et on ne verra plus ces oppositions de classes et d'intérêts si dangereuses aujourd'hui.

227. Devoirs militaires. — Nous avons étudié plus haut déjà les devoirs militaires comme devoirs des citoyens envers l'État : nous avons surtout à considérer ici les devoirs militaires en eux-mêmes, comme devoirs spéciaux, propres à une certaine classe de citoyens, à une certaine profession sociale.

1° Inutile de dire que la vertu propre et le devoir spécial de la classe militaire, c'est le *courage*. Nous n'avons qu'à renvoyer ici à ce qui a été dit plus haut sur la vertu de courage, à propos des devoirs de l'homme envers lui-même.

2° Le *patriotisme* est un devoir de toutes les classes et de toutes les professions, mais il l'est particulièrement chez ceux qui sont chargés de défendre la patrie : c'est donc le devoir militaire par excellence.

3° La *fidélité au drapeau*. — Ce devoir est impliqué dans les deux précédents. Le devoir du courage, en effet, implique qu'on ne fuira pas devant l'ennemi : c'est le crime de *désertion*; et qu'on ne passera pas à l'ennemi : c'est le crime de *défection* ou de *trahison*. Ce dernier crime est devenu très rare et même a disparu entièrement dans la France moderne. Autrefois, on a vu un Condé, le grand Condé, combattre les Français à la tête des troupes espagnoles, et une si grande faute enlever peu de chose à sa considération; de nos jours, un simple soupçon, et un soupçon injuste a pu noircir toute la vie d'un maréchal de France[1].

4° L'*obéissance* et la *discipline* (voir, plus haut, *Devoirs envers l'État*).

228. Fonctions publiques. Administration. Députation. Magistrature. Barreau. — Les fonctions publiques sont les divers actes dont se compose le gouvernement de l'État. Nous y faisons rentrer même les fonctions *électives* (députation, conseils généraux, municipaux, etc.), parce que, tout en prenant leur origine dans l'élection, elles n'en sont pas moins des fonctions qui ont pour but la *chose publique*, l'*intérêt public*. Par la même raison, quoique le barreau soit une profession libre elle se rat-

---

1. Le maréchal Marmont a été accusé de trahison pour avoir accepté la capitulation d'Essonne, qui lui était imposée par la nécessité.

tache tellement à la magistrature, elle est une dépendance si nécessaire du pouvoir judiciaire, qu'elle est aussi par là une sorte de pouvoir public.

229. Fonctionnaires. — On appelle plus particulièrement *fonctionnaires* ceux qui prennent part à l'administration du pays et à l'exécution des lois. Cela posé, les devoirs principaux des fonctionnaires sont :

1° La *connaissance des lois* qu'ils sont chargés d'exécuter. Le pouvoir n'est légitime qu'autant qu'il est garanti par la *compétence*. L'ignorance dans les fonctions publiques a pour effet : l'*injustice*, puisque c'est l'arbitraire qui prend la place de la loi ; le *désordre* administratif, puisque la loi a précisément pour but d'établir des règles et de maintenir des traditions ; la *négligence*, car, ne sachant pas par quels principes les affaires doivent être résolues, on en éloigne autant que possible les solutions. Mais pour s'instruire dans une administration, il ne faut pas attendre qu'on en fasse partie. Il y a des connaissances générales nécessaires qu'il faut acquérir d'avance, car il n'est plus temps de s'instruire des généralités une fois qu'on est aux prises avec les affaires. Le *travail*, tel est donc le devoir préalable de ceux qui se préparent aux fonctions publiques, et ce devoir continue avec les fonctions : car après l'instruction générale vient l'instruction spéciale et technique, où l'on a toujours quelque chose de nouveau à apprendre.

2° Le second devoir des fonctionnaires à tous les degrés, c'est l'*exactitude* et l'*assiduité*. Les qualités les plus brillantes, l'esprit le plus ouvert et le plus apte aux affaires ne rendent que des services insuffisants, et, en tous cas, très inférieurs à ce qu'on pourrait attendre, si ces qualités sont contre-balancées et paralysées par la négligence, la paresse, le désordre, l'inexactitude. Il ne faut pas oublier que toute négligence dans les affaires est un déni de justice pour quelqu'un. Une solution administrative quelle qu'elle soit a toujours pour effet d'attribuer quelque chose à quelqu'un. Retarder une affaire par sa négligence, c'est donc toujours priver quelqu'un d'une chose à laquelle il a droit. Il y a sans doute des retards nécessaires, qui viennent de la complication des affaires, et l'ordre même veut que chaque chose vienne en son temps; mais les retards qui viennent de notre propre faute sont un tort envers autrui.

3° L'*intégrité* et la *discrétion* sont encore au nombre des devoirs les plus importants des fonctionnaires. Le premier a lieu surtout dans ce qui concerne les finances, mais partout il y a plus ou moins d'occasions de manquer à la probité : par exemple, rien de plus honteux que de faire acheter son crédit; c'est ce qu'on appelle *concussion*. Un administrateur concussionnaire est la honte et la ruine d'un État. Quant à la discrétion, c'est encore un devoir qui résulte de la nature des choses. Elle est surtout obligatoire quand il s'agit des personnes, et plus particulièrement encore dans certaines carrières, par exemple la *diplomatie*.

4° La *justice*. — Le devoir strict de tout administrateur ou fonctionnaire, c'est de n'avoir d'autre règle que la *loi*, d'éviter l'*arbitraire* et la *faveur*, de ne faire aucune acception de personnes. Ce devoir, il faut le dire, en même temps qu'il est le plus nécessaire, est aussi le plus difficile à pratiquer et celui qui demande le plus de courage et de volonté. L'opinion publique, malheureusement, encourage sur ce point la faiblesse des administrateurs : elle est convaincue et répand partout la conviction que tout est dû à la *protection*, que ce n'est pas le plus méritant qui arrive, mais le plus recommandé. Tout le monde s'en plaint, et tout le monde y pousse. Il y a sans doute dans ces plaintes beaucoup d'exagération. La faveur n'est pas tout dans le monde; les administrateurs ont trop d'intérêt à avoir des collaborateurs laborieux et intelligents pour qu'ils ne cherchent pas tous les moyens de les bien choisir, et dans les affaires l'intérêt de la chose publique finit toujours par prédominer. Ce n'en est pas moins un mal qu'il puisse exister un préjugé si fâcheux, et c'est le devoir absolu des fonctionnaires de le déraciner, en lui donnant tort.

230. Fonctions électives. Députation. Conseils électifs. — Il y a toute une classe de fonctionnaires, s'il est permis de parler ainsi, qui doivent leur origine à l'élection, et qui sont les mandataires des citoyens, soit dans les conseils *municipaux*, soit dans les conseils *généraux*, soit dans les grands corps électifs de l'État, *Sénat* et *Chambre des députés*. (Voyez *Instruction civique*.) Le principe de la souveraineté du peuple veut que pour tous les intérêts, communaux, départementaux ou nationaux, le pays ait voix délibérative par le moyen de ses représentants. Les devoirs de ces mandataires sont toujours à peu près les mêmes à tous les degrés.

1° La *fidélité au mandat*. — Le représentant est l'interprète d'une certaine opinion, d'une certaine tendance; et quoique la majorité qui l'a nommé se compose d'éléments bien divers, cependant il s'est établi une moyenne d'opinions, et c'est cette moyenne que le mandataire représente. Il manquerait donc à son devoir si, une fois nommé, il passait du côté de ses adversaires, ou si, voulant le faire, il ne donnait pas sa démission pour se représenter de nouveau au choix de ses commettants. Cependant cette fidélité au mandat ne doit pas aller jusqu'à se laisser imposer ce qu'on appelle le *mandat impératif*, qui est la négation de toute liberté dans le représentant, et qui en fait une simple machine à voter. Le mandataire n'est mandataire précisément que parce qu'il est chargé, sous sa responsabilité, de trouver les meilleurs moyens de satisfaire les vœux de ses électeurs.

2° *L'indépendance*. — Le député, le sénateur, le conseiller municipal ou départemental doivent être indépendants : d'une part à l'égard du pouvoir, de l'autre à l'égard des électeurs. Du pouvoir : il ne doit recevoir aucune faveur il ne doit pas vendre sa voix dans un intérêt quelconque; des électeurs il n'a à recevoir que des conseils, mais non des ordres. En dehors de l'élection, les électeurs ne sont plus que des individus, qui peuvent, comme tels, chercher à influencer les députés, mais qui n'ont aucune qualité à se donner pour les représentants du corps électoral. Le mandataire doit surtout se garder de se faire le serviteur des électeurs, pour la satisfaction de leurs intérêts et de leurs passions. On croit souvent que l'indépendance ne consiste qu'à braver les cours et les princes; il n'y a souvent pas moins d'indépendance, et quelquefois même il faut plus de mérite et plus de courage pour braver la tyrannie des foules, et surtout celle des meneurs populaires. Le député doit, nous l'avons dit, être fidèle à son mandat, c'est-à-dire à la ligne générale de politique adoptée par le parti politique auquel il appartient; mais dans ces limites générales c'est à lui-même à prendre les résolutions, et c'est pour cela même que l'on nomme des représentants. Ajoutons encore que la fidélité aux opinions ne doit pas dégénérer en esprit de parti, et qu'il y a un intérêt qui prime tous les autres: c'est l'intérêt de la patrie.

3° L'esprit de *conciliation* et l'esprit de *discipline*. — La liberté politique, plus que tout autre principe politique, exige l'esprit de sacrifice. Précisément parce qu'on s'adresse à la volonté libre, cette volonté doit consentir à s'accorder avec celle des autres citoyens. Si chacun, en effet, se cantonne dans ses propres opinions, sans jamais faire aucun sacrifice, tous ayant le droit d'en faire autant, il est évident qu'on n'arrivera jamais à une résolution commune. La conséquence du *liberum veto*[1] poussé à l'excès, c'est l'impuissance ou l'anarchie. Rien ne se fait; et, en politique, quand rien ne se fait, tout se désorganise, tout se dissout : l'anarchie est la conséquence de l'impuissance. Il faut donc, tout en gardant leur indépendance, que les représentants issus de l'élection s'efforcent de rendre le gouvernement possible : ils doivent ne pas dépasser les limites de leur mandat en confondant le pouvoir législatif

1. On appelait en Pologne *liberum veto* le droit de chaque député de s'opposer au vote des lois, lesquelles devaient être votées à l'unanimité.

avec le pouvoir exécutif; ils doivent chercher à s'entendre avec les autres corps de l'État; enfin, ils doivent faire chacun de leur opinion personnelle le degré de sacrifice nécessaire pour arriver à une opinion commune. Dans un gouvernement libre, ce n'est pas plus un devoir de faire partie de la *majorité* que de faire partie de l'*opposition*, puisque l'opposition à son tour peut devenir majorité; mais, que l'on fasse partie de l'une ou de l'autre, on doit subordonner son point de vue particulier à l'intérêt commun. Autrement, on tombe dans l'éparpillement des partis, qui ne peut à la longue profiter qu'au despotisme.

231. Pouvoir judiciaire. Magistrature et barreau. — Le pouvoir judiciaire est exercé par des magistrats que l'on appelle *juges* : ce sont eux qui décident les contestations entre particuliers, — c'est ce qu'on appelle la *justice civile*, — et qui décident également des peines méritées par les coupables qui ont attenté à la personne ou aux biens d'autrui, et c'est la *justice pénale*. Les devoirs de la magistrature se déduisent facilement de ces obligations.

1° L'*impartialité* et l'*impassibilité*. — Le juge doit être nécessairement *neutre* entre les parties : il ne doit faire nulle acception de personnes, faire droit également aux riches et aux pauvres, aux grands et aux petits. L'*égalité devant la loi*, qui est un des principes de nos institutions modernes, ne doit pas être seulement un principe abstrait; il doit être un principe pratique, mis devant les yeux des juges comme la première de leurs obligations.

2° L'*intégrité* et le *désintéressement*. — Un devoir non moins strict pour les juges, et qu'il est à peine besoin de signaler, c'est l'intégrité. Le magistrat doit être pur de tout soupçon de vénalité. Dans l'ancien régime on voit, par la comédie des *Plaideurs* de Racine, que les juges n'étaient pas toujours innocents à ce point de vue. Sans doute ce n'est qu'une comédie; mais une telle comédie ne se ferait plus aujourd'hui, elle ne serait plus comprise, tant nos mœurs se sont améliorées sur ce point. Cette obligation ne doit pas moins être signalée.

3° L'impartialité et l'intégrité concernent surtout la justice civile. Le devoir plus spécialement attaché à la justice criminelle, c'est l'*équité*, à savoir une justice modérée, intermédiaire entre une indulgence dangereuse et une sévérité outrée, qui deviendrait elle-même dangereuse à son tour. A la vérité, dans la plupart des cas, du moins dans les cas les plus graves, le juge n'a guère autre chose à faire que d'appliquer la loi. C'est à une sorte de magistrature libre et irresponsable, le *jury*, qu'il appartient de décider de la culpabilité ou de l'innocence des prévenus. C'est au jury qu'il appartient de trouver la juste moyenne entre la dureté et la faiblesse. Mais le juré, qui juge surtout comme homme, et qui recule souvent devant la responsabilité, doit craindre l'excès de l'indulgence; le juge, au contraire, habitué à la répression et préoccupé avant tout de l'intérêt social, doit plutôt se défendre de l'excès de rigueur et de sévérité.

4° La *science*. — Ce qui n'est qu'un luxe pour la plupart des hommes devient un devoir strict dans telle ou telle profession. La *science des lois*, par exemple, est une obligation stricte pour les magistrats, comme la science du corps humain pour le médecin. Celui qui veut entrer dans la magistrature doit donc pousser les études de droit aussi loin que le permet la jeunesse; mais il ne doit point arrêter ses études aussitôt qu'il est entré dans la carrière. Il a toujours à apprendre, il faut qu'il se tienne au courant des progrès de la jurisprudence, et qu'il ne néglige pas complètement la théorie dans les obligations de la pratique. Inutile de dire qu'indépendamment de ce travail général qui tient l'esprit en éveil et l'empêche de se rouiller et de s'amortir, l'étude spéciale et approfondie de chaque affaire soumise à son jugement est pour le juge une obligation plus stricte encore.

A côté de la magistrature, et travaillant avec elle à une œuvre commune, vient se placer le *barreau*, chargé de la défense des intérêts privés, au point de vue civil ou criminel.

Au point de vue civil, le débat est entre deux citoyens, dont chacun réclame son droit ; c'est ce qu'on appelle des *plaideurs*, et le débat lui-même se nomme un *procès*. Les plaideurs ne connaissant pas les lois ont besoin d'un intermédiaire pour exposer et défendre leur cause, pour la bien faire comprendre aux magistrats et en faire valoir les raisons. C'est le rôle des avocats.

Au point de vue criminel, le débat n'est pas entre deux particuliers, mais entre la société et le coupable. La société, pour se défendre, emploie ce que l'on appelle le *ministère public*; le coupable a besoin d'un *défenseur*. Ce rôle de défenseur appartient encore aux avocats.

Les devoirs des avocats sont différents suivant qu'il s'agit de causes civiles ou de causes criminelles.

Dans les procès civils, le devoir absolu est celui-ci : ne pas se charger de *mauvaises causes*. Seulement, il faut bien comprendre ce principe. On croit généralement qu'une mauvaise cause est celle qui perd, que la bonne cause est celle qui gagne. Il y aurait donc toujours dans tout procès un avocat qui aurait manqué à son devoir : celui qui a perdu. C'est là une pensée fausse, qui discrédite très à tort dans beaucoup d'esprits la profession d'avocat.

Sans doute, il y a des cas où la loi est si claire, la jurisprudence si fixée, la morale si évidente et si impérieuse, qu'une cause qui se présente ayant contre elle la loi, la jurisprudence, la morale, est ce que l'on peut appeler une mauvaise cause; et l'avocat qui peut laisser croire à son plaideur qu'une telle cause est défendable, et qui emploie sa parole et son éloquence à la défendre, manque à son devoir professionnel. Mais ce n'est pas là le cas ordinaire. Dans la plupart des cas, il est très difficile de dire d'avance qui a tort ou qui a raison, et c'est précisément parce que cela est difficile qu'il y a des juges dont c'est la fonction propre. Maintenant, pour que le juge en décide, il faut qu'il connaisse tous les éléments de l'affaire, il faut que toutes les raisons possibles de part et d'autre lui soient proposées. Tout le monde sait qu'on ne trouvera jamais de soi-même en faveur d'une solution ou d'une résolution toutes les raisons que peut trouver l'intéressé; or il est juste que ces raisons soient exposées : c'est là l'office des avocats. Dans tout procès, il ne faut pas oublier qu'il y a du pour et du contre; c'est pour cela même qu'il y a procès. Les avocats sont là précisément pour faire valoir le pour et le contre, chacun à son point de vue. On comprendrait très bien, par exemple, que le tribunal eût à sa disposition des fonctionnaires chargés de préparer les affaires et de faire valoir les raisons des plaideurs, l'un qui résumerait les raisons de Pierre, l'autre, les raisons de Paul : c'est là précisément le rôle des avocats, avec cette différence qu'on est convenu de laisser le choix libre aux plaideurs, parce qu'il est juste qu'un mandataire soit choisi par celui qu'il est censé représenter.

Dans les causes criminelles, il se présente également des questions très délicates. Comment un avocat peut-il défendre comme innocent un accusé qui est coupable? N'est-ce pas là un véritable mensonge? Et cependant la société n'admet pas qu'un accusé, quel qu'il soit, manque de défenseur; et quand il ne s'en présente pas, elle lui en nomme un d'office, qui est chargé de sauver sa tête s'il le peut. C'est la société elle-même qui a intérêt à ce que nul innocent ne soit condamné, et que même le coupable ne soit pas puni au delà de ce qu'il mérite, enfin que toutes les raisons tirées de la nature humaine qui peuvent atténuer la gravité d'un acte soient exposées et même traitées assez vivement pour toucher et émouvoir. Tel est le rôle des avocats.

Il est évident que ces considérations, qui rendent si légitime et si élevée la profession de l'avocat, ne doivent pas être entendues abusivement. Ces règles générales doivent être interprétées par la délicatesse et la conscience.

232. La science. L'enseignement. La médecine. Les lettres et les arts. — A côté des *pouvoirs sociaux* qui *font*, qui *exécutent*, qui *appliquent* les lois, il y a la *science* qui instruit les hommes, qui les éclaire, qui dirige le travail humain et qui même, toute utilité mise à part, est encore en elle-même l'objet d'une recherche désintéressée. A côté des sciences sont les lettres et les arts, qui poursuivent et expriment le *beau*, comme la science poursuit le *vrai*. Enfin, à la science et à l'art viennent s'ajouter la *morale* et la *religion*, qui ont pour objet le *bien*. Les moralistes, à la vérité, ne constituent guère dans notre société une profession particulière, ou du moins leur rôle se confond avec celui de l'enseignement en général; la religion a ses interprètes, qui trouvent dans leurs dogmes et dans leurs traditions les règles de leurs devoirs. Ce n'est pas à la morale laïque à les leur enseigner. Bornons-nous donc à quelques principes sur les sciences et sur les lettres.

233. La science. Devoirs des savants. — La science peut être cultivée de deux manières différentes et à deux points de vue : 1° pour elle-même; 2° pour ses avantages sociaux, pour les services qu'elle rend aux hommes. Il n'y a qu'un petit nombre d'hommes qui aient le goût et le loisir de se livrer à l'amour de la science pure; mais ceux qui ont choisi cette existence ont contracté par là même certains devoirs.

Le premier de tous est l'*amour de la vérité.* — Pour le savant, le seul objet qu'il ait à poursuivre, c'est la vérité. Il doit donc écarter de lui tous les intérêts et toutes les passions qui peuvent éloigner de la vérité, et, avant tout, l'intérêt personnel qui fait choisir une thèse plutôt qu'une autre à cause des avantages qu'elle peut rapporter; c'est là, d'ailleurs, un motif si grossier, qu'on ne peut le supposer chez un vrai savant; mais il y a d'autres causes d'erreur non moins dangereuses, quoique plus nobles : par exemple l'intérêt d'une cause, d'une conviction qui nous est chère; l'intérêt de notre amour-propre qui nous fait persister dans une erreur constatée, l'esprit de système par lequel on montre son esprit, etc. Toutes ces passions doivent fléchir devant l'amour pur de la vérité.

234. La science communiquée. L'enseignement. — Ceux qui possèdent la science ont pour principal devoir de la communiquer aux autres hommes. Sans doute, tous les hommes ne sont pas appelés à être des savants; mais tous doivent à quelque degré cultiver leur intelligence par l'*instruction*. De là pour les savants le devoir d'enseigner; mais ce devoir en entraîne beaucoup d'autres :

1° Les maîtres qui instruisent les autres doivent d'abord être instruits eux-mêmes. De là le devoir de travailler, non seulement pour acquérir les connaissances, sans lesquelles on ne devient pas maître, mais pour les conserver et les accroître. Le maître doit donc donner à l'élève l'exemple d'un travail intellectuel assidu et continu.

2° Le maître doit aimer les élèves : les enfants, s'il est appelé à instruire les enfants; les jeunes gens, s'il doit parler aux jeunes gens. Le maître ne doit pas seulement penser à la science qu'il enseigne, mais aux fruits que les élèves doivent en retirer; on ne s'intéresse qu'à ce qu'on aime. Un maître indifférent pour la jeunesse ne fera jamais les efforts nécessaires pour la conduire et l'élever.

3° Le maître doit mêler dans une juste mesure, en enseignant, la *discipline* et la *liberté*. Instruire suppose nécessairement quelqu'un qui sait et quelqu'un qui ne sait pas; et il est nécessaire que l'un dirige l'autre : c'est ce qu'on appelle enseigner et instruire; de là la nécessité de la discipline. Mais l'instruction a pour but de se passer du maître, et d'arriver à penser et à se conduire par soi-même : de là la nécessité de la liberté. Cette liberté doit grandir avec l'instruction elle-même, et elle est nécessairement en proportion de l'âge; mais à tout âge il faut savoir profiter des facultés de l'enfant et lui faire trouver autant que possible par lui-même tout ce qui est à sa portée.

4° Le maître ne doit pas séparer l'*instruction* de l'*édu-*

cation. Il ne doit pas seulement communiquer la science, il doit surtout former des hommes, des caractères, des volontés. L'instruction d'ailleurs est déjà par elle-même une éducation. Peut-on instruire sans habituer les jeunes esprits au travail, à l'obéissance, à la justesse d'esprit, sans leur mettre entre les mains de bons livres, sans leur donner de bons exemples? Ce qui est vrai, c'est qu'on ne forme pas seulement les hommes avec la science pure et abstraite, qu'il y faut joindre les lettres, l'histoire, la morale, la religion. Le maître, d'ailleurs, doit étudier le caractère de ses élèves, rabattre la présomption, corriger la grossièreté, combattre l'égoïsme, prévenir ou amortir les passions par le travail, par l'exercice physique et moral.

235. La science appliquée. L'industrie. La médecine. — La science peut être appliquée de deux manières, soit aux *choses*, soit aux *hommes*. Appliquée aux choses, c'est l'*industrie*; appliquée aux hommes, c'est la *médecine*. Il n'y a pas de devoirs spéciaux pour l'industrie. Les ingénieurs privés ou au service de l'État, employés aux travaux civils ou militaires, n'ont pas d'autres devoirs que les devoirs généraux des fonctionnaires, des militaires, des entrepreneurs, etc. Il n'en est pas de même de la médecine. Il y a là des obligations spéciales et de la nature la plus grave.

236. Devoirs du médecin. — 1° La *science*. — La science est une obligation dans tout état; partout il est indispensable de savoir la chose dont on s'occupe; mais dans la médecine l'ignorance prend un caractère beaucoup plus grave, car elle peut aller jusqu'à l'*homicide*. Comment soigner le malade si on ne connaît pas le corps humain, si l'on ignore les symptômes d'une maladie? On a, à la vérité, la ressource de ne rien faire, mais cela même ne peut-il pas être un homicide? Ne prend-on pas la place de celui qui sait et qui pourrait sauver le malade?

2° Le *secret*. — Le médecin est tenu par-dessus tout à la discrétion. Il ne doit pas révéler les maux dont il est le confident. C'est ce qu'on appelle le *secret médical*. Cette obligation peut donner lieu dans certains cas aux plus graves difficultés de conscience; mais, en principe, on peut dire que l'obligation du secret est absolue pour le médecin, comme elle l'est pour le confesseur. (Voir sur ce point le livre de M. Brouardel : *le Secret médical*.)

3° Le *courage*. — Le médecin, nous l'avons vu, a son point d'honneur, comme le militaire; il court souvent d'aussi grands dangers : il doit se dévouer et risquer sa vie, s'il est nécessaire. Il lui faut aussi un grand courage moral lorsqu'il est en présence d'une maladie grave où il a besoin de toute sa présence d'esprit; au moment d'une opération dangereuse, où sa main doit être aussi ferme que son esprit.

4° Devoirs envers les malades : *bienveillance* et *sévérité*. — Le médecin doit user de fermeté à l'égard des malades, exiger l'absolue exécution de ses prescriptions, car sa responsabilité est à ce prix : il doit plutôt renoncer à donner ses soins qu'à consentir à une désobéissance dangereuse. En même temps, il doit encourager le malade, relever ses forces par la confiance, qui est la moitié de la guérison. Il doit aussi soutenir le courage de la famille, sans la tromper. Dans certains cas, il peut être nécessaire d'avertir le malade lui-même du danger qu'il court.

237. Écrivains et artistes. — La morale des écrivains et des artistes est, comme dans tous les cas précédents, déterminée par l'objet auquel ces personnes consacrent leur vie. L'objet de l'écrivain et de l'artiste (nous ne parlons plus de la science), c'est la réalisation du *beau*, soit par la parole et l'écriture (*littérature*), soit par la couleur et la ligne (*peinture, sculpture*), soit par le son (*musique*). Dans tous ces arts, la préoccupation dominante doit être l'intérêt de l'art que l'on cultive. On doit, autant que possible, ne pas les transformer en *métiers*, c'est-à-dire en arts *mercenaires*, qui n'ont pour but que le gain. Sans doute, il faut vivre, et il est rare que l'écrivain, le poète, l'artiste, aient à leur disposition des ressources suffisantes pour se passer du produit de la plume ou de la main ; mais la recherche du beau doit être préférée à la recherche de l'utile : l'étude, l'imitation des grands maîtres, le dédain de la vogue, la recherche du délicat, du noble, du pur, le mépris du bas, du frivole, du factice, tels sont les principes qui règlent la morale de l'artiste et de l'écrivain. Inutile de dire aussi qu'ils doivent chercher le succès dans tout ce qui élève l'âme, et non dans ce qui la corrompt et l'abaisse. La grossièreté, la brutalité, la licence, doivent être absolument condamnées. Mieux vaut se consacrer à une profession utile et modeste que d'employer le talent à la dépravation des mœurs et à l'avilissement des âmes.

Les devoirs du poète ont été exprimés par Boileau dans son *Art poétique* (4me chant) :

1° C'est un devoir de ne se livrer à la poésie et aux arts que si l'on en a la vocation :

Soyez plutôt maçon, si c'est votre talent.

2° Le poète doit écouter les conseils :

Faites choix d'un censeur solide et salutaire.

3° Le poète et l'artiste doivent, même dans leurs vers ou leurs ouvrages, être les interprètes de la vertu.

Que votre âme et vos mœurs, peintes dans vos ouvrages,
N'offrent jamais de vous que de nobles images.

Aimez donc la vertu ; nourrissez-en votre âme.

Le vers se sent toujours des bassesses du cœur.

4° Fuir les jalousies et les rivalités :

Fuyez surtout, fuyez les basses jalousies.

5° Préférer la gloire au gain :

Travaillez pour la gloire, et qu'un sordide gain
Ne soit jamais l'objet d'un illustre écrivain.

PROBLÈMES ET EXERCICES PRATIQUES

Doctrine de la séparation des pouvoirs (voir Montesquieu, *Esprit des lois*, l. XI, ch. VI). — En quoi nécessaire à la liberté.

Critique des lois. — En quoi conciliable avec l'obéissance aux lois. — Liberté de la presse. Devoirs de la presse.

Plaintes contre les magistrats. — En quoi conciliables avec le respect des magistrats.

Instruction obligatoire. — Pourquoi? Des droits et des devoirs de l'autorité publique en matière d'instruction.

Suffrage universel. — Droits et devoirs qu'il confère et qu'il impose.

De l'égalité des professions. — Cette égalité est toute morale, mais elle ne doit pas être entendue dans le sens d'une égalité matérielle, d'une égalité de niveau.

Doctrines communistes et nihilistes qui sacrifient l'intelligence à la force physique.

La question sociale. — Ce qu'on appelle la *question sociale* est surtout une question morale. Elle ne peut être résolue que par l'accord, la bonne entente, la bonne volonté : criminelles excitations des classes les unes contre les autres.

Harmonie des professions. — Leur utilité réciproque. Comment elles concourent toutes, même les plus humbles, à l'œuvre sociale.

Du passage d'une carrière à une autre. — Règles et conditions.

De l'ascension sociale. — Droit et devoir de chercher à s'élever dans la société, sans cependant méconnaître les limites de ses facultés. Les déclassés.

CHAPITRE XIII

SANCTION DE LA MORALE. — DIEU. — LA RELIGION NATURELLE

Quand un législateur porte une loi, il a soin d'indiquer en même temps les *peines* qui suivront la violation de la loi. Lorsque les maîtres ou les parents donnent des *ordres* à leurs enfants ou à leurs élèves, ils les préviennent des récompenses ou des punitions qui doivent succéder à l'exécution ou à la violation de ces ordres. C'est ce qu'on appelle une *sanction*.

238. **Définition de la sanction.** — La *sanction* d'une loi est l'ensemble des récompenses et des peines attachées à l'exécution ou à la violation de la loi. Les lois civiles, en général, font plutôt usage des châtiments que des récompenses, car les peines peuvent paraître un moyen suffisant de faire exécuter la loi. Dans l'éducation, au contraire, les commandements ou lois posées par le supérieur ont autant et même plus encore besoin des récompenses que des punitions.

239. **Récompenses et punitions.** — Mais que faut-il entendre par les termes de *récompense* ou de *punition*?

La récompense est le plaisir obtenu à la suite d'une action bonne ou vertueuse, pour cette seule raison qu'elle est bonne ou vertueuse.

En distinguant l'honnête du plaisir et de l'utilité, nous avons vu que l'action, pour être moralement bonne, doit être accomplie par respect pour la loi morale, sans considération d'utilité ou de plaisir. Mais le plaisir, qui a dû être écarté de l'intention vertueuse, n'est pas pour cela un mal, et il revient à titre de récompense. Car c'est le propre de toute récompense de nous causer du plaisir ou de la joie : en d'autres termes, de concourir à notre bonheur.

Pour que le plaisir ait le caractère légitime de la récompense, il faut qu'il soit attribué à une action moralement bonne, et qu'il lui soit attribué précisément pour cette raison qu'elle est bonne. Cette condition étant supprimée, il n'y a pas à proprement parler de récompense.

C'est ainsi qu'il faut distinguer la récompense des deux autres faits qui lui ressemblent et qui en sont profondément différents : la *faveur* et le *salaire*.

La faveur est un plaisir ou avantage que l'on reçoit sans l'avoir ni mérité ni gagné, et par pur don de la bienveillance d'autrui[1]. C'est ainsi qu'un roi accorde des faveurs à ses courtisans, que les puissants distribuent des faveurs. C'est ainsi que l'on parle des faveurs de la fortune, laquelle ne choisit guère ses privilégiés. Quoique, en principe, il n'y ait pas de raison pour entendre le mot *faveur* dans un mauvais sens, il a fini dans l'usage par signifier non seulement un avantage non mérité, mais un avantage immérité ; non seulement une préférence légitime qui a sa raison dans la sympathie, mais un choix arbitraire, plus ou moins contraire à la justice. Lors même qu'il ne s'y attache pas cette mauvaise signification, la faveur, à titre de don gratuit, se distinguera toujours de la récompense, qui implique au contraire une *rémunération*, c'est-à-dire un don en retour de quelque autre chose.

Cependant, toute rémunération n'est pas nécessairement une récompense ; et ici il faut établir une distinction entre la récompense et le *salaire*. Le salaire est le prix que nous payons en retour d'un service rendu. Le salaire est fondé sur l'utilité ; la récompense, au contraire, sur la justice. Peu importe le motif qui détermine un homme à nous payer un service ; c'est ce service lui-même et rien autre chose que nous rémunérons par le salaire. Bien plus,

---

[1] La *faveur* l'a pu faire autant que le *mérite*. (*Le Cid*.)

l'idée de salaire exclut en quelque sorte tout élément moral. Car celui qui nous a rendu service avec son cœur, et par dévouement, refuserait d'en être *payé* par un salaire; et réciproquement, celui qui nous vend son travail n'entend pas que le prix que nous en donnons soit une récompense de ses efforts, mais qu'il en soit l'équivalent en argent: la récompense laisse toujours une certaine latitude, comme tout ce qui est moral, tandis que le salaire se règle suivant la loi économique de l'offre et de la demande.

Réciproquement, on appellera châtiment toute peine ou souffrance infligée à une mauvaise action par cela seul qu'elle est une mauvaise action. La punition s'oppose au *dommage* ou au *tort*, c'est-à-dire au mal immérité. Les *coups* de la fortune ou des hommes ne sont pas des punitions. On peut être *frappé* sans être puni. Quoiqu'on puisse dire d'une manière générale que les maux qui atteignent les hommes sont souvent les châtiments de leurs fautes, cependant il ne faudrait pas prendre cela à la rigueur: autrement on transformerait trop facilement les malheureux en coupables.

Quoique les récompenses et les peines puissent être secondairement des *moyens* de conduire au bien ou de détourner du mal, ce ne doit pas être là leur office essentiel ni leur vraie idée. Sans doute les hommes, dans leur faiblesse, ont besoin d'être aidés dans la recherche du bien et plus ou moins contraints d'éviter le mal : de là vient la nécessité de les solliciter par l'attrait de quelque bien désiré ou de les réprimer par la menace de quelque mal redouté; mais ce n'est là que le premier effet de la récompense, et les punitions ne peuvent être considérées comme des *moyens* sans porter atteinte à la pureté de la loi morale. Chez les animaux, qui n'ont ni liberté ni raison, les récompenses et les punitions ne peuvent valoir qu'à titre d'*attraits* ou de *menaces*; il en est de même chez les enfants, qui n'ont pas encore la liberté ni la raison; il en est de même encore chez les hommes, dont beaucoup n'ont guère plus [de raison que les enfants. Mais les moyens d'action qui déterminent la volonté par l'espoir ou par la crainte, par le plaisir ou par la douleur, ne peuvent être qu'imparfaitement appelés récompenses et peines.

240. La loi morale et la sanction. — Il semble que ce soit détruire l'essence même de la loi morale que de se la représenter comme une loi matérielle qui doit être accompagnée de promesses et de menaces.

Il en est ainsi sans doute pour la loi civile. Une loi qui n'aurait pas de sanction matérielle serait une loi inefficace. Un commandement qui n'est pas accompagné du pouvoir de se faire obéir n'est plus un ordre : ce n'est qu'un conseil. Si la loi civile se trouvait tout à coup destituée de toute sanction, elle perdrait nécessairement le caractère de loi *impérative* et ne serait plus qu'une loi *indicative*. Le législateur ferait savoir aux citoyens (lesquels n'ont ni le temps ni le moyen de se livrer à cette étude) que telle loi lui paraît le moyen le plus sage et le plus juste de régler tels intérêts. Si les hommes étaient sages, sans doute, une telle indication suffirait. Mais si les hommes étaient sages, ils n'auraient pas besoin de lois ; et par eux-mêmes, éclairés par leurs intérêts et par leur conscience, ils trouveraient dans chaque circonstance la solution la plus efficace. Il n'y a donc des lois générales que parce que les hommes ne sont pas sages : car ceux-là mêmes qui font la loi, et qui sont censés être capables de découvrir le meilleur *in abstracto*, seront, dans la pratique, aussi tentés que d'autres de violer la loi. Il suit de là que, dans l'ordre social et légal, l'homme étant toujours incliné par son intérêt particulier ou actuel à manquer aux lois, il faut qu'il soit contraint par quelque peine et quelquefois excité par quelque récompense à y obéir[1].

Maintenant, la sanction étant définie comme nous venons de le faire, peut-on appliquer cette idée à la loi

---

1. À mesure que les hommes s'éclairent, beaucoup de lois passent de l'état d'ordre à l'état de conseil. Les mœurs remplacent les peines.

morale? C'est ce qui peut paraître contradictoire, au premier abord, à qui examine la nature propre de cette loi.

La loi morale a ce caractère propre, avons-nous dit, de demander à être accomplie par respect pour elle-même, et c'est là ce qu'on appelle le devoir. Toute autre raison d'accomplir la loi, hors celle-là, est une manière de violer la loi. Que la loi soit exécutée matériellement, c'est ce qui importe peu, et même ce qui n'importe pas du tout au point de vue moral. Il faut qu'elle soit exécutée dans son *esprit*, c'est-à-dire intrinsèquement, parce qu'elle est la loi. C'est l'*intention* morale qui constitue la moralité. Or, aucune sanction ne peut forcer l'agent à l'intention morale, et il semble au contraire qu'elle ne puisse que l'altérer. Car si je n'accomplis la loi que pour les récompenses et les punitions qui la suivent, je ne l'accomplis plus pour elle-même; si, au contraire, je dois l'accomplir pour elle-même, il est inutile et même périlleux d'ajouter un autre motif que celui-là à la prescription de la loi. Une sanction n'est donc utile que lorsqu'il s'agit de faire exécuter matériellement une loi : car ici ce qui importe, ce n'est pas le motif, c'est l'effet. Là, au contraire, où c'est le motif de la loi qui doit agir, en ajouter un autre à celui-là pour le rendre efficace, c'est une contradiction dans les termes.

C'est donc une manière grossière de se représenter la sanction morale que de la concevoir sur le modèle des sanctions légales que nous rencontrons dans notre expérience de la vie civile. Ce point de vue est la conséquence d'un système qui se représente le monde moral, comme le monde politique, soumis à des règles et à des défenses émanées d'une puissance tyrannique et absolue : c'est l'idée de la force subtilisée. On dira que sans récompenses et peines la loi sera inefficace. Je réponds : elle sera ce qu'elle sera ; mais si pour la rendre efficace, vous en détruisez l'essence, vous la rendez moins efficace encore, car vous la rendez nulle.

Est-ce à dire qu'il faille nier la sanction de la loi morale ? Non, sans doute, mais il faut se la représenter autrement et ne pas confondre une sanction légale avec une sanction vraiment morale.

La croyance naturelle des hommes à une sanction morale repose sur la notion de la justice, et en particulier de cette espèce de justice que l'on appelle justice *distributive*. La formule très précise de la justice donnée par les anciens est celle-ci : *reddere suum cuique*, à chacun le sien. Ce n'est pas *pour* que la loi s'accomplisse qu'il doit y avoir en morale des récompenses et des châtiments, c'est *parce* qu'elle a été accomplie ou violée. Sans doute l'homme qui a fait le bien ne doit pas penser à son propre bonheur; mais la justice, et nous entendons par là une providence juste, doit y penser pour lui. Il serait insensé que l'homme fût obligé par la loi morale à la justice et qu'il n'y ait point de justice par rapport à lui. Il devrait à chacun selon son mérite, et il ne lui serait rien dû selon son mérite ! Cela est contradictoire ; ainsi, la conscience veut que nous détachions notre pensée de la considération du bonheur, mais la justice veut que le bonheur ne soit pas séparé de la vertu. Tel est le vrai principe de la récompense. Elle vient de la justice, non de l'utilité.

Par la même raison, le châtiment, dans sa vraie idée, ne doit pas être seulement une *menace* qui assure l'exécution de la loi, mais une *réparation* ou une *expiation* qui en corrige la violation. L'ordre troublé par une volonté rebelle est rétabli par la souffrance qui est la conséquence de la faute commise. En un autre sens, on peut dire avec Platon que la punition est le *remède* de la faute. En effet, l'injuste et le vice étant comme les maladies de l'âme, il est certain que la souffrance en est le remède ; mais c'est à la condition que cette souffrance soit acceptée à titre de châtiment. C'est ainsi que la douleur a une vertu purificative, et qu'au lieu d'être considérée comme un mal, elle peut être appelée un bien.

Une autre confusion d'idées qu'il faut également éviter et qui est très répandue parmi les hommes, c'est celle qui consiste à prendre pour le bien la récompense elle-même, et pour le mal la punition. Ces deux idées étant en effet toujours jointes ensemble, il est conforme aux lois de l'association des idées, fortifiées d'ailleurs par les impulsions naturelles du cœur humain, d'appeler bien ou mal ce qui n'est que la conséquence du bien et du mal. C'est ainsi que l'enfant croit que le bien c'est d'obtenir des prix et d'éviter les pensums. C'est ainsi que les hommes sont plus fiers des titres et des honneurs que du mérite véritable par lequel ils les ont conquis. C'est ainsi encore qu'ils craignent la prison plus que le délit, et la honte plus que le vice. C'est pourquoi il faut le plus grand courage pour supporter fortement la punition imméritée et pour dire, comme le héros de la tragédie :

Le crime fait la honte, et non pas l'échafaud.

Nous venons d'expliquer la nature de la sanction en général, distinguons maintenant les différentes espèces de sanctions.

241. Diverses espèces de sanctions. — On distingue habituellement quatre espèces de sanctions : 1° la sanction *naturelle* ; 2° la sanction *légale* ; 3° la sanction de l'*opinion* ; 4° la sanction *intérieure*.

1° La sanction naturelle est celle qui repose sur les conséquences naturelles de nos actions. Il est naturel que la sobriété entretienne et rétablisse la santé, que l'intempérance soit une cause de maladie. Il est naturel que le travail amène l'aisance, que la paresse soit une source de misère et de pauvreté. Il est naturel que la probité assure la sécurité, la confiance et le crédit ; que le courage écarte les chances de la mort, que la patience rende la vie plus supportable, que la bienveillance attire la bienveillance, que la méchanceté éloigne les hommes de nous, que le parjure les mette en défiance, etc. Ce sont ces faits, souvent vérifiés par l'observation, qui ont amené les épicuriens à confondre l'honnête avec l'utile.

2° La sanction *légale* est surtout une sanction *pénale*.

Elle se compose des châtiments que la loi a établis contre les coupables. Il y a en général peu de récompenses établies par la loi, et elles peuvent rentrer dans ce qu'on appelle l'estime des hommes.

3° Cette nouvelle sanction consiste dans l'opinion que les autres hommes portent sur nos actions et notre caractère. Nous avons vu qu'il est dans la nature des actions bonnes d'inspirer l'estime, et des actions mauvaises le blâme et le mépris. L'honnête homme jouit en général de l'honneur, de la considération publique. Le malhonnête homme, même celui que les lois n'atteignent pas, est frappé de discrédit, d'aversion, de mépris, etc.

4° Enfin, une sanction plus exacte est celle de la conscience et du sentiment moral.

242. Insuffisance des sanctions précédentes. — Ces diverses sanctions sont-elles suffisantes pour satisfaire notre instinct de justice? Il est facile de démontrer qu'elles ne le sont pas.

En principe, le bonheur et le bien devraient être en raison directe l'un de l'autre ; mais il n'en est pas ainsi dans la vie humaine. En effet, on peut ramener à deux classes les plaisirs et les peines que l'on considère comme des sanctions de la loi morale : 1° ceux qui n'ont aucun rapport, aucune connexion avec le bien moral, c'est-à-dire ceux qui dépendent de la nature de l'homme en tant qu'être sensible et intelligent, mais non pas en tant qu'être moral, par exemple les plaisirs que vous procurent les richesses, ceux qui sont dus à une grande gloire littéraire ou politique; 2° les plaisirs qui ont un rapport direct avec le bien moral, par exemple les plaisirs de la considération et de l'estime, et ces plaisirs internes et plus secrets que nul ne peut ravir et qui, dans le fond de la conscience, compensent quelquefois les grandes douleurs auxquelles la vertu est condamnée. Les souffrances sont également de deux espèces : 1° celles qui peuvent venir de l'état du corps ou des situations critiques et fâcheuses où l'homme est souvent engagé; 2° celles que l'on appelle remords, qui suivent inévitablement la violation de la loi morale. Ces deux sortes de plaisirs ou de peines soigneusement distinguées, il est aisé de démontrer que le bien et le bonheur ne sont pas en harmonie dans la vie actuelle. En effet, les plaisirs ou les peines de la première espèce sont distribués en apparence capricieusement, mais en réalité suivant des lois nécessaires qui n'ont aucun rapport avec le mérite moral. Il a été établi, par exemple, qu'un homme dont le corps serait sain jouirait des avantages et des plaisirs de la santé; qu'un homme d'une constitution maladive serait exposé à toutes sortes de maux; qu'un homme habile et prudent ferait ses affaires, gagnerait de la fortune et se procurerait toutes les délices dont les richesses sont l'instrument. Or, comme tous ces plaisirs sont réels, et comme ils sont dispensés suivant des lois qui ne sont pas des lois morales, il en résulte naturellement une inégalité et une disproportion nécessaires entre le mérite moral et le bonheur.

C'est un fait connu que la vertu n'est pas une égide suffisante pour vous protéger contre les coups de l'adversité, et que l'immoralité ne vous condamne pas nécessairement à la misère et à la douleur. Il est évident qu'un homme corrompu et méchant peut naître avec tous les avantages du génie, de la fortune, de la santé; un homme honnête peut naître déshérité sur tous ces points. Il n'y a là ni injustice ni hasard; mais cela prouve que l'harmonie du bien moral et du bonheur n'existe pas dans les conditions de notre existence actuelle. Quant aux plaisirs et aux peines de la conscience, il est évident qu'ils ne sont pas non plus suffisants pour sauver la justice de la Providence divine : en effet, une multitude de plaisirs d'une certaine espèce peuvent absorber tellement la capacité de sentir d'un individu, l'étourdir à un tel point, l'occuper si entièrement, qu'il n'ait besoin à la longue que de peu d'efforts pour chasser l'impression fâcheuse du remords : et, il faut le dire aussi, quoique cela soit plus triste encore, il arrive quelquefois que l'impitoyable acharnement du malheur émousse dans une âme honnête le plaisir de la vertu; les efforts douloureux qu'elle coûte peuvent finir par effacer, pour un homme fatigué de la vie, les jouissances calmes et douces qu'elle procure. Si telle est la disproportion des plaisirs et des peines internes avec le mérite moral de celui qui les éprouve, que sera-ce de cette sanction tout extérieure qui consiste dans les récompenses et les châtiments que distribue l'inégale justice des hommes? Je ne parle pas seulement des peines légales; on sait qu'elles tombent quelquefois sur l'innocent, que souvent elles sont épargnées au coupable, que presque toujours elles sont disproportionnées, la loi punissant le crime sans chercher à déterminer d'une manière absolument exacte la valeur morale de l'action. Mais je parle même des peines et des récompenses de l'opinion, de l'estime et du mépris. Sont-elles toujours en proportion exacte du mérite? C'est ce que peuvent dire ceux qui ont vécu dans le monde et en ont été jugés. De toutes ces observations, que j'esquisse seulement et qu'il serait possible d'étendre, d'approfondir, de vérifier, il résulte que la loi d'harmonie entre le bien et le bonheur n'est pas de ce monde, qu'il y a toujours désaccord, ou tout au moins disproportion, entre le mérite moral et les plaisirs de la sensibilité. De là vient la nécessité d'une sanction supérieure.

243. Immortalité de l'âme. — L'immortalité de l'âme est une vérité qui ressort comme un corollaire de ces deux propositions: la première, c'est qu'il y a dans l'homme une âme distincte du corps; la seconde, c'est que toute sanction terrestre de la loi morale est insuffisante. En effet, s'il y a une âme distincte du corps, il n'est pas nécessaire qu'elle périsse avec lui. Si toutes les sanctions terrestres sont insuffisantes, il faut une sanction supérieure et définitive qui rétablisse l'harmonie naturelle de la vertu et du bonheur. Le premier de ces deux arguments est ce qu'on appelle la preuve *physique* ou *métaphysique*; le second, la preuve *morale* de l'immortalité.

1º *Preuve physique*. — Fénelon l'a exposée dans les termes suivants :

La distinction réelle et l'entière dissemblance de ces deux êtres (âme et corps) étant établies, à quel propos conclurait-on que l'un de ces deux êtres serait anéanti dès que leur union viendrait à cesser ? Représentons-nous deux corps qui sont absolument de même nature : séparez-les, vous ne détruisez ni l'un ni l'autre. Bien plus, l'existence de l'un ne peut jamais prouver l'existence de l'autre, et l'anéantissement du premier ne peut jamais prouver l'anéantissement du second. Quoiqu'on les suppose semblables en tout, leur distinction réelle suffit pour prouver leur indépendance. Que si l'on doit raisonner ainsi de deux corps qu'on sépare et qui sont de même nature, à plus forte raison en est-il de même d'un esprit et d'un corps dont les natures sont dissemblables en tout. Un être qui n'est nullement la cause de l'existence de l'autre ne peut pas être la cause de son anéantissement. Il est donc clair comme le jour que la désunion du corps et de l'âme ne peut opérer l'anéantissement ni de l'un ni de l'autre, et que l'anéantissement même du corps n'opérerait rien pour faire cesser l'existence de l'âme[1].

2º *Preuve morale*. — Nous avons emprunté à Fénelon la première de ces deux preuves. Rousseau nous fournira la seconde :

Plus je rentre en moi, plus je me consulte, et plus je lis ces mots écrits dans mon âme : *Sois juste, et tu seras heureux.* Il n'en est rien pourtant, à considérer l'état présent des choses : le méchant prospère et le juste reste opprimé[2]. Voyez aussi quelle indignation s'allume en nous quand cette attente est frustrée ! La conscience s'élève et murmure contre son auteur, elle lui crie en gémissant :

« Tu m'as trompé ! — Je t'ai trompé, téméraire ! Qui te l'a dit ?

---

1. Fénelon, *Lettres sur la métaphysique et la religion*, lettre II, ch. II.
2. Il ne faut pas prendre tout à fait à la lettre cette pensée de Rousseau. Il n'est pas vrai que le méchant prospère toujours et que le juste soit toujours opprimé. Les choses ne vont pas ainsi. Mais ce qui est vrai, comme nous l'avons dit, c'est qu'il n'y a pas un rapport nécessaire et constant entre l'ordre physique et l'ordre moral. De là une grande inégalité et un grand caprice apparent dans la distribution des biens et des maux : ce qui suffit pour la force de l'argument.

Ton âme est-elle anéantie? as-tu cessé d'exister? O Brutus! ô mon fils, ne souille pas ta noble vie en la finissant: ne laisse pas ton espoir et ta gloire avec ton corps aux champs de Philippes. Pourquoi dis-tu: « La vertu n'est rien, » quand tu vas jouir du prix de la tienne? Tu vas mourir, penses-tu: non, tu vas vivre, et c'est alors que je tiendrai ce que j'ai promis. »

On dirait, au murmure des impatients mortels, que Dieu leur doit la récompense avant le mérite et qu'il est obligé de payer leur vertu d'avance. Oh! soyons bons premièrement, et puis nous serons heureux. N'exigeons pas le prix avant la victoire, ni le salaire avant le travail. « Ce n'est pas dans la lice, disait Plutarque, que les vainqueurs de nos jeux sacrés sont couronnés; c'est après qu'ils l'ont parcourue. »

Ici-bas, mille passions ardentes absorbent le sentiment intime et donnent le change aux remords; les humiliations, les disgrâces qu'attire l'exercice des vertus empêchent d'en sentir tous les charmes. Mais quand, délivrés des illusions que nous font le corps et les sens, nous jouirons de la contemplation de l'Être suprême et des vérités éternelles dont il est la source, quand la beauté de l'ordre frappera toutes les puissances de notre âme, et que nous serons uniquement occupés à comparer ce que nous avons fait avec ce que nous aurions dû faire, c'est alors que la voix de la conscience reprendra sa force et son empire; c'est alors que la volupté pure qui naît du contentement de soi-même, et le regret amer de s'être avili, distingueront par des sentiments inépuisables le sort que chacun se sera préparé. Ne me demandez point, ô mon bon ami, s'il y aura d'autres sources de bonheur et de peines : je l'ignore; et c'est assez de celles que j'imagine pour me consoler de cette vie et m'en faire espérer une autre. Je ne dis point que les bons seront récompensés; car quel autre bien peut attendre un être excellent que d'exister selon sa nature? Mais je dis qu'ils seront heureux, parce que leur auteur, l'auteur de toute justice, les ayant faits sensibles, ne les a pas faits pour souffrir; et que, n'ayant point abusé de leur liberté sur la terre, ils n'ont pas trompé leur destination par leur faute : ils ont souffert pourtant dans cette vie, ils seront donc dédommagés dans une autre. Ce sentiment est moins fondé sur le mérite de l'homme que sur la notion de bonté qui me semble inséparable de l'essence divine. Je ne fais que supposer les lois de l'ordre observées, et Dieu constant à lui-même [1].

---

1. Rousseau, *Émile*, I.

244. Dieu. — La nécessité d'une sanction exige, comme l'a montré Kant (*Critique de la raison pratique*), un *postulat* indispensable : c'est l'existence d'un être suprême, juge de l'homme et garant de l'exécution de la loi. C'est cet être que l'humanité appelle Dieu.

Mais ce n'est pas seulement la nécessité d'une sanction qui conduit à Dieu ; c'est l'instinct universel et le besoin de trouver une cause à l'ordre du monde, tant l'ordre physique que l'ordre moral.

245. Instinct religieux de l'homme. — Aristote avait défini l'homme un *animal politique*[1]. On pourrait le définir avec plus de raison encore un *animal religieux*, et un naturaliste contemporain[2] n'a pas craint même de se servir de ce caractère pour distinguer l'homme de tous les autres animaux. Il y a d'autres espèces animales que l'espèce humaine qui vivent en société : les abeilles, les fourmis, les castors. Mais il n'y a pas d'espèce animale qui ait une religion. Ce qu'ont pu raconter à ce sujet les anciens n'est que fable, par exemple l'histoire d'éléphants allant adorer le soleil. L'homme seul est religieux ; et il l'est partout ; il l'a été toujours. C'est du moins ce qui semble résulter de l'observation et de la connaissance de plus en plus approfondie de tous les peuples de la terre. On a cru à l'absence de religion chez un certain nombre de peuplades sauvages ; mais les faits démontrent chaque jour avec quelle légèreté ont été souvent émises et accueillies des assertions si graves. « Il n'est rien moins qu'aisé à l'Européen, dit le naturaliste cité plus haut, alors même qu'il séjourne au milieu de ces peuplades sauvages, et qu'il en possède plus ou moins la langue, d'obtenir des révélations sur les croyances qui touchent à ce que l'homme a de plus intime et de plus secret. Sans

---

1. *Politique*, l. 1er, ch. 1er. Il est important de remarquer que le mot grec que l'on traduit par *animal* a un sens plus étendu et signifie un être vivant en général, un être doué de vie. L'expression est donc beaucoup moins étrange en grec qu'elle ne le paraît en français.
2. M. de Quatrefages, *Unité de l'espèce humaine*.

sortir de France, on peut se faire une idée des difficultés qui entourent les investigations de cette nature en essayant de faire dire à un paysan de nos montagnes, à un Basque, à un Bas-Breton, ce qu'il pense des revenants et des esprits... Deux races, entre toutes, ont eu le triste privilège d'être l'objet d'attaques de toutes sortes, et l'absence chez elles de toute religiosité est une des plus douces imputations qu'on leur ait adressées. Ce sont les races hottentote et australienne. Mais chez les Hottentots on a reconnu la croyance à un bon et à un mauvais principe, tous deux personnifiés et portant des noms particuliers; on a recueilli des traditions sur l'origine de l'homme; on a constaté maintes fois la croyance à une autre vie, démontrée par les prières adressées aux grands hommes, par la crainte qu'inspirent les morts, etc. « Quelque dégradées que soient les populations de l'Afrique australe, dit le docteur Livingstone, il n'est pas besoin de les entretenir de l'existence de Dieu ni de la vie future. Ces deux vérités sont universellement connues en Afrique. Il en est de même des nations américaines. Au sein des forêts de l'Amazone, chez ces tribus dont les mœurs atroces nous révoltent le plus, la notion d'un monde et d'êtres supérieurs, celle de la persistance, après la mort, d'une partie de notre être, se constatent davantage à mesure que nous parvenons à pénétrer le secret de ces solitudes. Quant aux populations de l'Asie, on leur a toujours reconnu des tendances religieuses; c'est de superstition, et non d'athéisme, que l'on a accusé les barbares asiatiques.

« On a également, continue le même naturaliste, refusé aux Australiens tout trait de religiosité. Ici comme toujours ce sont les faits qui répondent. On a constaté chez toutes les tribus la croyance aux esprits et la crainte des revenants. Chez toutes aussi, les morts sont enterrés avec des cérémonies particulières... Les tombes sont entourées de cercles d'écorces destinés à les protéger contre l'attaque des mauvais génies, et des armes y sont déposées pour que le défunt, quand il sortira, les trouve à sa portée et puisse en user contre ses ennemis. Certes, en voilà assez pour montrer que la notion d'une autre vie existe chez les Australiens. Quant à celle d'êtres supérieurs à l'homme et pouvant agir sur lui en bien ou en mal, on l'a également trouvée partout où on l'a cherchée. Dans toutes les tribus australiennes, on a reconnu la croyance, commune à tant de peuples, d'un esprit du bien et d'un esprit du mal. Aux environs de Sydney, l'esprit du bien se nomme Coyan. C'est lui qu'on invoque lorsqu'on veut retrouver les enfants égarés. Pour se le rendre favorable en pareil cas, on lui fait une offrande de dards; si les recherches sont vaines, on en conclut que Coyan a été irrité d'une manière quelconque. Le mauvais génie s'appelle Fatayan; il rôde pendant la nuit autour des cabanes, cherchant à dévorer leurs habitants[1]. »

On voit que les populations sauvages de l'Afrique, de l'Amérique, de l'Australie, ont toutes, sous une forme ou sous une autre, des vestiges de croyances religieuses. Il est inutile d'insister longuement pour rappeler que tous les peuples civilisés ont eu également des religions, mais plus pures, plus hautes et plus profondes. L'Inde, dans les temps les plus reculés, a adoré Brahma, et encore aujourd'hui le brahmanisme est la religion traditionnelle dans l'Hindoustan. Il n'en est jamais sorti et ne s'est pas développé au delà: mais il n'y a jamais péri, il est encore aujourd'hui tout-puissant sur les consciences et sur les mœurs. Un rameau détaché du brahmanisme, le bouddhisme, s'est répandu hors de l'Inde et occupe l'Asie presque tout entière, Ceylan, le Thibet, l'Empire chinois et même le Japon. En Europe, on sait que le monde ancien a eu pour religion le polythéisme et le paganisme. En dehors de la Grèce et de Rome, l'Égypte, la Phénicie, l'Assyrie, ont eu leurs divinités et leurs temples; et, suivant les savants, les dieux de l'Olympe grec ne sont eux-mêmes que des dieux orientaux, soit indiens, soit phéni-

---

1. De Quatrefages, p. 170.

ciens, soit égyptiens. La Perse a été aussi le centre d'une grande religion, la religion de Zoroastre, qui admettait deux principes, le principe du bien, ou Ormuz, et le principe du mal, ou Ariman, et adorait Ormuz sous le symbole du feu ; aujourd'hui encore, dans l'Inde et sur les bords de la mer Caspienne, subsistent quelques adorateurs du feu, sectateurs de Zoroastre, appelés Parsis. Enfin, pendant que tous les autres peuples étaient plus ou moins livrés à des religions polythéistes ou panthéistes[1], la Judée fondait le culte de l'unité divine, ou *monothéisme*, doctrine qui consiste à adorer un seul Dieu, créateur du ciel et de la terre, esprit et non matière, père et juge, gouvernant toutes choses par sa providence. Du judaïsme sont sortis, comme chacun sait, le christianisme d'une part, le mahométisme de l'autre ; et le christianisme à son tour a pris deux grandes formes, le catholicisme et le protestantisme.

246. Preuves de l'existence de Dieu. — Les écoles de philosophie ont l'habitude de prouver l'existence de Dieu par des démonstrations savantes qui sont inaccessibles à la grande majorité des hommes. Ce ne sont pas ces démonstrations que nous exposerons ici. Ce qui nous importe, ce sont les raisons décisives et universelles, aptes à entrer dans toute raison un peu éclairée, et qui emportent avec elles non seulement la certitude, mais encore la persuasion.

247. Dieu principe de l'ordre universel. — Dieu est surtout exigé par l'esprit humain comme le principe de l'ordre dans l'univers ; et comme il y a deux espèces d'ordres dans l'univers, l'*ordre physique* et l'*ordre moral*, Dieu est à la fois *principe d'ordre* dans le monde physique comme dans le monde moral ; et comme ces deux mondes n'en forment qu'un et que les deux ordres ne for-

---

1. On appelle *polythéisme* la doctrine qui consiste à adorer *plusieurs* dieux, comme les Grecs, et *panthéisme* la doctrine qui consiste à croire que Dieu lui-même est tout, et que tout est Dieu. Le paganisme était une religion polythéiste ; le brahmanisme est une religion panthéiste.

ment qu'un ordre, il n'y a qu'*un seul Dieu,* qui comme principe d'ordre moral est appelé justice et bonté, et comme principe de l'ordre physique est appelé sagesse et puissance. Enfin, comme on ne peut comprendre que cet ordre constitué par Dieu ne soit pas surveillé et conservé par lui, Dieu considéré comme veillant sur le monde, et le conduisant à son but, est la *Providence.* Telles sont les différentes idées, déjà assez claires par elles-mêmes, que nous avons à développer et à bien faire comprendre.

248. Ordre physique. — Si l'on considère la nature qui nous environne, on peut dire qu'elle se compose de deux éléments ; l'un visible, l'autre invisible ; l'un corporel, l'autre immatériel ; d'une part, ce sont les corps, composés eux-mêmes de corps, et ceux-ci d'autres parties corporelles, sans que nous sachions jusqu'où peut aller cette décomposition ou division des choses. Ces corps sont ce qu'on peut appeler les *matériaux* de l'univers, et c'est pourquoi on les appelle *matière.* Ce sont les pierres qui servent à son architecture, mais qui, par elles-mêmes, ne possèdent pas la science de l'architecture. Mais, indépendamment de ces corps ou matériaux dont l'univers est composé, il y a entre ces corps des rapports déterminés et réguliers qui leur permettent d'agir d'accord et de former par leur réunion un système et un ensemble harmonieux : c'est ainsi que tous les astres sont liés par des mouvements réguliers que l'astronomie détermine, et qui permettent même de les prévoir d'avance avec une certitude infaillible ; c'est ainsi que les attractions chimiques sont également réglées par des lois fixes et certaines, que l'on appelle les lois des proportions multiples, les lois des proportions définies. Ces rapports de régularité, de proportion, de symétrie, que l'on admire dans la nature et qui font de l'univers non pas un amas de matière brute, mais un ensemble rationnel et intelligible à l'esprit, c'est ce qu'on appelle l'ordre de l'univers. Ainsi donc la nature est composée de deux choses : la *matière* ou les *éléments,* et l'*ordre* qui existe entre ces éléments.

JANET. — Él. de Philos.

Cet ordre, si remarquable déjà dans l'univers physique et mécanique, dans les mouvements des astres, dans les lois des phénomènes physiques, dans les combinaisons et décompositions des corps, dans les cristallisations, cet ordre qui atteste une géométrie latente dans l'univers, et qui partout nous montre, selon l'expression de l'Écriture, le *poids*, le *nombre*, et la *mesure*, cet ordre est bien plus admirable encore dans la nature vivante et organisée. Ici, ce n'est plus seulement un ordre géométrique, mécanique, arithmétique : c'est un plan, c'est un art, c'est une combinaison de moyens et de fins; c'est une appropriation du présent au futur; c'est un ordre de prévoyance, de précaution, de vigilance : c'est rigoureusement le règne de la Providence.

Si l'on considère un être vivant, quel qu'il soit, plante ou animal, on accordera que tout ce qui le distingue de toute autre espèce d'être, c'est d'être disposé d'une certaine manière déterminée qui doit rendre possible une certaine action complexe que l'on appelle la vie, laquelle action se décompose à son tour en un certain nombre d'actions particulières que l'on appelle ses fonctions; et à chacune de ces fonctions correspond une disposition ou structure qui la rend possible. Ce que nous venons de dire de l'être organisé, pris en général, est bien plus sensible et bien plus clair lorsque l'on considère un organe en particulier. Qui dit organe dit instrument, c'est-à-dire moyen d'action : ce qui implique qu'il est considéré par nous comme un moyen propre à certains effets.

Non seulement chaque organe, dans l'être organisé, est approprié à un certain acte final que l'on appelle sa fonction, mais tous les organes sont coordonnés les uns par rapport aux autres et sont liés ensemble par cette loi découverte par Cuvier et qu'il a appelée la loi des corrélations organiques : et l'on sait que c'est sur cette loi qu'est fondée en grande partie la science de l'anatomie comparée. Kant semblait avoir deviné et formulé d'avance la pensée de Cuvier lorsqu'il disait que, « dans l'être organisé, tout est réciproquement fin et moyen ». Ainsi, toutes les parties sont coordonnées au tout, et chaque système d'organes est lui-même un tout, dont toutes les parties sont coordonnées entre elles. Ainsi les organes du mouvement sont en rapport avec les organes de la nutrition ; et, dans les organes du mouvement, les muscles, les nerfs et les os sont également en rapport entre eux ; et ainsi jusqu'aux derniers éléments de l'organisation. C'est ce qui faisait dire à Leibniz que les organismes sont des machines composées de machines. Or, comment comprendre cette coordination des parties au tout, en d'autres termes, cette prédétermination du présent par le futur, si le tout n'a pas préexisté sous forme de plan dans la cause occulte qui a préparé ces parties ; autrement, que ces parties, qui ne sont après tout que des éléments minéraux, se soient combinées de manière à se trouver toutes en rapport avec un effet final, qui est la conservation de l'animal (effet futur par rapport à la disposition des parties) ; c'est ce qu'il est difficile à l'esprit humain de comprendre. Par exemple, que la matière, obéissant à des lois purement mécaniques, puisse produire des dents tranchantes, c'est ce que j'accorderais sans trop d'efforts ; mais que dans la même matière le même être produise des griffes, et non des sabots, c'est ce qu'on comprendra difficilement, si l'on ne suppose que les griffes et les dents ont une harmonie préalable, qui est, d'une part, la préhension et, de l'autre, le déchirement de la proie. L'accord de ces deux organes, qui ne se sont pas entendus et qui viennent aboutir à un acte commun, ne peut pas être considéré comme un hasard, pas plus que ne pourrait l'être l'accord de deux personnes qui sans se voir se répondraient l'une à l'autre, ou de deux instruments qui exécuteraient une même mélodie. Sans doute, il ne serait pas nécessaire que ces personnes ou ces musiciens se fussent réellement entendus ; mais il faudrait que quelqu'un les eût mis d'accord. Maintenant, comme dans un animal vertébré ce ne sont pas seulement ces parties grossières et superficielles (à savoir les dents et les griffes), mais toutes les autres parties de l'organisme, même les plus fines et les plus profondes (comme nous l'apprend Cuvier), qui se trouvent d'accord, il est permis de dire que la nature, dans ce cas, agit exactement comme si elle avait voulu faire un animal carnivore, c'est-à-dire comme si elle obéissait à un dessein et à un plan dont elle n'a pas le secret.

La preuve précédente de l'existence de Dieu a été résumée dans les termes suivants avec beaucoup de précision par le philosophe allemand Kant :

1° Dans le monde se trouvent partout les traces visibles d'un ordre exécuté avec une grande sagesse, suivant un dessein déterminé;

2° La nature des différentes choses (ou différents matériaux dont se compose l'univers) ne pourrait d'elle-même s'accorder pour des fins déterminées, si ces moyens n'avaient pas été parfaitement choisis et appropriés au plan par un principe raisonnable;

3° Il existe donc une (ou plusieurs) cause sublime et sage, qui doit être cause du monde, non pas uniquement comme une nature toute-puissante qui agit aveuglément, mais comme une intelligence qui agit par liberté.

4° Quant à l'unité de cette cause, elle se conclut avec certitude de l'unité des différentes parties de l'univers, qui sont coordonnées entre elles et forment un seul système, un seul tout.

Ainsi, Dieu nous est d'abord donné comme auteur de l'ordre physique. Il l'est également comme auteur et garant de l'ordre moral.

249. Ordre moral. — On peut entendre par ordre moral : 1° l'ensemble des phénomènes intellectuels et moraux, ceux qui sont l'objet de la psychologie et qui sont la manifestation, les opérations de notre âme[1]; 2° la loi morale, avec tous ses préceptes, toutes ses conditions, toutes ses conséquences. A l'un comme à l'autre point de

---

1. Voy. plus haut (2ᵐᵉ partie, chap. II).

vue, l'ordre moral suppose une cause, et une cause capable de l'expliquer.

1° La psychologie nous enseigne que l'homme est un être intelligent et libre ; or, comme tel, il suppose une cause intelligente et libre. « Comment croire, dit Montesquieu, qu'une cause inintelligente ait pu donner naissance à des êtres intelligents ? » Et Bossuet dit également : « Si nous étions seuls intelligents dans le monde, nous seuls vaudrions mieux, avec notre intelligence imparfaite, que tout le reste qui serait tout à fait brute et stupide ; et on ne pourrait comprendre dans ce tout qui n'entend pas, cette partie qui entend ; l'intelligence ne pouvant pas naître d'une chose brute et insensée[1]. » Ce que Montesquieu et Bossuet disent de l'intelligence, on peut le dire aussi de la liberté. Comment, en effet, dans une matière brutale, soumise exclusivement aux lois de la fatalité, pourrait-il se produire tout à coup un être libre, capable de choisir entre le bien et le mal, commandant à la matière au lieu d'en subir les lois ? L'apparition d'une telle liberté, sans une cause première intelligente et libre, serait un véritable miracle, mais un miracle sans auteur.

2° C'est surtout comme principe souverain de justice et de sainteté que Dieu se manifeste à la conscience de l'homme, c'est-à-dire comme principe de l'ordre moral proprement dit, de celui qui implique la loi du devoir, le principe du mérite et du démérite et la sanction morale.

250. Dieu législateur et juge. — A ce point de vue, Dieu peut être considéré, soit comme *législateur*, soit comme *juge*. Comme législateur, il porte la loi ; comme juge, il l'applique.

Dieu législateur. — Sans doute nous avons reconnu plus haut que la loi morale n'est pas l'œuvre arbitraire de la volonté divine, comme l'ont supposé quelques philosophes ; et il est certain que ce n'est pas l'autorité et la puissance de Dieu, mais sa sainteté intrinsèque qui fait

---

1. Bossuet, *Connaissance de Dieu et de soi-même*, ch. IV, VI.

la force et l'efficacité de la loi. Il est très vrai aussi que nous trouvons en nous-mêmes la loi morale par l'observation, et qu'elle nous paraît, immédiatement et par elle-même, exiger notre obéissance. Mais si nous nous demandons maintenant comment une telle loi, qui commande d'une manière absolue, pourrait apparaître tout à coup dans un ordre d'existence qui n'aurait obéi jusque-là qu'aux lois de la matière, nous verrons que l'apparition de la loi morale aussi bien que de la liberté, dans un monde qui ne serait gouverné que par une fatalité physique, serait un effet sans cause et un miracle sans auteur. L'homme ne s'étant pas fait lui-même et ne s'étant pas donné à lui-même cette loi, il faut cependant qu'elle ait sa raison ; et c'est ici que l'ordre moral, tout aussi bien que l'ordre physique, implique l'existence d'un principe. Dieu, considéré comme principe de l'ordre moral, peut être appelé législateur moral, non en ce sens qu'il nous ait imposé des lois par sa seule volonté, mais en ce sens qu'il a voulu, en nous donnant l'être, que nous prissions connaissance des lois éternelles de la justice, lois résidant dans sa propre intelligence. Car s'il n'y avait pas quelque part un principe de justice absolue, comment pourrions-nous connaître et respecter la justice absolue ?

Dieu juge. — Dieu est nécessaire comme juge aussi bien que comme législateur. La loi morale ne commence, avons-nous dit, qu'à la liberté. L'homme, par conséquent, reste toujours libre de lui obéir ou de ne pas lui obéir. Mais il est difficile de concevoir une loi qui soit telle qu'un agent puisse toujours, s'il le veut, avoir raison contre elle ; une loi qui dans son opposition avec l'agent ne serait pas sûre d'avoir le dernier mot, ne serait pas une loi. Il doit donc y avoir quelque être qui se charge de mettre d'accord la justice et la liberté, c'est-à-dire qui, après avoir laissé toute liberté d'action à l'agent, se réserve de rétablir quelque jour l'autorité de la loi ; ce qui n'aurait

---

1. Voy. 1ʳᵉ partie, chap. v, p. 92.

pas lieu sans cela; car l'agent qui voudrait avoir raison contre la loi, serait sûr d'y réussir, puisqu'il est libre et qu'il n'aurait qu'à se préserver des lois humaines pour être aussi indifférent qu'on peut l'être aux conséquences de ses actions. Ainsi la liberté laissée au coupable d'agir contre la loi n'est explicable que si cette loi est assurée de trouver une sanction tôt ou tard qui en garantisse l'autorité.

Il en est de même et plus évidemment encore du cas où la loi est sincèrement et librement accomplie par l'agent; la loi, en effet, ordonne à l'agent le désintéressement absolu, et la justice veut cependant que celui qui a tout sacrifié pour bien faire ne soit pas puni de sa vertu : car, s'il doit être juste envers tout le monde, il faut bien qu'il y ait quelqu'un qui, au nom de la loi morale, soit juste envers lui. Une loi qui serait telle qu'elle me ferait à moi-même ce qu'elle m'interdit de faire aux autres, c'est-à-dire qui me rendrait nécessairement malheureux, serait une loi barbare qui se contredirait elle-même. Or, c'est ce qui arriverait si l'harmonie exigée par la loi entre la justice et le bonheur n'était pas garantie par une cause souveraine, laquelle ne peut être précisément que celle-là même qui a porté la loi.

Dieu modèle souverain. — Enfin, Dieu, qui est exigé par notre conscience comme législateur et comme juge, l'est encore comme modèle souverain de cette justice et de cette charité que la loi nous ordonne. La loi morale nous présente devant les yeux un idéal de perfection que nous devons nous efforcer d'atteindre. Mais cette perfection, nous ne la trouverons pas en nous-mêmes ni dans aucun de nos semblables. S'il n'existe point quelque part un type souverain de perfection absolue, où avons-nous pu puiser cette conception du modèle que nous contemplons dans notre âme, et quelle est la valeur de cette conception? C'est ce qui faisait dire à Platon : « La vertu, c'est la ressemblance avec Dieu, et on lui ressemble par la sagesse, la justice, la sainteté... Dieu n'est injuste en aucune manière, et rien ne lui ressemble plus que celui qui est arrivé au plus haut degré de justice. Qui connaît Dieu est véritablement sage et vertueux. » Et Homère appelait également l'homme vertueux un homme divin et semblable aux dieux.

251. La providence. — De l'idée même de Dieu suit évidemment l'idée de la providence, ou plutôt, pour parler plus exactement, c'est de la providence même, en tant qu'elle se manifeste dans la nature, que nous tirons la preuve la plus forte de l'existence de Dieu. On peut néanmoins, après être remonté de la providence jusqu'à Dieu, redescendre de Dieu à la providence, et retrouver ainsi, comme une conséquence évidente de la nature divine une fois admise, les mêmes faits qui, considérés à un autre point de vue, ont pu servir de preuve à cette divinité.

Personne n'a parlé plus divinement de la providence que Socrate et Platon.

« Apprends, dit Socrate à l'un de ses disciples, que ton âme, enfermée dans ton corps, le gouverne comme il lui plaît. Il faut donc croire que l'intelligence qui réside dans l'univers dispose tout à son gré! Quoi! ta vue peut s'étendre à plusieurs stades, et l'œil de la Divinité ne pourrait tout embrasser à la fois! Ton âme peut en même temps s'occuper de tout ce qui se passe ici, et en Égypte, et en Sicile, et l'intelligence des dieux ne serait pas capable de penser à tout dans un seul instant! Certes, si en obligeant les hommes tu reconnais ceux qui veulent aussi t'obliger; si en leur rendant service tu vois ceux qui sont prêts à te payer de retour; si en délibérant avec eux tu distingues ceux qui sont doués de prudence; de même, en rendant hommage aux dieux, tu reconnaîtras quelle est la nature et la grandeur de cette divinité qui peut à la fois tout voir, tout entendre, être présente partout et prendre soin de tout ce qui existe[1]. »

---

[1]. Xénophon, *Mémoires*, liv. Ier, chap. IV.

Platon expose les mêmes idées dans son *Dialogue des Lois*:

« Ne faisons pas cette injure à Dieu, dit-il, de le mettre au-dessous des ouvriers mortels; et tandis que ceux-ci, à proportion qu'ils excellent dans leur art, s'appliquent aussi davantage à finir et à perfectionner toutes les parties de leurs ouvrages, soit grandes soit petites, ne disons pas que Dieu, qui est très sage, qui veut et peut prendre soin de tout, néglige les petites choses auxquelles il lui est plus aisé de pourvoir, comme pourrait faire un ouvrier indolent et lâche rebuté par le travail. Non, celui qui prend soin de tout a pris des mesures efficaces pour maintenir l'univers dans son intégrité et dans sa perfection. Toi-même, chétif mortel, tout petit que tu es, tu entres pour quelque chose dans l'ordre général, et tu t'y rapportes sans cesse. Mais tu ne réfléchis pas que tout ce qui arrive, arrive en vue du tout, afin qu'il vive d'une vie plus heureuse; que rien ne se fait pour toi, et que tu es fait toi-même pour l'univers; que tout médecin, tout artisan habile dirige toutes ses opérations vers un tout, et non le tout à quelqu'une des parties. Et tu murmures, parce que tu ignores ce qui est le meilleur tout à la fois pour toi et pour le tout, selon les lois de l'existence universelle[1]. »

PROBLÈMES ET EXERCICES PRATIQUES

L'idée d'une sanction, c'est-à-dire de la récompense et de la punition, est-elle en contradiction avec le principe de la loi morale qui exige l'absolu désintéressement? (Voir notre *Morale*, liv. III, ch. xi.)

Analyse détaillée des diverses sanctions. Conséquences naturelles de nos actes. Progrès de la sanction sociale avec la civilisation. Supériorité de la sanction intérieure.

Formes diverses du sentiment religieux. — *Féti-*

---

1. Platon *Lois*, liv. X, trad. franç. de Chauvet et A. Saisset.

chisme, *anthropomorphisme, monothéisme*. Épuration progressive du sentiment religieux.

De la morale indépendante. — Peut-on séparer absolument la morale de l'idée de Dieu ?

Abrégé de théodicée. — Les attributs de Dieu. — La Providence. — Le problème du mal : optimisme et pessimisme.

EXTRAITS ET ANALYSES

I

LA SENSATION, LE SOUVENIR, L'EXPÉRIENCE, L'ART,
LA SCIENCE, LA PHILOSOPHIE D'APRÈS ARISTOTE

(*Métaphysique*, liv. 1er, chap. 1er, traduction de
Pierron et Zévort.)

« Tous les hommes ont naturellement le désir de savoir. Ce qui le témoigne, c'est le plaisir que nous causent les perceptions des sens. Elles nous plaisent par elles-mêmes, indépendamment de leur utilité, surtout celles de la vue. En effet, non seulement lorsque nous sommes dans l'intention d'agir, mais alors même que nous ne nous proposons aucun but pratique, nous préférons les connaissances de la vue à toutes les connaissances que nous donnent les autres sens. C'est qu'elle nous fait, mieux que tous les autres, connaître les objets et nous découvre un grand nombre de connaissances.

« Les animaux reçoivent aussi de la nature la faculté de sentir. Mais cette faculté chez les uns n'est pas suivie de la mémoire; chez les autres, elle en est suivie. Aussi ces derniers sont-ils plus intelligents et plus capables d'apprendre que ceux qui n'ont pas la faculté de se souvenir. L'intelligence sans la faculté de s'instruire est le partage de ceux qui n'ont pas la faculté d'entendre les sons, par exemple l'abeille et les autres espèces d'animaux qui peuvent être dans le même cas. La capacité d'apprendre se trouve chez ceux qui joignent à la mémoire le sens de l'ouïe. Mais tandis que les animaux vivent ainsi réduits aux impressions sensibles et aux souvenirs, et ne s'élèvent qu'à peine jusqu'à l'expérience, le genre humain a, pour se conduire, l'art et le raisonnement.

« C'est de la mémoire que pour les hommes provient l'expérience. En effet, plusieurs souvenirs d'une même chose constituent une expérience. Or, l'expérience ressemble presque en apparence à la science et à l'art. C'est par l'expérience que la science et l'art font leurs progrès chez les hommes. L'art commence lorsque d'un grand nombre de notions fournies par l'expérience se forme une seule conception générale qui s'applique à tous les cas semblables. Savoir que tel remède a guéri Callias attaqué de telle maladie, qu'il a produit le même effet sur Socrate et sur plusieurs autres pris individuellement, c'est de l'expérience ; mais savoir que tel remède a guéri toute la classe des malades atteints de telle maladie, c'est de l'art. Pour la pratique, l'expérience ne semble pas différer de l'art, et l'on voit même souvent ceux qui n'ont que l'expérience atteindre mieux leur but que ceux qui ont la théorie sans l'expérience. C'est que l'expérience est la connaissance des choses particulières, et l'art au contraire celle du général. Or tous les actes, tous les faits, sont dans le particulier, car ce n'est pas l'homme en général que guérit le médecin, c'est Socrate ou Callias. Si donc quelqu'un possède la théorie sans l'expérience, et que, connaissant le général, il ignore le particulier, celui-là se trompera souvent dans le traitement de la maladie. En effet, ce qu'il s'agit de guérir, c'est l'individu. Toutefois la connaissance et l'intelligence, selon l'opinion commune, sont plutôt le partage de l'art que de l'expérience, et les hommes d'art passent pour être plus sages que les hommes d'expérience ; car la sagesse est en raison du savoir, parce que les uns connaissent la cause et les autres l'ignorent. En effet, les hommes d'expérience savent bien que telle chose est ; les hommes d'art au contraire savent pourquoi elle est. Aussi pensons-nous que les architectes ont plus droit à nos respects que les manœuvres, qu'ils ont plus de connaissances et qu'ils sont plus savants, parce qu'ils savent les causes de ce qui se fait, tandis que les manœuvres ressemblent aux êtres inanimés qui agissent sans avoir la connaissance de leur action, au feu qui brûle, par exemple, sans le savoir. Chez les êtres inanimés, c'est la nature qui produit chacune de leurs actions; chez les manœuvres, c'est l'habitude. Ce qui donne la supériorité du savoir aux architectes, ce n'est pas leur habileté pratique : c'est qu'ils possèdent la théorie et qu'ils connaissent les causes. Ajoutez que le caractère principal de la science c'est de pouvoir se transmettre par l'enseignement. Aussi dans l'opinion commune l'art, plus que l'expérience, est de la science : car les hommes d'art pourront enseigner, et les hommes d'expérience ne le peuvent pas.

« Ce n'est donc pas sans raison que celui qui le premier inventa un art quelconque au-dessus des premières notions des sens fut admiré par les hommes, non pas seulement à cause de l'utilité de ses découvertes, mais à cause de sa science et parce qu'il était supérieur aux autres. Les arts se multiplièrent, les uns s'appliquant aux nécessités, les autres aux agréments de la vie. Mais toujours les inventeurs de ceux-ci furent regardés comme supérieurs à ceux des autres, parce qu'ils n'avaient pas l'utilité pour but. Tous ces arts étaient inventés quand on découvrit les sciences, qui ne s'appliquent ni aux plaisirs ni aux nécessités de la vie. Ce fut dans les lieux où les hommes pouvaient jouir du repos qu'elles naquirent d'abord. Les mathématiques furent inventées en Égypte ; car, dans ce pays, on laissait un grand loisir à la caste des prêtres.

« Nous avons établi ailleurs[1] quelle différence il y a entre l'art, la science et les autres connaissances. Tout ce que nous voulons dire maintenant, c'est que la science qu'on nomme philosophie est, suivant l'idée qu'on s'en forme généralement, l'étude des causes et des principes.

---

1. Voir la *Morale à Nicomaque*, liv. VI, III.

« Ainsi, comme nous venons de le dire, l'homme d'expérience paraît être plus savant que celui qui n'a que des connaissances sensibles, quelles qu'elles soient ; l'homme d'art plus que l'homme d'expérience, le manœuvre le cède au chef de travaux, et la spéculation est supérieure à la pratique. Enfin il est évident que la philosophie est une science qui s'occupe de certaines causes et de certains principes.

« Or, puisque cette science (la philosophie) est l'objet de nos recherches, nous avons à examiner de quelles causes et de quels principes la philosophie est la cause, question qui s'éclaircira bien mieux si l'on examine les diverses idées que nous nous formons de la philosophie.

« Et d'abord, nous concevons le philosophe surtout comme connaissant l'ensemble des choses, autant que cela est possible, mais sans avoir la science de chaque chose en particulier. Ensuite, celui qui peut arriver à la connaissance des choses ardues, et que l'homme ne connaît qu'avec de grandes difficultés, ne l'appelons-nous pas philosophe? En effet, connaître par les sens est une faculté commune à tous : cette connaissance acquise, sans effort, n'est pas une connaissance philosophique. Enfin celui qui a les notions les plus exactes des choses et qui enseigne de même ces notions, celui-là est plus philosophe que tous les autres. Et parmi ces sciences celle à laquelle on s'applique pour elle-même et dans le seul but de savoir est plus philosophique que celle que l'on étudie à cause de ses résultats, et celle qui domine les autres est plus philosophique que celle qui est subordonnée à quelque autre. Il ne faut pas que le philosophe reçoive des lois, mais qu'il donne des lois ; il ne faut pas qu'il obéisse à un autre : c'est à celui qui est moins philosophe à lui obéir.

« Telles sont, en résumé, nos diverses manières de concevoir la philosophie et les philosophes ; or le philosophe qui possède parfaitement la science en général a nécessairement la science de toutes choses ; car un tel homme sait en quelque sorte tout ce qui se trouve compris sous le général.

« Entre toutes les sciences, les plus rigoureuses sont celles qui sont le plus sciences de principes : celles qui roulent sur un petit nombre de principes sont plus rigoureuses que celles dont l'objet est multiple : l'arithmétique, par exemple, l'est plus que la géométrie. La science qui étudie les causes est celle qui peut le mieux enseigner ; car ceux-là enseignent qui disent les causes de chaque chose. Enfin connaître et savoir dans le seul but de connaître et de savoir, tel est par excellence le caractère de la science, de ce qu'il y a de plus scientifique. Ce qu'il y a de plus scientifique, ce sont les principes et les causes. C'est par leur moyen que nous connaissons les autres choses.

« Or la science souveraine, la science supérieure à toute science subordonnée, est celle qui connaît pourquoi il faut faire chaque chose. Et ce pourquoi c'est le bien de chaque être ; pris en général, c'est le mieux dans tout l'ensemble des êtres.

« De tout ce que nous venons de dire sur la science elle-même sort la définition cherchée de la philosophie. Il faut bien qu'elle soit la science théorétique des premiers principes et des premières causes : car le bien et la cause finale sont une des causes. Et qu'elle ne soit pas une science pratique, c'est ce que nous montre l'exemple de ceux qui ont philosophé les premiers. Ce qui, dans l'origine, poussa les hommes aux premières recherches philosophiques c'était, comme aujourd'hui, l'étonnement. Entre les objets qui les étonnaient et dont ils ne pouvaient se rendre compte ils s'appliquèrent d'abord à ceux qui étaient à leur portée ; puis, s'avançant ainsi peu à peu, ils cherchèrent à expliquer les plus grands phénomènes, par exemple les divers états de la lune, le cours du soleil et des astres, enfin la formation de l'univers. Chercher une explication et s'étonner, c'est reconnaître que l'on ignore. Aussi peut-on dire que l'ami de la science l'est en quelque sorte des mythes ; car le sujet des mythes c'est le merveilleux. Par conséquent, si les premiers philosophes philosophèrent pour échapper à l'ignorance, il est évident qu'ils recherchaient la science pour savoir, et non en vue de quelque utilité. Ce qui le prouve d'ailleurs, c'est ce fait que presque tous les arts qui regardent les besoins et ceux qui s'appliquent au bien-être et au plaisir étaient inventés déjà quand on commença à chercher les explications de ce genre. Il est donc évident que nous n'étudions la philosophie pour aucun intérêt étranger.

« De même que nous appelons homme libre celui qui s'appartient à lui-même et qui n'a pas de maître, de même aussi cette science, seule entre toutes les sciences, peut porter le nom de libre. Celle-là seule en effet ne dépend que d'elle-même. Aussi pourrait-on à juste titre regarder comme plus qu'humaine la possession de cette science, car « la nature de l'homme est esclave par tant de points que Dieu seul, comme disait Simonide, devrait jouir de ce beau privilège ». Toutefois il est indigne de l'homme de ne pas chercher la science à laquelle il peut atteindre[1]. Si les poètes ont raison, si la divinité est capable de quelque jalousie, c'est à l'occasion de la philosophie surtout que cette jalousie devrait naître, et tous ceux qui s'élèvent par la pensée devraient être malheureux. Mais il n'est pas possible que la divinité soit jalouse, et *les poètes*, comme dit le proverbe, *sont souvent menteurs*.

« Enfin il n'y a pas de science qu'on puisse estimer plus qu'une telle science. Car la plus divine est celle qu'on doit priser le plus. Or celle-ci est seule divine à un double titre. En effet, la science qui est surtout le partage de Dieu et qui traite des choses divines est divine entre toutes les

---

1. Dans le même sens, voyez le passage de la *Morale à Nicomaque*, liv. X, chap. vii : « Nous ne devons pas, bien que nous ne soyons que des hommes, nous borner, comme quelques-uns le veulent, à des connaissances purement humaines, nous réduire, tout mortels que nous sommes, à une condition mortelle ; il faut nous affranchir, au contraire, autant qu'il est en notre pouvoir, des liens de la condition mortelle, et tout faire pour vivre conformément à ce qu'il y a de meilleur en nous. »

sciences. Or la philosophie seule porte ce caractère. Dieu passe pour la cause et le principe de toutes choses; et Dieu seul, Dieu surtout du moins, peut posséder une telle science. Toutes les autres sciences ont, il est vrai, plus de rapports à nos besoins que la philosophie, mais aucune ne l'emporte sur elle. »

II

DIVISION DES SCIENCES D'APRÈS ARISTOTE

(Ravaisson, *Essai sur la métaphysique d'Aristote*, t. 1er, p. 250.)

« Nous arrivons maintenant à la véritable division péripatéticienne des sciences philosophiques, à celle qu'Aristote reproduit partout.

« Il y a trois modes possibles du développement d'un être intelligent : savoir, agir et faire ; la science, la pratique et l'art. Sciences de la production, de l'action et de la spéculation ; sciences *pratiques, poétiques* et *spéculatives :* telle sera la triple division de la philosophie.

« Les sciences poétiques et pratiques ont pour objet ce qui peut être autrement qu'il n'est, et qui par conséquent dépend plus ou moins de la volonté. Les sciences spéculatives ont pour objet ce qui est nécessaire et que la volonté ne peut pas changer.

« Mais l'art ne se confond pas non plus avec la pratique, car il a sa fin dans une chose placée en dehors de l'agent et où celui-ci doit réaliser sa volonté : la fin de la pratique est dans le vouloir même et l'action intérieure de l'agent.

« Maintenant ces trois parties de la philosophie sont-elles indépendantes les unes des autres, ou s'enchaînent-elles au contraire d'une manière déterminée ?

« Il est évident d'abord qu'il y a un ordre entre ces trois parties dans le développement historique de la connaissance et de l'enseignement. Ce que l'on connaît le mieux, c'est ce que l'on a fait : la science poétique doit être le premier sujet de notre étude. La science pratique exige une maturité et une réflexion supérieures, mais elle est plus facile encore et plus claire que la spéculation.

« Poétique, pratique, spéculation, voilà donc l'ordre chronologique.

« Mais d'un autre côté la science poétique a son principe dans la science pratique; car l'art se propose un but, une fin, et la science pratique est la science des fins.

« A son tour, la pratique n'a son principe que dans la spéculation : car si la pratique détermine le but, c'est la pensée qui le conçoit.

« De la sorte, la science spéculative est la première dans l'ordre scientifique; la pratique vient ensuite, et au dernier rang la poétique. L'ordre logique et l'ordre historique sont donc en sens inverse l'un de l'autre.

« Des grandes divisions descendons aux divisions subordonnées.

« Dans la science *poétique* nous distinguons d'abord la poétique proprement dite ou théorie de la poésie, ensuite la rhétorique, en troisième lieu la dialectique. La poétique, qui tient de si près à la musique, rentre à peine dans la sphère de la philosophie; la rhétorique est encore un art; la dialectique est un art ou une méthode.

« La science *pratique*, ou philosophie des choses humaines, a trois parties comme la philosophie de l'art : ces trois parties ont pour objet l'individu, la famille ou l'État : morale, économique, politique. Dans l'ordre du temps, la morale vient la première, et la politique la dernière. Mais la science en elle-même marche en sens contraire. Dans l'ordre logique, l'État est antérieur à la famille, et la famille à l'individu. Ainsi la politique est antérieure à l'économique, et l'économique à la morale.

« La politique embrasse donc toute la philosophie de la vie humaine; mais, non plus que l'art, elle ne se suffit pas à elle-même; il faut qu'elle tire son principe d'un ordre supérieur de sciences. La pratique aboutit et se termine à la spéculation.

« La science spéculative se partage, comme la science poétique et la science pratique, en trois régions distinctes : physique, mathématiques et philosophie première ou théologie.

« La physique est la science de la nature, où il y a de la matière et par conséquent du mouvement. Les mathématiques sont la science des nombres et des figures, indépendamment du mouvement et de la matière. La philosophie première est la science du principe immobile du mouvement, du principe immatériel du monde.

« La philosophie première vient la dernière dans l'enseignement philosophique. Ce n'est qu'après avoir traversé les apparences que l'on peut s'élever jusqu'à l'être absolu. Qu'elle soit, en revanche, au premier rang dans l'ordre de la déduction scientifique, son nom l'indique assez ; car comment la science du premier principe ne serait-elle pas la première ?

« Mais dans quel ordre se succèdent les deux autres parties de la spéculation ? Ici la question n'est plus aussi simple. Aristote semble la résoudre tour à tour en deux sens opposés.

« Au premier abord, les mathématiques semblent avoir sur la physique une évidente supériorité. La physique ne considère que des phénomènes dont elle est obligée de demander les lois aux mathématiques ; tandis que les sciences physiques chancellent dans le monde du mouvement, les mathématiques sont assises dans l'immobile et l'immuable. Mais ces avantages dépendent d'une condition qui les compense tous, et qui suffit pour rendre à la physique la supériorité. C'est que les objets des mathématiques sont des abstractions sans existence réelle. La physique a plus de réalité, plus d'être que les mathématiques. Or le point de vue de l'être est le point de vue le plus élevé.

« Le caractère éminent de la philosophie première est qu'elle est la science de l'être absolu. La physique viendra donc immédiatement après elle dans l'ordre de dignité ; puisque la physique roule encore sur l'être, elle sera la seconde philosophie. Les mathématiques viennent au troisième rang. »

III

DIVISION DE LA PHILOSOPHIE D'APRÈS DESCARTES

(Les Principes de la philosophie, Préface.)

« Je voudrais expliquer l'ordre qu'il me semble qu'on doit tenir pour s'instruire. Premièrement, un homme qui n'a encore que la connaissance vulgaire et imparfaite doit, avant toute chose, tâcher de se former une morale qui puisse suffire pour régler les actions de sa vie, à cause que cela ne souffre point de délai et que nous devons surtout tâcher de bien vivre. Après cela, il doit aussi étudier la logique : non pas celle de l'école, car elle n'est, à proprement parler, qu'une dialectique qui enseigne les moyens de faire entendre à autrui les choses qu'on sait, ou même aussi de dire sans jugement plusieurs paroles touchant celles qu'on ne sait pas, et ainsi elle corrompt le bon sens plutôt qu'elle ne l'augmente ; mais celle qui apprend à bien conduire sa raison pour découvrir les vérités qu'on ignore, et parce qu'elle dépend beaucoup de l'usage, il est bon qu'il s'exerce longtemps à en pratiquer les règles touchant des questions faciles et simples, comme sont celles des mathématiques. Puis, lorsqu'il s'est acquis quelque habitude à trouver la vérité en ces questions, il doit commencer tout de bon à s'appliquer à la vraie philosophie, dont la première partie est la métaphysique, qui contient les principes de la connaissance, entre lesquels est l'explication des principaux attributs de Dieu, de l'immatérialité de nos âmes et de toutes les notions claires et simples qui sont en nous. La seconde est la physique, en laquelle, après avoir trouvé les vrais principes des choses matérielles, on examine en général comment tout l'univers est composé; puis en particulier quelle est la nature de cette terre et de tous les corps qui se trouvent le plus communément autour d'elle, comme de l'air, de l'eau, du feu, de l'aimant et des autres minéraux. Ensuite de quoi il est besoin aussi d'examiner en particulier la nature des plantes, celle des animaux, et surtout celle de l'homme, afin qu'on soit capable par après de trouver les autres sciences qui lui sont utiles. Ainsi toute la philosophie est comme un arbre, dont les racines sont la métaphysique, le tronc est la physique, et les branches qui sortent de ce tronc sont toutes les autres sciences, qui se réduisent à trois principales, à savoir : la médecine, la mécanique et la morale; j'entends la plus haute et la plus parfaite morale, qui, présupposant une entière connaissance des autres sciences, est le dernier degré de la sagesse.

« Or, comme ce n'est pas des racines ni du tronc des arbres qu'on cueille des fruits, mais seulement des extrémités de leurs branches, ainsi la principale utilité de la philosophie dépend de celles de ses parties qu'on ne peut apprendre que les dernières. Mais, bien que je les ignore presque toutes, le zèle que j'ai toujours eu pour tâcher de rendre service au public est cause que je fis imprimer, il y a dix ou douze ans, quelques essais des choses qu'il me semblait avoir apprises. La première partie de ces essais fut un discours touchant la Méthode pour bien conduire sa raison et chercher la vérité dans les sciences, où je mis sommairement les principales règles de la logique et d'une morale imparfaite, qu'on peut suivre par provision pendant qu'on n'en sait point encore de meilleure. Les autres parties furent trois traités : l'un de la Dioptrique, l'autre des Météores, et le dernier de la Géométrie. Par la dioptrique, j'eus dessein de faire voir qu'on pouvait aller assez avant en la philosophie pour arriver par son moyen jusques à la connaissance des arts qui sont utiles à la vie, à cause que l'invention des lunettes d'approche, que j'y expliquais, est l'une des plus difficiles qui aient jamais été cherchées. Par les météores, je désirai qu'on reconnût la différence qui est entre la philosophie que je cultive et celle qu'on enseigne dans les écoles où l'on a coutume de traiter de la même matière. Enfin, par la géométrie, je prétendais démontrer que j'avais trouvé plusieurs choses qui ont été ci-devant ignorées, et ainsi donner occasion de croire qu'on en peut découvrir encore plusieurs autres, afin d'inciter par ce moyen tous les hommes à la recherche de la vérité. Depuis ce temps-là, prévoyant la difficulté que plusieurs auraient à concevoir les fondements de la métaphysique, j'ai tâché d'en expliquer les principaux points dans un livre de Méditations qui n'est pas bien grand, mais dont le volume a été grossi et la matière beaucoup éclaircie par les objections que plusieurs personnes très doctes m'ont envoyées à leur sujet, et par les réponses que je leur ai faites. Puis enfin, lorsqu'il m'a semblé que ces traités précédents avaient assez préparé l'esprit des lecteurs à recevoir les principes de la philosophie, je les ai aussi publiés; et j'en ai divisé le livre en quatre parties, dont la première contient les principes de la connaissance, qui est ce qu'on peut nommer la première philosophie ou bien la métaphysique. Les trois autres parties contiennent tout ce qu'il y a de plus général en la physique, à savoir : l'explication des premières lois ou des principes de la nature, et la façon dont les cieux, les étoiles fixes, les planètes, les comètes, et généralement tout l'univers est composé; puis en particulier la nature de cette terre, et de l'air, de l'eau, du feu, de l'aimant, qui sont les corps qu'on peut trouver le plus communément partout autour d'elle, et de toutes les qualités qu'on remarque en ces corps, comme sont la lumière, la chaleur, la pesanteur, et semblables : au moyen de quoi je pense avoir commencé à expliquer toute la philosophie par ordre, sans avoir omis aucune des choses qui doivent précéder les dernières dont j'ai écrit. »

IV.

DIVISION DES SCIENCES D'APRÈS BACON, MODIFIÉE PAR D'ALEMBERT ET DIDEROT

(Discours préliminaire de l'*Encyclopédie*.)

« Le système de nos connaissances est composé de différentes branches dont plusieurs ont un même point de réunion... L'ordre encyclopédique de nos connaissances consiste à les rassembler dans le plus petit espace possible et à placer pour ainsi dire le philosophe au-dessus de ce vaste labyrinthe dans un point de vue fort élevé, d'où il puisse apercevoir à la fois les sciences et les arts principaux, voir d'un coup d'œil les objets de ses spéculations et les opérations qu'il peut faire sur ces objets, distinguer les branches générales des connaissances humaines, les points qui les séparent ou qui les unissent, et entrevoir même quelquefois les routes secrètes qui les rapprochent... Celui de tous les arbres encyclopédiques qui offrirait le plus grand nombre de liaisons et de rapports entre les sciences mériterait sans doute d'être préféré. Mais peut-on se flatter de le saisir?... Souvent tel objet qui par une ou plusieurs de ses propriétés a été placé dans une classe, tient à une autre classe par d'autres propriétés et aurait pu tout aussi bien y avoir sa place. Il reste donc nécessairement de l'arbitraire dans la division générale. L'arrangement le plus naturel serait celui où les objets se succéderaient par des nuances insensibles qui servent tout à la fois à les séparer et à les unir. Mais le petit nombre d'êtres qui nous sont connus ne nous permet pas de marquer ces nuances. L'univers n'est qu'un vaste océan sur la surface duquel nous apercevons quelques îles plus ou moins grandes, dont la liaison avec le continent nous est cachée.

« ... Nous avons choisi une division qui nous a paru satisfaire tout à la fois le plus qu'il est possible à l'ordre encyclopédique de nos connaissances et à leur ordre généalogique. Nous devons cette division à un auteur célèbre (Bacon)... Nous avons cru devoir y faire quelques changements... Mais nous sommes trop convaincus de l'arbitraire qui régnera toujours dans une pareille division pour croire que notre système soit l'unique ou le meilleur; il nous suffira que notre travail ne soit pas entièrement désapprouvé par les bons esprits.

« Les objets dont notre âme s'occupe sont *spirituels* ou *matériels*, et notre âme s'occupe de ces objets ou par des idées directes ou par des idées réfléchies. Le système des connaissances directes ne peut consister que dans la collection purement passive et comme machinale de ces mêmes connaissances : c'est ce qu'on appelle *mémoire*. La réflexion est de deux sortes : ou elle raisonne sur les objets des idées directes, ou elle les imite.

« Ainsi la *mémoire*, la *raison* proprement dite et l'*imagination* sont les trois manières différentes dont notre âme opère sur les objets de ses pensées. Nous ne prenons point ici l'imagination pour la faculté qu'on a de se représenter les objets, parce que cette faculté n'est autre chose que la mémoire même des objets sensibles, mémoire qui serait dans un continuel exercice si elle n'était soulagée par l'invention des signes. Nous prenons l'imagination dans un sens plus noble et plus précis : pour le talent de créer en imitant.

« Ces trois facultés forment d'abord les trois divisions générales de notre système, et les trois objets généraux des connaissances humaines : l'*histoire*, qui se rapporte à la mémoire; la *philosophie*, qui est le fruit de la raison; et les *beaux-arts*, que l'imagination fait naître. Si nous plaçons la raison avant l'imagination, cet ordre nous paraît bien fondé et conforme au progrès naturel des opérations de l'esprit : l'imagination est une faculté créatrice, et l'esprit, avant de songer à créer, commence par raisonner sur ce qu'il voit et ce qu'il connaît. Un autre motif qui doit déterminer à placer la raison avant l'imagination, c'est que, dans cette dernière faculté de l'âme, les deux autres se trouvent réunies jusqu'à un certain point, et que la raison s'y joint à la mémoire. L'esprit ne crée et n'imagine des objets qu'en tant qu'ils sont semblables à ceux qu'il a connus par des idées directes et par des sensations : plus il s'éloigne de ces objets, plus les êtres qu'il forme sont bizarres et peu agréables. Ainsi, dans l'imitation de la nature, l'invention même est assujettie à certaines règles, et ce sont ces règles qui forment principalement la partie philosophique des beaux-arts, jusqu'à présent assez imparfaite, parce qu'elle ne peut être l'ouvrage que du génie, et que le génie aime mieux créer que discuter.

« Enfin, si on examine le progrès de la raison dans ses opérations successives, on se convaincra encore qu'elle doit précéder l'imagination dans l'ordre de nos facultés, puisque la raison, par les dernières opérations qu'elle fait sur les objets, conduit en quelque sorte à l'imagination : car ces opérations ne consistent qu'à créer, pour ainsi dire, des êtres généraux, qui, séparés de leur sujet par abstraction, ne sont plus du ressort immédiat de nos sens. Aussi la métaphysique et la géométrie sont, de toutes les sciences qui appartiennent à la raison, celles où l'imagination a le plus de part. L'imagination, dans un géomètre qui crée, n'agit pas moins que dans un poète qui invente. Il est vrai qu'ils opèrent différemment sur leur objet : le premier le dépouille et l'analyse ; le second le compose et l'embellit. Il est encore vrai que cette manière différente d'opérer n'appartient qu'à différentes sortes d'esprits, et c'est pour cela que les talents du grand géomètre et du grand poète ne se trouveront peut-être jamais ensemble ; mais soit qu'ils s'excluent ou ne s'excluent pas l'un l'autre, ils ne sont nullement en droit de se mépriser réciproquement. De tous les grands hommes de l'antiquité, Archimède est peut être celui qui mérite le plus d'être placé à côté d'Homère.

« La distribution générale des êtres en *spirituels* et en *matériels* fournit la sous-division de trois branches générales. L'histoire et la philosophie s'occupent également de ces deux espèces d'êtres, et l'imagination ne travaille que d'après les êtres purement matériels : nouvelle raison pour la placer la dernière dans l'ordre de nos facultés. A la tête des êtres spirituels est *Dieu*, qui doit tenir le premier rang par sa nature et par le besoin que nous avons de le connaître ; au-dessous de cet Être suprême sont les *esprits créés*, dont la révélation nous apprend l'existence ; ensuite vient l'*homme*, qui, composé de deux principes, tient par son âme aux esprits et par son corps au monde matériel ; et enfin ce vaste *univers* que nous appelons *monde corporel* ou la *nature*. Nous ignorons pourquoi l'auteur célèbre qui nous sert de guide dans cette distribution a placé la nature avant l'homme dans son système ; il semble, au contraire, que tout engage à placer l'homme sur le passage qui sépare Dieu et les esprits d'avec les corps.

« L'histoire, en tant qu'elle se rapporte à Dieu, renferme ou la *révélation* ou la *tradition*, et se divise, sous ces deux points de vue, en *histoire sacrée* et en *histoire ecclésiastique*. L'histoire de l'homme a pour objet ou ses *actions* ou ses *connaissances*, et elle est par conséquent *civile* ou *littéraire*, c'est-à-dire se partage entre les grandes nations et les grands génies, entre les rois et les gens de lettres, entre les conquérants et les philosophes. Enfin, l'histoire de la nature est celle des productions innombrables qu'on y observe, et forme une quantité de branches presque égale au nombre de ces diverses productions. Parmi ces différentes branches doit être placée avec distinction l'*histoire des arts*, qui n'est autre chose que l'histoire des usages que les hommes ont faits des productions de la nature pour satisfaire à leurs besoins ou à leur curiosité.

« Tels sont les objets principaux de la mémoire. Venons présentement à la faculté qui réfléchit et raisonne. Les êtres, tant spirituels que matériels, sur lesquels elle s'exerce, ayant quelques propriétés générales, comme l'existence, la possibilité, la durée, l'examen de ces propriétés forme d'abord cette branche de la philosophie dont toutes les autres empruntent en partie leurs principes : on la nomme l'*ontologie* ou *science de l'être*, ou *métaphysique générale*. Nous descendons de là aux différents êtres particuliers, et les divisions que fournit la science de ces différents êtres sont formées sur le même plan que celle de l'histoire.

« La science de Dieu, appelée *théologie*, a deux branches. La théologie naturelle n'a de connaissance de Dieu que celle que produit la raison seule, connaissance qui n'est pas d'une fort grande étendue ; la théologie révélée tire de l'histoire sacrée une connaissance beaucoup plus parfaite de cet Être. De cette même théologie révélée résulte la science des esprits créés. Nous avons cru encore ici devoir nous écarter de notre auteur. Il nous semble que la science, considérée comme appartenant à la raison, ne doit point être divisée, comme elle l'a été par lui, en théologie et en philosophie ; car la théologie révélée n'est autre chose que la *raison appliquée aux faits révélés* : on peut dire qu'elle tient à l'histoire par les dogmes qu'elle enseigne, et à la philosophie par les conséquences qu'elle tire de ces dogmes. Ainsi, séparer la théologie de la philosophie, ce serait arracher du tronc un rejeton qui de lui-même y est uni. Il semble aussi que la science des esprits appartient bien plus intimement à la théologie révélée qu'à la théologie naturelle.

« La première partie de la science de l'homme est celle de l'âme, et cette science a pour but ou la connaissance spéculative de l'âme humaine, ou celle de ses opérations. La connaissance spéculative de l'âme dérive en partie de la théologie naturelle, et en partie de la théologie révélée, et s'appelle *pneumatologie* ou *métaphysique particulière*.

La connaissance de ses opérations se subdivise en deux branches, ces opérations pouvant avoir pour objet ou la découverte de la vérité ou la pratique de la vertu. La découverte de la vérité, qui est le but de la logique, produit l'art de la transmettre aux autres. Ainsi, l'usage que nous faisons de la logique est en partie pour notre propre avantage, en partie pour celui des êtres semblables à nous. Les règles de la morale se rapportent moins à l'homme isolé, et le supposent nécessairement en société avec les autres hommes.

« La science de la nature n'est autre que celle des corps : mais, les corps ayant des propriétés générales qui leur sont communes, telles que l'impénétrabilité, la mobilité et l'étendue, c'est encore par l'étude de ces propriétés que la science de la nature doit commencer. Elles ont, pour ainsi dire, un côté purement intellectuel par lequel elles ouvrent un champ immense aux spéculations de l'esprit, et un côté matériel et sensible par lequel on peut les mesurer. La spéculation intellectuelle appartient à la physique générale, qui n'est proprement que la métaphysique des corps ; et la mesure est l'objet des mathématiques, dont les divisions s'étendent presque à l'infini.

« Ces deux sciences conduisent à la physique particulière, qui étudie les corps en eux-mêmes, et qui n'a que les individus pour objet. Parmi les corps dont il nous importe de connaître les propriétés, le nôtre doit tenir le premier rang, et il est immédiatement suivi de ceux dont la connaissance est le plus nécessaire à notre conservation : d'où résulte l'anatomie, l'agriculture, la médecine et leurs différentes branches. Enfin, tous les corps naturels soumis à notre examen produisent les autres parties innombrables de la physique raisonnée.

« La peinture, la sculpture, l'architecture, la poésie, la musique et leurs différentes divisions composent la troisième distribution générale, qui naît de l'imagination, et dont les parties sont comprises sous le nom de *beaux-arts*. On pourrait aussi les renfermer sous le titre général de *peinture*, puisque tous les beaux-arts se réduisent à peindre et ne diffèrent que par les moyens qu'ils emploient; enfin, on pourrait les rapporter tous à la *poésie*, en prenant ce mot dans sa signification naturelle, qui n'est autre chose qu'*invention* ou *création*. »

V

LA CLASSIFICATION DES SCIENCES
D'APRÈS AUGUSTE COMTE

(Analyse de la 1re leçon du *Cours de philosophie positive*.)

Aug. Comte commence par critiquer la classification de Bacon et de d'Alembert, qui repose sur la distinction des facultés. L'esprit humain, dans quelque direction qu'il s'exerce, applique à la fois toutes ses facultés.

La classification doit reposer sur la dépendance essentielle des sciences.

Mais il faut d'abord circonscrire la question. Il y a deux sortes de travaux scientifiques : ceux qui ont pour objet la théorie, et ceux qui ont pour objet la pratique.

Il ne s'agit ici que de classer les travaux de spéculation ou de théorie.

Sans doute l'action repose sur la spéculation; mais ce serait une conception très imparfaite que de ne voir dans les sciences que la *base* des arts. Elles ont un objet plus élevé : satisfaire un besoin fondamental de l'intelligence, celui de connaître les lois des phénomènes. Ce qui le prouve, c'est l'étonnement, et même l'effroi que nous éprouvons, aussitôt qu'un phénomène paraît se produire en dehors des lois de la nature.

A. Comte, comme Aristote[1], combat donc énergiquement l'idée que les sciences doivent avoir une utilité immédiate. On ne peut d'ailleurs prévoir l'utilité d'une découverte quelconque; et, comme l'a dit d'Alembert, l'art de la navigation ayant été renouvelé par l'application de

---

1. Voir plus haut, p. 411.

la théorie des sections coniques, « le matelot, qu'une connaissance exacte de la longitude préserve des naufrages, doit la vie à un théorème d'Archimède ou d'Apollonius ».

Enfin, chaque art exige le concours de plusieurs sciences : par exemple, l'agriculture exige la chimie, la botanique, la zoologie. Il est donc indispensable que le système des sciences soit fondé pour que l'on puisse classer le système des arts.

Maintenant, en nous bornant aux sciences de pure spéculation, nous devons encore faire une nouvelle distinction.

Il faut distinguer :

1° Les sciences *abstraites* et *générales*, qui ont pour objet la découverte des lois ;

2° Les sciences *concrètes* et *particulières*, qui ont pour objet l'application de ces lois aux êtres existants.

Par exemple, la physiologie générale étudie les lois de la vie ; la botanique et la zoologie étudient des êtres vivants. La chimie est dans le même rapport avec la minéralogie. Dans la première, les faits n'ont en quelque sorte qu'une existence artificielle : par exemple, le chlore, par l'étendue de ses affinités, aura une grande importance en chimie et aucune en minéralogie. Dans celle-ci, au contraire, ce sera le quartz ou le granit.

En outre, les sciences concrètes exigent non seulement l'étude de la science abstraite correspondante, mais de beaucoup d'autres. Ainsi, la géologie n'exigera pas seulement la physique et la chimie, mais l'astronomie, la physiologie, etc.

On se bornera donc à la classification des sciences abstraites ou fondamentales.

Si maintenant de ces considérations générales on passe à la classification proprement dite, on verra qu'il est impossible qu'il n'y ait pas quelque arbitraire.

En effet, en principe on doit les enchaîner dans leur ordre naturel, de telle sorte qu'on puisse les exposer successivement sans faire de cercle vicieux ; mais c'est ce qui est impossible.

En effet, il y a dans toute science deux marches distinctes : 1° la marche historique ; 2° la marche dogmatique. Tout autre mode d'exposition n'est que la combinaison de ces deux-là.

D'après le premier plan, on exposera les connaissances dans l'ordre où l'esprit humain les a découvertes.

Dans le second plan, on les enchaînera d'après l'ordre des connaissances que nous avons actuellement.

Le premier ordre est celui de leur formation originelle.

Le second a lieu lorsque la somme des connaissances est assez étendue pour pouvoir être classée logiquement et dogmatiquement.

Ce second ordre est d'autant plus facile et le premier d'autant plus difficile que la source des connaissances est plus vaste : par exemple, il serait impossible aujourd'hui d'exposer la physique historiquement.

Il reste cependant toujours dans toutes même une partie historique : c'est celle des travaux les plus récents. D'ailleurs le mode dogmatique a le grand inconvénient de négliger complètement la manière dont les connaissances se sont formées, ce qui est si important pour la connaissance de l'esprit humain.

Enfin, ce n'est pas la même chose d'étudier une science suivant le mode historique ou de faire l'histoire d'une science.

Il ne faut donc pas se méprendre sur ce que l'on appelle l'ordre et la dépendance des sciences fondamentales. Il ne s'agit pas d'un ordre rigoureusement historique. Car telle science placée avant telle autre peut avoir eu besoin de celle-là dans telle de ses parties. Ainsi l'astronomie, quoique antérieure à la physique comme étant plus simple, a cependant eu besoin de l'optique, qui fait partie de la physique.

Il ne s'agit donc pas de l'histoire des sciences, mais d'une conformité générale de l'ordre logique avec l'esprit humain. En prenant, en effet, pour base l'enchaînement logique naturel, il est impossible qu'il n'y ait pas une certaine correspondance générale avec l'ordre historique, car l'espèce humaine, comme l'individu, va du simple au composé, du plus facile au plus difficile.

Il s'agit donc, pour classer et coordonner les sciences, de considérer les différents ordres de connaissances et leur dépendance respective. Les sciences seront entre elles ce que les divers ordres de phénomènes sont entre eux.

Il faut partir de cette loi, que les phénomènes les plus simples sont en même temps les plus généraux : ce qui est presque une proposition identique, car ce qui se reproduit le plus souvent est par là même indépendant des circonstances particulières et, par conséquent, est en même temps le plus simple. Les sciences devront donc se produire et se suivre dans l'ordre de la simplicité et de la généralité, et, le plus simple étant le plus facile, le même ordre doit indiquer approximativement l'ordre de leur développement.

D'après ces principes, on divisera les phénomènes en deux grands groupes :

1° Les phénomènes des corps bruts;
2° Les phénomènes des corps vivants.

Ceux-ci sont évidemment plus compliqués que les premiers, puisqu'ils en dépendent; ceux-là, au contraire, ne dépendent pas des seconds. Donc les phénomènes physiologiques ne seront étudiés qu'après les phénomènes inorganiques.

Cette distinction n'implique nullement une différence essentielle et de nature entre ces deux classes d'êtres. C'est là une question métaphysique qui n'est pas du domaine de la science, laquelle ne sait rien de la nature intime des êtres; mais il y a, au point de vue de l'observation, une différence suffisante entre les corps vivants pour établir deux groupes de phénomènes. Quand même on viendrait à réduire ultérieurement les uns aux autres, la division n'en subsisterait pas moins; car les uns seraient toujours plus généraux que les autres, et devraient par conséquent les précéder.

Si donc on convient de donner le nom général de physique à la science des corps, il y aura deux physiques :
 1° La physique inorganique ;
 2° La physique organique.

La physique inorganique se divisera à son tour en deux parties, suivant qu'elle étudiera les phénomènes généraux de l'univers, ou *physique céleste* (astronomie), ou les phénomènes particuliers de la terre, ou *physique terrestre*. Or les phénomènes astronomiques sont les plus généraux et les plus simples, et ils sont impliqués dans la physique terrestre : par exemple la loi de la gravitation universelle dans la loi de la chute des corps. Au contraire, les phénomènes de la seconde classe, ou de la physique terrestre, ne sont pas impliqués dans les premiers. Le phénomène physique le plus simple, la chute des corps, est plus compliqué que le phénomène astronomique le plus complexe.

La physique terrestre à son tour se divise en deux parties :
 1° Les phénomènes au point de vue mécanique ;
 2° Les phénomènes au point de vue chimique.

De là deux sciences nouvelles :
 1° La *physique* proprement dite ;
 2° La *chimie*.

Les phénomènes chimiques sont plus compliqués que les phénomènes physiques proprement dits : car d'abord ils supposent quelque chose de plus qui leur est propre, et cela serait encore vrai lors même que tous les phénomènes chimiques seraient expliqués par la physique : ce serait toujours un cas plus compliqué qui supposerait encore la connaissance des cas les plus simples.

Même division dans la sciences des êtres organisés.

Elle étudie deux sortes de phénomènes, l'individu et la société : d'une part les phénomènes vitaux ou généraux, de l'autre les phénomènes sociaux.

Les phénomènes sociaux qui se manifestent déjà dans l'animalité sont particulièrement remarquables dans l'espèce humaine ; ces phénomènes supposent les phénomènes vitaux ou physiologiques qui appartiennent à l'individu, par exemple l'hérédité. Ce qui n'implique pas cependant que ces phénomènes sociaux ne soient qu'un cas particulier des lois physiologiques de l'individu. Ce sont des phénomènes homogènes, non identiques. Ils ont un caractère propre et essentiel. Il y aura donc une *physique sociale*, ou *sociologie*, différente de la *physique organique*, ou *biologie* (science de la vie).

On pourrait sans doute aller plus loin, et diviser la physique organique ou physiologie générale en deux classes : la physiologie végétale et la physiologie animale ; et on trouverait encore, comme précédemment, la première plus simple et plus générale que l'autre ; mais cette division appartient plutôt au domaine des sciences concrètes, et a peu d'importance au point de vue de la physiologie générale.

Nous avons donc jusqu'ici cinq sciences fondamentales, subordonnées l'une à l'autre en raison de leur simplicité et de leur généralité.

Ces cinq sciences sont :
1° L'astronomie ;
2° La physique (proprement dite) ;
3° La chimie ;
4° La biologie ou physiologie générale ;
5° La physique sociale ou sociologie.

Avant de compléter cette classification, à laquelle manque encore un membre des plus essentiels, Aug. Comte s'attache à en faire ressortir l'importance. Cette importance résulte surtout de la considération des quatre points de vue suivants :

1° La conformité avec l'ordre naturel et les divisions généralement adoptées par les savants : car il est vraisemblable qu'ils ont été surtout déterminés à spécialiser leurs études d'après les différences les plus saillantes des phénomènes ;

2° Elle est conforme au développement effectif de la science ;

3° Elle marque exactement le degré de perfection relative de chaque science, qui est toujours en raison de la simplicité et de la complexité des phénomènes. Toute science en général est d'autant plus parfaite qu'elle a rapport à des phénomènes plus simples ;

4° Enfin, elle indique le plan d'une éducation scientifique rationnelle, qui doit être établie sur la base des sciences fondamentales étudiées dans leur ordre de simplicité et de généralité. On remarquera qu'il ne s'agit point ici, comme on le croit souvent, de l'éducation en général, mais seulement de l'éducation scientifique.

Cependant, nous l'avons déjà remarqué, la classification n'est pas complète, et Aug. Comte a laissé d'abord à dessein une lacune importante, à savoir celle de la *science mathématique*. Quelle est la place, quel est le rang de cette science dans le cadre et la hiérarchie des sciences fondamentales? Mais la notion de mathématiques a besoin d'une analyse plus difficile et plus précise que celle des autres sciences : ce sera l'objet d'un des extraits suivants. Ce qu'il suffit de dire ici, c'est que les mathématiques s'occupent du nombre et de l'étendue, qui sont les phénomènes les plus simples et les plus généraux qui existent. Ils sont donc impliqués dans tous les autres, par exemple dans l'astronomie; les mathématiques se placeront donc en tête de la série des sciences; elles seront au premier rang, et elles complètent ainsi le nombre des six sciences fondamentales.

VI

CLASSIFICATION DES SCIENCES D'APRÈS HERBERT SPENCER

> (Analyse de l'ouvrage d'Herbert Spencer intitulé *Classification des sciences* [Bibliothèque de philosophie contemporaine, chez Alcan].)

H. Spencer commence par distinguer deux grandes catégories de sciences : 1° celles qui se rapportent aux *relations des phénomènes;* 2° celles qui se rapportent aux phénomènes eux-mêmes, c'est-à-dire aux *objets*. Ainsi, par exemple, l'espace et le temps sont absolument différents des objets qui y sont contenus ; or l'espace, comme l'a dit un grand philosophe, Leibniz, embrasse tous les rapports de coexistence, et le temps embrasse tous les rapports de succession. De là une catégorie de sciences qui ont pour objets les *formes* abstraites et vides des objets : ce sont la *logique* et les *mathématiques*. Donc, première catégorie : *sciences abstraites*. Une seconde catégorie de sciences se compose de celles qui ont pour objet non plus les relations des choses, mais les choses elles-mêmes : ce sont les sciences *concrètes*. Mais ici une nouvelle division se présente : car, ou bien la science étudie séparément et isolément dans leurs différents modes les diverses forces qui déterminent un phénomène, ou bien elle les étudie en tant qu'elles composent par leur action commune le phénomène total. Le premier ordre d'étude étant plus abstrait que le second, on appellera sciences *abstraites-concrètes* celles qui étudient les forces d'une manière générale, et *sciences concrètes* celles qui étudient les objets eux-mêmes en tant qu'ils résultent de l'action commune de ces forces.

M. H. Spencer distingue sa manière d'entendre les

sciences *abstraites* et *concrètes* de la manière dont Aug. Comte entend ces mêmes expressions. Suivant celui-ci, chaque science serait ou abstraite ou concrète selon le point de vue que l'on considère; ainsi, il y aurait une mathématique abstraite et une mathématique concrète, une biologie abstraite (physiologie générale), et une biologie concrète (botanique et zoologie). Dans ce sens, le mot « abstrait » serait synonyme de général : une science abstraite serait la science d'un objet généralisée. Pour H. Spencer, le terme « abstraite » a un autre sens : il signifie un fait détaché de la somme des circonstances d'un phénomène particulier. L'abstrait ne peut être perçu d'aucune manière; le général est perçu dans tous les cas particuliers. Une vérité générale est une vérité qui en *résume* plusieurs autres : une vérité abstraite est une vérité qui est *tirée* des observations particulières. Les sciences ne doivent donc être dites abstraites qu'en tant qu'elles extraient des choses une qualité pour l'étudier séparément; par exemple, l'arithmétique étudie le nombre, la mécanique le mouvement; mais en tant qu'elles étudient cette qualité en elle-même, en faisant abstraction des objets où elle se réalise, ce sont des sciences générales, non abstraites. Ainsi les mathématiques pures ne sont pas plus abstraites dans ce sens que les mathématiques concrètes. L'abstrait, pour A. Comte, n'est que le concret généralisé, tandis que pour H. Spencer l'abstrait est essentiellement différent du concret. C'est pourquoi A. Comte se contente de classer les six grandes sciences abstraites, laissant les autres en dehors de sa classification principale. H. Spencer, au contraire, tire son principe de cette distinction même, et considère les sciences concrètes comme partie intégrante de sa division.

Passons maintenant aux sous-divisions.

Chaque ordre de sciences, soit abstraites soit concrètes, contient des vérités universelles (générales) et des vérités non universelles (particulières). Si nous prenons donc le premier groupe (*sciences abstraites*), nous verrons qu'il en comprend deux autres : 1° ce qu'il y a de commun à toutes les relations en général ; 2° ce qu'il y a de commun à chaque ordre de relations en particulier. D'un côté, la science étudie les conditions qui nous permettent d'affirmer un rapport de coïncidence ou de proximité (ou de non-coïncidence et de non-proximité, dans le temps et dans l'espace [1] : et c'est la *logique*. Dans la logique, on ne considère les termes ni au point de vue de la qualité ni au point de vue de la quantité.

Dans la seconde portion des sciences abstraites, les termes, au contraire, sont considérés au point de vue de la *quantité* (qui n'est, suivant M. Spencer, que la place occupée dans l'espace et dans le temps). Ce second point de vue donne naissance aux *mathématiques,* dont les subdivisions seront formées par les déterminations plus particulières de la quantité.

La seconde catégorie de sciences (*abstraites-concrètes*) ont déjà pour objet des réalités et non des relations ; mais les réalités, « telles qu'elles se manifestent dans leurs modes différents lorsque ceux-ci sont artificiellement séparés les uns des autres ». Ce premier groupe de sciences, plus concrètes que les premières, plus abstraites que les troisièmes, sont, par rapport à celles-ci, des sciences *idéales,* comme les premières sont idéales par rapport à elles. Elles étudieront, par exemple, le mouvement en général, abstraction faite des autres propriétés physiques et sans tenir compte du frottement et de la résistance du milieu (*mécanique*), où le mouvement sensible et insensible (mouvement, chaleur, lumière, magnétisme, électricité) en tant qu'il n'y a pas de changement dans la distribution du mouvement moléculaire (*physique*), où les changements de mouvement moléculaire, au point de vue de l'hétérogénéité (*chimie*) [2]. »

1. On ne doit pas oublier que pour l'école anglaise moderne les rapports logiques des idées se réduisent à de simples rapports de contiguïté dans le temps et dans le lieu.
2. Nous ne donnons ici que des exemples ; la classification de M. Spencer est beaucoup plus compliquée.

Le troisième groupe (*sciences concrètes*) étudie les modes de l'être tels qu'ils sont : son objet, c'est le réel. C'est la complexité totale des antécédents et des conséquences, c'est-à-dire des causes et des effets. Ainsi l'astronomie n'a pas seulement pour base les lois du mouvement planétaire dans l'hypothèse abstraite d'une seule planète, mais les lois du système planétaire en général, en tenant compte de toutes les déviations produites par les forces perturbatrices, et corrigées par les forces compensatrices, et ainsi de suite jusqu'à ce qu'on ait épuisé la série des conditions. Ce troisième groupe comprend encore deux ordres de vérités : des vérités universelles et des vérités qui ne le sont pas ; les unes sont les vérités relatives aux phénomènes considérés dans leurs *éléments*, les autres aux phénomènes considérés dans leur *totalité*. Ainsi la première science comprendra les lois de l'évolution en général ; c'est, par exemple, la philosophie de M. Spencer lui-même dans ses *Premiers Principes* ; les autres considèrent les lois de distribution de matière et de mouvement telles qu'elles s'exercent actuellement. Dans cet ordre sont, plus ou moins subordonnées entre elles, les sciences suivantes : astronomie, minéralogie, météorologie, géologie, physiologie, psychologie, sociologie, etc.[1].

[1]. Cette théorie de Herbert Spencer est infiniment plus compliquée et plus obscure que celle d'Aug. Comte. Celle-ci sans doute laisse à désirer ; mais la classification de Spencer ne la corrige qu'en l'obscurcissant.

VII

LA MÉTHODE D'APRÈS DESCARTES

(*Discours de la Méthode,* 2ᵉ partie.)

J'avais un peu étudié, étant plus jeune, entre les parties de la philosophie, à la logique, et, entre les mathématiques, à l'analyse des géomètres et à l'algèbre, trois arts ou sciences qui semblaient devoir contribuer quelque chose à mon dessein. Mais, en les examinant, je pris garde que, pour la logique, ses syllogismes et la plupart de ses autres instructions servent plutôt à expliquer à autrui les choses qu'on sait, ou même, comme l'Art de Lulle, à parler sans jugement de celles qu'on ignore, qu'à les apprendre; et bien qu'elle contienne, en effet, beaucoup de préceptes très vrais et très bons, il y en a toutefois tant d'autres mêlés parmi qui sont ou nuisibles ou superflus, qu'il est presque aussi malaisé de les en séparer que de tirer une Diane ou une Minerve hors d'un bloc de marbre qui n'est point encore ébauché. Puis, pour l'analyse des anciens et l'algèbre des modernes, outre qu'elles ne s'étendent qu'à des matières fort abstraites et qui ne semblent d'aucun usage, la première est toujours si astreinte à la considération des figures, qu'elle ne peut exercer l'entendement sans fatiguer beaucoup l'imagination; et on s'est tellement assujetti en la dernière à certaines règles et à certains chiffres, qu'on en a fait un art confus et obscur qui embarrasse l'esprit, au lieu d'une science qui le cultive. Ce qui fut cause que je pensai qu'il fallait chercher quelque autre méthode qui, comprenant les avantages de ces trois, fût exempte de leurs défauts. Et comme la multitude des lois fournit souvent des excuses aux vices, en sorte qu'un État est bien mieux réglé lorsque, n'en ayant que fort peu, elles y sont fort étroitement observées, ainsi, au lieu de ce grand nombre de préceptes dont la logique est composée, je crus que j'aurais assez des quatre suivants, pourvu que je prisse une ferme et constante résolution de ne manquer pas une seule fois à les observer.

Le premier était de ne recevoir jamais aucune chose pour vraie que je ne la connusse évidemment être telle : c'est-à-dire d'éviter soigneusement la précipitation et la prévention et de ne comprendre rien de plus en mes jugements que ce qui se présenterait si clairement et si distinctement à mon esprit que je n'eusse aucune occasion de le mettre en doute.

Le second, de diviser chacune des difficultés que j'examinais en autant de parcelles qu'il serait requis pour les mieux résoudre.

Le troisième, de conduire par ordre mes pensées, en commençant par les objets les plus simples et les plus aisés à connaître, pour monter peu à peu comme par degrés jusques à la connaissance des plus composés, et supposant même de l'ordre entre ceux qui ne se précèdent point naturellement les uns et les autres.

Et le dernier, de faire partout des dénombrements si entiers et des revues si générales, que je fusse assuré de ne rien omettre.

Ces longues chaînes de raisons, toutes simples et faciles, dont les géomètres ont coutume de se servir pour parvenir à leurs plus difficiles démonstrations, m'avaient donné occasion de m'imaginer que toutes les choses qui peuvent tomber sous la connaissance des hommes s'entresuivent en même façon, et que, pourvu seulement qu'on s'abstienne d'en recevoir aucune pour vraie qui ne le soit, et qu'on garde toujours l'ordre qu'il faut pour les déduire les unes des autres, il n'y en peut avoir de si éloignées auxquelles enfin on ne parvienne, ni de si cachées qu'on ne découvre. Et je ne fus pas beaucoup en peine de chercher par lesquelles il était besoin de commencer, car je savais déjà que c'était par les plus simples et les plus aisées à connaître; et considérant qu'entre tous ceux qui ont ci-devant recherché la vérité dans les sciences il n'y a eu que les seuls mathématiciens qui ont pu trouver quelques démonstrations, c'est-à-dire quelques raisons certaines et évidentes, je ne doutais point que ce ne fût par les mêmes qu'ils ont examinées; bien que je n'en espérasse aucune autre utilité, sinon qu'elles accoutumeraient mon esprit à se repaître de vérités et ne se contenter point de fausses raisons. Mais je n'eus pas dessein pour cela de tâcher d'apprendre toutes ces sciences particulières qu'on nomme communément mathématiques; et, voyant qu'encore que leurs objets soient différents, elles ne laissent pas de s'accorder toutes, en ce qu'elles n'y considèrent autre chose que les divers rapports ou proportions qui s'y trouvent, je pensai qu'il valait mieux que j'examinasse seulement ces proportions en général et sans les supposer que dans les sujets qui serviraient à m'en rendre la connaissance plus aisée, même aussi sans les y astreindre aucunement, afin de les pouvoir d'autant mieux appliquer après à tous les autres auxquels elles conviendraient. Puis, ayant pris garde que pour les connaître j'aurais quelquefois besoin de les considérer chacune en particulier, et quelquefois seulement de les retenir ou de les comprendre plusieurs ensemble, je pensai que, pour les considérer mieux en particulier, je les devais supposer en des lignes, à cause que je ne trouvais rien de plus simple ni que je pusse plus distinctement représenter à mon imagination et à mes sens; mais que, pour les retenir ou les comprendre plusieurs ensemble, il fallait que je les expliquasse par quelques chiffres, les plus courts qu'il serait possible; et que, par ce moyen, j'emprunterais tout le meilleur de l'analyse géométrique et de l'algèbre et corrigerais tous les défauts de l'une par l'autre.

Comme, en effet, j'ose dire que l'exacte observation de

ce peu de préceptes que j'avais choisis me donna telle facilité à démêler toutes les questions auxquelles ces deux sciences s'étendent, qu'en deux ou trois mois que j'employai à les examiner, ayant commencé par les plus simples et les plus générales, et chaque vérité que je trouvais étant une règle qui me servait après à en trouver d'autres, non seulement je vins à bout de plusieurs que j'avais jugées autrefois très difficiles, mais il me sembla aussi vers la fin que je pouvais déterminer, en celles mêmes que j'ignorais, par quels moyens et jusqu'où il était possible de les résoudre. En quoi je ne vous paraîtrai peut-être pas être fort vain si vous considérez que, n'y ayant qu'une vérité de chaque chose, quiconque la trouve en sait autant qu'on peut savoir; et que, par exemple, un enfant instruit en l'arithmétique, ayant fait une addition suivant ses règles, se peut assurer d'avoir trouvé, touchant la somme qu'il examinait, tout ce que l'esprit humain saurait trouver; car enfin la méthode qui enseigne à suivre le vrai ordre et à dénombrer exactement toutes les circonstances de ce qu'on cherche contient tout ce qui donne de la certitude aux règles d'arithmétique.

Mais ce qui me contentait le plus de cette méthode était que, par elle, j'étais assuré d'user en tout de ma raison, sinon parfaitement, au moins le mieux qu'il fût en mon pouvoir : outre que je sentais, en la pratiquant, que mon esprit s'accoutumait peu à peu à concevoir plus nettement et plus distinctement ses objets; et que, ne l'ayant point assujettie à aucune matière particulière, je me promettais de l'appliquer aussi utilement aux difficultés des autres sciences que j'avais fait à celles de l'algèbre. Non que pour cela j'osasse entreprendre d'abord d'examiner toutes celles qui se présenteraient, car cela même eût été contraire à l'ordre qu'elle prescrit; mais ayant pris garde que leurs principes devaient tous être empruntés de la philosophie, en laquelle je n'en trouvais point encore de certains, je pensai qu'il fallait avant tout que je tâchasse d'y en établir, et que, cela étant la chose du monde la plus importante et où la précipitation et la prévention étaient le plus à craindre, je ne devais point entreprendre d'en venir à bout que je n'eusse atteint un âge bien plus mûr que celui de vingt-trois ans que j'avais alors, et que je n'eusse auparavant employé beaucoup de temps à m'y préparer, tant en déracinant de mon esprit toutes les mauvaises opinions que j'y avais reçues avant ce temps-là, qu'en faisant amas de plusieurs expériences, pour être après la matière de mes raisonnements, et en m'exerçant toujours en la méthode que je m'étais prescrite, afin de m'y affermir de plus en plus.

VIII

OBJETS ET DIVISION DES SCIENCES MATHÉMATIQUES D'APRÈS AUGUSTE COMTE

(Analyse de la 2ᵉ leçon du *Cours de philosophie positive*.)

(*Cours de philosophie positive*, liv. II.) Pour ce qui est de l'*objet* des mathématiques, nous n'avons qu'à renvoyer plus haut à notre propre chapitre (1ʳᵉ partie, chap. II), dans lequel nous n'avons fait que résumer, sans y rien changer, les vues lumineuses d'Aug. Comte sur ce sujet. Donnons seulement la conclusion.

La mathématique n'est pas seulement *une* science, mais *la science*; et son nom même ne signifie que cela[1]; car pour les Grecs s'était la seule science.

Toute science a pour objet de dispenser le plus possible de l'observation directe, en permettant de déduire du plus petit nombre de données immédiates le plus grand nombre possible de résultats. Or aucune science n'a cet avantage au même degré que la mathématique. Aucune ne résout les questions d'une manière plus complète, et ne pousse aussi loin des conséquences rigoureuses. Elle est donc le modèle des sciences; et c'est à juste titre que les diverses sciences dont elle se compose s'appellent sciences exactes.

Toute question mathématique se décompose en deux parties : 1° connaître avec précision les relations existant entre les grandeurs : c'est la partie *concrète* de la question; 2° ces relations étant connues, déterminer des nombres inconnus, par leur rapport à des nombres connus : c'est la partie *abstraite* de la question.

---

1. En grec, le mot *mathéma* signifie science.

D'où deux espèces de mathématiques : la mathématique abstraite, la mathématique concrète.

Soit, par exemple, à mesurer la chute verticale d'un corps pesant. Il faut d'abord chercher le rapport entre la *hauteur* et le *temps;* en d'autres termes, l'*équation*. Ce rapport est donné par la loi de Galilée : *Les espaces parcourus varient proportionnellement aux carrés des temps.*

Maintenant, ce rapport une fois connu, il suffira, étant donnée l'une de ces deux quantités, de calculer l'autre.

Or la première de ces deux questions appartient à la mathématique concrète, la seconde à la mathématique abstraite.

La première dépend de la nature des phénomènes; la seconde est indépendante de la nature des phénomènes.

Les mêmes relations pouvant exister entre des phénomènes très différents (par exemple, l'intensité de la lumière et de la chaleur est en raison inverse de la distance comme l'attraction), il suffira d'avoir une règle pour tous les cas semblables. Il y aura une méthode uniforme qui s'appliquera à tous les cas, et des recherches très différentes selon les cas.

La mathématique concrète aura une partie expérimentale et phénoménale ; la mathématique abstraite sera, au contraire, essentiellement rationnelle et logique.

Par les mêmes raisons, la mathématique concrète devrait avoir autant de parties qu'il y aura de catégories réelles différentes de phénomènes naturels; mais jusqu'ici il n'y a encore qu'un très petit nombre de phénomènes naturels où l'on ait pu découvrir des relations rigoureuses de grandeurs, par conséquent qui soient susceptibles de devenir mathématiques. On peut dire même qu'il n'y en a que deux : les phénomènes d'*étendue* et les phénomènes de *mouvement*. Il n'y a donc que deux sciences de mathématiques concrètes : la *géométrie* et la *mécanique*. Ces deux sciences cependant, par rapport aux sciences purement phénoménales, présentent encore un caractère de haute généralité, car tous les phénomènes de l'univers se présentent à nous soit sous la forme de l'étendue, soit sous la forme du mouvement. Les uns représentent ce qu'Auguste Comte appelle le *point de vue statique* de l'univers, et les autres le *point de vue dynamique*. Les autres phénomènes deviennent mathématiques, suivant qu'ils peuvent se ramener à l'étendue ou au mouvement.

Quant à la mathématique abstraite, son objet propre est le calcul, c'est-à-dire l'opération qui consiste à déterminer la valeur des quantités inconnues par celle des quantités connues.

Or, le calcul ou l'analyse considère des éléments à la fois plus simples et plus généraux que la géométrie et la mécanique. Elles en sont donc la base, et la simplicité de ces rapports explique la perfection de la science.

L'importance que l'on a attachée au langage dans cette science est exagérée. « Les plus grandes idées analytiques ont été découvertes, dit Auguste Comte, sans l'usage des signes algébriques ; » la perfection du langage est la conséquence et non la cause de la perfection de la science.

Quant à l'étendue du domaine des sciences mathématiques, Auguste Comte affirme que toute recherche scientifique est appelée à devenir un jour mathématique. La distinction des métaphysiciens entre la quantité et la qualité est superficielle, la qualité pouvant se réduire en quantité, comme on le voit par l'exemple de la chaleur et de la lumière. C'est la grande vue de Descartes.

Mais si cette réduction est théoriquement possible, en fait elle ne l'est que pour les phénomènes les plus simples : car la condition de toute question mathématique c'est de porter sur des nombres fixes. Or, plus les phénomènes sont compliqués, plus il est difficile et même impossible de trouver des nombres fixes. Comte dit que cela est vrai, même en chimie, quoique cela soit contredit aujourd'hui par les grands progrès de la chimie mathématique, par exemple la thermo-chimie. C'est surtout en physiologie que l'impossibilité d'avoir des nombre fixes est manifeste.

La matière étant dans un mouvement continuel d'agitation intestine chez les corps vivants, ils doivent présenter une extrême instabilité numérique. Chacune des propriétés des corps vivants est soumise à d'immenses variations numériques dans les intervalles les plus rapprochés : par exemple, la température du corps, la vitesse de la circulation, la quantité d'oxygène, le mode des absorptions ou exhalaisons, à plus forte raison l'intensité des phénomènes nerveux, tous ces faits varient non seulement d'espèce à espèce, mais de variété à variété, d'individu à individu, et enfin, dans le même individu, d'heure en heure. Cela ne veut pas dire qu'il n'y a pas des lois de ce genre, et si l'on pouvait isoler le phénomène, on trouverait sans doute dans chaque circonstance des qualités constantes ; mais c'est cet isolement qui est impossible.

Une seconde raison qui rend le calcul inapplicable aux cas complexes, c'est que lors même qu'on aurait des nombres fixes et des relations déterminées, nos méthodes de calcul seraient insuffisantes.

Par exemple, même le phénomène si simple de l'écoulement d'un liquide, en vertu de la seule pesanteur, par un orifice donné n'a pas jusqu'à présent de solution mathématique complète ; de même pour le mouvement, plus simple encore, d'un projectile solide dans un milieu résistant.

Pourquoi le calcul a-t-il été si facilement applicable en astronomie ? C'est que les phénomènes y sont beaucoup plus simples. Le cas le plus compliqué, celui de l'influence d'un troisième corps sur deux autres tendant l'un vers l'autre en vertu de la gravitation, ce problème très compliqué l'est beaucoup moins que le plus simple phénomène terrestre ; et cependant nous n'en avons que des solutions approximatives.

Encore y a-t-il, dans le domaine des sphères célestes, des circonstances particulièrement heureuses : par exemple, peu de planètes, très éloignées les unes des autres, de masse très inégale, d'où des perturbations considérables, etc. Si, au contraire, les planètes eussent été plus nombreuses, plus rapprochées, de masse à peu près égale, ce calcul eût été impossible, et peut-être la loi de la gravitation n'aurait pas pu être découverte. C'est ce qui fait, par exemple, qu'en chimie, en supposant que la loi de la gravitation s'applique à des masses et à des distances très petites, on ne saurait cependant la démêler.

Auguste Comte est en général plus porté à restreindre qu'à étendre le domaine de l'analyse mathématique. Il ne faut pas, dit-il avec raison, « par la recherche chimérique d'une perfection impossible écarter l'esprit humain de la véritable direction scientifique dans l'étude des phénomènes les plus compliqués ».

Nous devons nous contenter d'analyser les circonstances de leur production, les rattacher les unes aux autres, et reconnaître le genre d'influence qu'exerce chaque agent, sans les étudier au point de vue de la quantité.

Il est naturel que, la mathématique ayant été la première science, on ait essayé d'appliquer la méthode mathématique à toute autre science ; mais chaque science doit modifier sa méthode générale d'après la nature spéciale des phénomènes qui lui sont propres. Cette considération est très importante, et l'on pourrait même la retourner contre Auguste Comte dans beaucoup de questions.

Ce qui est certain, c'est qu'Auguste Comte, quoique mathématicien, a plutôt restreint à l'excès qu'exagéré le rôle de la méthode mathématique. C'est qu'à cette époque les plus grandes applications de la méthode mathématique à la physique n'avaient pas encore été faites. La thermomécanique, ou la théorie mécanique de la chaleur, n'existait pas encore. Les grands travaux de Fresnel, qui ont fondé la haute optique, étaient tout récents, et Auguste Comte ne paraît pas les avoir appréciés à leur juste valeur. L'électricité était bien loin encore de passer à l'état de science mathématique. De là l'espèce de circonspection très légitime d'Auguste Comte. Il craignait les abus, et ne voyait pas encore la portée de l'usage. Il est donc permis de dire que la méthode mathématique a donné en physique et même en chimie plus que Comte ne l'avait prévu.

Cependant le principe posé par lui n'en est pas moins très important. La physique expérimentale, encore aujourd'hui, se défend le plus qu'elle peut contre l'invasion exubérante de la méthode mathématique ; et il restera toujours vrai que chaque science a son genre propre, par lequel elle modifie les conditions de la méthode générale.

IX

LA GÉOMÉTRIE SUIVANT AUGUSTE COMTE

(Analyse de la 10ᵉ leçon du *Cours de philosophie positive*, t. 1ᵉʳ, p. 349.)

La géométrie, selon Auguste Comte, est une science naturelle, comme la physique; seulement elle est la plus simple des sciences naturelles; elle n'étudie qu'un seul ordre de phénomènes, l'étendue.

La supériorité scientifique de la géométrie tient précisément à son extrême simplicité; elle sera étudiée avant la mécanique, parce qu'elle est plus simple et plus générale. La mécanique suppose la géométrie; mais la géométrie ne suppose pas la mécanique.

Donnons quelques idées de la nature et de l'objet de la géométrie.

On a dit que c'est la *science de l'étendue :* c'est là une notion inexacte et insuffisante : c'est la *science de la mesure de l'étendue*.

Mais cette seconde définition est elle-même encore incomplète. Pour bien la comprendre, il faut expliquer : 1° la notion d'espace, et 2° les diverses formes de l'étendue.

I. *De l'espace.* — On doit éviter les raisonnements creux et puérils des métaphysiciens.

« La notion d'espace nous est suggérée par l'observation quand nous pensons à l'empreinte que laisserait un corps dans un fluide. »

Quant à la nature physique de l'espace, peu importe. Qu'il soit gazeux ou liquide, cela importe peu aux phénomènes qui s'y passent. Nous en faisons abstraction, et nous ne considérons que l'idée d'un milieu dans lequel nous pouvons concevoir toutes les formes possibles.

2° *Les formes de l'étendue.*

Que faut-il entendre par volumes, surfaces, lignes, points? Comment arrive-t-on à ces notions? Il suffit, pour les concevoir, de concevoir la dimension que l'on veut éliminer comme devenant de plus en plus petite, les deux autres restant les mêmes.

En réalité, les surfaces et les lignes sont toujours connues avec les trois dimensions. Impossible de se représenter une surface autrement que comme une plaque extrêmement mince, et une ligne autrement que comme un fil délié.

Ce sont ces quantités qu'il faut mesurer.

La notion de mesure n'est pas la même appliquée aux surfaces et aux lignes.

La mesure des lignes est *directe;* la mesure des surfaces est *indirecte.*

Car toute mesure se ramène toujours à la superposition. Or, on peut superposer des lignes, mais on ne peut que rarement et difficilement superposer des surfaces et des volumes.

On mesure donc les surfaces et les volumes à l'aide des lignes.

On a pu quelquefois comparer *physiquement* les surfaces et les volumes, comme lorsqu'on détermine le volume d'un corps par son poids. C'est ainsi que Galilée a déterminé le rapport de l'aire de la cycloïde à l'aire du cercle en les pesant et en trouvant que l'un pèse trois fois plus que l'autre; d'où il a conclu que l'aire de la cycloïde était trois fois plus grande que celle du cercle : ce qui est conforme à la réalité, démontrée depuis par Pascal et Wallis. Mais ce procédé n'est pas géométrique.

Si nous passons aux lignes, pouvons-nous dire même là que la mesure soit absolument immédiate et directe? Nullement.

D'abord, il n'y a que celle des lignes droites qui soit

directe, les lignes courbes étant rarement superposables. Aussi la géométrie des courbes a-t-elle pour objet de les ramener à des droites : ce qui se peut ; car dans toutes courbes il y a certaines droites, associées d'une manière constante, qui déterminent la longueur de la courbe. Par exemple, de la longueur du rayon on peut conclure celle de la circonférence ; la longueur de l'ellipse dépend de celle de ses deux axes ; ou la longueur de l'arc se mesure par celle de la corde.

En général, « découvrir la relation qui existe entre la longueur d'une ligne courbe et celle de certaines lignes droites, tel est le problème général de la partie de la géométrie relative à l'étude des lignes ».

Mais maintenant la mesure de la ligne droite elle-même est-elle absolument directe et immédiate? Non ; car dans un grand nombre de cas l'opération de la superposition est impossible. Dans ces sortes de cas, la mesure d'une droite dépend d'autres mesures susceptibles d'être exécutées immédiatement. On détermine les lignes droites les unes par les autres d'après les relations propres aux figures qui résultent de leur assemblage.

Enfin, la définition donnée, à savoir que l'objet de la géométrie est la *mesure de l'étendue*, semble ne pas répondre à tous les cas, car la majeure partie des recherches de la géométrie actuelle ne paraît nullement avoir pour objet la mesure de l'étendue.

En effet, ces recherches consistent surtout dans l'étude des *propriétés* des lignes et des surfaces, ou dans les divers modes de *génération* de chaque forme.

Or la question de la mesure exige la connaissance la plus complète possible des propriétés. L'étude des propriétés est donc antérieure à la science de la mesure.

Ici deux considérations se présentent :

1° Si l'on ne connaissait de chaque ligne ou surface que la première propriété caractéristique qui a servi à la concevoir, il serait la plupart du temps impossible d'arriver à la mesure.

Par exemple, si on ne connaissait du cercle que cette propriété, à savoir : *la courbe qui, dans le même contour, occupe la plus grande surface*, on ne pourrait en tirer aucune conclusion relative à la mesure de la circonférence. Au contraire, la définition reçue s'y prête beaucoup mieux.

De même Archimède n'eût pas trouvé la quadrature de la parabole s'il n'avait connu d'autres propriétés de cette courbe que celle d'être la section d'un cône à base circulaire par un plan parallèle à la génératrice.

2° Quand on passe des formes abstraites de la géométrie aux formes concrètes de la nature, on rencontre une grande difficulté pour savoir à quel type abstrait on doit rapporter les figures réelles. Or, pour établir cette relation, la connaissance du plus grand nombre possible de propriétés est indispensable; on ne saurait guère reconnaître cette forme dans la nature, si l'on n'avait à sa disposition qu'une seule propriété; car il faudrait précisément que ce fût celle-là dont l'expérience permît la vérification. On peut tirer un exemple de la géométrie céleste. Comment Képler eût-il pu reconnaître la courbe de l'ellipse dans l'orbite des planètes, s'il n'eût su de l'ellipse autre chose que ceci, à savoir qu'elle est la section oblique d'un cône circulaire par un plan. Une autre propriété de la même courbe, à savoir que la somme des distances de tous les points à deux points fixes est constante, offrait plus d'avantages, mais n'était pas encore convenable. Il fallait une dernière propriété (à savoir, la relation qui existe entre les distances focales et leur direction) pour avoir une donnée susceptible d'une interprétation astronomique.

De même pour la figure de la terre. Si l'on n'avait connu de la sphère que la propriété d'avoir tous ses points également éloignés d'un point intérieur nommé centre, comment aurait-on pu découvrir que la terre était sphérique? Il fallait des propriétés susceptibles d'être vérifiées par l'observation, par exemple le rapport constant qui existe pour la sphère entre la longueur du chemin parcouru le long d'un méridien quelconque en s'avançant vers le pôle, et la hauteur angulaire de ce pôle sur l'horizon en chaque point.

Après l'exposition de ces vues remarquables sur la géométrie en général, Auguste Comte insiste sur la différence de la géométrie des anciens de celle des modernes.

On dit d'ordinaire que la première se caractérise par l'emploi de la méthode synthétique et la seconde par l'emploi de la méthode analytique. Mais d'abord ce que l'on nomme *analyse* dans la géométrie moderne ne doit pas être confondu avec l'analyse des anciens géomètres, à savoir la méthode dont nous avons donné plus haut la théorie. L'analyse des modernes n'est autre chose que le calcul, et la géométrie analytique fondée par Descartes n'est autre chose que l'application de l'algèbre à la géométrie. En second lieu, cet emploi de l'algèbre n'est encore qu'un caractère superficiel pour distinguer la géométrie des modernes et la géométrie des anciens.

Selon Auguste Comte, une distinction plus caractéristique est celle-ci : la géométrie des anciens est la géométrie *spéciale;* la géométrie des modernes est la géométrie *générale*.

En effet, l'application du calcul ne fait pas la seule différence ni même la plus importante entre les deux géométries : 1° les anciens ont connu le calcul et ont su l'appliquer à certains cas de géométrie; 2° on peut appliquer le calcul à des cas où ils ne l'ont pas fait et qui conservent cependant le caractère de la géométrie ancienne; 3° enfin il est certaines solutions obtenues sans calcul et qui appartiennent au domaine de la géométrie moderne.

La vraie différence consiste donc dans la nature des questions. La géométrie dans son ensemble doit embrasser toutes les *formes* imaginables et découvrir toutes les *propriétés* de chaque forme. De là deux plans essentiellement différents :

1° Ou bien on groupera toutes les questions relatives à

une même forme, et on séparera celles de formes différentes ;

2° Ou bien on groupera les mêmes propriétés, quelles que soient les formes, en séparant les questions relatives aux propriétés différentes.

On peut donc diviser la géométrie en deux parties :

Ou bien relativement aux *corps* qu'elle étudie ;

Ou bien relativement aux *phénomènes* à étudier.

Dans le premier cas, on aura la géométrie des anciens, ou géométrie spéciale ; dans le second cas, la géométrie des modernes, ou géométrie générale.

La géométrie des anciens étudiait une à une les diverses lignes et les diverses surfaces. Quand on passait à une nouvelle courbe, les travaux précédents ne suffisaient plus : ils n'offraient d'autre ressource que d'exercer le génie géométrique. Quelle que fût la similitude des questions, la diversité des figures rendait les procédés inapplicables.

Dans la géométrie des modernes, au contraire, les recherches sont indépendantes de la forme ; car on comprend que toutes les questions géométriques de quelque intérêt puissent être proposées par rapport à toutes les formes : par exemple, les rectifications, les quadratures, les courbures, etc. Un grand nombre de propriétés sont communes à des formes quelconques.

Cela posé, la géométrie moderne consiste à abstraire, pour les traiter d'une manière complètement générale, toutes les questions relatives à un même phénomène géométrique dans quelque corps qu'on l'étudie. L'application à des cas particuliers n'est plus qu'un travail subalterne. Dégagée de l'examen des formes, l'attention des géomètres a donc pu s'élever à des propriétés générales que l'on n'aurait pas pu soupçonner.

On voit par là en quoi consiste la supériorité de la géométrie des modernes sur celle des anciens. Chaque progrès de la géométrie ancienne n'était applicable qu'à une espèce de corps, et il fallait recommencer pour tous les autres. Au contraire, dans la géométrie moderne une même solution peut s'appliquer à tous les corps possibles.

De même pour l'application au concret. Dans la géométrie ancienne, c'est un hasard que les propriétés étudiées sur une forme puissent s'appliquer aux formes réelles que nous donne la nature. Au contraire, dans la géométrie moderne, par cela seul qu'on procède par des questions générales applicables à des formes quelconques, on est certain que les formes réelles ne peuvent échapper à la théorie, si le phénomène que l'on étudie vient à s'y présenter.

Nous ne pourrions pas aller plus loin dans l'analyse des vues d'Auguste Comte sur la géométrie sans dépasser les limites de l'enseignement secondaire.

X

L'ANALYSE ET LA SYNTHÈSE EN MATHÉMATIQUES

I

(*Logique de Port-Royal*, IVe partie, chap. ii.)

« Il y a deux sortes de méthodes : l'une pour découvrir la vérité, qu'on appelle *analyse* ou *méthode de résolution* et qu'on peut aussi appeler *méthode d'invention* ; et l'autre pour la faire entendre aux autres, quand on l'a trouvée, qu'on appelle *synthèse* ou *méthode* de composition, et qu'on peut aussi appeler *méthode de doctrine*.

« Les deux méthodes ne diffèrent que comme le chemin qu'on fait en montant d'une vallée en une montagne de celui qu'on fait en descendant de la montagne dans la vallée ; ou comme diffèrent les deux manières dont on peut se servir pour prouver qu'une personne est descendue de saint Louis, dont l'une est de montrer que cette personne a tel père, fils d'un tel et celui-là d'un autre ; et l'autre de commencer par la source et de montrer qu'il a eu tels enfants et ces enfants d'autres, en descendant jusqu'à la personne dont il s'agit ; et cet exemple est d'autant plus propre en cette rencontre, qu'il est certain que pour trouver une généalogie inconnue il faut remonter du fils au père, ou bien pour l'expliquer, après l'avoir trouvée, la manière la plus ordinaire est de commencer par le tronc pour en faire voir les descendants, qui est aussi ce qu'on fait d'ordinaire dans les sciences, où, après s'être servi de l'analyse pour trouver quelque vérité, on se sert de l'autre méthode pour expliquer ce qu'on a trouvé.

« On peut comprendre par là ce que c'est que l'analyse des géomètres, car voici en quoi elle consiste : Une question leur ayant été proposée, dont ils ignorent la vérité et la fausseté, si c'est un théorème; la possibilité ou l'impossibilité, si c'est un problème, ils supposent que cela est comme il est proposé ; et, examinant ce qui s'ensuit de là, s'ils arrivent dans cet examen à quelque vérité claire dont ce qui leur est proposé soit une suite nécessaire, ils en concluent que ce qui leur est proposé est vrai ; en reprenant ensuite par où ils avaient fini, ils le démontrent par l'autre méthode, que l'on appelle de composition. Mais s'ils tombent par une suite nécessaire de ce qui leur est proposé dans quelque absurdité ou impossibilité, ils en concluent que ce qu'on leur avait proposé est faux et impossible. »

II

(Dugald-Steward, *Éléments de la philosophie de l'esprit humain*, 2ᵉ partie, chap. II, sect. 3.)

« Supposez qu'on me présente, pour éprouver ma sagacité, un nœud d'une forme très compliquée, et qu'on me demande de chercher une règle au moyen de laquelle nous pourrions, moi ou d'autres, faire un nœud semblable; si je procédais à cette recherche conformément à l'esprit de la synthèse géométrique, j'aurais à tenter successivement l'un après l'autre tous les essais que mon imagination pourrait m'indiquer jusqu'à ce qu'enfin j'arrive à ce nœud particulier que je désire former. Cette méthode cependant serait tellement livrée au hasard, et tout succès serait tellement douteux, que le sens commun doit immédiatement me suggérer l'idée de suivre le nœud au travers de toutes ses complications, en défaisant et déroulant successivement chaque nœud de la corde dans un ordre rétrograde depuis le dernier jusqu'au premier. Si, après être arrivé à ce premier tour, je parvenais, en répétant mon opération dans le sens inverse, à reconstituer les complications primitives, j'aurais en outre acquis dans l'application de la méthode générale une dextérité qui m'encouragerait à tenter des entreprises encore plus difficiles dans le même genre. »

III

(Lacroix, *Essais sur l'enseignement*, p. 274.)

« On s'accorde à reconnaître deux méthodes pour traiter les sciences mathématiques : la *synthèse* et *l'analyse*.

« En remontant à l'étymologie grecque de ces noms, on trouve que l'un signifie *composition*, et l'autre *résolution* ou *décomposition*. Rien ne semble plus clair au premier abord que ces dénominations ; cependant il m'a paru qu'en général on ne s'entendait pas sur la différence de ces deux procédés. J'ai donc cru devoir chercher dans les écrits des anciens des exemples de synthèse et d'analyse.

« Les Éléments d'Euclide sont traités d'après la méthode synthétique. Cet auteur, après avoir posé des axiomes et formulé des demandes, établit des propositions qu'il prouve successivement en s'appuyant sur ce qui précède, en marchant toujours du simple au composé, ce qui est le caractère essentiel de la synthèse.

« Dès l'origine de la géométrie on rencontre des traces de la méthode analytique; car il ne faut pas croire que l'algèbre constitue exclusivement l'analyse : on peut aussi s'en servir pour faciliter des démonstrations synthétiques, puisque ce n'est au fond qu'une écriture abrégée et régulière par le moyen de laquelle on expérimente toutes les relations que les grandeurs peuvent avoir entre elles; et je ferai remarquer à ce sujet que Condillac, en montrant dans sa *Langue des calculs* que l'algèbre était une langue, n'a fait que répéter ce que Clairaut avait dit et prouvé dès 1748, dans ses *Éléments d'algèbre*.

« On attribue à Platon le premier usage de la méthode analytique dans les recherches géométriques. Par cette méthode on suppose que le problème proposé soit résolu : il résulte de là qu'une certaine condition est remplie, ou, ce qui revient au même, qu'il y a égalité entre plusieurs grandeurs, les unes données, les autres à trouver. C'est en cherchant les conséquences de la condition qu'on a supposée remplie, ou de l'égalité qui en est la suite, qu'on parvient enfin à découvrir la vérité inconnue, ou à tracer le procédé qu'il faut suivre pour exécuter ce qui est demandé.

« Dans la première méthode, la proposition énoncée est toujours la dernière conséquence de la suite des raisonnements qui forment la démonstration : c'est une composition, car on ajoute pour ainsi dire principe sur principe, jusqu'à ce qu'on parvienne à cette conséquence.

« Dans l'analyse, au contraire, en supposant la question résolue, on embrasse le sujet proposé dans sa totalité, et c'est en le faisant passer par différentes formes, en faisant diverses traductions de l'énoncé, qu'on parvient à la solution cherchée.

« Condillac (*Cours d'études*, 4ᵉ vol.), fait voir que tout l'art de raisonner ne consiste qu'à découvrir l'identité de plusieurs propositions : c'est l'ordre suivant lequel on enchaîne les propositions qui constitue la méthode; ainsi lorsqu'on raisonne synthétiquement, toutes les propositions dont on fait usage sont identiques, jusqu'à la dernière, qui l'est elle-même comme conséquence des précédentes, et qui, renfermant le sujet de l'énoncé, montre que la proposition avancée est vraie. Quand on raisonne analytiquement, on part de l'énoncé, qui n'est pas identique par lui-même, et toutes les traductions par lesquelles on passe ne le sont qu'hypothétiquement; mais lorsqu'on est arrivé à la dernière, il doit toujours être possible de la rendre identique ; et de là résulte la détermination de la quantité cherchée : alors, par la liaison des idées exprimées antérieurement, toutes les propositions intermédiaires deviennent identiques, et par conséquent la question proposée est résolue.

« L'analyse est en général la méthode d'invention, et on croit maintenant que c'est par son moyen que les géomètres du siècle dernier ont fait les nombreuses découvertes qui les ont illustrés. Mais, soit pour cacher leur marche, ou plutôt parce que, n'étant pas habitués à cette méthode, ils n'osaient s'y confier entièrement, lorsqu'ils étaient parvenus à une proposition, ils la démontraient toujours synthétiquement. On a vu dans les écrits posthumes de Pascal et de Roberval qu'ils faisaient d'abord usage de la méthode des indivisibles pour résoudre les problèmes, et qu'ensuite ils démontraient la vérité de leurs résultats à la manière des anciens; et le plus souvent ils cachaient le chemin qui les y avait conduits, parce que, leurs procédés d'invention n'étant point réduits en règles générales, ils avaient le plus grand intérêt à les tenir secrets. »

IV

(Laplace, *Système du monde,* t. V, chap. iv.)

« C'est au moyen de la synthèse que Newton a exposé sa théorie du système du monde. Il paraît cependant qu'il avait trouvé la plupart de ses théorèmes par l'analyse, dont il a reculé les limites et à laquelle il convient lui-même qu'il était redevable de ses résultats généraux sur les quadratures. Mais sa prédilection pour la synthèse et sa grande estime pour la géométrie des anciens lui firent traduire sous une forme synthétique ses théorèmes et la méthode même des fluxions... On doit regretter, avec les géomètres de son temps, qu'il n'ait pas suivi, dans l'exposition de ses découvertes, la route par laquelle il y était parvenu, et qu'il ait supprimé les démonstrations de plusieurs résultats, paraissant préférer le plaisir de se faire deviner à celui d'éclairer les lecteurs. La connaissance de la méthode qui a éclairé l'homme de génie n'est pas moins utile aux progrès de la science que ses découvertes; cette méthode en est souvent la partie la plus intéressante, et si Newton, au lieu d'énoncer simplement l'équation différentielle du solide de la moindre résistance, eût en même temps présenté toute son analyse, il aurait eu l'avantage de donner le premier essai de la méthode des variations, l'une des branches les plus fécondes de l'analyse moderne.

« La préférence de ce grand géomètre pour la synthèse s'explique par l'élégance avec laquelle il a su lier sa théorie du mouvement curviligne aux recherches des anciens sur les sections coniques et aux belles découvertes que Huyghens venait de publier suivant cette méthode. La synthèse géométrique a d'ailleurs la propriété de ne jamais perdre de vue son objet, et d'éclairer la route qui conduit des premiers axiomes à leurs dernières conséquences; au lieu que l'analyse algébrique nous fait bientôt oublier l'objet principal pour nous occuper de combinaisons abstraites, et ce n'est qu'à la fin qu'elle nous y ramène. Mais, en s'isolant ainsi des objets, après en avoir pris ce qui est indispensable pour arriver au résultat que l'on cherche; en s'abandonnant ensuite aux opérations de l'analyse, et réservant toutes ses forces pour vaincre toutes les difficultés qui se présentent, on est conduit, par la généralité de cette méthode et par l'inestimable avantage de transformer le raisonnement en procédés mécaniques, à des résultats souvent inaccessibles à la synthèse. Telle est la fécondité de l'analyse, qu'il suffit de traduire dans cette langue universelle les vérités particulières pour voir sortir de leurs expressions une foule de vérités nouvelles et inattendues.

« Aucune langue n'est autant susceptible de l'élégance qui naît du développement d'une longue suite d'expressions enchaînées les unes aux autres et découlant toutes d'une même idée fondamentale. L'analyse réunit encore à ces avantages celui de pouvoir toujours conduire aux méthodes les plus simples; il ne s'agit pour cela que de l'appliquer d'une manière convenable par un choix heureux des inconnues, et en donnant aux résultats la forme la plus facile à construire géométriquement, ou à réduire en nombres : Newton lui-même en offre beaucoup d'exemples dans son *Arithmétique universelle*.

« Cependant les considérations géométriques ne doivent pas être abandonnées ; elles sont de la plus grande utilité dans les arts. D'ailleurs il est curieux de se figurer dans l'espace les divers résultats de l'analyse, et réciproquement de lire toutes les modifications des lignes et des surfaces, et les variations des corps dans les équations qui les expriment. Ce rapprochement de la géométrie et de l'analyse répand un nouveau jour sur ces deux sciences : les opérations intellectuelles de celle-ci, rendues sensibles par les images de la première, sont plus faciles à saisir, plus intéressantes à suivre ; et quand l'observation réalise ces images et transforme les résultats géométriques en lois de la nature ; quand ces lois, en embrassant l'univers, dévoilent à nos yeux ses états passés et à venir, la vue de ce sublime spectacle nous fait éprouver le plus noble des plaisirs réservés à la nature humaine. »

XI

LA MÉTHODE EN ASTRONOMIE D'APRÈS LAPLACE

(Laplace, *Système du monde*.)

(Liv. Ier, c. II.) « Pour découvrir le mécanisme de la nature, il faut la considérer sous différents points de vue, et observer le développement de ses lois dans les changements du spectacle qu'elle nous présente. Sur la terre, nous faisons varier les phénomènes par des expériences ; dans le ciel, nous déterminons avec soin tous ceux que nous offrent les mouvements célestes. En interrogeant ainsi la nature et soumettant ses réponses à l'analyse, nous pouvons, par une suite d'inductions bien ménagées, nous élever aux phénomènes généraux dont tous les faits particuliers dérivent. C'est à découvrir ces grands phénomènes et à les réduire au plus petit nombre possible que doivent tendre nos efforts, car les causes premières et la nature intime des êtres nous seront éternellement inconnues.

(*Ibid.*, c. XI.) « Si l'homme s'était borné à recueillir des faits, les sciences ne seraient qu'une nomenclature stérile, et jamais il n'eût connu les grandes lois de la nature. C'est en comparant les faits entre eux, en saisissant leurs rapports et en remontant ainsi à des phénomènes de plus en plus étendus, qu'il est enfin parvenu à découvrir ces lois toujours empreintes dans leurs effets les plus variés. Alors, la nature, en se dévoilant, lui a montré un petit nombre de causes donnant naissance à la foule des phénomènes qu'il avait observés : il a pu déterminer ceux qu'elles doivent faire éclore ; et lorsqu'il s'est assuré que rien ne trouble l'enchaînement de ces causes à leurs effets, il a porté ses regards dans l'avenir, et la série des événements que le temps doit développer s'est offerte à sa vue. C'est uniquement dans la théorie du système du monde que l'esprit humain, par une longue suite d'efforts heureux, s'est élevé à cette hauteur. La première hypothèse qu'il a imaginée pour expliquer les apparences des mouvements planétaires n'a dû être qu'une ébauche imparfaite de cette théorie; mais en représentant d'une manière ingénieuse ces apparences, elle a donné le moyen de les soumettre au calcul; et l'on verra qu'en lui faisant subir les modifications que l'observation a successivement indiquées, elle se transforme dans le vrai système de l'univers.

(*Ibid.*, c. xv.) « C'est une chose vraiment étonnante que de voir dans un temps calme et par un ciel serein la vive agitation de cette grande masse fluide, dont les flots viennent se briser avec impétuosité contre le rivage. Ce spectacle invite à la réflexion, et fait naître le désir d'en pénétrer la cause; mais, pour ne pas s'égarer dans de vaines hypothèses, il faut avant tout connaître les lois de ce phénomème, et le suivre dans tous ses détails. Mille causes accidentelles peuvent en altérer la marche : il faut considérer à la fois un grand nombre d'observations, afin que, les effets des causes passagères venant à se détruire mutuellement, les résultats moyens ne laissent apercevoir que les effets réguliers. Il faut encore, par une combinaison avantageuse des observations, mettre chacun de ces effets en évidence. Mais cela ne suffit point : les résultats des observations étant toujours susceptibles d'erreurs, il est nécessaire de connaître la probabilité que ces erreurs sont renfermées dans des limites données. On sait, il est vrai, que pour une même probabilité ces limites sont d'autant plus rapprochées que les observations sont plus nombreuses, et c'est ce qui, dans tous les temps, a porté les observateurs à multiplier les faits et les expériences. Mais cet aperçu général ne détermine pas le degré de précision des résultats; il ne fait point connaître le nombre des observations nécessaires pour obtenir une probabilité déterminée. Quelquefois même il a fait rechercher la cause de phénomènes qui n'étaient dus qu'au hasard. Le calcul des probabilités peut seul faire apprécier ces objets. »

(Liv. II, c. I.) « En réfléchissant sur le mouvement diurne auquel tous les corps célestes sont assujettis, on reconnaît évidemment l'existence d'une cause générale qui les entraîne ou paraît les entraîner autour de l'axe du monde. Si l'on considère que ces corps sont isolés entre eux et placés, loin de la terre, à des distances très différentes ; que le soleil et que les étoiles en sont beaucoup plus éloignés que la lune, et que les variations des diamètres apparents des planètes indiquent de grands changements dans leurs distances ; enfin que les comètes traversent librement le ciel dans tous les sens, il sera très difficile de concevoir qu'une même cause imprime à tous ces corps un mouvement commun de rotation. Mais les astres se présentant à nous de la même manière, soit que le ciel les entraîne autour de la terre supposée immobile, soit que la terre tourne en sens contraire sur elle-même, il paraît beaucoup plus naturel d'admettre ce dernier mouvement, et de regarder celui du ciel comme une apparence.

« La terre est un globe dont le rayon n'est pas de 7 millions de mètres ; le soleil est, comme on l'a vu, incomparablement plus gros. Si son centre coïncidait avec celui de la terre, son volume embrasserait l'orbe de la lune, et s'étendrait cent fois plus loin ; d'où l'on peut juger de son immense grandeur : il est d'ailleurs éloigné de nous d'environ vingt-trois mille rayons terrestres. N'est-il pas infiniment plus simple de supposer au globe que nous habitons un mouvement de rotation sur lui-même, que d'imaginer, dans une masse aussi considérable et aussi distante que le soleil, le mouvement extrêmement rapide qui lui serait nécessaire pour tourner en un jour autour de la terre ? Quelle force immense ne faudrait-il pas alors pour le contenir et balancer sa force centrifuge ? Chaque astre présente des difficultés semblables, qui sont toutes levées par la rotation de la terre.

« Entraînés par un mouvement commun à tout ce qui nous environne, nous ressemblons au navigateur que les vents emportent avec son vaisseau sur les mers. Il se croit immobile, et le rivage, les montagnes et tous les objets placés hors du vaisseau lui paraissent se mouvoir. Mais, en comparant l'étendue des rivages et des plaines et la hauteur des montagnes, il reconnaît que leur mouvement n'est qu'une apparence produite par son mouvement réel. Les astres nombreux répandus dans l'espace céleste sont à notre égard ce que les montagnes et les rivages sont par rapport au navigateur ; et les mêmes raisons par lesquelles il s'assure de la réalité de son mouvement nous prouvent celui de la terre.

« L'analogie vient à l'appui de ces preuves. On a observé des mouvements de rotation dans presque toutes les planètes, et ces mouvements sont dirigés d'occident en orient, comme celui que la révolution diurne des astres semble indiquer dans la terre. Jupiter, beaucoup plus gros qu'elle, se meut sur son axe en moins d'un demi-jour : un observateur, à la surface, verrait le ciel tourner autour de lui dans cet intervalle. Ce mouvement du ciel ne serait cependant qu'une apparence. N'est-il pas naturel de penser qu'il en est de même de celui que nous observons sur la terre ? Ce qui confirme d'une manière frappante cette analogie, c'est que la terre, ainsi que Jupiter, est aplatie à ses pôles. On conçoit, en effet, que la force centrifuge, qui tend à écarter toutes les parties de son axe de rotation, a dû abaisser la terre aux pôles et l'élever à l'équateur. Cette force doit encore diminuer la pesanteur à l'équateur terrestre, et cette diminution est constante par les observations du pendule. Tout nous porte donc à penser que la terre a ses mouvements de rotation sur elle-même, et que la révolution diurne du ciel n'est qu'une illusion produite par ce mouvement, illusion semblable à celle qui nous représente le ciel comme une voûte bleue à laquelle tous les astres sont attachés, et la surface de la terre comme un plan sur lequel il s'appuie. Ainsi, l'astronomie s'est élevée à travers les illusions des sens, et ce n'a été qu'après les avoir dissipées par un grand nombre d'observations et de calculs que l'homme a enfin reconnu les mouvements du globe qu'il habite et sa vraie position dans l'univers.

« ... Enfin, la pensée du mouvement de la terre réunit en sa faveur la simplicité, l'analogie, et généralement tout ce qui caractérise le vrai système de la nature. »

(Liv. V, c. iv.) « On voit dans le livre des *Principes* de Newton les plus heureuses applications de la méthode qui consiste à s'élever par une suite d'inductions des phénomènes aux causes, et à redescendre ensuite de ces causes à tous les détails des phénomènes.

« Les lois générales sont empreintes dans tous les cas particuliers; mais elles y sont compliquées de tant de circonstances étrangères que la plus grande adresse est souvent nécessaire pour les découvrir. Il faut choisir ou faire naître les phénomènes les plus propres à cet objet, les multiplier en variant leurs circonstances et observer ce qu'ils ont de commun entre eux. Ainsi l'on s'élève successivement à des rapports de plus en plus étendus, et l'on parvient enfin aux lois générales, que l'on vérifie soit par des preuves ou des expériences directes, lorsque cela est possible, soit en examinant si elles satisfont à tous les phénomènes connus.

« Telle est la méthode la plus sûre qui puisse nous guider dans la recherche de la vérité. Aucun philosophe n'a été, plus que Newton, fidèle à cette méthode; aucun n'a possédé à un plus haut point ce tact heureux qui, faisant discerner les objets des principes généraux qu'ils recèlent, constitue le véritable génie des sciences : tact qui lui fit reconnaître dans la chute d'un corps le principe de la pesanteur universelle. Les savants anglais contemporains adoptèrent, à son exemple, la méthode des inductions, qui devint alors la base d'un grand nombre d'excellents ouvrages sur la physique et sur l'analyse. Les philosophes de l'antiquité, suivant une route contraire et se plaçant à la source de tout, imaginèrent des causes générales pour tout expliquer. Leur méthode, qui n'avait enfanté que de vains systèmes, n'eut pas plus de succès entre les mains de Descartes. Au temps de Newton, Leibniz, Malebranche et d'autres philosophes l'employèrent avec aussi peu d'avantages. Enfin, l'inutilité des hypothèses qu'elle avait fait imaginer a ramené les bons esprits à cette méthode, que le chancelier Bacon avait établie avec toute la force de la raison et de l'éloquence, et que Newton a plus fortement encore recommandée par ses découvertes.

« A l'époque où elles parurent, Descartes venait de substituer aux qualités occultes des péripatéticiens les idées intelligibles de mouvement, d'impulsion et de force centrifuge. Son ingénieux système des tourbillons, fondé sur ces idées, avait été avidement reçu des savants, que rebutaient les doctrines obscures et insignifiantes de l'école, et ils crurent voir renaître dans l'attraction universelle ces qualités occultes que le philosophe français avait si justement proscrites. Ce ne fut qu'après avoir reconnu le vague des explications cartésiennes que l'on envisagea l'attraction comme Newton l'avait présentée, c'est-à-dire comme un fait général auquel il s'était élevé par une suite d'inductions, et d'où il était redescendu pour expliquer les mouvements célestes. Ce grand homme aurait mérité sans doute le reproche de rétablir les qualités occultes, s'il se fût contenté d'attribuer à l'attraction universelle le mouvement elliptique des planètes et des comètes, les inégalités du mouvement de la lune, celles des degrés terrestres et de la pesanteur, la précession des équinoxes et le flux et le reflux de la mer, sans montrer la liaison de son principe avec les conséquences. Mais les géomètres, en rectifiant et généralisant ses démonstrations, ayant trouvé le plus parfait accord entre les observations et les résultats de l'analyse, ils ont unanimement adopté sa théorie du système du monde, devenue la base de toute l'astronomie. Cette liaison analytique de tous les faits particuliers avec un fait général est ce qui constitue une théorie. C'est ainsi qu'ayant déduit par un calcul rigoureux tous les effets de la capillarité du seul principe d'une attraction mutuelle entre les molécules de la matière, qui ne devient sensible qu'à des distances imperceptibles, nous pouvons nous flatter d'avoir la vraie théorie de ce phénomène. Quelques savants, frappés des avantages produits par l'admission de principes dont la cause est inconnue, ont ramené dans plusieurs branches des sciences naturelles les qualités occultes des anciens et leurs explications insignifiantes. Envisageant la philosophie newtonienne sous le même point de vue qui la fit rejeter des cartésiens, ils lui ont assimilé leurs doctrines, qui cependant n'ont rien de commun avec elle dans le point le plus important, l'accord rigoureux des résultats avec les phénomènes. »

XII

LE ROLE DE L'EXPÉRIENCE ET DE L'INDUCTION D'APRÈS BACON

(Bacon, *Novum Organum*, liv. Ier.)

« L'expérience, à laquelle il faut décidément recourir, n'a donné jusqu'ici à la philosophie que des fondements très faibles ou nuls : on n'a pas encore recherché et amassé une forêt de faits et de matériaux dont le nombre, le genre et la certitude fussent en aucune façon suffisants et capables d'éclairer et de guider l'esprit. Mais les hommes doctes, négligents et faciles à la fois, ont recueilli comme des rumeurs de l'expérience, en ont reçu les échos et les bruits pour établir ou confirmer leur philosophie, et ont cependant donné à ces vains témoignages tout le poids d'une autorité légitime ; et, semblable à un royaume ou à tout autre État qui gouvernerait ses conseils et ses affaires non d'après les lettres et les rapports de ses envoyés ou de messagers dignes de foi, mais d'après les rumeurs publiques et les bruits de carrefour, la philosophie a été gouvernée, en ce qui touche l'expérience, avec une négligence aussi blâmable. Notre histoire naturelle ne recherche rien suivant les véritables règles, ne vérifie, ne compte, ne pèse, ne mesure rien.

« Autre chose est une histoire naturelle faite pour elle-même, autre chose une histoire naturelle recueillie pour donner à l'esprit les lumières selon lesquelles la philosophie doit être légitimement fondée. Ces deux histoires naturelles, qui diffèrent sous tant d'autres rapports, diffèrent surtout en ce que la première contient seulement la variété des espèces naturelles, et non les expériences fondamentales des arts mécaniques.

« Ainsi donc il faudra bien espérer de la philosophie naturelle alors que l'histoire naturelle, qui en est la base et le fondement, suivra une meilleure méthode; mais auparavant tout espoir serait vain.

« D'un autre côté, parmi les expériences relatives aux arts mécaniques, nous trouvons une véritable disette de celles qui sont les plus propres à conduire l'esprit aux lois générales. Le mécanicien qui ne se met nullement en peine de rechercher la vérité ne donne son attention et ne met la main qu'à ce qui peut faciliter son opération. Mais on ne pourra concevoir une espérance bien fondée du progrès ultérieur des sciences que lorsque l'on rassemblera dans l'histoire naturelle une foule d'expériences qui ne sont par elles-mêmes d'aucune utilité pratique, mais qui ont une grande importance pour la découverte des causes et des lois générales; expériences que nous appelons *lumineuses*, pour les distinguer des *fructueuses*, et qui ont cette admirable vertu de ne jamais tromper ni décevoir. Comme leur emploi n'est pas de produire quelque opération, mais de révéler une cause naturelle, quel que soit l'événement, il répond toujours également bien à nos désirs, puisqu'il donne une solution à la question.

« Non seulement il faut rechercher et recueillir un plus grand nombre d'expériences, et d'un autre genre qu'on ne l'a fait jusqu'aujourd'hui; mais encore il faut employer une méthode toute différente, et suivre un autre ordre et une autre disposition dans l'enchaînement et la gradation des expériences. Une expérience vague et qui n'a d'autre but qu'elle-même, comme nous l'avons déjà dit, est un pur tâtonnement, plutôt fait pour étouffer que pour éclairer l'esprit de l'homme; mais lorsque l'expérience suivra des règles certaines, et s'avancera graduellement dans un ordre méthodique, alors on pourra espérer mieux des sciences.

« Lorsque les matériaux de l'histoire naturelle et d'une expérience telle que la réclame l'œuvre véritable de l'intelligence ou l'œuvre philosophique, seront recueillis et sous la main, il ne faut pas croire qu'il suffise alors à l'esprit d'opérer sur ces matériaux avec ses seules forces et l'unique secours de la mémoire, pas plus qu'on ne pourrait espérer retenir et posséder de mémoire la série entière de quelque éphéméride.

« Comme le nombre, et j'ai presque dit l'armée, des faits est immense et dispersé au point de confondre et d'éparpiller l'intelligence, il ne faut rien espérer de bon des escarmouches, des mouvements légers et des reconnaissances poussées à droite et à gauche par l'esprit, à moins qu'elles n'aient leur plan et ne soient coordonnées dans des tables de découvertes toutes spéciales, bien disposées et en quelque façon vivantes, où viennent se réunir toutes les expériences relatives au sujet de recherches, et que l'esprit ne prenne son point d'appui dans ces tables bien ordonnées qui préparent son travail.

« Cependant il ne faut pas permettre que l'intelligence saute et s'envole des faits aux lois les plus élevées et les plus générales, telles que les principes de la nature et des arts, comme on les nomme, et, leur donnant une autorité incontestable, établisse d'après elles les lois secondaires, ce que l'on a toujours fait jusqu'ici. Mais il faudra bien espérer des sciences lorsque l'esprit montera, par la véritable échelle et par des degrés continus et sans solution, des faits aux lois les moins élevées, ensuite aux moyennes, en s'élevant de plus en plus jusqu'à ce qu'il atteigne enfin les plus générales de toutes. Car les lois les moins élevées ne diffèrent pas beaucoup de la simple expérience ; mais ces principes suprêmes et très généraux que la raison emploie maintenant sont fondés sur les notions abstraites et n'ont rien de solide. Les lois intermédiaires, au contraire, sont les principes vrais, solides et en quelque sorte vivants sur lesquels reposent toutes les affaires et les fortunes humaines ; au-dessus d'eux enfin sont les principes suprêmes, mais constitués de telle façon qu'ils ne soient pas abstraits, et que les principes intermédiaires les déterminent.

« Ce ne sont pas des ailes qu'il faut attacher à l'esprit humain, mais plutôt du plomb et des poids, pour l'arreter dans son emportement et son vol. C'est ce qu'on n'a pas fait jusqu'ici ; mais lorsqu'on le fera, on pourra espérer mieux des sciences.

« Pour établir les lois générales, il faut chercher une autre forme d'*induction* que celle que l'on a employée jusqu'ici. L'induction qui procède par une simple énumération est une chose puérile, qui aboutit à une conclusion précaire, qu'une expérience contradictoire peut ruiner, et qui prononce le plus souvent sur un nombre de faits trop restreint, et sur ceux seulement qui se présentent d'eux-mêmes à l'observation. Mais l'induction qui sera utile pour la découverte et la démonstration des sciences et des arts, doit séparer la nature par des rejets et des exclusions légitimes, et, après avoir repoussé tous les faits qu'il convient, conclure en vertu de ceux qu'elle admet ; ce que personne n'a encore fait ni essayé, si ce n'est pourtant Platon, qui se sert quelquefois de cette forme d'induction pour en tirer ses définitions et ses idées. Mais, pour constituer complètement et légitimement cette induction ou démonstration, il faut lui appliquer une foule de règles, qui ne sont jamais venues à l'esprit d'aucun homme ; de façon qu'il faut s'en occuper beaucoup plus qu'on ne s'est jamais occupé du syllogisme ; et l'on doit se servir de cette induction, non seulement pour découvrir les lois de la nature, mais encore pour déterminer les notions. Et certes une immense espérance repose sur cette induction.

« En établissant des lois générales au moyen de cette induction, il faut examiner attentivement si la loi générale que l'on établit n'embrasse que les faits d'où on l'a tirée, et n'excède pas leur mesure, ou si elle les excède et a une plus grande portée ; que si elle a une plus grande portée, il faut examiner si elle confirme son étendue par l'indication de nouveaux faits qui puissent lui servir de caution, pour éviter à la fois de nous immobiliser dans les connaissances déjà acquises, ou de saisir dans un embrassement trop large des ombres et des formes abstraites, et non des objets solides et qui aient une réalité matérielle. Et, lorsque l'on suivra ces règles, alors enfin pourra briller une espérance légitime.

« Ce qui doit encore nous donner de l'espérance, c'est que la plus grande partie des découvertes faites jusqu'aujourd'hui sont de telle sorte qu'avant leur invention il ne serait venu à l'esprit de personne qu'on pût y songer sérieusement, mais qu'on les eût plutôt méprisées comme tout à fait impossibles.

Il y a tout lieu d'espérer que la nature nous cache encore une foule de secrets d'un excellent usage, qui n'ont aucune parenté et aucune similitude avec ceux qu'elle nous a dévoilés, et qui sont en dehors de tous les sentiers battus de notre imagination, qui cependant n'ont pas encore été découverts, mais qui, sans aucun doute, se révéleront quelque jour d'eux-mêmes à travers le long circuit des âges, comme se sont révélés les premiers, mais que l'on peut saisir promptement, immédiatement et tous ensemble, par la méthode que nous proposons maintenant. »

La science et la loi. Les tables de présence, d'absence et de comparaison d'après Bacon.

(Novum Organum, liv. II.)

« Quoique dans la nature il n'existe véritablement que des corps individuels, accomplissant de purs actes individuels d'après une loi, cependant c'est cette loi même, c'est la recherche, la découverte et l'application de cette loi qui est le fondement tant de la connaissance que de la pratique. C'est cette loi et ses paragraphes que nous comprenons sous le nom de *formes*, conservant ainsi une expression généralement répandue et familière à l'esprit.

« On procède ainsi à la recherche des formes :

« 1° Il faut faire comparaître devant l'intelligence tous les faits connus qui offrent cette même propriété, quoique dans des matières fort différentes. Il faut faire ce recueil à la façon d'un historien, sans théorie anticipée.

« 2° Il faut faire *comparaître devant l'intelligence* tous les *faits* où ne se rencontre pas la propriété donnée; car, ainsi que nous l'avons dit, l'absence de la propriété donnée entraîne l'absence de la forme, tout comme la présence de l'une implique la présence de l'autre. Mais citer tous ces faits serait une entreprise infinie.

C'est pourquoi il faut rapprocher les faits négatifs des affirmatifs, et rechercher la privation de la propriété dans les sujets seulement qui ont le plus de rapports avec ceux où la propriété existe et apparaît. C'est ce que nous appelons *table de disparition* ou *d'absence dans les analogues*.

3° Il faut faire *comparaître devant l'intelligence* les *faits* qui présentent la propriété étudiée à des degrés différents, soit en comparant la croissance et la décroissance de la propriété dans le même sujet, soit en comparant la même propriété dans des sujets différents. Puisque, en effet, la forme d'une chose est en réalité la chose même et n'en diffère que comme l'être diffère de l'apparence, l'intérieur de l'extérieur, le point de vue absolu du point de vue relatif à l'homme, il s'ensuit nécessairement que l'on ne doit rien recevoir pour la vraie forme qui ne croisse et ne décroisse sans cesse, lorsque ce dont elle est la forme croît et décroît. Nous appelons cette table *table de degrés* ou *de comparaison*.

« L'œuvre et l'office de ces trois tables est ce que nous avons coutume d'appeler la *comparution des faits devant l'intelligence*. Cette *comparution* étant faite, on doit travailler à l'*induction*. Il faut trouver dans la *comparution* de toutes et de chacune des expériences une propriété telle que partout elle soit présente ou absente, qu'elle croisse ou décroisse avec la propriété donnée, et qu'elle soit, comme nous l'avons dit plus haut, la limitation d'une nature plus générale. Si l'esprit débutait par établir une telle propriété ou loi (ce qu'il fait toujours quand il est abandonné à lui-même), il rencontrerait des chimères, des fantaisies, des principes reposant sur des notions mal définies, des lois à réformer chaque jour, à moins de préférer, à la façon des écoles, combattre pour des erreurs. Sans aucun doute, de tels travaux auront plus ou moins de qualité, selon la force et le talent de l'esprit qui les produira. Mais il n'appartient qu'à Dieu, qui a créé et mis dans la nature les formes, et peut-être aux anges et aux intelligences pures, de connaître les formes *à priori* et par une appréhension immédiate qui excède les forces de l'homme; tout ce que peut notre esprit, c'est de procéder d'abord par des *négatives,* et d'aboutir en dernier lieu aux *affirmatives,* après avoir fait toutes les exclusions convenables.

« Il faut donc opérer, dans la nature des solutions et des décompositions, non par le feu, certes, mais par l'intelligence, comme par une sorte de feu divin. Le premier travail de l'*induction* véritable, en ce qui touche la découverte des formes, consiste dans le *rejet* et l'*exclusion* de chacune des propriétés qui ne se trouvent point dans toutes les expériences où se présente la propriété donnée ou qui se trouvent dans quelqu'une des expériences où la propriété donnée ne se rencontre pas ; ou que l'on voit dans certaines expériences croître, lorsque décroît la propriété donnée, ou décroître lorsque celle-ci croît. Alors seulement, et en second lieu, après qu'on aura procédé au *rejet* et à l'*exclusion,* selon les règles, il restera, pour ainsi dire, au fond, toutes les opinions légères s'envolant en fumée, la forme certaine, solide et vraie et bien déterminée. »

XIII

LA MÉTHODE DANS LA PHYSIQUE EXPÉRIMENTALE
ROLE DE L'INDUCTION ET DE LA DÉDUCTION

(D'Alembert, *Essai sur les éléments de la philosophie*, chap. xx.)

« La physique expérimentale n'est nullement nécessaire pour déterminer les lois du mouvement et de l'équilibre ; un véritable physicien n'a pas plus besoin du secours de l'expérience pour démontrer les lois de la mécanique et de la statique qu'un géomètre n'a besoin de règle et de compas pour s'assurer qu'il a résolu un problème difficile. La seule utilité expérimentale que le physicien puisse tirer des observations sur les lois de l'équilibre, sur celles du mouvement et en général sur les affections primitives des corps, c'est d'examiner attentivement la différence entre le résultat que donne la théorie et celui que fournit l'expérience, et d'employer cette différence pour déterminer, par exemple, dans les effets des machines simples l'altération occasionnée par le frottement et par d'autres causes... Alors l'expérience ne servira plus simplement à confirmer la théorie ; mais, différant de la théorie sans l'ébranler, elle conduira à des vérités nouvelles auxquelles la théorie seule n'aurait pu atteindre.

« Le premier objet réel de la physique expérimentale est l'examen des propriétés générales des corps que l'observation nous fait connaître pour ainsi dire en gros, mais dont l'expérience seule peut mesurer et déterminer les effets : tels sont, par exemple, les phénomènes de la pesanteur. Aucune théorie générale n'aurait pu nous faire trouver la loi que les corps pesants suivent dans leur chute verticale ; mais, cette loi une fois connue par l'expérience, tout ce qui appartient au mouvement des corps pesants, soit rectiligne, soit curviligne, soit incliné, soit vertical, n'est plus que du ressort de la théorie...

« Il en est de même d'un grand nombre de parties de la physique, dans lesquelles une seule expérience ou même une seule observation sert de base à des théories complètes. Ces parties sont principalement celles qu'on a appelées physico-mathématiques, et qui consistent dans l'application de la géométrie et du calcul aux phénomènes de la nature... La perfection de l'analyse et l'invention des nouveaux calculs nous ont mis en état de soumettre à la géométrie des phénomènes très compliqués. Il serait seulement à souhaiter que les géomètres n'eussent pas quelquefois abusé de la facilité qu'ils avaient d'appliquer le calcul à certaines hypothèses;... que la géométrie, qui ne doit qu'obéir à la physique quand elle se réunit avec elle, ne lui commande jamais... Reconnaissons que les différents sujets de physique ne sont pas également susceptibles de l'application de la géométrie. Si les observations ou les expériences qui servent de base au calcul sont en petit nombre, si elles sont simples et lumineuses, le géomètre sait alors en tirer le plus grand avantage et en déduire les connaissances physiques les plus capables de satisfaire l'esprit. Des observations moins parfaites servent souvent à le conduire dans ses recherches et à donner à ses découvertes un nouveau degré de certitude; quelquefois même le raisonnement mathématique peut l'instruire et l'éclairer, quand l'expérience est muette ou ne parle que d'une manière confuse; enfin, si les matières qu'il se propose de traiter ne laissent aucune prise à ses calculs, il se réduit alors aux simples faits dont les observations l'instruisent; incapable de se contenter de fausses lueurs quand la lumière lui manque, il n'a point recours à des raisonnements vagues et obscurs, au défaut de démonstrations rigoureuses.

« C'est principalement la méthode qu'il doit suivre par

rapport à ces phénomènes sur la cause desquels le raisonnement ne peut nous aider, dont nous n'apercevons point la chaîne, ou dont nous ne voyons du moins la liaison que très imparfaitement; très rarement et après les avoir envisagés sous bien des faces. Ce sont là les faits que le physicien doit surtout chercher à bien connaître ; il ne saurait trop les multiplier; plus il en aura recueilli, plus il sera près d'en voir l'union ; son objet doit être d'y mettre l'ordre dont ils seront susceptibles, d'expliquer autant qu'il sera possible les uns par les autres, d'en trouver la dépendance mutuelle, de saisir le tronc principal qui les unit, de découvrir même par leur moyen d'autres faits cachés et qui semblaient se dérober à ses recherches, en un mot, d'en former un corps, où il se trouve le moins de lacunes qu'il se pourra; il n'en restera toujours que trop. Qu'il se garde bien surtout de vouloir rendre raison de ce qui lui échappe, qu'il se défie de la fureur d'expliquer tout,... de se contenter de principes et de raisons vagues, propres à soutenir également le pour et le contre... Des faits et point de verbiage, voilà la grande règle en physique comme en histoire, ou, pour parler plus exactement, les explications dans un livre de physique doivent être comme les réflexions dans l'histoire, courtes, sages, fines, amenées par les faits ou renfermées dans les faits mêmes par la manière dont on les présente.

« Au reste, quand nous proscrivons de la physique la manie de tout expliquer, nous sommes bien éloignés de condamner ni cet esprit de conjecture qui, tout à la fois timide et éclairé, conduit quelquefois à des découvertes, ni cet esprit d'analogie dont la hardiesse perce au delà de ce que la nature semble vouloir montrer et prévoit les faits avant de les avoir vus. Ces deux talents précieux et rares trompent à la vérité quelquefois celui qui n'en fait pas assez sobrement usage, mais ne se trompe pas ainsi qui veut.

« Si la retenue et la circonspection doivent être un des principaux caractères du physicien, la patience et le courage doivent d'un autre côté le soutenir dans son travail... En nous méfiant de notre industrie, gardons-nous de nous en méfier avec excès. Dans l'impuissance que nous sentons tous les jours de surmonter tant d'obstacles qui se présentent à nous, nous serions trop heureux sans doute si nous pouvions du moins juger au premier coup d'œil jusqu'où nos efforts peuvent atteindre; mais telle est tout à la fois la force et la faiblesse de notre esprit, qu'il est souvent aussi dangereux de prononcer sur ce qu'il ne peut pas que sur ce qu'il peut. Combien de découvertes modernes dont les anciens n'avaient pas même l'idée ? Combien de découvertes perdues que nous contesterions trop légèrement? Et combien d'autres que nous jugerions impossibles sont réservées pour notre postérité ? »

XIV

LA MÉTHODE EXPÉRIMENTALE D'APRÈS CL. BERNARD

I

De l'observation et de l'expérimentation.

(*Introduction à la médecine expérimentale*, chap. 1ᵉʳ, § 14.)

« On donne le nom d'*observateur* à celui qui applique les procédés d'investigation à l'étude des phénomènes qu'il ne fait pas varier et qu'il recueille, par conséquent, tels que la nature les lui offre. On donne le nom d'*expérimentateur* à celui qui emploie les procédés d'investigation pour faire varier ou modifier dans un but quelconque les phénomènes naturels et les faire apparaître dans des circonstances et dans des conditions dans lesquelles la nature ne les présentait pas. L'*observation* est l'investigation d'un phénomène naturel, l'*expérience* est l'investigation d'un phénomène modifié par l'observateur.

« Une science d'*observation* est une science faite avec des observations, c'est-à-dire une science dans laquelle on raisonne sur des faits d'observation naturelle. Une science *expérimentale* ou d'*expérimentation* sera une science faite avec des expériences, c'est-à-dire dans laquelle on raisonnera sur des expériences.

« Il y a des sciences qui, comme l'astronomie, resteront toujours pour nous des sciences d'observation, parce que les phénomènes qu'elles étudient sont hors de notre portée ; mais les sciences terrestres peuvent être à la fois des sciences d'observation et des sciences expérimentales. Il faut ajouter que toutes ces sciences commencent par être des sciences d'observation pure, et ce n'est qu'en avançant dans l'analyse des phénomènes qu'elles deviennent expérimentales...

« Dans les sciences expérimentales l'homme observe, mais de plus il agit sur la matière et provoque à son profit l'apparition des phénomènes. L'homme devient un inventeur de phénomènes, un véritable contremaître de la création. »

II

L'expérience n'est qu'une observation provoquée.

(*Ibid.*, § 5.)

« Malgré la différence importante que nous venons de signaler, l'observateur et l'expérimentateur n'en ont pas moins pour but commun et immédiat d'établir et de constater des faits aussi rigoureusement que possible ; ils se comportent absolument comme s'il s'agissait de deux observations ordinaires. Ce n'est, en effet, qu'une constatation de fait dans les deux cas. La seule différence consiste en ce que... l'expérience au fond n'est qu'une observation provoquée dans un but quelconque. Dans la méthode expérimentale, la recherche des faits, c'est-à-dire l'investigation, s'accompagne toujours d'un raisonnement, de sorte que le plus souvent l'expérimentateur fait une expérience pour contrôler ou vérifier la valeur d'une idée expérimentale.

« ... Il y a des cas où l'on expérimente sans avoir une idée probable à vérifier. Cependant l'expérimentation dans ce cas n'en est pas moins destinée à provoquer une observation. Seulement elle la provoque en vue d'y trouver une idée qui lui indiquera la route à suivre ultérieurement dans l'investigation ; on peut dire alors que l'expérience est une observation provoquée dans le but de faire naître une idée. »

III

Rôle de l'hypothèse dans l'expérience.

(*Ibid.*, § 6.)

« L'expérimentateur, nous le savons déjà, est celui qui, en vertu d'une interprétation plus ou moins probable, mais anticipée de phénomènes, institue l'expérience de manière qu'elle fournisse un résultat qui serve de contrôle à l'hypothèse ou à l'idée préconçue. Pour cela, l'expérimentateur réfléchit, essaye, tâtonne, compare et combine pour trouver les combinaisons expérimentales les plus propres à atteindre le but qu'il se propose. Il faut nécessairement expérimenter avec une idée préconçue. L'esprit de l'expérimentateur doit être actif, c'est-à-dire qu'il doit interroger la nature et lui poser des questions dans tous les sens, suivant les diverses hypothèses qui lui sont suggérées.

« Mais, dès le moment où le résultat de l'expérience se manifeste, l'expérimentateur se trouve en présence d'une véritable observation qu'il a provoquée et qu'il peut constater, comme toute observation, sans idée préconçue. L'expérimentateur doit alors disparaître et se transformer en observateur. L'expérimentateur pose des questions à la nature ; mais dès qu'elle parle, il doit se taire.

« Il y a donc deux opérations à considérer dans une expérience : la première consiste à préméditer et à réaliser les conditions de l'expérience ; la deuxième, à constater les résultats de l'expérience. Il n'est pas possible d'instituer une expérience sans une idée préconçue ; instituer une expérience, c'est poser une question ; on ne conçoit jamais une question sans l'idée qui sollicite la réponse.

« Ceux qui ont condamné l'emploi des hypothèses dans la méthode expérimentale ont eu le tort de confondre l'invention de l'expérience avec la constatation de ses résultats. Il est vrai de dire qu'il faut constater les résultats de l'expérience avec un esprit dépouillé d'idées préconçues. Mais il faudrait bien se garder de proscrire l'usage de l'hypothèse et des idées quand il s'agit d'instituer l'expérience. C'est l'idée qui est le principe de tout raisonnement et de toute invention. C'est à elle que revient toute espèce d'initiative.

« En résumé : 1° le savant constate un fait ; 2° à propos de ce fait, une idée naît dans son esprit ; 3° en vue de cette idée, il raisonne, institue une expérience, en imagine et en réalise les conditions ; 4° de cette expérience naissent de nouveaux phénomènes qu'il faut observer ; et ainsi de suite. »

IV

Différence de l'idée expérimentale et de l'hypothèse métaphysique. — Le doute.

(*Ibid.*, chap. II, § 1; chap. III.)

« Le métaphysicien, le scolastique et l'expérimentateur procèdent tous par une idée *à priori*. La différence consiste en ce que le scolastique impose son idée comme une vérité absolue qu'il a trouvée, et dont il déduit par la logique toutes les conséquences. L'expérimentateur, plus modeste, pose, au contraire, son idée comme une question... L'idée expérimentale est aussi une idée *à priori*; mais c'est une idée qui se présente sous la forme d'une hypothèse dont les conséquences doivent être soumises au critérium expérimental... La première condition pour le savant, c'est de conserver une entière liberté d'esprit, assise sur le doute philosophique. Il ne faut pourtant point être sceptique ; il faut croire à la science... Quand nous faisons une théorie dans les sciences, la seule chose dont nous soyons certains, c'est que toutes ces théories sont fausses absolument partout. Elles ne sont que des vérités partielles et provisoires qui nous sont nécessaires, comme des degrés sur lesquels nous nous reposons pour avancer dans l'investigation ; elles ne représentent que l'état actuel de nos connaissances ; et par conséquent elles doivent se modifier avec l'accroissement de la science.

« Le grand principe expérimental est le doute philosophique, qui laisse à l'esprit sa liberté et son initiative.

« Il n'y a pas de règles à donner pour faire naître dans le cerveau, à propos d'une observation donnée, une idée juste et féconde qui soit pour l'expérimentateur une sorte d'anticipation intuitive de l'esprit vers une recherche heureuse. L'idée une fois émise, on peut seulement dire comment on peut la soumettre à des règles logiques précises ; mais son apparition a été toute spontanée, et sa nature est toute individuelle. C'est un sentiment particulier, un *quid proprium* qui constitue l'originalité, l'invention selon le génie de chacun. Une idée neuve apparaît comme une relation inattendue que l'esprit aperçoit entre les choses. Toutes les intelligences se ressemblent sans doute, et des idées semblables peuvent naître chez tous les hommes ; mais comme les sens, les intelligences n'ont pas chez tous la même acuité, et il est des rapports subtils et délicats qui ne peuvent être sentis, saisis et dévoilés que par des esprits plus perspicaces, mieux doués, ou placés dans un milieu intellectuel qui les prédispose d'une manière favorable. »

XV

EXEMPLE DE LA MÉTHODE EXPÉRIMENTALE

(*Logique* de St. Mill : *Théorie de la rosée*,
t. Iᵉʳ, p. 368 ; trad. de M. Peisse.)

« Il faut d'abord distinguer la rosée de la pluie aussi bien que des brouillards, et la définir en disant qu'elle est l'apparition spontanée d'une moiteur sur des corps exposés en plein air, quand il ne tombe point de pluie ni d'humidité visible. D'abord, nous avons des phénomènes analogues dans la moiteur qui couvre un métal froid ou une pierre lorsque nous soufflons dessus, qui apparaît en été sur les parois d'un verre d'eau fraîche qui sort du puits, qui se montre à l'intérieur des vitres quand la grêle ou une pluie soudaine refroidit l'air extérieur, qui coule sur nos murs lorsque, après un long froid, arrive un dégel tiède et humide. Comparant tous ces cas, nous trouvons qu'ils contiennent tous le phénomène en question. Or, tous ces cas s'accordent sur un point, à savoir que l'objet qui se couvre de rosée est plus froid que l'air qui le touche. Cela arrive-t-il aussi dans le cas de la rosée nocturne ? Est-ce un fait que l'objet baigné de rosée est plus froid que l'air ? Nous sommes tentés de répondre que non, car qui est-ce qui le rendrait plus froid ? Mais l'expérience est aisée : nous n'avons qu'à mettre un thermomètre en contact avec la substance couverte de rosée, et à en suspendre un autre un peu au-dessus, hors de la portée de son influence. L'expérience a été faite, la question a été posée, et toujours la réponse s'est trouvée affirmative. Toutes les fois qu'un objet se recouvre de rosée, il est plus froid que l'air.

« Voilà une application complète de la *méthode de con-*

cordance [1] : elle établit une liaison invariable entre l'apparition de la rosée sur une surface et la froideur de cette surface comparée à l'air extérieur. Mais laquelle des deux est cause, et laquelle effet ? ou bien sont-elles toutes les deux les effets de quelque chose d'autre ? Sur ce point, la méthode de concordance ne nous fournit aucune lumière. Nous devons avoir recours à une méthode plus puissante : nous devons varier les circonstances ; nous devons noter les cas où la rosée manque : car une des conditions nécessaires pour appliquer la *méthode de différence*, c'est de comparer des cas où le phénomène se rencontre avec d'autres où il ne se rencontre pas.

« Or la rosée ne se dépose pas sur la surface des métaux polis, tandis qu'elle se dépose très abondamment sur le verre. Voilà un cas où l'effet se produit, et un autre où il ne se produit point... Mais, comme les différences qu'il y a entre le verre et les métaux polis sont nombreuses, la seule chose dont nous puissions encore être sûrs, c'est que la cause de la rosée se trouvera parmi les circonstances qui distinguent le verre des métaux polis... Cherchons donc à démêler cette circonstance, et pour cela employons la seule méthode possible, celle des *variations concomitantes*. Dans le cas des métaux polis et du verre poli, le contraste montre évidemment que la *substance* a une grande influence sur le phénomène. C'est pourquoi, faisons varier autant que possible la substance seule, en exposant à l'air des surfaces polies de différentes sortes. Cela fait, on voit tout de suite paraître une échelle d'intensité. Les substances polies qui conduisent le plus mal la chaleur sont celles qui s'imprègnent le plus de rosée ; celles qui conduisent le mieux la chaleur sont celles qui s'en humectent le moins : d'où l'on conclut que l'apparition de la rosée est liée au

---

1. Voir plus haut dans notre texte, 1re partie, ch. III, p. 60, la théorie de la méthode expérimentale de St. Mill.

pouvoir que possède le corps de résister au passage de la chaleur.

« Mais si nous exposons à l'air des surfaces rudes au lieu de surfaces polies, nous trouvons quelquefois cette loi renversée. Ainsi le fer rude, particulièrement s'il est peint ou noirci, se mouille de rosée plus vite que le papier verni. L'*espèce de surface* a donc beaucoup d'influence. C'est pourquoi exposons la même substance en faisant varier le plus possible l'état de sa surface (ce qui est un nouvel emploi de la méthode des variations concomitantes), et une nouvelle échelle d'intensités se montrera. Les surfaces qui perdent leur chaleur le plus aisément par le rayonnement sont celles qui se mouillent le plus abondamment de rosée. On en conclut que l'apparition de la rosée est liée à la capacité de perdre la chaleur par le rayonnement.

« A présent l'influence que nous venons de reconnaître à la *substance* et à la *surface* nous conduit à considérer celle de la *texture*, et là nous rencontrons une troisième échelle d'intensité, qui nous montre la substance d'une texture ferme et serrée, par exemple les pierres et les métaux, comme défavorables à l'apparition de la rosée, et au contraire les substances d'une texture lâche, par exemple le drap, le velours, la laine, le duvet, comme éminemment favorables à la production de la rosée. La texture lâche est donc une des circonstances qui la provoquent. Mais cette troisième cause se ramène à la première, qui est le pouvoir de résister au passage de la chaleur; car les substances de texture lâche sont précisément celles qui fournissent les meilleurs vêtements, en empêchant la chaleur de passer de la peau à l'air, ce qu'elles font en maintenant leur surface intérieure très chaude pendant que leur surface extérieure est très froide.

« Ainsi, les cas très variés dans lesquels beaucoup de rosée se dépose s'accordent en ceci, et, autant que nous pouvons l'observer, en ceci seulement, que les corps en question conduisent lentement la chaleur ou la rayonnent rapidement, — deux qualités qui ne s'accordent qu'en un seul point, qui est qu'en vertu de l'une ou de l'autre le corps tend à perdre sa chaleur par sa surface plus rapidement qu'elle ne peut lui être restituée par le dedans. Au contraire, les cas très variés dans lesquels la rosée manque ou est très peu abondante s'accordent en ceci, et, autant que nous pouvons l'observer, en ceci seulement, que les corps en question n'ont pas cette propriété. Nous pouvons maintenant répondre à la question primitive et savoir lequel des deux, du froid et de la rosée, est la cause de l'autre. Nous venons de trouver que la substance sur laquelle la rosée se dépose doit, par ses seules propriétés, devenir plus froide que l'air. Nous pouvons donc rendre compte de sa froideur, abstraction faite de la rosée ; et comme il y a une liaison entre les deux, c'est la rosée qui dépend de la froideur ; en d'autres termes, la froideur est la cause de la rosée.

« Maintenant, cette loi si amplement établie peut se confirmer de trois manières différentes, et, premièrement, par déduction, en partant des lois connues que suit la vapeur aqueuse lorsqu'elle est diffuse dans l'air ou dans tout autre gaz. On sait par l'expérience directe que la quantité d'eau qui peut rester suspendue dans l'air à l'état de vapeur est limitée pour chaque degré de température, et que ce maximum devient moindre à mesure que la température diminue. Il suit de là déductivement que, s'il y a déjà autant de vapeur suspendue en l'air que peut en contenir sa température présente, tout abaissement de cette température portera une portion de la vapeur à se condenser et se changer en eau. Mais, de plus, nous savons déductivement, d'après les lois de la chaleur, que le contact de l'air avec un corps plus froid que lui-même abaissera nécessairement la température de la couche d'air immédiatement appliquée à sa surface, et par conséquent la forcera d'abandonner une portion de son eau, laquelle, d'après les lois ordinaires de la gravitation ou cohésion, s'attachera à la surface du corps, ce qui constituera la rosée... Cette preuve déductive a l'avantage de rendre compte des exceptions, c'est-à-dire des cas où, le corps étant plus froid que l'air, il ne se dépose pourtant point de rosée : car elle montre qu'il en sera nécessairement ainsi lorsque l'air sera si peu fourni de vapeur aqueuse, comparativement à sa température, que, même étant un peu refroidi par le contact d'un corps plus froid, il sera encore capable de tenir en suspension toute la vapeur qui s'y trouvait d'abord suspendue. Ainsi, dans un été très sec il n'y a pas de rosée, ni dans un hiver très sec de gelées blanches.

« La seconde confirmation de la théorie se tire de l'expérience directe pratiquée selon la méthode de différence. Nous pouvons, en refroidissant la surface de n'importe quel corps, atteindre en tous les cas une température à laquelle la rosée commence à se déposer. Nous ne pouvons, à la vérité, faire cela que sur une petite échelle ; mais nous avons d'amples raisons pour conclure que la même opération, si elle était conduite dans le grand laboratoire de la nature, aboutirait au même effet.

« Et finalement nous sommes capables de vérifier le résultat, même sur cette grande échelle. Le cas est un de ces cas rares où la nature fait l'expérience pour nous de la même manière que nous la ferions nous-mêmes, c'est-à-dire en introduisant dans l'état antérieur des choses une circonstance nouvelle, unique et parfaitement définie, et en manifestant l'effet si rapidement que le temps manquerait pour tout autre changement considérable dans les circonstances antérieures. On a observé que la rosée ne se dépose jamais abondamment dans des endroits fort abrités contre le ciel ouvert, et point du tout dans les nuits orageuses ; mais que, si les nuages s'écartent, fût-ce pour quelques minutes seulement, de façon à laisser une ouverture, la rosée commence à se déposer et va en augmentant. Ici, il est complètement prouvé que la présence ou l'absence d'une communication non interrompue avec le ciel cause la présence ou l'absence de la rosée. Mais puisqu'un ciel clair n'est que l'absence des nuages, et que les nuages, comme tous les corps entre lesquels et un objet donné il n'y a rien qu'un fluide élastique, ont cette propriété connue, qu'ils tendent à élever ou à maintenir la température de la surface de l'objet en rayonnant vers lui de la chaleur, nous voyons à l'instant que la retraite des nuages refroidira la surface. Ainsi, dans ce cas, la nature ayant produit un changement dans l'antécédent par des moyens connus et définis, le conséquent suit et doit suivre : expérience naturelle conforme aux règles de la méthode de différence. »

XVI

LA MÉTHODE EN CHIMIE. — LA BALANCE
L'ANALYSE ET LA SYNTHÈSE

I

Le rôle des instruments dans les sciences : la balance de Lavoisier.

(Dumas, *Philosophie chimique*, p. 126.)

« Lavoisier fait construire une balance d'une parfaite précision, instrument qui avant lui n'avait jamais été sérieusement employé dans les recherches chimiques. Il en étudie les allures, reconnaît la nécessité des doubles pesées et ne manque pas d'en adopter l'emploi.

« Comme il avait besoin de faire bouillir pendant longtemps de l'eau dans un vase de verre, et qu'il devait vérifier son poids de temps à autre pour s'assurer qu'il ne laissait rien échapper, il pèse ce vase à des températures diverses, et s'assure que le vase, quoique bien fermé, perd un peu de son poids quand il est chaud. Il n'en voit pas la cause...; mais il n'en déduit pas moins la nécessité, trop souvent négligée depuis, de faire les pesées qu'on veut comparer aux mêmes températures; pour le moment, c'est tout ce dont il avait besoin.

« ... La balance est donc, dès le premier essai, entre les mains de Lavoisier, un réactif, permettez-moi cette expression, et un réactif fidèle dont il a fait depuis un usage constant.

« Aussi n'est-ce point à la légère qu'il a choisi cet instrument; s'il l'adopte, c'est qu'il est guidé par une pensée nouvelle et profonde pour lui; tous les phénomènes de la chimie sont dus à des déplacements de matière, à l'union ou à la séparation des corps. Rien ne se perd, rien ne se crée, voilà sa pensée ; et dès la première application qu'il en fait, il efface une grande erreur.

« Pour lui, dans toute réaction chimique désormais les produits formés doivent peser autant et pas plus que les produits employés. Si cette condition d'égalité ne se manifeste pas, c'est que la chimie n'a pas tout su recueillir, ou bien qu'elle a méconnu l'intervention de quelques corps occultes. La balance vous apprend donc à l'instant qu'il faut retrouver le produit perdu, ou reconnaître la nature du corps qui a compliqué l'expérience. Son application à l'étude des phénomènes naturels devait donc révolutionner la chimie et pouvait seule la révolutionner : aussi voyons-nous Lavoisier, peu de temps après, fonder les premières bases de la théorie sur l'application de cet instrument. »

II

L'attraction chimique et l'attraction astronomique.

(Berthollet, *Statique chronique*, Introduction.)

« Les puissances qui produisent les phénomènes chimiques sont toutes dérivées de l'attraction mutuelle des molécules des corps à laquelle on a donné le nom d'affinité pour la distinguer de l'attraction astronomique.

« Il est probable que l'une et l'autre ne sont qu'une seule et même propriété ; mais l'attraction astronomique ne s'exerçant qu'entre des masses placées à une distance où la figure des molécules, leurs intervalles et leurs affections particulières n'ont aucune influence, les effets, toujours proportionnés à la masse et à la raison inverse du carré des distances, peuvent être rigoureusement soumis au calcul ; les effets de l'attraction chimique ou de l'affinité sont, au contraire, tellement altérés par les conditions particulières et souvent indéterminées, qu'on ne peut les déduire d'un principe général, mais qu'il faut les constater successivement. Il n'y a que quelques-uns de ces effets qui puissent être dégagés de tous les autres phénomènes pour se prêter à la précision du calcul.

« C'est donc l'observation seule qui doit servir à constater les propriétés chimiques des corps, ou les affinités par lesquelles ils exercent une action réciproque dans une circonstance déterminée; cependant, puisqu'il est très vraisemblable que l'affinité ne diffère pas dans son origine de l'attraction générale, elle doit être également soumise aux lois que la mécanique a déterminées pour les phénomènes dus à l'action des masses, et il est naturel de penser que, plus les principes auxquels parviendra la théorie chimique auront de généralité, plus ils auront d'analogie avec ceux de la mécanique; mais ce n'est que par la voie de l'observation qu'ils doivent atteindre à ce dernier progrès que déjà l'on peut indiquer. »

III

L'analyse et la synthèse en chimie.

(Berthelot, *Chimie organique*, Introd., sect. 1re, § 3 à 6.)

« En nous bornant à l'analyse, nous ne saurions parvenir à une connaissance parfaite de la nature, et notre esprit ne serait point entièrement satisfait. En effet, pour connaître réellement la nature des êtres, tel que le quartz, le feldspath, en un mot les principes immédiats, il ne suffit pas de les détruire, il faut pouvoir les composer. S'il est vrai que l'analyse a été complète, si elle nous a révélé tous les éléments des choses, toutes les lois qui président à leurs transformations, la synthèse doit se déduire de cette analyse même.

« ... L'analyse du sel marin conduit à le décomposer en deux éléments, le chlore et le sodium : les propriétés de ces deux éléments ne présentent aucune analogie avec celles du sel marin. En effet, d'une part, le chlore est un gaz jaune, doué des propriétés décolorantes, et d'une extrême activité chimique ; d'autre part, le sodium est un métal doué d'un aspect argentin, plus léger que l'eau, apte à décomposer ce liquide à la température ordinaire. On voit combien ces éléments ressemblent peu au sel marin, matière solide, blanche, cristalline, dissoluble dans l'eau ; au premier abord, il est difficile de concevoir comment des corps doués de propriétés aussi peu semblables à celles du sel marin en sont cependant les seuls et véritables éléments ; on serait porté à croire à l'intervention de quelque autre composant que l'analyse aurait été impuissante à révéler. Cependant le chlore et le sodium sont bien les seuls éléments contenus dans le sel marin. La synthèse a levé tout doute à cet égard : car elle a démontré que le chlore et le sodium peuvent de nouveau entrer en combinaison, perdre leurs qualités propres et reconstituer le sel marin avec ses caractères primitifs.

« En général la chimie minérale peut vérifier ainsi par la synthèse les résultats de ses analyses, et procéder tour à tour suivant les deux méthodes, dont la réunion est indispensable pour constituer une science définitive.

« Cependant il est essentiel d'observer que la portée de la méthode synthétique n'est pas exactement la même que celle de la méthode analytique. Tandis que la méthode analytique comprend à la fois la séparation des êtres matériels en principes immédiats, et la décomposition de ces principes immédiats en corps élémentaires, la méthode synthétique s'applique exclusivement à renverser ce dernier résultat, c'est-à-dire à reproduire au moyen des éléments les principes immédiats chimiquement définis : mais elle n'a point pour effet de reconstituer les roches et les terrains qui résultent de leur association naturelle. Ces roches et ces terrains ont été formés sous les influences des agents mécaniques ou géologiques, pour la plupart entièrement différents des forces moléculaires qui produisent les phénomènes chimiques. Expliquer la formation des roches, et au besoin l'imiter, reproduire le granit, par exemple, c'est l'œuvre du géologue et du minéralogiste. Mais la chimie ne saurait prétendre à autre chose qu'à former le quartz, le feldspath, etc.

« Dans l'étude des animaux et des végétaux, nos analyses sont encore bien plus imparfaites, et ne fournissent à la synthèse qu'un appui chancelant. Aussi les idées relatives à la synthèse organique sont-elles demeurées obscures et controversées jusqu'à ces derniers temps.

« Il est facile de concevoir combien sont délicats et difficiles les problèmes de synthèse en chimie organique : car il s'agit, pour le chimiste, de reproduire par les moyens dont il dispose, et à l'aide des seuls corps simples, la multitude immense des principes immédiats qui constituent les êtres vivants ; il s'agit en même temps d'imiter la suite des métamorphoses pondérales subies par ces principes, et en vertu desquelles les animaux et les végétaux se nourrissent, subsistent et se développent. Dans ce nouvel ordre de recherches, les obstacles sont tels que l'on avait même refusé pendant longtemps d'admettre la possibilité du succès, et que l'on avait tracé une démarcation profonde entre la chimie minérale et la chimie organique. Cette négation était exprimée avec d'autant plus d'assurance qu'elle s'appuyait sur l'échec des premières tentatives de synthèse. Elle tirait d'ailleurs ses principaux arguments de la confusion établie entre deux choses essentiellement distinctes : la formation des principes immédiats des êtres vivants, et la formation des cellules, des tissus et des organes, suivant lesquels ces principes sont assemblés dans les êtres vivants eux-mêmes. Ce dernier problème est étranger à la chimie, aussi bien que la formation des roches et des terrains : c'est aux études des physiologistes et des naturalistes qu'on doit le rattacher. Au contraire, la formation des principes immédiats organiques est un problème d'ordre purement chimique. Dans l'état actuel de la science, tout l'effort de nos expériences doit consister à refaire avec les éléments les principes immédiats, à reproduire par l'art la série des changements qu'ils éprouvent au sein des êtres organisés.

« J'ai entrepris de procéder en chimie organique comme on sait le faire depuis près d'un siècle en chimie minérale, c'est-à-dire de composer les matières en combinant leurs éléments, à l'aide des seules forces chimiques... Renversant les termes du problème, j'ai pris pour points de départ les corps simples, le carbone, l'hydrogène, l'oxygène, l'azote, etc.; j'ai reconstitué par la combinaison de ces éléments des composés organiques, d'abord binaires, puis ternaires, etc., les uns analogues, les autres identiques avec les principes immédiats contenus dans les êtres vivants.

« Les substances que l'on forme d'abord par des méthodes purement chimiques sont les principaux carbures d'hydrogène, c'est-à-dire les composés binaires fondamentaux de la chimie organique. Pour les produire de toutes pièces, au moyen des composés minéraux et des éléments eux-mêmes, voici l'une des voies suivant lesquelles on peut procéder : On prend l'oxyde de carbone, c'est-à-dire une substance purement minérale, et par le seul concours du temps et des affinités ordinaires on combine cet oxyde de carbone avec les éléments de l'eau : on obtient ainsi un premier composé organique, l'acide formique. Cet acide, uni à une base minérale, engendre un formiate ; détruisant enfin le formiate par la chaleur, on oblige le carbone de l'oxyde de carbone et l'hydrogène de l'eau à se combiner à l'état naissant pour donner lieu à des carbures d'oxygène. Ainsi se forment le gaz des marais, le gaz oléfiant, le propylène, etc. C'est le premier pas de la synthèse.

« Ces carbures d'hydrogène ainsi préparés deviennent à leur tour le point de départ de la synthèse des alcools.

« Voilà par quelles méthodes générales j'ai opéré la synthèse du carbure d'hydrogène et celle des alcools : ce sont les premiers produits de la synthèse, et les plus difficiles à réaliser. Les carbures d'hydrogène et les alcools sont, en effet, les plus caractéristiques peut-être parmi les composés organiques. Ils n'ont point d'analogie en chimie minérale. L'intervention des actions lentes, celle des affinités faibles et délicates, suffisent pour les obtenir. En s'appuyant sur les mêmes méthodes, on peut pousser plus avant : en effet, à mesure que l'on s'élève à des composés plus compliqués, les réactions deviennent plus faciles et plus variées, et les ressources de la synthèse augmentent à chaque pas. En effet, dans l'ordre de la synthèse organique, le point essentiel réside dans la formation des premiers termes au moyen des éléments, c'est-à-dire dans celle des carbures d'hydrogène et des alcools : c'est elle qui efface en principe toute ligne de démarcation entre la chimie minérale et la chimie organique. »

XVII

DE L'EXPÉRIMENTATION DANS LES SCIENCES BIOLOGIQUES

(Claude Bernard, *Introduction à la médecine expérimentale*, 2ᵉ partie, chap. 1ᵉʳ.)

« La spontanéité dont jouissent les êtres doués de la vie a été l'une des principales objections que l'on a élevées contre l'emploi de l'expérimentation dans les études biologiques. En effet, chaque être vivant nous apparaît comme pourvu d'une espèce de force extérieure qui préside à des manifestations vitales de plus en plus indépendantes à mesure que l'être s'élève davantage. Chez les animaux supérieurs, en effet, cette force vitale paraît avoir pour résultat de soustraire le corps vivant aux influences physicochimiques générales, et de le rendre ainsi très difficilement accessible à l'expérimentation.

« Les corps bruts n'offrent rien de semblable; et, quelle que soit leur nature, ils sont tous dépourvus de spontanéité. Dès lors la manifestation de leurs propriétés étant enchaînée d'une manière absolue aux conditions physicochimiques qui les environnent, il en résulte que l'expérimentation peut facilement les atteindre et les modifier à son gré.

« D'un autre côté, tous les phénomènes d'un corps vivant sont dans une harmonie réciproque telle, qu'il paraît impossible de séparer une partie de l'organisme sans amener immédiatement un trouble dans tout l'ensemble.

« Chez les animaux supérieurs en particulier, la sensibilité, plus exquise, amène des réactions et des perturbations encore plus considérables.

« Beaucoup de médecins et de physiologistes spécialistes, de même que des anatomistes et des naturalistes, ont exploité ces divers arguments pour s'élever contre l'expérimentation chez les êtres vivants. Ils ont admis que la force vitale était en opposition avec les forces physico-chimiques, qu'elle dominait tous les phénomènes de la vie et faisait de l'organisme un tout auquel l'expérimentateur ne pouvait toucher... Cuvier, qui partage cette opinion, s'exprime ainsi : « Toutes les parties d'un corps vivant sont liées ; elles ne peuvent agir qu'autant qu'elles agissent toutes ensemble : vouloir en séparer une de la masse, c'est la reporter dans l'ordre des substances mortes. C'est en changer entièrement l'essence. »

« Si les objections précédentes étaient fondées, ce serait reconnaître ou bien qu'il n'y a pas de déterminisme possible dans les phénomnes de la vie, ou bien que la force vitale doit être étudiée par des procédés particuliers et repose sur d'autres principes que la science des corps inertes.

« ... Mais si l'on y réfléchit, on verra bientôt que cette spontanéité du corps vivant n'est qu'une simple apparence et la conséquence de certains mécanismes de milieux parfaitement déterminés, de sorte qu'au fond il sera facile de prouver que les manifestations des corps vivants, aussi bien que celles des corps bruts, sont dominées par un déterminisme nécessaire qui les enchaîne à des conditions d'ordre physico-chimique.

« ... C'est seulement chez les animaux à sang chaud qu'il paraît y avoir indépendance entre les conditions de l'organisme et celles du milieu ambiant ; chez ces animaux, en effet, la manifestation des phénomènes vitaux ne subit plus les alternatives et les variations qu'éprouvent les conditions cosmiques... Mais au fond il n'en est rien, et cela tient simplement à ce que, par suite d'un mécanisme protecteur plus complet, le milieu de l'animal à sang chaud se met plus difficilement en équilibre avec le milieu cosmique extérieur.

« Dans l'expérimentation sur les corps bruts, il n'y a à tenir compte que d'un seul milieu : c'est le milieu cosmique extérieur ; tandis que chez les êtres vivants élevés il y a au moins deux milieux à considérer : le milieu *extérieur* ou extra-organique, et le milieu *intérieur* ou intra-organique... Le physicien et le chimiste qui expérimentent sur les corps inertes, n'ayant à considérer que le milieu extérieur, peuvent, à l'aide du baromètre, du thermomètre et de tous les instruments, se placer toujours dans des conditions identiques. Pour le physiologiste, ces instruments ne suffisent plus, et d'ailleurs c'est dans le milieu intérieur (le sang) qu'il devrait les faire agir. A mesure que l'on s'élève dans l'échelle des êtres vivants, les éléments organiques deviennent plus délicats et ils ont besoin d'un milieu intérieur plus perfectionné...

« ... Le milieu intérieur conserve des rapports nécessaires d'échange et d'équilibre avec le milieu extérieur.

« On peut se faire une idée de la complexité énorme des phénomènes de la vie, et des difficultés presque insurmontables que leur détermination exacte présente au physiologiste, quand il est obligé de porter l'expérimentation dans les milieux organiques. Toutefois... il y a un déterminisme absolu en biologie ; dès lors il y a une science biologique... Il faut décomposer l'organisme comme on démonte une machine pour en reconnaître les rouages. Il faut donc recourir à une étude analytique successive des phénomènes de la vie en faisant usage de la même méthode expérimentale du physicien. — En effet, l'un et l'autre (le physicien et le physiologiste) se proposent pour but commun de remonter à la cause prochaine du phénomène qu'ils étudient ; or, ce que nous appelons la cause prochaine n'est rien autre chose que la condition physique et matérielle de son existence et de sa manifestation... En effet, quand l'expérimentateur est parvenu à connaître les conditions d'existence d'un phénomène, il en est en quelque sorte le maître ; il peut prédire sa marche et sa manifestation, la produire ou l'empêcher à volonté.

« Comme corollaire de ce qui précède, nous ajouterons

que le physiologiste ou le médecin ne doivent pas s'imaginer qu'ils ont à rechercher la cause de la vie ou l'essence des maladies. Ce serait perdre complètement son temps à poursuivre un fantôme. Il n'y a aucune réalité objective dans les mots de vie, mort, santé, maladie. Ce sont des expressions littéraires, dont nous nous servons parce qu'elles représentent à notre esprit l'apparence de certains phénomènes. »

De l'harmonie physiologique.

(*Ibid.*, ch. II.)

« Il est très vrai que la vie n'introduit aucune différence dans la méthode scientifique expérimentale... Mais il faut reconnaître que le déterminisme, dans les phénomènes de la vie, est non seulement un déterminisme très complexe, mais en même temps un déterminisme qui est harmoniquement hiérarchisé... Le physiologiste et le médecin ne doivent donc jamais oublier que l'état vivant forme un organisme et une individualité.

« ... Ils doivent tenir compte de l'harmonie de cet ensemble, en même temps qu'ils cherchent à pénétrer dans son intérieur... De là il résulte que le physicien et le chimiste peuvent repousser toute idée de cause finale, tandis que le physiologiste est porté à admettre une finalité harmonique et préétablie dans le corps organisé... Mais on ne saurait conclure de là qu'il ne faut pas analyser la machine vivante comme on analyse une machine brute dont toutes les parties ont également un rôle à remplir dans un ensemble. Nous devons, autant que nous le pouvons, à l'aide des analyses expérimentales, transporter les actes physiologiques en dehors de l'organisme... C'est ainsi que nous instituons les digestions et les fécondations artificielles pour mieux connaître les digestions et les fécondations naturelles. Nous pouvons encore, à raison des anatomies organiques[1], séparer les tissus vivants et les placer, au moyen de la circulation artificielle ou autrement, dans

---

[1] C'est-à-dire à raison de l'indépendance respective des tissus.

les conditions où nous pouvons mieux étudier leurs propriétés. On isole parfois un organe en détruisant par des anesthésiques les réactions du consensus général; on arrive au même résultat en divisant les nerfs qui se rendent à une partie, tout en conservant les vaisseaux sanguins. A l'aide de l'expérimentation analytique, j'ai pu transformer en quelque sorte des animaux à sang chaud en animaux à sang froid, pour mieux établir les propriétés de leurs éléments histologiques; j'ai réussi à empoisonner des glandes supérieures, ou à les faire fonctionner à l'aide de leurs nerfs divisés d'une manière tout à fait indépendante de l'organisme. Dans ce dernier cas on peut avoir la glande à l'état de repos absolu ou dans un état de fonction exagérée; les deux extrêmes des phénomènes étant connus, on saisit ensuite facilement tous les intermédiaires... Il faudra toujours, après avoir opéré l'analyse, refaire les synthèses physiologiques, afin de voir l'action réunie de toutes les parties que l'on avait isolées.

« ... Cependant, l'analyse, qui nous apprend les propriétés élémentaires des parties organisées, ne nous donnerait qu'une synthèse idéale très incomplète; de même que la connaissance de l'homme isolé ne nous apporterait pas la connaissance de toutes les institutions qui résultent de son association... En un mot, quand on réunit des éléments physiologiques, on voit apparaître des propriétés qui n'étaient pas appréciables dans des éléments séparés; il faut donc toujours procéder expérimentalement dans la synthèse vitale, parce que des phénomènes tout à fait spéciaux peuvent être le résultat de l'union ou de l'association de plus en plus complexe des éléments organisés. Tout cela prouve que ces éléments, quoique distincts et autonomes, ne jouent pas pour cela le rôle de simples associés, et que leur union exprime plus que l'addition de leurs propriétés séparées. »

XVIII

LES EXPÉRIENCES DE HUBER SUR LES ABEILLES

(Flourens, *Journal des savants,* avril 1811.)

« Le premier point était de déterminer le rôle du pollen dans la formation de la cire. Nous avons vu l'observation, très fine, il est vrai, mais très restreinte, de Hunter. Il fallait quelque chose de plus ; il fallait des expériences directes, et faites à dessein.

« Huber loge un essaim, nouvellement sorti de la ruche mère, dans une ruche vide, avec une provision de miel et d'eau pour la nourriture des abeilles ; puis il ferme les portes de la ruche avec soin pour qu'aucune abeille n'en puisse sortir. Il ne laisse de passage libre que pour le renouvellement de l'air.

« Voilà donc des abeilles privées de tout pollen ; elles n'en font pas moins de la cire. La ruche, qui ne contenait pas un atome de cire lorsque nous y établîmes les abeilles, avait acquis, dans l'espace de cinq jours, cinq gâteaux de la plus belle cire.

« Mais, dira-t-on peut-être, les abeilles actuellement captives avaient été libres ; elles ont donc pu recueillir alors du pollen, et par conséquent en avoir retenu assez dans leur entonnoir pour en extraire plus tard la cire qu'elles ont produite.

« Assurément, cela n'est point impossible ; mais on conviendra bien aussi que cette source de pollen ne saurait être inépuisable. Huber prolonge donc l'expérience, c'est-à-dire l'emprisonnement des mêmes abeilles et la même privation de pollen. Il fait plus : il leur ôte toute la cire qu'elles venaient de produire. Trois jours après, il y en avait tout autant dans la ruche. On leur enleva jusqu'à cinq fois l'une après l'autre cette cire qu'elles s'obstinaient à faire sans pollen, et toujours elles en refirent.

« Il ne manquait plus qu'une expérience inverse. Au lieu de nourrir les abeilles captives avec du miel, on les nourrit avec du pollen, et dès ce moment elles ne firent plus de cire.

« C'est donc du miel et non du pollen que les abeilles tirent les matériaux requis pour la production de la cire qu'elles sécrètent. Elles tirent ces matériaux du miel; elles les tirent aussi du sucre. Trois essaims, mis en comparaison, furent nourris l'un avec du miel, l'autre avec du sucre réduit en sirop, l'autre avec de la cassonade. Les abeilles des trois essaims produisirent de la cire.

« Les expériences précédentes nous ont appris que le miel suffit à la production de la cire, et que le pollen n'y sert point. Mais alors à quoi sert-il donc? A la nourriture des petits, avait dit John Hunter. L'habileté de Huber dans l'art des expériences va transformer cette conjecture en démonstration.

« Dans les expériences précédentes, où il ne s'agissait que d'un seul point, savoir si le miel suffit ou non à la production de la cire, on ôtait aux abeilles captives toute la cire qu'elles produisaient à mesure qu'elles la produisaient. Si on leur eût laissé leurs gâteaux, leurs rayons de cire, la reine aurait pondu dans les cellules de ces rayons, et la question de *l'origine de la cire* se serait compliquée de celle de la *nourriture des petits*. Il valait mieux traiter ces deux questions l'une après l'autre.

« La question actuelle est celle de la nourriture des petits. Le miel suffit-il à leur nourriture? Pour le savoir, il fallait placer dans une ruche pourvue de miel et d'eau des abeilles avec des gâteaux et du couvain; et il fallait tenir ces abeilles soigneusement renfermées, pour qu'elles ne puissent pas aller dans les champs recueillir du *pollen*.

« Les deux premiers jours, les abeilles continuèrent à prendre soin des petits; mais dès le troisième le couvain était abandonné; les abeilles se précipitaient toutes vers la porte pour sortir. On les retint encore pendant deux jours, malgré leur impatience toujours croissante. On leur ouvrit enfin, le cinquième. Aussitôt l'essaim tout entier s'envola. On profita de ce moment pour examiner les cellules de leurs gâteaux : ces cellules étaient désertes; pas de couvain, pas un atome de bouillie; tous les vers étaient morts de faim. En supprimant le pollen, on avait ôté aux abeilles tout moyen de les nourrir.

« Que fallait-il encore? Il fallait confier aux mêmes ouvrières d'autres couvains à soigner, et, cette fois-ci, leur accorder du pollen en abondance. C'est ce qu'on fit, et l'on vit aussitôt les abeilles se jeter avidement sur le *pollen*, s'en gorger en quelque sorte et le porter à leurs nourrissons.

« Rien n'est donc plus indépendant, plus distinct, que la production de la cire et le nourrissage des petits. Mais voici le comble : c'est qu'il y a deux variétés, deux races d'abeilles, une race pour chaque fonction; les unes destinées à produire la cire, et les autres destinées à soigner les petits, les *abeilles cirières* et les *abeilles nourrices*. »

(Pour la suite de ces expériences, voir l'article de Flourens.)

XIX

L'ANALYSE ANATOMIQUE D'APRÈS BICHAT

(Flourens, *Journal des savants*, 1856.)

« Le *Traité des membranes* de Bichat est son premier ouvrage ; il nous découvre son procédé intellectuel, sa méthode, ce qui a fait son cachet en anatomie, ce qui constitue son invention : *l'analyse anatomique*.

« Il est dans chaque science une époque où, épuisée d'un côté, elle est encore pleine de ressources pour qui sait l'envisager d'un autre : telle était l'anatomie humaine à l'époque où parut Bichat : tout avait été fait pour la description des organes ; l'anatomie descriptive était achevée ; mais pour le démêlement des tissus constitutifs des organes, rien ; si vous exceptez le livre de Bordeu dont il vient d'être parlé, rien n'avait encore été fait : l'anatomie générale était à naître.

« Bichat partage les membranes du corps entier en trois grandes classes, les *muqueuses*, les *séreuses* et les *fibreuses* : les muqueuses, telles que celles de la bouche, de l'estomac, de l'œsophage, des intestins, des fosses nasales ; les séreuses, telles que le péritoine, la plèvre, l'arachnoïde, les membranes synoviales des articulations ; les fibreuses, telles que le périoste, la dure-mère, la sclérotique, les aponévroses.

« Tout ce démêlement est admirable ; et de même qu'en localisant la sensibilité, les nerfs et l'irritabilité dans le muscle, Haller avait fondé, vers le milieu du dernier siècle, *l'analyse physiologique*, de même, en démêlant les unes avec les autres les membranes muqueuses, séreuses et fibreuses, en les dégageant et les isolant les unes des autres, Bichat venait de fonder *l'analyse anatomique*.

« Bichat rattache l'*anatomie descriptive* à l'*anatomie générale*.

« Après avoir fait connaître les *tissus* simples, objets de l'anatomie générale, il fait connaître les combinaisons de ces tissus, à savoir, les organes, objet de l'anatomie descriptive.

« Les organes ne sont, en effet, que certains assemblages de divers tissus. L'estomac est un assemblage de tissus muqueux, séreux et musculaires; les bronches, un assemblage de tissus muqueux, séreux, fibro-cartilagineux; chaque muscle se compose du muscle proprement dit, de ses tendons, de ses gaines cellulaires, etc.; de plus, les artères, les veines, les vaisseaux absorbants entrent dans tous ces organes et en augmentent la complication.

« Bichat rattache donc l'anatomie descriptive à l'anatomie générale, et c'est là son premier pas.

« Il rattache ensuite l'anatomie descriptive et l'anatomie générale à la physiologie, et c'est là son second pas.

« Toute son anatomie descriptive est essentiellement une anatomie physiologique. Par exemple, on divisait avant Bichat l'anatomie en ostéologie, myologie, splanchnologie, angéiologie, névrologie, etc., c'est-à-dire qu'on séparait ce qui devait être réuni et qu'on réunissait ce qui devait être séparé : on séparait le cœur des vaisseaux, le cerveau des nerfs; on réunissait le cœur au cerveau, le cerveau à l'estomac. Bichat divise les organes par les fonctions, et tout rentre dans l'ordre; le cerveau est étudié avec les nerfs pour l'étude des sensations; le cœur avec les vaisseaux pour l'étude de la circulation; les muscles avec les os pour l'étude de la mécanique animale; de là les appareils des sensations, de la circulation, de la locomotion.

« Voilà comment Bichat rattache et soumet l'anatomie descriptive à la physiologie. Il y rattache de même, mais par un autre côté, l'anatomie générale.

« La physiologie a deux principaux objets : l'étude des fonctions et celle des propriétés. Pour l'étude des *fonc-*

tions, c'est aux organes qu'elle s'adresse, c'est-à-dire à l'anatomie descriptive; mais pour l'étude des *propriétés,* c'est aux tissus qu'il faut qu'elle s'adresse, c'est-à-dire à l'anatomie générale.

« Quand nous étudions une fonction, dit très bien Bichat lui-même, il faut considérer d'une manière générale l'organe composé qui l'exécute ; mais quand vous voulez connaître les propriétés et la vie de cet organe, il faut absolument le décomposer et en isoler les divers tissus. »

« L'anatomie générale et l'anatomie descriptive ne sont donc que les deux moyens de la physiologie : l'une lui donne les organes, l'autre les tissus; partout la physiologie domine, et non seulement la physiologie prise en général, mais la physiologie de Bichat. »

XX

LA CLASSIFICATION EN ZOOLOGIE D'APRÈS BUFFON ET CUVIER

(Buffon, *Manière d'étudier l'histoire naturelle*, t. Ier.)

« Voici, ce me semble, comment cela est arrivé. On a d'abord divisé les végétaux suivant les différentes grandeurs ; on a dit : « Il y a de grands arbres, de petits arbres, « des arbrisseaux, des sous-arbrisseaux, de grandes plan- « tes, de petites plantes et des herbes. » Voilà le fondement d'une méthode, que l'on divise et sous-divise ensuite par d'autres relations de grandeurs et de formes, pour donner à chaque espèce un caractère particulier. Après la méthode faite sur ce plan, il est venu des gens qui ont examiné ces distributions, et qui ont dit : « Mais cette méthode « fondée sur la grandeur relative des végétaux ne peut « pas se soutenir : car il y a dans une espèce, comme dans « celle du chêne, des grandeurs si différentes qu'il y a des « espèces de chênes qui s'élèvent à cent pieds de hauteur, « et d'autres espèces de chênes qui ne s'élèvent jamais « à plus de deux pieds. Il en est de même, proportion « gardée, des châtaigniers, des pins, des aloès et d'une « infinité d'autres espèces de plantes. On ne doit donc pas, « a-t-on dit, déterminer le genre des plantes par leur gran- « deur, puisque ce signe est équivoque et incertain ; » et l'on a abandonné avec raison cette méthode. D'autres sont venus ensuite qui, croyant faire mieux, ont dit : « Il « faut, pour connaître les plantes, s'attacher aux parties « les plus apparentes ; et comme les feuilles sont ce qu'il « y a de plus apparent, il faut arranger les plantes par la « forme, la grandeur et la position des feuilles. » Sur ce projet on a fait une autre méthode ; on l'a suivie pendant quelque temps ; mais ensuite on a reconnu que les feuilles de presque toutes les plantes varient prodigieusement selon les différents âges et les différents terrains ; que leur forme n'est pas plus constante que leur grandeur, que leur position est encore plus incertaine. On a donc été aussi peu content de cette méthode que de la précédente. Enfin, quelqu'un a imaginé, et je crois que c'est Gesner, que le Créateur avait mis dans la fructification des plantes un certain nombre de caractères différents et invariables, et que c'était de ce point qu'il fallait partir pour faire une méthode ; et comme cette idée s'est trouvée vraie jusqu'à un certain point, en sorte que les parties de la génération des plantes se sont trouvées avoir quelques différences plus constantes que toutes les autres parties de la plante prises séparément, on a vu tout d'un coup s'élever plusieurs méthodes de botanique toutes fondées sur le même principe. Parmi ces méthodes, celle de M. de Tournefort est la plus remarquable, la plus ingénieuse et la plus complète. Cet illustre botaniste a senti le défaut d'un système qui serait purement arbitraire : en homme d'esprit, il a évité les absurdités qui se trouvent dans la plupart des autres méthodes de ses contemporains, et il a fait ses distributions et ses exceptions avec une science et une adresse infinies : il avait, en un mot, mis la botanique au point de se passer de toutes les autres méthodes, et il l'avait rendue susceptible d'un certain degré de perfection. Mais il s'est élevé un autre méthodiste qui, après avoir loué son système, a tâché de le détruire pour établir le sien, et qui, ayant adopté avec M. de Tournefort les caractères tirés de la fructification, a employé toutes les parties de la génération des plantes, et surtout les étamines, pour en faire la distribution de ses genres, et, méprisant la sage attention de M. de Tournefort à ne pas forcer la nature au point de confondre, en vertu de son système, les objets les plus différents, comme les arbres avec les herbes, a mis ensemble et dans les mêmes classes le mûrier et l'ortie, les tulipes et l'épine-vinette, l'orme et la carotte, la rose et la fraise, le chêne et la pimprenelle. N'est-ce pas se jouer de la nature et de ceux qui l'étudient? Et si tout cela n'était pas donné avec une certaine apparence d'ordre mystérieux et enveloppé de grec et d'érudition botanique, aurait-on tant tardé à faire apercevoir le ridicule d'une pareille méthode, ou plutôt à montrer la confusion qui résulte d'un assemblage si bizarre? Mais ce n'est pas tout, et je vais insister, parce qu'il est juste de conserver à M. de Tournefort la gloire qu'il a méritée par un travail sain et suivi... Je dis donc que cette nouvelle méthode qui rassemble dans la même classe des genres de plantes entièrement dissemblables a encore, indépendamment de ces disparates, des défauts essentiels et des inconvénients plus grands que toutes les méthodes qui ont précédé. Comme les caractères des genres sont pris de parties presque infiniment petites, il faut aller le microscope à la main pour reconnaître un arbre ou une plante; la grandeur, la figure, le port extérieur ne servent plus à rien : il n'y a que les étamines, et si l'on ne peut pas voir les étamines, on ne sait rien, on n'a rien vu. Ce grand arbre que vous apercevez n'est peut-être qu'une pimprenelle : il faut compter ses étamines pour savoir ce que c'est; et comme ses étamines sont souvent si petites qu'elles échappent à l'œil simple ou à la loupe, il faut un microscope. Mais, malheureusement encore pour le système, il y a des plantes dont le nombre des étamines varie, et voilà la méthode défaite comme les autres, malgré la loupe et le microscope [1]. »

Comment Cuvier a établi la classification du règne animal.

(Cuvier, *Règne animal*, Introd.)

« Je dois faire marcher de front l'anatomie et la zoologie, les dissections et le classement, chercher dans mes

---

1. Ces critiques de Buffon sur les classifications, et en particulier

premières remarques sur l'organisation des distributions meilleures, m'en servir pour arriver à des remarques nouvelles, employer encore ces remarques à perfectionner ces distributions, faire sortir enfin de cette fécondation mutuelle des deux sciences l'une par l'autre un système zoologique propre à servir d'introduction et de guide dans l'étude de l'anatomie, et un corps de doctrine anatomique propre à servir de développement et d'application au système zoologique.

« Je n'ai pas eu la prétention ni le désir de classer les êtres de manière à en former une seule ligne ou à marquer leur supériorité réciproque... Je n'ai considéré mes divisions que comme l'expression graduée de la ressemblance des êtres qui entrent dans chacune; et quoiqu'il y en ait où l'on observe une sorte de dégradation et de passage d'une espèce à l'autre, il s'en faut que cette disposition soit générale. L'échelle prétendue des êtres n'est qu'une application erronée à la totalité de la création de ces observations partielles qui n'ont de justesse que dans les limites où elles sont faites.

« Pour une telle classification on emploie une comparaison assidue des êtres, dirigée par le principe de la subordination des caractères, qui dérive lui-même de celui des conditions d'existence.

« Les parties d'un être devant toutes avoir une convenance mutuelle, il est tels traits de conformation qui en excluent d'autres; il en est, au contraire, qui en nécessitent; quand on connaît donc tels ou tels traits dans un être, on peut calculer ceux qui coexistent avec ceux-là ou ceux qui leur sont incompatibles; les parties, les propriétés ou les traits de conformation qui ont le plus grand nombre de ces rapports d'incompatibilité ou de coexistence avec d'autres ou qui exercent sur l'ensemble de l'être l'influence la plus marquée, sont ce qu'on appelle les ca-

---

sur celle de Linné, sont certainement excessives; mais elles montrent bien le défaut des classifications artificielles.

ractères importants, les caractères *dominateurs;* les autres sont les caractères *subordonnés.* »

La définition et la description d'après Buffon.

(*Manière d'étudier l'histoire naturelle*, liv. 1ᵉʳ.)

« La définition n'est que la représentation très imparfaite de la chose, et nous ne pouvons jamais bien définir une chose sans la décrire exactement. C'est cette difficulté de faire une bonne définition qu'on retrouve à tout moment dans toutes les méthodes, dans tous les abrégés...; aussi doit-on dire que dans les sciences naturelles il n'y a de bien défini que ce qui est exactement décrit : or, pour décrire exactement, il faut avoir vu, revu, examiné, comparé la chose qu'on veut décrire, et tout cela sans préjugé, sans esprit de système : sans quoi la description n'a plus le caractère de la vérité. »

XXI

LA MÉTHODE EN PALÉONTOLOGIE D'APRÈS CUVIER

(Cuvier, *Révolutions du globe*.)

« Antiquaire d'une nouvelle espèce, il me fallut apprendre à la fois à restaurer ces monuments des révolutions passées et à en déchiffrer le sens ; j'eus à recueillir et à rapprocher dans leur ordre primitif les fragments dont ils se composent, à reconstruire les êtres antiques auxquels ces fragments appartenaient, à les reproduire avec leurs proportions et leurs caractères, à les comparer, enfin, à ceux qui vivent aujourd'hui à la surface du globe : art presque inconnu et qui supposait une science à peine effleurée auparavant, celle des lois qui président aux coexistences des formes des diverses parties dans les êtres organisés. Je dus donc me préparer à ces recherches par des recherches bien plus longues sur les animaux existants. Une revue presque générale de la création actuelle pouvait seule donner un caractère de démonstration à mes résultats sur cette création ancienne ; mais elle devait, en même temps, me donner un grand ensemble de règles et de rapports non moins démontrés, et le règne entier des animaux ne pouvait manquer de se trouver en quelque sorte soumis à des lois nouvelles, à l'occasion de cet essai sur une petite partie de la théorie de la terre.

« ... Si l'on met de l'intérêt à suivre dans l'enfance de notre espèce les traces presque effacées de tant de nations éteintes, comment n'en mettrait-on pas aussi à rechercher dans les ténèbres de l'enfance de la terre les traces de révolutions antérieures à l'existence de toutes les nations ? Nous admirons la force par laquelle l'esprit humain a mesuré les mouvements des globes que la nature semblait avoir soustraits pour jamais à notre vue ; le génie et la science ont franchi les limites de l'espace : quelques observations, développées par le raisonnement, ont dévoilé le mécanisme du monde. N'y aurait-il pas aussi quelque gloire pour l'homme à savoir franchir les limites du temps et à retrouver, au moyen de quelques observations, l'histoire de ce monde, et une succession d'événements qui ont précédé la naissance du genre humain? Sans doute les astronomes ont marché plus vite que les naturalistes, et l'époque où se trouve aujourd'hui la théorie de la terre ressemble un peu à celle de quelques philosophes qui croyaient le ciel de pierre de taille et la lune grande comme le Péloponèse ; mais après les Anaxagoras, il est venu des Copernic et des Képler, qui ont frayé la route à Newton ; pourquoi l'histoire naturelle n'aurait-elle pas un jour son Newton ? »

Les hypothèses géologiques.

« Pendant longtemps on n'admit que deux événements, deux époques de mutation sur le globe : la création et le déluge ; et tous les efforts des géologistes tendirent à expliquer l'état actuel en imaginant un certain état primitif modifié ensuite par le déluge, dont chacun imaginait aussi à sa manière les causes, l'action et les effets.

« Ainsi, selon l'un (Burnet, *Telluris theoria sacra,* 1680), la terre avait reçu d'abord une croûte égale et légère qui recouvrait l'abîme des mers et qui se creva pour produire le déluge : ses débris formèrent les montagnes. Selon l'autre (Woodworh, *Essay towards the natural history of the earth,* 1702), le déluge fut occasionné par une suspension momentanée de la cohésion dans les minéraux : toute la masse du globe fut dissoute, et la pâte en fut pénétrée par les coquilles. Selon un troisième (Scheuchler, *Mémoire de l'Académie,* 1708), Dieu souleva les montagnes pour faire écouler les eaux qui avaient produit le déluge, et les prit dans les endroits où il y avait le plus de pierres, parce qu'autrement elles n'auraient pu se soutenir. Un quatrième (Wiston, *a New Theorie of the earth*, 1708) créa la terre avec l'atmosphère d'une comète et la fit inonder par la queue d'une autre ; la chaleur qui lui restait de la première origine fut ce qui excita tous les êtres vivants au péché : aussi furent-ils tous noyés, excepté les poissons, qui avaient apparemment les passions moins vives.

« On voit que, tout en se retranchant dans les limites fixées par la Genèse, les naturalistes se donnaient encore une carrière assez vaste : ils se trouvèrent bientôt à l'étroit ; et quand ils eurent réussi à faire envisager les six jours de la création comme autant de périodes indéfinies, les siècles ne leur coûtant plus rien, leurs systèmes prirent un essor proportionné aux espaces dont ils purent disposer.

« Le grand Leibniz lui-même[1] s'amusa à faire, comme Descartes, de la terre un soleil éteint, un globe vitrifié, sur lequel les vapeurs, étant retombées lors de son refroidissement, formèrent des mers, qui déposèrent ensuite les terrains calcaires.

« De Maillet (*Telliamed*, Amsterdam, 1748) couvrit le globe entier d'eau pendant des milliers d'années ; il fit retirer les eaux graduellement ; tous les animaux terrestres avaient d'abord été marins ; l'homme lui-même avait commencé par être poisson, et l'auteur assure qu'il n'est pas rare de rencontrer dans l'Océan des poissons qui ne sont encore devenus hommes qu'à moitié, mais dont la race le deviendra quelque jour.

« Le système de Buffon n'est guère qu'un développement de celui de Leibnitz, avec l'addition seulement d'une comète qui a fait sortir du soleil, par un choc violent, la masse liquéfiée de la terre, en même temps que celle de toutes les planètes : d'où il résulte des dates positives : car par la température actuelle de la terre on peut savoir depuis combien de temps elle se refroidit ; et puisque les

---

1. *Protogea*, acta Lips., 1683.

autres planètes sont sorties du soleil en même temps qu'elle, on peut calculer combien les grandes ont encore de siècles à refroidir, et jusqu'à quel point les petites sont déjà glacées[1].

« De nos jours, des esprits plus libres que jamais ont voulu s'exercer sur ce grand sujet. Quelques écrivains ont reproduit et prodigieusement étendu les idées de de Maillet ; ils disent que tout fut liquide dans l'origine ; que le liquide engendra des animaux d'abord très simples, tels que les monades et autres espèces infusoires et microscopiques ; que par suite des temps, et en prenant des habitudes diverses, les races animales se compliquèrent et se diversifièrent au point où nous les voyons aujourd'hui. Ce sont toutes ces races d'animaux qui ont converti par degrés l'eau de la mer en terre calcaire ; les végétaux, sur l'origine et les métamorphoses desquels on ne nous dit rien, ont converti de leur côté cette eau en argile ; mais ces deux terres, à force d'être dépouillées des caractères que la vie leur avait imprimés, se résolvent, en dernière analyse, en silice ; et voilà pourquoi les plus anciennes montagnes sont plus siliceuses que les autres. Toutes les parties solides de la terre doivent donc leur naissance à la vie, et sans la vie le globe serait entièrement liquide.

« Plus nouvellement encore, une philosophie[2] qui substitua des métaphores aux raisonnements, partant du système de l'identité absolue ou du panthéisme, fait naître tous les phénomènes, ou, ce qui est à ses yeux la même chose, tous les êtres, par polarisation, comme les deux électricités, et appelant polarisation toute opposition, toute différence, soit qu'on la prenne de la situation, de la nature ou des fonctions, elle voit successivement s'opposer Dieu et le monde ; dans le monde, le soleil et les planètes ; dans les planètes, le solide et le liquide ; et, poursuivant cette marche, changeant au besoin ses figures

---

1. *Théorie de la terre*, 1749. — *Époques de la nature*, 1775.
2. C'est la philosophie de Schelling, en Allemagne.

et ses allégories, elle arrive jusqu'aux derniers détails des êtres organisés.

« D'où peut donc venir une pareille opposition dans les solutions d'hommes qui partent des mêmes principes pour résoudre le même problème?

« Ne serait-ce point que les conditions du problème n'ont jamais été toutes prises en considération, ce qui l'a fait rester jusqu'à ce jour indéterminé et susceptible de plusieurs solutions, toutes également bonnes quand on fait abstraction de telle ou telle condition, toutes également mauvaises quand une nouvelle condition vient à se faire connaître, ou que l'attention se porte vers quelque condition connue, mais négligée? »

XXII

LA MÉTHODE EN PSYCHOLOGIE D'APRÈS TH. JOUFFROY

(Analyse de la Préface de Jouffroy à la traduction des *Esquisses de philosophie morale* de D. Stewart.)

Aux méthodes qui concernent les sciences physiques, nous devons ajouter celles qui ont rapport aux sciences morales, et en particulier à la science de l'esprit humain, ou *psychologie*.

Voici les principes établis par Th. Jouffroy sur la méthode psychologique[1] :

1° Le fait constitutif de la psychologie est celui-ci : c'est que nous sommes incessamment informés de ce qui se passe en dedans de nous dans le sanctuaire impénétrable de nos pensées, de nos sensations, de nos déterminations. Cette vue est continuelle, et il est douteux que le sommeil le plus profond la suspende.

2° Cet avertissement intérieur n'est pas l'œuvre des sens, mais de ce que l'on appelle la *conscience*.

3° Il n'y a pas de conviction plus forte et plus complète que celle qui s'attache à cette information. Ce qu'il y aurait de plus absurde, ce serait de contester à un homme qu'il sent quand il sent, et c'est cette vérité que Descartes a mise en pleine lumière lorsqu'il a dit que l'on peut douter de toutes choses, excepté de sa propre pensée et de son existence.

4° Il y a donc dans l'intelligence deux vues distinctes : l'une sur le dehors, par l'intermédiaire des sens, l'autre

---

1. Quoique la psychologie ne fasse pas partie de ce cours, il n'en est pas moins utile de s'en faire une idée et d'en connaître la méthode.

sur le dedans et sur les faits du for intérieur par la conscience. La première est l'observation externe ou sensible; la seconde est l'observation interne. On ne voit pas pourquoi l'une aurait moins d'autorité que l'autre.

5° Les deux vues ont leur domaine propre : les sens ne peuvent pénétrer dans le domaine de la conscience, ni la conscience dans la sphère des sens. Le phénomène de la sensation nous en offre un exemple frappant. Il se compose de deux parties bien distinctes : une impression matérielle produite sur l'un de nos organes, et un fait de sentiment ou d'intelligence qui en résulte. Or l'action de l'objet extérieur sur nos organes est un fait d'expérience sensible; mais ici l'attention, aidée des meilleurs instruments, ne peut lui révéler ni le sentiment ni l'idée. D'un autre côté, la conscience sent parfaitement le plaisir et la douleur; mais elle ne reçoit aucune notion ni du nerf ni de l'organe. De même dans le mouvement volontaire, nous avons conscience de l'effort voulu, mais non du nerf, des muscles et des os, qui sont les organes des mouvements.

6° Il en est des faits de conscience comme des faits externes. On en a d'abord un sentiment instinctif, mais ce sentiment se fortifie et s'éclaire par l'attention et l'observation. Il n'est personne qui ignore ce que c'est que sentir, désirer, délibérer, vouloir, aimer, haïr, et nous avons tous des mots pour désigner ces choses; mais sans attention ni observation point d'analyse ni de connaissance précise et certaine. Sans doute l'attention se porte plus facilement sur les choses extérieures que sur les phénomènes internes, mais ce n'est là qu'une habitude qui ne prouve rien contre la possibilité d'observer à l'intérieur aussi bien qu'à l'extérieur. On peut citer comme preuves de cette possibilité les observations des grands moralistes, les descriptions de la passion chez les amants, de la douleur chez les personnes malades, surtout chez les mélancoliques, qui sont si attentifs et si subtils à démêler ce qui se passe en eux-mêmes. Tout cela prouve que l'attention appliquée aux phénomènes internes peut y découvrir mille nuances que le sentiment vulgaire n'aperçoit pas. Pourquoi cette faculté dirigée par la méthode n'arriverait-elle pas à autant de précision que l'observation des sens?

7° Si la conscience nous découvre des faits, si ces faits se prêtent à une observation régulière, même à une sorte d'expérimentation (puisque nous pouvons la plupart du temps les renouveler à volonté), pourquoi n'arriverions-nous pas à découvrir les lois de ces phénomènes, comme on l'a fait pour les phénomènes externes? car il s'agit seulement de savoir comment la nature humaine se comporte dans chaque cas particulier sous l'influence de telle ou telle circonstance. L'étude des mœurs, c'est-à-dire des manières d'être des hommes suivant les temps et les lieux, est l'œuvre des moralistes, d'un La Bruyère, d'un La Rochefoucauld. Le psychologiste, comme le physicien, cherche ce qu'il y a de constant, de régulier, d'invariable dans les opérations de l'esprit humain.

8° Les phénomènes internes une fois connus par la conscience et analysés par l'observation, comment les transmettre et les communiquer? Il y a ici une grande difficulté, et cette difficulté fait précisément ressortir l'indépendance et l'originalité de ces faits. Les faits physiques peuvent être aperçus à la fois par les sens de plusieurs hommes. Lorsque je veux désigner un fait, par exemple l'ordre des couleurs dans le spectre, je n'ai qu'à le montrer, en faisant passer la lumière à travers un prisme. Il n'en est pas de même des faits intérieurs. Personne ne peut étaler sur une table ou faire apparaître sur un écran la différence de l'espérance et de la crainte. Cependant il doit être possible de communiquer et de transmettre les faits de conscience. Pour cela nous n'avons d'autre moyen que de faire appel à la conscience et à la mémoire des autres hommes, puis à leur faire remarquer les divers éléments que, faute d'attention, ils n'avaient pas encore aperçus. C'est là d'ailleurs ce qui a lieu naturellement quand chacun décrit aux autres hommes, à ses amis par exemple, les impressions qu'il éprouve. Ce procédé, employé spontanément par les hommes pour communiquer entre eux, n'a qu'à être employé méthodiquement et systématiquement pour devenir le procédé de la science.

9° Quoique la méthode précédente présente des inconvénients et des difficultés, puisque les faits intérieurs ne peuvent être montrés directement, mais seulement décrits à l'aide de mots, d'un autre côté cependant cette méthode même nous fournit un moyen de vérification à portée de tous, ce qui n'a pas lieu pour les autres sciences. Tout le monde n'a pas à sa disposition une ménagerie, un laboratoire, un cabinet de physique; mais tous les hommes peuvent vérifier sur eux-mêmes les observations que leur présentent les philosophes. Tout homme qui pense porte en lui-même son laboratoire psychologique. Il peut observer et expérimenter ce qu'on lui a dit d'observer et d'expérimenter. Il n'est pas seulement disciple, il est juge.

Ces principes de Jouffroy nous paraissent encore aujourd'hui la base inébranlable de la psychologie. Si, sous prétexte de progrès, on croyait devoir éluder ces principes, ce serait au grand détriment de la science elle-même, qui n'aurait plus aucune base solide. Ce n'est pas que beaucoup de vues nouvelles, plus fines et plus profondes, n'aient dû être ajoutées depuis ce temps à celles de Jouffroy. A la psychologie dite *subjective*, fondée sur l'observation interne, il faut ajouter la psychologie *objective*, faite sur les autres; mais celle-ci a toujours celle-là pour base et comme moyen d'interprétation.

XXIII

OBJET ET MÉTHODE DES SCIENCES SOCIALES D'APRÈS STUART MILL

(Stuart Mill, *Système de logique*, t. II, liv. VI, art. 7, 8 et 9.)

« Si les phénomènes de la pensée, du sentiment, de l'activité humaine, sont assujettis à des lois fixes, les phénomènes de la société doivent être aussi régis par des lois fixes, conséquences des précédentes. Nous ne pouvons espérer, il est vrai, que ces lois, lors même que nous les connaîtrions d'une manière aussi complète et avec autant de certitude que celles de l'astronomie, nous mettent jamais en état de prédire l'histoire de la société, comme celle des phénomènes célestes pour des milliers d'années à venir. Mais la différence de certitude n'est pas dans les lois elles-mêmes ; elle est dans les données auxquelles ces lois doivent être appliquées. En astronomie, les causes qui influent sur le résultat sont peu nombreuses ; elles changent peu, et toujours d'après des lois connues... Au contraire, les circonstances qui agissent sur la condition et la marche de la société sont innombrables et changent perpétuellement. Ajoutez que l'impossibilité d'appliquer des nombres précis à des faits de cette nature mettrait une limite infranchissable à la possibilité de les calculer à l'avance. »

I

De la méthode expérimentale dans les sciences sociales.

« Le premier obstacle qu'on rencontre quand on essaye d'appliquer les méthodes expérimentales à la découverte des lois des phénomènes sociaux, est la difficulté de faire des expériences artificielles. Lors même qu'il serait loisible d'exécuter des expériences et de les répéter indéfiniment, on ne le pourrait que dans des conditions extrêmement désavantageuses; d'abord parce qu'il serait impossible de reconnaître et d'enregistrer tous les faits de chaque cas, et ensuite parce que, ces faits étant dans un état de changement perpétuel, il arriverait qu'avant l'écoulement d'un temps suffisant pour constater le résultat de l'expérience certaines circonstances importantes auraient cessé d'être les mêmes. Mais il est fort inutile de s'arrêter à ces objections logiques contre la valeur des expériences, puisque nous n'avons jamais le pouvoir d'en exécuter aucune. Nous ne pouvons que guetter celles que fait la nature elle-même, ou qui sont faites dans un autre but. Il nous est impossible d'approprier nos moyens logiques aux besoins de la recherche, en variant les circonstances comme peuvent l'exiger les nécessités de l'élimination. Si les exemples offerts spontanément par les événements contemporains et par l'histoire fournissent une variété suffisante de circonstances, on peut arriver à une induction par l'expérience spécifique; autrement, non. Toute la question est donc de savoir si les conditions requises pour une induction relative aux causes d'effets politiques ou aux propriétés d'agents politiques peuvent se rencontrer dans l'histoire, y compris l'histoire contemporaine. Et, pour fixer les idées, on prendra pour exemple la question, si controversée dans notre siècle, de l'influence de la législation commerciale restrictive ou prohibitive sur la richesse nationale. Supposons donc que ce soit là la question scientifique qu'il s'agit de résoudre par l'expérience spécifique.

« Pour appliquer ici la plus parfaite des méthodes expérimentales, la méthode de différence, il nous faut prévoir deux cas qui concordent en tout excepté dans la particularité qui est le sujet de la recherche. Que l'on trouve deux nations semblables sous tous les rapports, hormis cette seule différence que l'une d'elles a un tarif plus protecteur et met plus d'entraves à la liberté de l'industrie : si l'une de ces nations se trouve riche et l'autre pauvre, ou si seulement l'une est plus riche que l'autre, ce sera là une *expérience cruciale,* une preuve expérimentale réelle qui permettra de décider lequel des deux systèmes est le plus favorable à la richesse nationale. Mais la supposition que deux cas de ce genre puissent se rencontrer est manifestement absurde. Un pareil concours n'est pas possible, même au point de vue abstrait. Deux nations qui coïncideraient en tout excepté dans leur politique commerciale coïncideraient aussi en cela. Il y a donc impossibilité de démontrer, de réaliser dans la science sociale les conditions requises pour le modèle plus concluant de recherche par l'expérience spécifique.

« Reste la méthode de concordance. Nous savons déjà quel est le peu de valeur de cette méthode dans les cas qui admettent une pluralité de causes, et les phénomènes sociaux sont ceux où la pluralité domine au plus haut degré.

« Supposons deux nations qui ne concordent en aucune particularité, si ce n'est qu'elles pratiquent le système prohibitif et qu'elles sont prospères. Ne nous arrêtons pas à l'impossibilité de constater par l'histoire ou même par l'observation contemporaine qu'il en est réellement ainsi; admettons que cette impossibilité soit surmontée. Jusqu'à quel point peut-on présumer de là que le système prohibitif est la cause de la prospérité ? La présomption est si faible qu'elle se réduit à rien. Pour être autorisé à inférer qu'un antécédent est la cause d'un effet donné, il faut que l'effet ne puisse avoir qu'une cause; s'il en admet plusieurs, il est tout naturel que chacune d'elles prise isolément puisse être éliminée. Or dans le cas des phénomènes politiques la supposition d'une cause unique manque absolument de vérité. Les causes des phénomènes sociaux sont infiniment nombreuses. Aucune cause ne suffit à elle seule à produire un de ces phénomènes. De ce que nous avons pu éliminer quelque circonstance, nous ne prouvons nullement que cette circonstance ne contribuait pas à l'effet; nous pouvons bien convenir que l'effet est quelquefois produit sans elle, mais non que lorsqu'elle existe elle n'y contribue pas pour sa part.

« Des objections semblables s'élèvent contre l'emploi de la méthode des variations concomitantes. Si les causes qui agissent sur l'état d'une société produisaient des effets d'une nature tout à fait différente ; si la richesse dépendait d'une cause, la paix d'une autre ; si le peuple était vertueux par une troisième cause, intelligent par une quatrième, nous pourrions, sans être d'ailleurs en état de séparer ces causes l'une de l'autre, rapporter à chacune d'elles la propriété de l'effet qui augmenterait quand la cause augmenterait et diminuerait quand elle diminuerait. Mais chaque attribut du corps social est soumis à l'influence de causes innombrables; et telle est l'action essentielle des éléments coexistants de la société, que tout ce qui affecte l'un des plus importants d'entre eux affectera par cela seul tous les autres, sinon directement, du moins indirectement. Par conséquent, les effets des agents n'étant pas différents en qualité, et la quantité de chacun d'eux étant le résultat mixte de tous les agents, les variations de l'ensemble ne pourront présenter une proportion uniforme avec celles d'une quelconque de ses parties constituantes. »

II

De la méthode géométrique en politique.

« Ces penseurs comprennent que la science sociale doit être nécessairement déductive. Mais, faute d'avoir suffisamment réfléchi à la nature du sujet, la géométrie est pour eux le type de toute science déductive.

« Or, de toutes les différences qui distinguent la géométrie des sciences physiques, l'une des plus saillantes est que la géométrie ne peut présenter le cas si fréquent dans la mécanique et ses applications de causes qui se contrarient ou se modifient l'une l'autre. Il arrive continuellement, en mécanique, de rencontrer deux ou plusieurs forces motrices produisant non le mouvement, mais le repos, ou un mouvement dans une direction différente de celle qui a été donnée par l'une ou l'autre des forces génératrices. Rien de semblable n'a lieu en géométrie. Le résultat d'un principe géométrique ne contredit jamais le résultat d'un autre principe.

« Cependant, c'est une idée de ce genre que paraissent s'être formée, au sujet de la science sociale, les premiers penseurs qui ont entrepris de la traiter par une méthode déductive... Dans la théorie géométrique de la société, on paraît supposer que chacun des phénomènes sociaux résulte toujours d'une force unique, d'une seule propriété de la nature humaine.

« Il est inutile de prouver que tel n'est pas le véritable caractère des phénomènes sociaux. Il n'est pas un seul de ces phénomènes qui ne subisse l'influence de forces innombrables et ne dépende de la conjonction d'un très grand nombre de causes. »

(Stuart Mill cite comme exemples de systèmes qui rapportent tous les phénomènes sociaux à une seule cause le système de Hobber, qui fait tout dériver de la crainte que les hommes ont les uns des autres ; le système de Bentham, qui rapporte tout à l'intérêt personnel, etc. Ces auteurs construisent toutes leurs théories en tirant les conséquences de ce principe unique qu'ils supposent. C'est là une fausse imitation de la méthode géométrique.)

III

Méthode déductive concrète.

« La science sociale est une science déductive, non pas sans doute à la manière de la géométrie, mais à la manière des sciences physiques les plus complexes. Elle infère la loi de chaque effet des lois de causation dont dépend cet effet, non de la loi d'une seule cause, comme dans la méthode géométrique, mais des lois de toutes les causes qui exercent conjointement une influence sur l'effet. Bref, sa méthode est la *méthode déductive concrète*, celle dont l'application la plus parfaite a lieu dans l'astronomie.

« Les actions et les sentiments des êtres humains dans l'état social sont entièrement réglés par des lois psychologiques éthologiques (morales). Quelle que soit l'influence qu'une cause exerce sur les phénomènes sociaux, elle l'exerce par ces lois. En supposant donc que les lois des actions et des sentiments humains soient suffisamment connues, il n'est pas difficile de déterminer d'après ces lois la nature des effets sociaux qu'une cause donnée tend à produire. Mais quand il s'agit de combiner en loi plusieurs tendances et de calculer les résultats d'un grand nombre de causes coexistantes, et surtout lorsque, en essayant de prévoir ce qui arrivera réellement dans un cas donné, nous sommes obligés de combiner et d'apprécier les influences de toutes les causes, nous entreprenons une tâche qu'il est interdit aux facultés humaines de mener bien loin.

« Si toutes les ressources de la science sont insuffisantes pour permettre de calculer *à priori*, avec une rigoureuse exactitude, l'action mutuelle de trois corps gravitant l'un vers l'autre, on peut juger avec quelle chance de succès nous essayerions de calculer le résultat des tendances contraires qui agissent dans mille directions différentes et qui produisent, à un instant donné et dans une société donnée, mille changements divers.

« Mais, sans méconnaître les inconvénients de la méthode déductive appliquée à un pareil sujet, il ne faut pas non plus les exagérer... Il y a un remède. Ce remède consiste dans le procédé que, sous le nom de *vérification*, nous avons signalé comme la troisième partie constituante et essentielle de la méthode déductive, et qui n'est autre que la comparaison du résultat du raisonnement soit avec les phénomènes concrets eux-mêmes, soit avec leurs lois empiriques quand on peut en obtenir. Le fondement de notre confiance dans une science déductive concrète n'est pas le raisonnement *à priori* même, mais l'accord de ses résultats avec ceux de l'observation *à posteriori*. La valeur de chacun de ces procédés, pris isolément, diminue à mesure que la complication du sujet augmente; mais la confiance au concours de ces deux preuves ne diminue pas, tant s'en faut, dans la même proportion, ni même nécessairement beaucoup. Il n'en résulte qu'un trouble apporté dans l'ordre de priorité de ces deux procédés, qui va quelquefois jusqu'à un renversement complet; c'est-à-dire qu'au lieu de déduire les conclusions par le raisonnement et de les vérifier par l'observation, il faut, dans certains cas, les obtenir sous forme de conjectures au moyen de l'expérience spécifique et les rattacher ensuite aux principes de la nature humaine par des raisonnements *à priori*, qui deviennent ainsi en réalité une vérification.

(Stuart Mill cite l'*économie politique* comme une des sciences sociales où le concours des deux procédés indiqués, à savoir raisonnement déductif et vérification expérimentale, a obtenu les résultats les plus féconds. L'économie politique part d'une loi psychologique admise comme principe, à savoir que chacun en général, et toutes choses égales d'ailleurs, préfère un gain plus grand à un gain moindre. Cette loi est évidemment celle qui règle toutes les transactions commerciales, abstraction faite soit de la violence soit de la charité. En raisonnant sur ce principe, nous pouvons prévoir toute cette partie des phénomènes sociaux. Or, la vérification expérimentale vient, dans la plupart des cas, confirmer les résultats obtenus *à priori*, ou tout au moins sert à en corriger l'exagération en introduisant les circonstances particulières qui modifient, sans la détruire, l'application des lois générales. M. Rossi [1] a également exposé à peu près de la même manière la méthode de l'économie politique, et il y a vu également une science déductive tempérée et contrôlée par l'observation.)

1. Voir l'*Économie politique* de M. Rossi, I, chap. I.

TABLE DES MATIÈRES

PREMIÈRE PARTIE
ÉLÉMENTS DE PHILOSOPHIE SCIENTIFIQUE

	Pages.
Chapitre premier. — La science. — Les sciences. — Classification et hiérachie des sciences....................................	1
Chapitre II. — Les sciences mathématiques....................	19
Chapitre III. — Les sciences de la nature.......................	50
Chapitre IV. — Les sciences morales...........................	80
Chapitre V. — Les sciences historiques........................	88
Chapitre VI. — Exposé sommaire des principales hypothèses générales dans les différents ordres de sciences..........	113

SECONDE PARTIE
ÉLÉMENTS DE PHILOSOPHIE MORALE

Chapitre premier. — Objet et définition de la morale............	135
Chapitre II. — La nature humaine.............................	140
Chapitre III. — La liberté.....................................	163
Chapitre IV. — La conscience humaine. — Le sentiment moral.	182
Chapitre V. — Le mérite et le démérite. — La responsabilité morale..	199
Chapitre VI. — Les fins de la vie humaine : le bonheur, l'utilité, le devoir ; Platon, les stoïciens, Kant.................	216
Chapitre VII. — La morale du plaisir et l'utilité. — La morale du sentiment..	237

Chapitre VIII. — L'individu. — Devoirs envers la personne morale. — La dignité humaine............................ 257

Chapitre IX. — La famille. — La constitution morale. — Esprit de famille. — L'autorité dans la famille.................. 284

Chapitre X. — La société. — Principes généraux de la morale sociale. — La justice et la charité. — Le dévouement....... 297

Chapitre XI. — La société. — Le droit et les droits. — Respect de la personne dans les autres hommes.................. 318

Chapitre XII. — La patrie. — L'État et les lois. — Fondement de l'autorité publique. — Le gouvernement. — Devoirs et droits des gouvernants. — Devoirs professionnels........ 336

Chapitre XIII. — Sanction de la morale. — Dieu. — La religion naturelle.. 381

EXTRAITS ET ANALYSES

I. — La sensation, le souvenir, l'expérience, l'art, la science, la philosophie, d'après Aristote........................ 407
II. — Division des sciences d'après Aristote. (Ravaisson.)..... 414
III. — Division de la philosophie d'après Descartes........... 417
IV. — Division des sciences d'après Bacon, modifiée par d'Alembert et Diderot................................... 420
V. — La classification des sciences d'après Auguste Comte.... 427
VI. — Classification des sciences d'après Herbert Spencer..... 434
VII. — La méthode d'après Descartes........................ 438
VIII. — Objets et division des sciences mathématiques d'après Auguste Comte....................................... 443
IX. — La géométrie suivant Auguste Comte.................. 449
X. — L'analyse et la synthèse en mathématiques. (*Logique de Port-Royal*, Dugal-Stewart, Lacroix, Laplace.)........... 456
XI. — La méthode en astronomie d'après Laplace............ 463
XII. — Le rôle de l'expérience et de l'induction d'après Bacon. 470
XIII. — La méthode dans la physique expérimentale. — Rôle de l'induction et de la déduction. (D'Alembert.)......... 477
XIV. — La méthode expérimentale d'après Cl. Bernard........ 481
XV. — Exemple de la méthode expérimentale (St. Mill.)....... 486
XVI. — La méthode en chimie. — La balance. — L'analyse et la synthèse. (Dumas, Berthollet, Berthelot.)............. 492

TABLE DES MATIÈRES

Pages.

XVII. — De l'expérimentation dans les sciences biologiques. (Claude Bernard.) 499
XVIII. — Les expériences de Huber sur les abeilles. (Flourens.) 504
XIX. — L'analyse anatomique d'après Bichat. (Flourens.) 507
XX. — La classification en zoologie d'après Buffon et Cuvier.. 510
XXI. — La méthode en paléontologie d'après Cuvier 515
XXII. — La méthode en psychologie d'après Th. Jouffroy..... 520
XXIII. — Objet et méthode des sciences sociales d'après Stuart Mill 524

SOCIÉTÉ ANONYME D'IMPRIMERIE DE VILLEFRANCHE-DE-ROUERGUE
Jules Bardoux, Directeur.

www.ingramcontent.com/pod-product-compliance
Lightning Source LLC
Chambersburg PA
CBHW071415230426
43669CB00010B/1553